CW00717998

BAUMBACH · LUKIAN IN DEUTSCHLAND

BEIHEFTE ZU POETICA

Herausgegegeben von

Karlheinz Stierle

Mitherausgeber:

Ulrich Broich · Renate Lachmann · Eberhard Lämmert
Glenn W. Most · Volker Schupp

Heft 25

MANUEL BAUMBACH

LUKIAN IN DEUTSCHLAND

EINE FORSCHUNGS- UND REZEPTIONSGESCHICHTLICHE
ANALYSE VOM HUMANISMUS BIS ZUR GEGENWART

2002
VERLAG WILHELM FINK MÜNCHEN

Die Deutsche Bibliothek – CIP-Einheitsaufnahme

Baumbach, Manuel:
Lukian in Deutschland : eine forschungs- und rezeptionsgeschichtliche
Analyse vom Humanismus bis zur Gegenwart / Manuel Baumbach. -
München :
Fink, 2002
  (Beihefte zu Poetica ; H. 25)
  Zugl.: Heidelberg, Univ., Diss., 1997
  ISBN 3-7705-3597-9

ISBN 3-7705-3597-9
© 2002 Wilhelm Fink Verlag, München
Herstellung: Ferdinand Schöningh GmbH, Paderborn

VORWORT

Die vorliegende Arbeit ist die überarbeitete Fassung meiner im Herbst 1997 von der Fakultät für Orientalistik und Altertumswissenschaften der Ruprecht-Karls-Universität Heidelberg angenommenen Dissertation.

Für die hervorragende Betreuung der Arbeit danke ich Professor Dr. Dr. Glenn W. Most, der mit Kritik und Anregungen das Projekt wesentlich gefördert hat. Durch die Aufnahme in das Doktoranden- und Habilitandenkolloquium im Rahmen seines Forschungsprojektes zum Nachleben der Antike gab er mir zudem die Gelegenheit, zentrale Aspekte der Arbeit mit Kollegen auf dem Gebiet der Rezeptionsforschung und Wissenschaftsgeschichte zu diskutieren. Allen Mitgliedern des Kolloquiums sei an dieser Stelle herzlich gedankt. Ebenfalls danken möchte ich Professor Dr. Herwig Görgemanns für die Übernahme des Korreferats und für zahlreiche wichtige Beobachtungen, die in die Überarbeitung der Arbeit eingegangen sind. Der Bibliothekar des Seminars für Klassische Philologie Heidelberg, Franz Scherer M.A., hat mich bei der Literaturrecherche unterstützt, Dr. Helga Köhler half bei der Straffung einzelner Kapitel und Ingeborg von Appen beim Korrekturlesen.

Die Promotion wurde durch ein Doktorandenstipendium der Studienstiftung des deutschen Volkes unterstützt, mit dem sich auch ein einjähriger Forschungsaufenthalt in Mailand und am Deutschen Archäologischen Institut in Rom verwirklichen ließ. Viele Anregungen für die Konzeption der Arbeit verdanke ich der Teilnahme an einem Kolloquium des Warburg Instituts zum Thema *Lucianus redivivus* im Jahr 1995.

Über die Aufnahme des Buches in die Reihe der *Poetica*-Einzelschriften habe ich mich sehr gefreut und möchte den Herausgebern und dem Wilhelm Fink Verlag für die gute Zusammenarbeit herzlich danken.

Gewidmet ist die Arbeit meinen Eltern, die mein Studium stets gefördert, mit Rat begleitet und mit Freude verfolgt haben.

Heidelberg, im Mai 2001   Manuel Baumbach

INHALTSVERZEICHNIS

I. EINLEITUNG

> Wenigen Schriftstellern ist ein allgemeinerer und dauerhafterer Beyfall zu
> Theil worden, aber wenige haben ihn besser verdient; wenige sind schiefer
> beurtheilt, unbilliger verläumdet und gröber gelästert worden als Lucian:
> aber die gesündesten Köpfe aller Zeiten sind seine Freunde gewesen, und
> ein einziger Anpreiser wie *Erasmus von Rotterdam* wiegt eine Legion von
> Anbellern mit und ohne Kaputzen zu Boden.[1]

Zielsetzung und Methode

Einleitungen zu einem Buch über Lukian zwingen, Farbe zu bekennen.
Gleich mit den ersten Worten stellt der Autor sich auf die Seite von
Gegnern oder Befürwortern Lukians, gibt sich als Kritiker oder Verteidiger
seiner Werke zu erkennen, um - in letzterem Fall - entweder seinen Ruhm
zu teilen oder mit ihm verdammt zu werden. Mit einem Wort: Lukian
polarisiert.

In der Zeitspanne von der Renaissance bis zum Zweiten Weltkrieg
schwankt die Lukianbeurteilung in Deutschland zwischen Begeisterung
und Ablehnung. Von den Humanisten wiederentdeckt und zum Schulautor
erhoben, gegen Ende des 16. Jahrhunderts mit zwei seiner Schriften auf den
Index der katholischen Kirche gesetzt, aufgrund einer von Christoph Martin
Wieland empfundenen Wesensverwandtschaft im 18. Jahrhundert zum
Klassiker avanciert und hundert Jahre später von Seiten der deutschen Altphilologie marginalisiert: Wie ein Proteus tritt uns Lukian in der Rezeptionsgeschichte seiner Werke entgegen, die sich als eine einzige große Kontroverse liest.

Die vorliegende Arbeit versucht, diese wohl einmalige Geschichte des
Nachlebens eines griechischen Autors seit dem Humanismus nachzuzeich-
nen. Dabei werden zunächst die jeweiligen zeit- und geistesgeschichtlichen
Ursachen, die zu einer Beschäftigung mit Lukians Werken bzw. deren Marginalisierung geführt haben, aufgezeigt und miteinander in Beziehung gesetzt. Anhand der wichtigsten und einflußreichsten Zeugnisse wird dann
nach Entwicklungssträngen innerhalb der Rezeption gefragt. Indem sowohl

---

[1] Christoph Martin Wieland, „Ueber Lucians Lebensumstände, Charakter und Schriften,"
in: ders., *Lucians von Samosata Sämtliche Werke*, Bd. I, Leipzig 1788, XLI (Hervorhe-
bung von Wieland).

wissenschaftliche Rezeption in Form von Textausgaben, Übersetzungen und Abhandlungen als auch *kreative Rezeption* in literarischen wie künstlerischen Nachahmungen und Bearbeitungen seiner Werke und Ideen betrachtet werden, wird die ganze Bandbreite von Lukians Nachleben berücksichtigt.

Die wechselseitigen Bezüge zwischen wissenschaftlicher und kreativer Rezeption werden vor allem an einzelnen Spannungsfeldern innerhalb der Gesellschaft untersucht. So ergibt sich beispielsweise im 19. Jahrhundert ein Gegensatz zwischen altertumswissenschaftlicher Forschung und dem von Wieland geprägten populären Lukianbild, der sich in der Auseinandersetzung um die Stellung Lukians als Schulautor an den humanistischen Gymnasien äußert.

* * *

Eine Forschungs- und Rezeptionsgeschichte zu Lukian ist die Geschichte von Lukian-Lesern: Wer liest was, wann und warum? Es wird versucht, sich als Leser dieser Leser über ihre Biographie und geistesgeschichtliche Epoche ihrem jeweiligen Interesse an Lukian anzunähern und, soweit wie möglich, ihren Blickwinkel auf seine Werke einzunehmen. Zwar kann das nicht objektiv geschehen, aber es soll helfen, die Rezeptionsgeschichte nicht aus der überlegenen Sicht des heutigen Betrachters am Beginn des 21. Jahrhunderts als eine Reihe von längst überholten, meist falschen Zugangsweisen zu bewerten. Entsprechend werden keine Wertungen der vorgestellten Rezeptionszeugnisse vorgenommen, da es nicht in erster Linie um die Qualität der besprochenen Werke geht, sondern um ihre Entstehungszusammenhänge und um ihre Wirkung. Insofern ist jeder auch noch so entlegen erscheinende Zugang als Rezeptionszeugnis gleichermaßen interessant.

Indem so eine Fülle von unterschiedlichen Lesarten und Zugangsweisen zu Lukians Werken wieder ans Licht gebracht wird, können gleichzeitig für den heutigen Lukianleser und -forscher neue Anstöße gewonnen werden. Rezeptionsgeschichte dient daher nicht nur dem besseren Verständnis der Rezipienten Lukians und der Gründe für ihre spezifische Rezeptionsweise, sondern auch dazu, einen breiteren Zugang zu seinem Werk über den Blick Dritter zu gewinnen.

Anhand der damit erreichten Ergebnisse werden durch die Betrachtung der Forschungsgeschichte im Schlußteil der Arbeit auch die Ursachen einiger Rezeptionsmuster untersucht, die, zu Beginn des 20. Jahrhunderts entwickelt, die Lukianforschung in Deutschland bis in die jüngste Zeit geprägt haben.

Die Beschränkung der Arbeit auf die Lukianrezeption in Deutschland liegt nicht nur in der Fülle des Materials begründet, sondern vor allem in einem sich - spätestens seit dem 18. Jahrhundert - abzeichnenden spezifisch deutschen Phänomen. Zu nennen ist hier die Wiederentdeckung der *Dialogi Mortuorum*, die nach französischem Anstoß im 18. Jahrhundert vor allem in Deutschland nachgeahmt wurden, und die durch Wieland ausgelöste Lukianbegeisterung, die Lukian im 19. Jahrhundert zum Klassiker und Schulautor am humanistischen Gymnasium werden ließ. Ein deutscher Sonderweg der Lukianforschung läßt sich auch mit der Marginalisierung Lukians im ausgehenden 19. und beginnenden 20. Jahrhundert ausmachen, die einen weiteren Untersuchungsschwerpunkt der Arbeit darstellt. Zur Illustration und Verdeutlichung dieser spezifisch deutschen Entwicklung wird an einigen Punkten die Lukianrezeption in Frankreich, Italien und England miteinbezogen.

Gliederung

Der Arbeit liegt als Grundmuster eine chronologische Gliederung zugrunde, wobei die Einteilung in Jahrhunderte nur der groben Strukturierung dient; die beiden im Zentrum der Analyse stehenden Kapitel über das 18. und 19. Jahrhundert werden dabei jeweils nach thematischen Gesichtspunkten untergliedert. Dieses ermöglicht bei der Fülle von Rezeptionszeugnissen die Konzentration auf zentrale Fragen und Probleme der Forschung.

Nach einem kurzen Überblick über die Rezeption Lukians in der Antike und einer Charakteristik der menippeischen Satire wird die Bedeutung dieses Autors für die Humanisten an Erasmus von Rotterdam, Philip Melanchthon und Ulrich von Hutten herausgearbeitet. Sie schaffen durch Übersetzungen und literarische Nachahmungen einerseits die Grundlage der Lukianrenaissance im Humanismus, geben andererseits aber auch Anlaß für die beginnende Abkehr von dem Satiriker, wie sie sich Ende des 16. Jahrhunderts bemerkbar macht: Als Vorbild bei der Abfassung von protestantischen Streitschriften benutzt, geriet Lukian in die Kritik der katholischen Kirche, und zwei seiner Werke wurden auf den Index gesetzt.

Die sich abzeichnende unterschiedliche Beurteilung Lukians durch Katholiken und Protestanten kennzeichnet das 17. Jahrhundert, in dem seine Werke mehr Leser und Rezipienten unter den Protestanten finden, unter denen Johann Balthasar Schupp eine herausragende Stellung einnimmt. Neben einem Blick auf das Jesuitendrama werden die Beurteilung der Prosasatire im 17. Jahrhundert im Vergleich zur bevorzugten Verssatire sowie die Folgen dieser Diskussion für die Lukianrezeption beleuchtet.

Ein Schwerpunkt der Arbeit liegt auf der Lukianrezeption des 18. Jahrhunderts. Über die Gattung *Totengespräch* und ihre französischen Nachahmungen durch Fénelon und Fontenelle populär geworden, gelangt Lukian zu Beginn des 18. Jahrhunderts in Deutschland auch literaturtheoretisch wieder zu größerer Bedeutung. Das Aufkommen des Journalismus mit seiner Forderung nach kurzen, mit *bel esprit* gewürzten satirischen Beiträgen führt zu einer Neubewertung der menippeischen Satire. Vor allem Gottscheds Einfluß läßt Lukian zum Vorbild für satirische Dialoge werden.

Geistesgeschichtlich kommt der Rezeption Lukians die Periode der Aufklärung entgegen; seine Dialoge werden im Kampf gegen Aberglauben und Scheinbildung eingesetzt, und er findet in Christoph Martin Wieland einen Wesensverwandten. Mit der Übersetzung und Verarbeitung Lukians legt Wieland nicht nur den Grundstein für dessen Aufnahme unter die Klassiker der griechischen, sondern auch der deutschen Literatur.

Die Analyse der Lukianrezeption des 19. Jahrhunderts beginnt mit dem Wandel der Einschätzung Wielands, dessen Werke von den Romantikern als unklassisch empfunden wurden. Zudem geriet seine aufklärerische Deutung der lukianischen Werke in den Zeiten der Restauration in die Kritik. Während Lukianverteidiger versuchten, Lukian von Samosata vom wielandschen Lukian zu lösen und neu zu interpretieren, wurde gleichzeitig die Stellung Lukians als Klassiker an den Schulen untergraben: Sowohl die an Einfluß gewinnenden Kirchen als auch Teile der Altertumswissenschaftler grenzten sich zunehmend von Lukian ab, und seine Werke sahen sich dem Vorwurf der Oberflächlichkeit, des mangelnden sittlichen Ernstes und der fehlenden Klassizität ausgesetzt. Bis in die 80er Jahre des 19. Jahrhunderts bleibt Lukian zwar aufgrund seiner reinen attischen Sprache Schulautor für Stilübungen, wird aber zunehmend inhaltlich kritisiert. Dennoch macht ihn gerade seine Umstrittenheit interessant für immer neue Interpretationsansätze von Gegnern wie Befürwortern, und wir erleben Lukian als Sexualaufklärer, Restaurator, Blasphemisten und Christen in einer Person. Diese auf verschiedene Fachbereiche wie gesellschaftliche Gruppen übergreifende Kontroverse um sein Werk wird auch als Spiegelbild der Gesellschaft im 19. Jahrhundert gesehen und untersucht.

Schließlich wird das Phänomen der Marginalisierung Lukians beleuchtet, die in Deutschland um die Jahrhundertwende eintritt. Der Autor verschwindet zu Beginn des 20. Jahrhunderts aus der Forschung an den Universitäten, aus den Lehrplänen der Schulen und allmählich auch aus der Lektüre der bürgerlichen Gesellschaft. Wie kam es zu dieser Entwicklung, welche Faktoren trugen dazu bei, und vor allem warum war es Lukian, der dieses Schicksal erlitt? Die Gründe sind sowohl im gesellschaftlich-politischen als auch im wissenschaftlichen Bereich zu suchen: Die Satire ist im Deutschen Reich unpopulär, Lukian wird als Semit denunziert, und seine Werke werden mit Hilfe der „Quellenforschung" als literarische Zwischenträger degradiert. Ein Jahrhundert deutscher Altertumswissenschaft hat aus einem der für das 18. Jahrhundert wichtigsten griechischen Autoren eine marginale Figur gemacht. Von dieser Entwicklung hat sich die Lukianforschung in Deutschland lange nicht erholen können: Lukian fristet bis in die 80er Jahre des 20. Jahrhunderts in Forschung und Rezeption ein Mauerblümchendasein.[2]

Abschließend wird ein Blick auf die jüngste Lukianforschung in Deutschland geworfen. Die Lösung aus den alten Rezeptionsmustern und der wachsende Einfluß vor allem der anglo-amerikanischen Forschung wird in einem kurzen Überblick dargestellt.

Die im Anhang vorgestellten Texte dienen der Illustration einzelner zentraler Punkte der Abhandlung. Es handelt sich um einen Übersetzungsvergleich sowie um mehrere einflußreiche und charakteristische Beispiele der Lukianrezeption des 18. Jahrhunderts. Mit Blick auf einen breiteren Leserkreis wurden alle im Text vorkommenden griechischen Zitate und Begriffe übersetzt.

Forschungsüberblick

Mit dem oben skizzierten Forschungsgebiet betritt die vorliegende Arbeit Neuland. Bislang gibt es keine Gesamtdarstellung der Lukianrezeption in Deutschland, die eine vergleichbare Zielsetzung verfolgt. Untersuchungen auf diesem Gebiet konzentrieren sich auf einzelne Epochen und Autoren, wobei vornehmlich Arbeiten zu den Humanisten, zu Christoph M. Wieland, zur Gattung *Totengespräch* sowie ein wissenschaftsgeschichtlicher Beitrag zum Ende der Lukianforschung im ausgehenden 19. Jahrhundert zu nennen sind. Die einzige breiter angelegte Arbeit zum Nachleben Lukians, Christopher Robinsons *Lucian and his influence in Europe*, London 1979, arbeitet

---

[2] Vgl. auch N. Holzberg, „Lucian and the Germans," in: *The uses of Greek and Latin. Historical essays,* hrsg.v. A.C. Dionisotti / A. Grafton / J. Kraye, London 1988, 199-209; 199: „In fact, since the late twenties, the German-speaking scholarly world, which, only at the beginning of the century, had subjected Lucian to close examination, has contributed nothing but a handful of specialized studies to our understanding of this writer."

generelle Tendenzen in der gesamten europäischen Lukianrezeption seit
dem Humanismus heraus, und kann wegen der Fülle des Materials nur auf
zwei Autoren, Erasmus und Fielding, näher, auf die spezielle Problematik
der deutschen Rezeption jedoch kaum eingehen.

Das Nachleben Lukians im 17. Jahrhundert und die Kontroverse um
sein Werk seit dem Neuhumanismus haben bislang wenig Beachtung gefunden. Vor allem die wissenschaftsgeschichtlichen Aspekte der Rezeption
dieser Zeit wurden kaum behandelt. Ebenso fehlt bislang eine Analyse der
Lukianrenaissance in Deutschland in der ersten Hälfte des 18. Jahrhunderts.

Die folgende Übersicht nennt die wichtigsten rezeptions- und wissenschaftsgeschichtlichen Beiträge zu den oben erwähnten Forschungsgebieten
zum Nachleben Lukians; weitere Arbeiten zu einzelnen Aspekten der Lukianrezeption werden im Verlauf der Analyse vorgestellt:

Epoche des Humanismus

Bauer, A., „Der Einfluß Lukians von Samosata auf Ulrich von Hutten I,"
    in: *Philologus* 75, 1918, 437-462; Teil II: ebd. 76, 1920, 192-207.
Cast, D.J.D., *Lucianic and Pseudo-Lucianic Themes in the Renaissance: A
    study in Renaissance Humanism*, Diss. Columbia University 1970.
Förster, R., „Lucian in der Renaissance," in: *Archiv für Litteraturgeschichte*
    14, 1886, 337-363.
Gewerstock, O., „Lucian und Hutten. Zur Geschichte des Dialogs im 16.
    Jahrhundert," in: *Germanische Studien* 31, 1924, 1-178.
Heep, M., *Die Colloquia Familiaria des Erasmus und Lucian*, Halle 1927.
Holzberg, N., *Willibald Pirckheimer*, München 1981.
Honemann, V., „Der deutsche Lukian. Die volkssprachigen Dialoge Ul-
    richs von Hutten," in: S. Füssel (Hg.), *Ulrich von Hutten 1488-1988*,
    München 1989, 37-55.
Marsh, D., *Lucian and the Latins: Humor and Humanism in the Early Re-
    naissance*, Michigan 1998.
Mattioli, E., *Luciano e l'Umanesimo*, Neapel 1980.
Robinson, C., *Lucian and his influence in Europe*, London 1979.
Schulze, P., *Lucian in der Literatur und Kunst der Renaissance*, Progr.
    Dessau 1906, 1-19.
Thompson, C.R., *Lucian and Lucianism in the Renaissance*, Princeton
    1937.

Zur Gattung *Totengespräch*

Egilsrud, J.S., *Le „Dialogue des Morts" dans les littératures française, allemande et anglaise (1644-1789)*, Paris 1934.

Rentsch, J., „Das Totengespräch in der Literatur," in: ders., *Lucianstudien*, Progr. Plauen 1895, 15-40.

Rutledge, J., *The Dialogue of the Dead in Eighteenth-Century Germany*, Bern/Frankfurt a.M. 1974.

Christoph Martin Wieland

Bantel, O., *Christoph Martin Wieland und die griechische Antike*, Diss. Tübingen 1952.

Braunsperger, G.: *Aufklärung aus der Antike: Wielands Lukianrezeption in seinem Roman „Die geheime Geschichte des Philosophen Peregrinus Proteus"*, Frankfurt a.M. 1993.

Geigenmüller, P., „Lucian und Wieland," in: *Neue Jahrbücher für Wissenschaft und Jugendbildung* 3, 1927, 35-47.

Kersten, F., *Wielands Verhältnis zu Lucian*, Progr. Cuxhaven 1900, 3-28.

Steinberger, J., *Lucians Einfluß auf Wieland*, Diss. Göttingen 1902.

Werner, J., „Wenn du dir aus dem Meßkatalog einiges aussuchst, so vergiß Wielands Lukian nicht," in: *Philologus* 129, 1985, 121-132.

19. / 20. Jahrhundert; das Ende der Lukianforschung in Deutschland

Holzberg, N., „Lucian and the Germans," in: *The uses of Greek and Latin. Historical essays*, hrsg.v. A.C. Dionisotti / A. Grafton / J. Kraye, London 1988, 199-209.

II. LUKIAN - EIN UNLIEBSAMER ZEITGENOSSE

> Lukian gebar sich vor achtzehnhundert Jahren im Orient, als Trajan starb,
> am Westufer des Euphrat, in der syrischen Stadt Samosata. Lebte im zwei-
> ten Jahrhundert einer ihm zuwideren Zeitrechnung unter Hadrian und den
> Antoninen; anfangs Bildhauerlehrling, dann Rechtsanwalt, Rhetor, Philo-
> soph, unabhängig freier Schriftsteller in Samosata, Massilia, Rom, Athen,
> Makedonien, bis man den Alternden mit den Fleischtöpfen der Anerken-
> nung, mit den hohen Ehrenstellen irgend eines Ägyptens zuschüttete. Er
> starb nie.[1]

Über diesen antiken Autor, dessen Werk nahezu vollständig überliefert ist,
schweigen sich seine Zeitgenossen aus. Auch spätere antike Quellen
berichten bis auf drei kurze Hinweise[2] erstaunlicherweise nichts, und
gerade die, von denen man Informationen hätte erwarten können, wie der
Verfasser der *Sophistenbiographien* Philostrat (ca. 170-245 n.Chr.), scheinen ihn zu ignorieren.

Offenbar war Lukian in den Augen der gebildeten Schicht seiner Zeit
ein unliebsamer Zeitgenosse: Galen, die einzige Quelle zu Lukian aus dem
2. Jahrhundert, stellt ihn uns als Scharlatan vor, der die Philosophen und
Grammatiker mit gefälschten Traktaten und unsinnigen Wendungen ärgert
und auf die Probe stellt.[3] Als „Sophistentod, Götzenzerschmetterer [und]

---

[1]   A. Ehrenstein, *Lukian*, Berlin 1925, 265.
[2]   Laktanz, *Institutiones Divinae* I 9,8 (Lucianus, qui diis et hominibus non pepercit);
      Eunap, *Vitae Sophistarum* II 1,9 p. 454 (Λουκιανὸς δὲ ὁ ἐκ Σαμοσάτων, ἀνὴρ σπου-
      δαῖος ἐς τὸ γελασθῆναι); Isidor Pelusius, *Epistolae* IV 55, der Lukian zu den Kyni-
      kern zählt.
[3]   Galen, *In Hippocratis Epidemiarum* II 6,29: „Dieser [Lukian] nämlich fabrizierte ein
      Buch, in das er dunkle Reden niedergeschrieben hatte, hinter denen sich überhaupt kein
      Sinn verbarg, und schrieb es dem Heraklit zu. Er übergab es anderen, und die brachten
      es zu einem Philosophen, dessen Wort etwas galt und der bei den Leuten Glauben und
      Zutrauen genoß. Sie baten ihn, es für sie zu kommentieren und zu erklären. Jener Un-
      glückliche merkte nicht, daß sie sich nur über ihn lustig machen wollten. So machte er
      sich daran, Deutungen zu jenen Reden beizubringen, wobei er sich selbst äußerst scharf-
      sinnig vorkam, und so blamierte er sich. Lukianos hatte aber auch [...] Ausdrücke fabri-
      ziert, hinter denen kein Sinn steckte, und einigen Grammatikern zugesandt, worauf
      diese sie deuteten und kommentierten und sich damit blamierten."
      Der griechische Text ist nicht erhalten, wohl aber eine arabische Übersetzung aus dem
      9. Jahrhundert; zitiert nach der Übersetzung G. Strohmaiers, „Übersehenes zur Biogra-
      phie Lukians," in: *Philologus* 120, 1976, 117-122; 118f.

Pfaffenschreck", wie ihn Albert Ehrenstein einmal charakterisiert,[4] erweist sich Lukian als scharfer und aufmerksamer Kritiker seiner Zeit, in dessen Schriften die Falschheit und Scheinbildung der gebildeten Schicht an den Pranger gestellt werden. Besonders hart trifft sein Spott die Sophisten, aus deren Kreis sich Lukian nach eigenen Angaben ca. 160 n.Chr. verabschiedet hat, und es waren wohl Schriften wie *Bis Accusatus*[5] oder *Rhetorum praeceptor*, die ihm die Nichterwähnung bei Philostrat und den zwischenzeitlichen „Ruhm des Vergessens" eingebracht haben.[6]

Dabei muß jedoch festgehalten werden, daß trotz des Schweigens seiner Zeitgenossen Lukian weiterhin gelesen wurde: Dafür sprechen neben der Überlieferungslage zahlreiche Spuren der Rezeption seiner Werke, angefangen von dem Attizisten Alkiphron[7] und in frühen christlichen Texten wie dem *Klemensroman*[8] bis zu Autoren des 4. Jahrhunderts (zu nennen sind v.a. Kaiser Julians *Caesares* und Claudians *In Rufinum*); namentlich erwähnt wird er dort jedoch nicht.[9]

* * *

So ist es nicht verwunderlich, daß das meiste, was wir über sein Leben wissen, autobiographischen Angaben entstammt, deren Eckdaten sich vor allem in den Schriften *Somnium sive Vita Luciani, Apologia* und *Bis Accusatus* finden.

Lukian wurde um 120 n.Chr. in der syrischen Provinz Kommagene, in Samosata, geboren. Das *Somnium* schildert in Anlehnung an Prodikos' Erzählung von Herakles am Scheideweg den beruflichen Werdegang des jungen Lukian, der sich nach einer gescheiterten Steinmetzkarriere (er zerbrach gleich am ersten Tag den zu bearbeitenden Stein und zog sich eine Tracht Prügel zu) am Scheideweg zwischen Handwerkskunst und Rhetorik

---

[4]   Ehrenstein (wie Anm. 1) 266.
[5]   Lukian, *Bis Accusatus* 31. (Die Titel der lukianischen Werke werden hier und im folgenden in der lateinischen Form angegeben, eine Liste der griechischen Titel und ihrer deutschen Übersetzung nach Wieland findet sich am Schluß der Arbeit, Kapitel IX).
[6]   Zu Erklärungsversuchen der Nichterwähnung bei Philostrat und weiterer Literatur vgl. S. Rothe, *Kommentar zu ausgewählten Sophistenviten des Philostratos*, Heidelberg 1988, 7f.
[7]   M. Pinto, „Echi lucianei nelle Epistole parassitiche di Alcifrone," in: *Vichiana* N.S. II, 1973, 261-268.
[8]   Vgl. hierzu R. Helm, *Lucian und Menipp*, Leipzig/Berlin 1906, 44.
[9]   Vgl. H.-G. Nesselrath, „Menippeisches in der Spätantike," in: *Museum Helveticum* 51, 1994, 30-44; 39 (mit weiterer Literatur).

für letztere entscheidet. Im Verlauf seiner Ausbildung eignet er sich die griechische Sprache an und betätigt sich auf zahlreichen Reisen durch beinahe das gesamte römische Imperium als Redner. Während das Schweigen seiner Zeitgenossen als Kritik oder Hinweis auf eher bescheidenen Erfolg seiner Auftritte und geringe Bedeutung innerhalb der Zunft gedeutet werden kann, spricht Lukian selbst von großem Erfolg und hohen Einnahmen, die ihm diese Tätigkeit verschaffte.

Im Alter von etwa vierzig Jahren[10] wendet sich Lukian von der Tätigkeit des Sophisten ab, läßt sich in Athen nieder und wird freier Schriftsteller. Das Repertoire seiner Ideen und Themen ist groß: Unter den 86 unter seinem Namen überlieferten Schriften[11] finden sich neben satirischen Dialogen literaturhistorische und -kritische Abhandlungen, phantastische Erzählungen, gesellschaftskritische Sendschreiben und, als neue Gattung, die *Dialogi Mortuorum*, in denen er zwei oder mehr Personen im Reich der Schatten aufeinander treffen und sich über die Vergänglichkeit und die Torheiten der Menschen unterhalten läßt. Als besondere Leistung betrachtet Lukian die von ihm geschaffene Verbindung von Komödie und platonischem Dialog, einen literarischen Zwitter, der im *Bis Accusatus* um Anerkennung ringt.[12]

Lukian starb ca. 180 n.Chr.; sein Werk erlebte in der Folge eine mehrfache Renaissance, reizte jedoch stets zur Polarisierung: Man las ihn oder setzte ihn auf den Index, hob ihn in den Olymp oder ließ ihn in der Hölle schmoren. Die Rezeptionsgeschichte seiner Schriften zeigt einen stetigen Kampf zwischen Akzeptanz und Ablehnung, der sich nicht nur aus den jeweiligen geistesgeschichtlichen Entwicklungen erklären läßt, sondern seinerseits zu deren Verständnis beitragen kann. Bei der Lektüre seiner Leser soll versucht werden, sowohl dem Verständnis früherer Lukianinterpretationen als auch Lukian selbst ein Stück näher zu kommen.

---

[10] *Bis Accusatus* 32.

[11] Vgl. zur Überlieferung K. Mras, *Die Überlieferung Lucians* (= Sitzungsberichte der Wiener Akademie 167, Abh. 7), Wien 1911. (Auf die Echtheitsfrage einzelner Werke kann im folgenden nur exemplarisch eingegangen werden; sie wird v.a. bei der Diskussion um den *Philopatris* im 18. und 19. Jahrhundert wichtig, vgl. Kapitel V: Philologische Studien: Gesners Abhandlung zum *Philopatris*).

[12] *Bis Accusatus* 33.

Komischer Dialog und menippeische Satire

Bei der Betrachtung der Lukianrezeption fallen zwei formale Aspekte seines Werkes immer wieder ins Gewicht, die für das Nachleben seiner Werke entscheidend waren und kurz skizziert werden sollen: Lukians Verwendung der menippeischen Satire und seine Eigenschöpfung, der satirische Dialog.

Im Dialog *Bis Accusatus* läßt Lukian, der sich selbst als Syrer bezeichnet, unter anderem den Dialog als Redner gegen ihn Anklage erheben. Scheinbar zu Recht, denn der Dialog hat unter seiner Feder einiges durchmachen müssen:

> Die Kränkungen und Beleidigungen aber, die ich von diesem Syrer erlitten habe, sind ungefähr diese. Ehe ich mit ihm bekannt wurde, stellte ich immer eine sehr ernsthafte und feyerliche Person vor; ich gab mich mit tiefsinnigen Untersuchungen über die Götter, die Natur und das Universum ab, und schritt hoch über den Wolken in den Himmelslüften einher [...]. Ich hatte bereits den Gipfel des Himmels erflogen und war im Begriff, noch über den Himmel hinaufzusteigen, als dieser Mensch mich zu packen kriegte und herunterzog, mir die Flügel zerbrach, und mich in einen Zustand versetzte, wo ich mit allen andern gemeinen Leuten in einer Linie stehe.[13]

Soweit der bedauernswürdige Dialog, als dessen Begründer und Vorbild Plato erkannt werden soll, mit dessen philosophischem Inhalt Lukian die Literaturform 'Dialog' traditionell zu verbinden scheint. Von ihm grenzt sich seine angeklagte Neuschöpfung ab, und zwar in drei Punkten:

> Kurz, er [Lukian] zog mir die stattliche tragische Maske, in der ich meine Rolle bisher gespielt hatte, ab, steckte mich in eine andere komische und satyrische, um nicht gar bürleske zu sagen, und sperrte mich zum Spott, zum Jambus, zum Cynismus, und zum Eupolis und Aristophanes ein [...].[14]

---

[13] *Bis Acc.* 33: Ἅ δὲ ἠδίκημαι καὶ περιύβρισμαι πρὸς τούτου, ταῦτά ἐστιν, ὅτι με σεμνὸν τέως ὄντα καὶ θεῶν τε πέρι καὶ φύσεως καὶ τῆς τῶν ὅλων περιόδου σκοπούμενον, ὑψηλὸν ἄνω που τῶν νεφῶν ἀεροβατοῦντα [...] κατασπάσας αὐτὸς ἤδη κατὰ τὴν ἀψῖδα πετάμενον καὶ ἀναβαίνοντα ὑπὲρ τὰ νῶτα τοῦ οὐρανοῦ καὶ τὰ πτερὰ συντρίψας ἰσοδίαιτον τοῖς πολλοῖς ἐποίησεν [...].
Alle Lukianübersetzungen stammen, soweit nicht anders angegeben, von Christoph M. Wieland (*Lucians von Samosata Sämtliche Werke*, Bde. I-VI, Leipzig 1788-89 [= *Lucians Werke*]; hier Bd. VI, 218f.), der griechische Text ist der Ausgabe von M.D. Macleod, *Luciani Opera*, Bde. I-IV, Oxford 1972-1987, entnommen.

[14] *Bis Acc.* 33: [...] καὶ τὸ μὲν τραγικὸν ἐκεῖνο καὶ σωφρονικὸν προσωπεῖον ἀφεῖλέ μου, κωμικὸν δὲ καὶ σατυρικὸν ἄλλο ἐπέθηκέ μοι καὶ μικροῦ δεῖν γελοῖον. εἶτά

1) Lukians neuer Dialog will eine andere Leserschaft ansprechen als die platonischen Dialoge: Er adressiert das gemeine Volk, nicht die Philosophen. Entsprechend verschieden sind auch seine Themen. Es wird nicht mehr über philosophische Höhenflüge spekuliert, d.h. mit „tiefsinnigen Untersuchungen über die Götter, die Natur und das Universum" Zeit verschwendet, sondern Lukian holt den Dialog auf die Erde zurück und gibt ihm Inhalte, die lebensnäher sind, einen direktem Nutzen haben und zwischenmenschliche Themen behandeln.[15]

2) Lukian will unterhalten: Als zweiten wichtigen Punkt nennt der Dialog den Tausch von tragischer und komischer Maske - eine Änderung, die Lukian für seine größte Leistung hält: „Was ihn [den Dialog] aber dem Publico vorzüglich empfahl, war der Einfall den ich hatte, ihm die Komödie beyzugesellen."[16] Wechsel von Inhalt und Form gehen zusammen: Lukian ist bestrebt, seine Werke populär und durch Elemente der Komödie für eine möglichst breite Leserschaft attraktiv zu machen.[17]

3) Hinzu gesellt sich als Eigenart seines neuen Dialogs die Satire mit ihrem Rüstzeug, der Trias von Skomma, Iambos[18] und Kynismos. Diese Kombination wird mit der Person des Menipp von Gadara in Verbindung gebracht, sein Werk wird zum satirischen Vorbild Lukians:

> Zuletzt trieb er es gar so weit, daß er einen von den alten Cynikern, einen gewissen Menippus, einen von den bissigsten Belferern des ganzen Ordens, aus dem Grabe hervorrief und zu mir ins Haus brachte, einen bitterbösen Hund, von dem man gebissen ist ehe man sichs versehen kann, weil er sogar lachend beißt.[19]

μοι εἰς τὸ αὐτὸ φέρων συγκαθεῖρξεν τὸ σκῶμμα καὶ τὸν ἴαμβον καὶ κυνισμὸν καὶ τὸν Εὔπολιν καὶ τὸν Ἀριστοφάνη [...]. (*Lucians Werke*, Bd. VI, 219).

[15] Vgl. E. Braun, *Lukian. Unter doppelter Anklage*, Frankfurt a.M. 1994, 314ff.

[16] *Bis Acc.* 34: ἐπὶ πᾶσι δὲ τὴν κωμῳδίαν αὐτῷ παρέζευξα, καὶ κατὰ τοῦτο πολλήν οἱ μηχανώμενος τὴν εὔνοιαν παρὰ τῶν ἀκουόντων [...]. (*Lucians Werke*, Bd. VI, 220).

[17] Natürlich war Lukian nicht der erste, der komische Elemente im Dialog verarbeitete (so auch schon vereinzelt Platon oder Dion von Prusa), aber er verfährt systematisch. Vgl. auch M.D. Macleod, *Lucian: A Selection*, Warminster/Wiltshire 1991, 13. Zu den bei Lukian verwendeten Elementen der Komödie siehe C. Robinson, *Lucian and his influence in Europe*, London 1979, 9-12.

[18] Die Verbindung von Iambos mit spöttischer Schmähung ist gängig; vgl. auch A. Grant, *The ancient rhetorical theories of the laughable*, Madison 1924, 40ff.

[19] *Bis Acc.* 33: τελευταῖον δὲ καὶ Μένιππόν τινα τῶν παλαιῶν κυνῶν μάλα ὑλακτικὸν ὡς δοκεῖ καὶ κάρχαρον ἀνορύξας, καὶ τοῦτον ἐπεισήγαγέν μοι φοβερόν τινα ὡς ἀληθῶς κύνα καὶ τὸ δῆγμα λαθραῖον, ὅσῳ καὶ γελῶν ἅμα ἔδακνεν. (*Lucians Werke*, Bd. VI, 219).

Von diesem Kyniker aus dem 3. Jahrhundert v.Chr. sind alle Werke bis auf wenige Titel verloren,[20] und auch zu Lukians Zeit scheint er mehr oder weniger in Vergessenheit geraten zu sein, wie es die Worte des Dialogs andeuten.[21] Was wir über Menipp wissen, und was das Charakteristikum seiner Satire war, ist eine Mischung aus Prosa und Vers: eine Satireform, die von Varro in seinen menippeischen Satiren und in der *Apocolocyntosis* Senecas nachgeahmt wurde.[22] In diese Tradition stellt sich auch Lukian:

> Aber was noch das aller ungereimteste ist, er hat ein so seltsames Misch-masch aus mir gemacht, daß ich weder zu Fuß gehe noch auf Versen einher-steige, sondern gleich einem Hippocentauren aus zwey ungleichen Naturen zusammengesetzt bin, und allen die mich hören ein ganz fremdes Wunder-thier scheinen muß.[23]

Dieser literarische Zwitter von dem teils 'auf Versen einhersteigenden', teils in Prosa widerstreitenden Dialog findet sich bei Lukian unter anderem in der *Necyomantia*, an deren Anfang der eben aus der Unterwelt zurückge-kehrte Menipp Euripides zitiert, mit dem er sich kurz zuvor noch unter-halten hatte. Für den Rest der Unterredung bedient sich Menipp dann aber auf Bitte seines Freundes einer verständlicheren Prosasprache, wie sie in den meisten lukianischen Dialogen gebraucht wird.

Man kann für die Bedeutung und Charakterisierung der lukianischen Satire festhalten, daß sie in der Tradition der menippeischen Satire steht, die sich, soweit wir aus ihrer Nachahmung und Beschreibung bei Lukian schließen dürfen, ursprünglich durch die Mischung von Prosa und Vers

---

[20] Diogenes Laertius VI 101: Τὰ δ' οὖν τοῦ κυνικοῦ βιβλία ἐστὶ δεκατρία· Νέκυια, Δια-θῆκαι, Ἐπιστολαὶ κεκομψευμέναι ἀπὸ τοῦ τῶν θεῶν προσώπου, Πρὸς τοὺς φυσι-κοὺς καὶ μαθηματικοὺς καὶ γραμματικοὺς καὶ Γονὰς Ἐπικούρου καὶ Τὰς θρησ-κευομένας ὑπ' αὐτῶν εἰκάδας καὶ ἄλλα.

[21] Zur Frage der inhaltlichen Abhängigkeit Lukians von Menipp von Gadara, wie sie im Zuge der Quellenforschung vor allem von Rudolf Helm (wie Anm. 8) gestellt wurde, vgl. unten Kapitel VIII: Die Quellenforschung Rudolf Helms.

[22] Vgl. zur *Apocolocyntosis* H.K. Riikonen, *Menippean Satire as a Literary Genre with special reference to Seneca's Apocolocyntosis*, Helsinki 1987. Zur menippeischen Satire in der Antike siehe J.C. Relihan, *Ancient Menippean Satire*, Baltimore/London 1993, F.J. Benda, *The tradition of Menippean Satire in Varro, Lucian, Seneca and Erasmus*, Diss. Texas 1979 und D. Bartonková, „Prosimetrum, the Mixed Style, in Ancient Litera-ture," in: *Eirene* 14, 1976, 65-92. Zu Lukian vgl. besonders die Abhandlung von J. Hall, *Lucian's satire*, New York 1981, Kapitel II: „Lucian and Menippean Satire".

[23] *Bis Acc.* 33: τὸ γὰρ πάντων ἀτοπώτατον, κρᾶσίν τινα παράδοξον κέκραμαι καὶ οὔτε πεζός εἰμι οὔτε ἐπὶ τῶν μέτρων βέβηκα, ἀλλὰ ἱπποκενταύρου δίκην σύν-θετόν τι καὶ ξένον φάσμα τοῖς ἀκούουσι δοκῶ. (*Lucians Werke*, Bd. VI, 220).

ausgezeichnet hatte. Lukian hat sie seinem satirischen Dialog beigemischt, dabei jedoch die Verselemente mehr und mehr zurücktreten lassen, so daß durch seine Vermittlung die menippeische Satire zum Prototyp der Prosa-satire und damit zum Gegenstück der Verssatire römischer Dichter wurde.[24] Lukians Originalitätsanspruch auf den komischen Dialog[25] bleibt davon un-berührt; die Annahme, daß er auch diesen von Menipp übernommen habe, ist nicht zu belegen.[26]

---

[24] Da die Werke Menipps von Gadara verloren sind und Hinweise auf deren Kenntnis sich
      nach Lukian nicht finden, ist es naheliegend, daß bei späterer Verwendung der menippe-
      ischen Satire nicht mehr das Original, sondern sein Nachahmer Pate stand. Vgl. auch
      Nesselrath (wie Anm. 9) 35ff.
[25] Vgl. auch *Prometheus es in Verbis* 5 und 6 sowie *Zeuxis* 1, wo Lukian den komischen
      Dialog als seine Neuschöpfung herausstreicht.
[26] Vgl. Hall (wie Anm. 22) 71: „There is [...] absolutely no reason to suppose that
      Menippus wrote comic dialogues of the type on which Lucian prides himself. Like the
      Apocolocyntosis and the Satires of Varro, the Menippean originals were probably for
      the most part narratives or discussions interspersed with passages of conversation when
      required. They were also [...] written in that mixture of prose and verse typical of
      Varro's Satires and of the Apocolocyntosis."

III. Die Lukianrenaissance bei den Humanisten

Die aus dem Schweigen der antiken Quellen ableitbare Kritik und Ablehnung Lukians erfuhr zunächst in Byzanz eine weitere Verstärkung: Im Suda-Lexikon (10. Jh.) wird Lukian aufgrund seiner Schrift *De Morte Peregrini* als Blasphemist verurteilt[1] und, wie es in solchen Fällen dort üblich ist, von Hunden zerrissen in die Hölle verdammt. Obwohl Lukian nur an einer Schrift gemessen und als δύσφημος („lästernd") diskreditiert wird, sollte sich diese Verdammung als das wohl folgenreichste, da wirkmächtigste Negativurteil über ihn erweisen.

Dennoch hielt die religiöse Verdammung viele Gebildete dieser Zeit nicht davon ab, sich mit seinen Schriften zu beschäftigen, wobei der Wert Lukians als Stilautor und Ideenreservoir gesehen wurde: Photius (ca. 810-893) bezeichnet ihn als Meister des Stils,[2] und kreative Rezeptionszeugnisse finden sich in der gesamten Zeit des byzantinischen Reiches u.a. bei Theodor Prodromos (12. Jh.), der Lukians Schriften *Dialogi Deorum, Vitarum Auctio* und *Deorum Concilium* nachahmte, bei dem Epigrammdichter Manuel Philes (ca. 1275-1345)[3] und im *Hermodotus* des Ioannes Katrarius (14. Jh.).[4] Besonderer Beliebtheit erfreuten sich die menippeischen Unterweltsdialoge Lukians, die *Dialogi Mortuorum* und die *Necyomantia*, zu der sich mit dem *Timarion*[5] aus dem 12. Jahrhundert und der Unterweltsfahrt *Mazaris Aufenthalt im Hades* (1416) gleich zwei kreative Rezeptionszeugnisse finden.[6]

---

[1] Suda-Lexikon s.v. Λουκιανός, Σαμοσατεύς: ὁ ἐπικληθεὶς βλάσφημος ἢ δύσφημος, ὅτι ἐν τοῖς διαλόγοις αὐτοῦ γελοῖα εἶναι καὶ τὰ περὶ τῶν θείων εἰρημένα παρατίθεται. [...] εἰς γὰρ τὸν Περεγρίνου βίον καθάπτεται τοῦ Χριστιανισμοῦ, καὶ αὐτὸν βλασφημεῖ τὸν Χριστὸν ὁ παμμίαρος. [...] ἐν δὲ τῷ μέλλοντι κληρονόμος τοῦ αἰωνίου πυρὸς μετὰ τῷ Σατανᾷ γενήσεται.

[2] Photius, *Bibliotheca* 128: Τὴν μέντοι φράσιν ἐστὶν ἄριστος, λέξει εὐσήμῳ τε καὶ κυρίᾳ καὶ τῷ ἐμφατικῷ διαπρεπούσῃ κεχρημένος, εὐκρινείας τε καὶ καθαρότητος μετά γε τοῦ λαμπροῦ καὶ συμμέτρου μεγέθους, εἴ τις ἄλλος ἐραστής.

[3] Hierzu und zu weiteren Rezipienten dieser Zeit vgl. C. Robinson, *Lucian and his influence in Europe*, London 1979, 68-81.

[4] Vgl. F. Schumacher, *De Ioanne Katrario Luciani imitatore*, Bonn 1898.

[5] R. Romano (Hg.), *Pseudo-Luciano. Timarione*, Neapel 1974. Vgl. auch H. Tode, *De Timarione dialogo Byzantio*, Diss. Greifswald 1912.

[6] Vgl. auch Robinson (wie Anm. 3) 76-81. Zu den Lukianscholien und den ca. 165 mittelalterlichen Handschriften seiner Werke vgl. K. Mras, *Die Überlieferung Lucians*, Wien 1911, 229-34 und M. Wittek, „Liste des Manuscrits de Lucien," in: *Scriptorium* 6, 1952, 309-323.

Die anhaltende Beschäftigung mit Lukian in dieser Zeit zeigt, daß sich
schärfste religiöse Verurteilung (v.a. vom *De Morte Peregrini*) und intensive Lektüre nicht ausschließen, im Gegenteil: Der spätere Erzbischof von
Caesarea, Arethas (ca. 850-944), liest und kommentiert das lukianische
Oeuvre, wobei er aus seiner ablehnenden Haltung gegenüber Lukians Welt-
einstellung keinen Hehl macht.[7] Seine Lukianstudien können so einerseits
als Reaktion auf die Beliebtheit und Bedeutung Lukians in byzantinischer
Zeit gedeutet werden, die eine Kommentierung der Werke aus kirchlicher
Sicht ratsam erscheinen ließ, um die Rezeption, wenn schon nicht zu verhindern, so doch steuern zu können. Andererseits zeugen sie von einer per-
sönlicher Affinität zu Lukian, die unter dem Deckmantel der Kritik intensive Studien ermöglichte.[8] Insofern kann Arethas als typisches Beispiel für
den ambivalenten Umgang mit Lukian in der byzantinischen Zeit gesehen
werden, in der dieser viel gelesen und rezipiert, nach außen jedoch distan-
zierend mit dem aus *De Morte Peregrini* abgeleiteten Stigma des Christenhassers versehen wurde - ein Urteil, das bis ins 19. Jahrhundert ein Haupt-
punkt der Kritiker an Lukian blieb.

* * *

Im Zuge der Wiederentdeckung der antiken Literatur in Italien im 15. Jahr-
hundert durch die Humanisten[9] kam es zu einer starken Renaissance der
Schriften Lukians, die weit über die bisherige Beschäftigung mit seinen
Werken hinausging. Die zu Beginn des 15. Jahrhunderts durch Guarino von

---

[7]   Vgl. H. Rabe, „Die Lukianstudien des Arethas," in: *Göttinger Gelehrte Nachrichten* 6,
      1903, 643-656 und N.G. Wilson, *Scholars of Byzantium*, London 1983, 120-135. Vgl.
      auch die zahlreichen Schmähungen in den Scholien, die Lukian als βωμολόχος
      (Speichellecker), γόης (Betrüger) oder μιαρός (gottlos) bezeichnen.
[8]   Eine solche doppelte Motivation bei Arethas nimmt L.G. Westerink („Marginalia by
      Arethas in Moscow Greek MS 231," in: *Byzantion* 42, 1972, 196-244) an: „The same or
      similar motives prevail in the case of some non-contemporary persons, in particular of
      suspect or dangerous authors, such as Albinus, Hierocles, Philostratus, Lucian and
      Julian. [...] The fierce invective against such writers, besides relieving the critic's ambi-
      valent emotions, had the twofold practical advantage of protecting both the owner and
      the book."
[9]   Zur Lukianrenaissance in Italien im 15. und 16. Jahrhundert vgl. die Studien von E.
      Mattioli, *Luciano e l' Umanesimo*, Neapel 1980, K. Sidwell, *Lucian in the Italian Quat-
      trocento*, Diss. Cambridge 1975, ders., „Manoscritti umanistici di Luciano in Italia nel
      Quattrocento," in: *Res Publica Litterarum* 9, 1986, 241-253 und D. Marsh, *Lucian and
      the Latins: Humor and Humanism in the Early Renaissance,* Michigan 1998.

Verona (1374-1460) und den von Lukian begeisterten[10] Giovanni Aurispa (ca. 1372-1459) nach Europa gebrachten ersten griechischen Lukianhandschriften wurden nicht nur rasch ediert[11] und in großer Zahl ins Lateinische übersetzt,[12] sondern bis 1500 lagen bereits mehrere deutsche Übersetzungen einzelner Stücke vor: Niklas von Wyle (ca. 1410-1478) hatte - wohl nach der lateinischen Übertragung Poggios - im Jahr 1469 den *Asinus* übersetzt[13] und in den 90er Jahren folgten die Übertragungen der *Contemplantes*, der Schrift *Calumniae non temere credendum* und schließlich im Jahr 1500 der *Verae Historiae*. Das 12. Totengespräch zwischen Philipp und Alexander wurde mehrfach, u.a. von Johann Reuchlin (1455-1522), ins Deutsche übertragen.[14]

Die große Anzahl von frühen deutschen Übersetzungen neben den weitaus zahlreicheren lateinischen deutet auf die Beliebtheit hin, der sich die lukianischen Schriften in Deutschland zu dieser Zeit erfreuten. Die Gründe dafür sind sowohl inhaltlicher wie sprachlicher und literarischer Art.

Zu nennen ist zunächst der reine Unterhaltungswert der Dialoge, wie ihn Niklas von Wyle in der Vorrede des *Asinus* hervorhebt:

---

[10]   Vgl. den Brief an Ambrogio Traversari vom 27. August 1424. Zu Aurispa vgl. Marsh (wie Anm. 9) 30ff.

[11]   Die *Editio princeps* der lukianischen Werke von Johannes Laskaris (ca. 1445-1534) erschien 1496 unter dem Titel *Luciani opera. Graece.* in Florenz; die 1503 von Aldus Manutius vorgelegte Ausgabe wurde 1522 in überarbeiteter Form erneut aufgelegt: *Luciani Dialogi & alia multa opera. Graece. Venetiis in aedibus Aldi & Andreae Asulani soceri.*

[12]   Vgl. die Aufstellungen der Übersetzungen bei N. Holzberg, *Willibald Pirckheimer*, München 1981, 123f. sowie bei O. Gewerstock, „Lucian und Hutten. Zur Geschichte des Dialogs im 16. Jahrhundert," in: *Germanische Studien* 31, Berlin 1924, 1-178; 169-173. Ferner die Arbeiten von E.P. Goldschmidt, „The First Edition of Lucian of Samosata," in: *JWCI* 14, 1951, 7-20 und von J. Ruysschaert, „A Note on the 'First' Edition of the Latin Translation of some of Lucian of Samosata's Dialogues," in: *JWCI* 16, 1953, 161f. Eine umfassende Liste von über 200 Lukianausgaben im 15. und 16. Jahrhundert gibt C. Lauvergnat-Gagnière, *Lucien de Samosate et le Lucianisme en France au XVIe siècle: Athéisme et Polémique*, Genua 1988, 352-421.

[13]   Vgl. zur Übersetzertätigkeit Wyles die Arbeit von B. Strauss, *Der Übersetzer Nikolaus von Wyle*, Berlin 1912 sowie F.J. Worstbrock, „Zur Einbürgerung der Übersetzung antiker Autoren im deutschen Humanismus," in: *Zeitschrift für deutsches Altertum und deutsche Literatur* 99, 1970, 45-81; 46-49.

[14]   Die Zählung der *Dialogi Mortuorum* hier und im folgenden nach der Ausgabe von M.D. Macleod, *Luciani Opera*, Bd. IV, Oxford 1987, abweichende Zählungen früherer Ausgaben werden als solche gekennzeichnet. Reuchlin überreichte die Übersetzung des Totengesprächs dem Graf Eberhard im Bart von Württemberg (1445-1496) anläßlich seiner Ernennung zum Herzog im Jahr 1495.

> Und die wyle ich aber dozemal aller andern miner büchern daselbs mangel
> hatt, fiel in min gemüte Mir besser und weger sin, daz ich zu vertrybung
> schwerer gedencken und fantasyen, Dises gedichte zu tütsch transferyerte.[15]

Zudem konnte man bei der Lektüre von Lukians Werken das Angenehme
mit dem Nützlichen verbinden: Sie enthielten in den Augen vieler Humanisten geeignetes moralphilosophisches Potential, das nutzbar gemacht
werden konnte im Kampf gegen die herrschende Religionsausübung und
den zunehmenden Verfall der Moral unter den Gläubigen, die nach ihrer
Meinung durch das schlechte Vorbild der Kirche abgeschreckt und in den
Aberglauben getrieben wurden. Die sich ausbreitende Unsicherheit, aber-
gläubische Beerdigungsriten und Anfälligkeit für falsche Versprechungen
werden immer wieder als Grund für die Lukianlektüre genannt.[16] Lukian
wird, wie im Vorwort der 1515 erschienenen Übersetzung der *Calumniae
non temere credendum* von Dietrich von Pleningen, in aufklärerischer und
pädagogischer Absicht als Feind aller Scheinheiligkeit ins Felde geführt:

> Damit aber E. F. gnadn jung gemüet: sich vor den betrognen schalckhaff-
> tigen verclaffern: dester pass zu verhüten wisse: und den haymlichen
> ornplousern und verclaffern kainen glouben geben: hab ich undertheniger
> getrewer mainung zw ainer kunfftigen warnung Luciani des kriechischen:
> orators Buechli das er in kriechischer zungen uns verlassen hat: un von dem
> intituliert ist worden das man den ornplousern un haymlichen verklaffern:
> nit glouben geben solt: [...] das hab ich E. F. G. zu nutz un ere: in unser
> hochtütsche sprach gepracht.[17]

---

[15] Zitiert nach R. Förster, „Lucian in der Renaissance," in: *Archiv für Litteraturgeschichte*
      14, 1886, 337-363; 357. Ein weiteres, eher zur Unterhaltung gelesenes Stück war *De
      Parasito*, das Paul Ottenthaler 1569 unter dem Titel *Schmarotzertrost. Ein schön und
      nutzlich Büchleyn, eyns theyls auss Luciano dem alten Lehrer gezogen, und in reimen
      gestelt* (Straßburg 1569) herausgab.

[16] So bereits 1434 im Widmungsbrief von Lapo da Castiglionchios lateinischer Über-
      setzung der Schriften *De fletu* und *De somnio*, wo es heißt: *In altero urbanissime eas
      superstitiones reprehendit que ab imperitis hominibus in funeribus observari solent.*
      Vgl. auch Mattioli (wie Anm. 9) 61f.

[17] *Von Klaffern. Hernach volgen zway puechlein das ain Lucianus: und das ander Poggius
      beschriben haben haltend in inen. das man den verklaffern und haymlichen ornplou-
      sern: keynen glouben geben soll / Durch herrn Dietrichen von Pleningen zu Schaubegk
      un zu Eysenhofen ritter und doktor in theutsch gepracht. Anno. Tausent Funffhundert un
      im Funffzehenden. Auff den fierden tag des monetz Septembris zu Landsshüt.* (Zitiert
      nach Förster [wie Anm. 15] 357). Vgl. zu Pleningen die Arbeit von W. Vilmar, *Dietrich
      von Pleningen, ein Übersetzer aus dem Heidelberger Humanistenkreis*, Diss. Marburg
      1896.

Übersetzer wie Pleningen oder Erasmus fanden bei Lukian eben dieselben Übel bekämpft, mit denen sie sich selbst im 16. Jahrhundert konfrontiert sahen. Aufgrund dieser Parallelität konnte Lukian für sie ein geeigneter Mitstreiter werden, dessen Schriften in ihren Augen zeitlose Gültigkeit hatten und als Gesellschaftssatiren gelesen werden konnten.[18] Anstelle eigener Werke bediente man sich der vorhandenen, wobei die bereits erwähnte Schrift *Calumniae non temere credendum* am häufigsten genannt wird:[19] Lukian wird als nützliche wie unterhaltsame Zuflucht gesehen, wie es Heinrich Knaust im Vorwort zu seiner Übersetzung beschreibt, der auf der Flucht vor Lästerung und Verleumdung zu dem griechischen Satiriker greift. Unter dem Titel *Calumnia. Dass mann dem Affterreden, Schendung, Lästerung, Angebung unnd Verleumbdung, so auff andere geredt unnd aussgespeyet wirdt, nicht leichtlich glauben solle, Oratio Luciani Samosatensis*, will Knaust seinen 'Rettungsanker' einem möglichst breiten Publikum zugänglich machen, d.h. ihn ins Deutsche übersetzen:

> Wann mir aber gemelte Oration [...] jetzt uffs new, sogar wol gefallen [...] hab ich lust darzü gewonnen, dass solche zierliche Oratio des Luciani, zu dem, dass sie Griechisch unnd Lateinisch redet, auch auff unsere Spraach teutsch reden möchte.[20]

Zur starken Verbreitung der Werke Lukians trug in Verbindung mit den Inhalten auch das literarische Genus seiner Schriften bei: Die Satire und der Dialog. Die Satire entwickelte sich zu einer der beliebtesten Literaturgattungen, und Lukians 'menippeische' Satire inspirierte Erasmus von Rotter-

---

[18] So z.B. in Jacob Vielfeldts *Spigel der Menschlichen blödigkeit*, Straßburg 1545, wo es einleitend heißt: „Darinn, Wahrhaftige abcontrafactur aller Menschlichen ständen auff Erden/ unnd das under allen/ keyn wanckelbarer/ schwecherer/ unnd sorgfeltigerer standt sey/ dann der Obergkeyt/ biß auff den Schultheyß/ Drey schöner Gesprech deß Tichters Lucian/ Sampt andern lustigen unnd nützlichen Historien."

[19] Vgl. Gewerstock (wie Anm. 12) 35f. Auch andere Stücke werden verstärkt in aufklärerischer Absicht genutzt, wie es Johann Muslers Übersetzung des *Somnium sive Vita Luciani* verdeutlicht: *Eyn schöner wahrhafftiger trawm Luciani des Kriechen verteudtscht wider den grossen mißprauch teudtscher Nation, in welcher wolgelerte knaben von gutten künsten auff die hantwerck und andere hantierung gezogen werden*, Nürnberg 1530.

[20] Vorrede zur Übersetzung. Das Buch erschien Frankfurt a.M. 1569. Zur Übersetzungstechnik von Knaust vgl. H. Michel, *Heinrich Knaust*, Berlin 1903, 176-179. Als Grund für die Beliebtheit dieses lukianischen Werkes sieht Michel den „im Zeitalter der Renaissance und der Reformation ganz allgemein hervortretende[n] Zug gegenseitiger Anschwärzung und oft unbegründeter Verdächtigung, unter dem die Grössten wie die Kleinsten zu leiden hatten". (Ebenda 173).

dam oder Hans Sachs bei ihren Gesellschaftssatiren. Daneben gelangte der Dialog durch den Rückgriff auf Lukian zu neuer Popularität.[21]

Als ein weiterer Grund für das Interesse der Humanisten an Lukian ist das perfekte Attisch zu nennen, das seine Schriften zu idealen Hilfsmitteln des Sprachunterrichts machte. In dem Bemühen um Vermittlung und Fortführung des neu entdeckten antiken Bildungsgutes griff vor allem Philip Melanchthon auf den Satiriker zurück und machte ihn zum Schulautor.[22] In Willibald Pirckheimer, der durch seine zahlreichen Übersetzungen griechischer und lateinischer Autoren „zu den wichtigsten Wegbereitern des griechischen Humanismus in Deutschland im ersten Drittel des 16. Jahrhunderts"[23] gerechnet werden muß, fand er dabei einen Mitstreiter.[24]

Schließlich wird vielfach die rhetorischen Meisterschaft seiner Schriften hervorgehoben, die ihn in den Übersetzungen und Briefwechseln der Humanisten zu einem *eloquentissimus* oder *facundissimus* werden läßt.

* * *

Das Zusammenspiel dieser Gründe bewirkte, daß Lukians Werke in der zweiten Hälfte des 16. Jahrhunderts sowohl in der Originalsprache als auch in der Gelehrtensprache Latein sowie in deutscher Übersetzung gelesen und rezipiert wurden und auf diese Weise Volkstümlichkeit erlangten.[25]

Im Folgenden soll die Beschäftigung mit Lukian in der Renaissance exemplarisch anhand von drei herausragenden und auf unterschiedliche Weise für die Lukianrezeption bedeutenden Humanisten dargestellt werden: Erasmus von Rotterdam, Philip Melanchthon und Ulrich von Hutten.[26]

---

[21]   Zur Entwicklung des Dialogs im 16. Jahrhundert vgl. G. Niemann, *Die Dialogliteratur der Reformationszeit nach ihrer Entstehung und Entwicklung*, Leipzig 1905.

[22]   Lukian war an vielen Schulen dieser Zeit Teil des Lektürekanons; bei der Einführung der Straßburger Humanistenschulen gehörte er zu den ersten Autoren, die im Griechischunterricht gelesen wurden: So berichtet der Rektor der dortigen Lateinschule, Otto Brunfels, im Jahr 1529: „Der griechischen Sprache widmen wir täglich eine Stunde. Wir gebrauchen die Grammatik Melanchthons, Lukian, Homer, Hesiod [...]." (Zitiert nach P. Pendzig, „Die Anfänge der griechischen Studien in den gelehrten Schulen Westdeutschlands," in: *Neue Jahrbücher für Pädagogik* 26, 1920, 164-188; 186).

[23]   Holzberg (wie Anm. 12) 372.

[24]   1512 erscheint seine Übersetzung von Lukians *De Luctu*, es folgen: *De ratione conscribendae historiae* [*Quomodo historia conscribenda sit*] (1515), *Piscator* (1517), *Fugitivi* und *Rhetorum praeceptor* (1520), *Navis seu Vota Luciani* [*Navigium*] (1522).

[25]   Vgl. Gewerstock (wie Anm. 12) 21.

[26]   Die Darstellung will und kann angesichts der Fülle an Material nicht erschöpfend sein, sondern beschränkt sich auf einige, dem Verfasser wesentlich erscheinende Aspekte.

Erasmus von Rotterdam (1469-1536)

> nulla comoedia, nulla satyra cum huius dialogis conferri debeat, seu volup-
> tatem spectes, seu spectes utilitatem.[27]

Einen besonders wichtigen Verehrer und Fürsprecher unter den Humanisten fand Lukian in Erasmus, der sich Zeit seines Lebens mit Lukian beschäftigte[28] und einige seiner Dialoge ins Lateinische übersetzte.[29] Auch bei
Erasmus lassen sich dafür mehrere Gründe ausmachen:

Nachdem er selbst Lukians Texte als geeignetes Studienobjekt zur Verbesserung seiner Griechischkenntnisse benutzt hat,[30] empfiehlt er sie aufgrund des hervorragenden Attisch als sprachliches und stilistisches Vorbild
und sieht sie für die Schullektüre geeignet:

> Nam vera emendate loquendi facultas optime paratur, cum ex castigate lo-
> quentium colloquio convictuque, tum ex eloquentium auctorum assidua lec-
> tione e quibus ii primum sunt imbibendi, quorum oratio praeterquam quod
> est castigatissima, argumenti quoque illecebra aliqua discentibus blandiatur.
> Quo quidem in genere primas tribuerim Luciano alteras Demostheni, tertias
> Herodoto.[31]

Die Werke Lukians gehören neben den Reden des Demosthenes wegen
ihrer sprachlichen Eleganz („Graeci sermonis elegantia") auch zu den

---

[27] Erasmus, *Ep.* 193, 47-50. Zitiert nach P.S. Allen, *Opus Epistolarum Desiderii Erasmi
     Roterodami*, Oxford 1906-1958 (= Allen).

[28] Vgl. auch Robinson (wie Anm. 3) 165-197.

[29] Zu Erasmus' Lukianübersetzungen vgl. auch M. Delcourt, „Érasme traducteur de
     Lucien," in: J. Bibauw (Hg.), *Hommage à Marcel Renard*, Bd. I, Brüssel 1969, 303-311.

[30] *Ep.* I, 7f. (Allen): „Itaque coactus ipse mihi praeceptor esse, verti multos Luciani li-
     bellos, vel in hunc usum, ut attentius Graeca legerem: Saturnalia, Cronosolonem, Epi-
     stolas Saturnales, De luctu, Declamationem de abdicato, Icaromenippum, Toxaridem,
     Pseudomantem, Gallum, Timonem, Declamationem pro tyrannicida, De his qui mercede
     vivunt in aulis principum; ad haec ex minutioribus dialogis delectos octodecim, praeter-
     ea Herculem Gallicum, Eunuchum, De sacrificiis, Convivium, De astrologia." Dabei
     waren die ersten Übersetzungsversuche, die Erasmus an Lukians *Podagra* unternahm,
     nach seinen eigenen Angaben zunächst eher entmutigend: „Vertere coeperam Podagram
     Luciani priorem, opus mire festivum, sed destiti, potissimum deterritus epithetis, quibus
     abundant chori; in quibus non erat spes in Latinis assequi compositionis felicitatem,
     quam videmus in Graecis dictionibus." *Ep.* I, 6f. (Allen).

[31] Erasmus, *De Ratione Studii*, Basel 1529, zitiert nach: *Opera Omnia Desiderii Erasmi
     Roterodami*, Bd. I.2, 115 (LB 521 D), Amsterdam 1971; vgl. auch *De conscribendis
     epistulis*, Basel 1521 (= *Opera Omnia Desiderii Erasmi Roterodami*, Bd. I.2, 233).

Lektüreempfehlungen an die Studenten des *Collegium Busleidianum*, wie
sie Erasmus in einem Brief an Conrad Godenius aus dem Jahr 1536 gibt.[32]
    Für Erasmus ist Lukian darüber hinaus ein moralisches Vorbild, dessen
Schriften er grundsätzlich als gehaltvoll charakterisiert.[33] In seinen Augen
liefern sie eine Fülle an Material, das sich dazu eignet, die zeitgenössischen
Verfallserscheinungen zu entlarven und schonungslos zu bekämpfen.[34]
Diesbezüglich besitzen lukianische Dialoge wie *Toxaris* oder *Alexander* für
Erasmus zeitlose Aktualität:

> [...] Luciani Pseudomantem misi, scelestissimum quidem illum, sed quo
> nemo sit utilior ad depraehendendas coarguendasque quorundam istorum
> imposturas, qui nunc quoque vel magicis miraculis, vel ficta religione, vel
> adsimulatis condonationibus aliisque id genus praestigiis, vulgo fucum
> facere solent.[35]

Mit dem Verweis auf den Nutzen, den dieser Dialog für seine eigene Zeit
hat, setzt Erasmus eine Parallelität zwischen dem 16. Jahrhundert und dem
2. Jahrhundert Lukians voraus, indem er in beiden ähnliche Probleme und
Zeiterscheinungen findet. Lukian kann so für ihn zum Mitstreiter in seinem
Kampf gegen Aberglauben und Mißstände innerhalb der Kirche werden.
Geleitet von dieser Einstellung will Erasmus Lukian einem größeren Leser-
publikum zugänglich machen und ihn für Schulzwecke nutzen. Zusammen
mit seinem Freund Thomas Morus[36] übersetzt er deshalb zahlreiche lukiani-

---

[32] *Ep.* 3130, 337f. (Allen): „Quid necesse fuit, Rutgerum interpretari Graecas Institutiones
      e Latino versas? Conducibilius erat interpretari Demosthenem, Lucianum [...]." Vgl.
      auch *Ep.* 1661, 253 (Allen): „Fateor ex Demosthenis, Aristophanis et Luciani pratis
      optime colligi quae ad Graecanicae linguae puritatem attinent."
[33] Erasmus, *Ep.* 267, 20 (Allen): „Nam a Luciano nihil fere triviale solet proficisci."
[34] Erasmus greift bei seinen Werken immer wieder auf Anregungen aus Lukian zurück: So
      finden sich im *Moriae Encomion* Verarbeitungen des *Icaromenippus* (c. 48) sowie Ver-
      weise auf den *Timon* (c. 25) und den von Erasmus besonders geschätzten Dialog *Gallus*
      in den Kapiteln 34 und 63: „Et gallus Lucianicus longo hominum convictu sermonem
      humanum expedite calluerit." Vgl. zum *Gallus* auch *Ep.* 193, 57-61 (Allen): „Audies
      enim Gallum com haero sutore confabulantem magis ridicule quam ullus possit γελω-
      τοποιός, sed rursum sapientius quam theologorum ac philosophorum vulgus nonnun-
      quam in scholis magno supercilio magnis de nugis disputat."
[35] Widmungsschreiben zur Übersetzung des *Alexander*, in: *Opera Omnia* (wie Anm. 31),
      Bd. I.1, 449.
[36] Zu dem Übersetzungsprojekt von Erasmus und Morus vgl. besonders U. Baumann,
      „Lukianübersetzungen," in: U. Baumann / H.P. Heinrich (Hg), *Thomas Morus. Humani-*
      stische Schriften, Darmstadt 1986, 40-54 und C.R. Thompson (Hg.), *The Complete*
      Works of St. Thomas More, Bd. III.1, New Haven/London 1974.

sche Dialoge ins Lateinische,[37] ein Unternehmen, das sich für den Bekanntheitsgrad Lukians als bedeutungsvoll erweisen sollte:[38] Das im Jahr 1506
bei Badius in Paris erschienene Werk wurde 1512 erweitert, bis 1536 neun-
mal wiederaufgelegt und in den Schulen in Ermangelung lateinischer Pro-
sasatiren als Standardtext im Lateinunterricht eingesetzt.[39] Lukian fand auf
diesem Weg als lateinischer Autor eine breite Leserschaft: „latinos feci"
kann Erasmus an mehreren Stellen über 'seine' lukianischen Dialoge
sagen.[40]

Erasmus und die menippeische Satire

Neben den von ihm beobachteten inhaltlichen Parallelen zur eigenen Zeit
und der Bewunderung des Attischen erwuchs Erasmus' Affinität zu Lukian
aus seiner Vorliebe für die Satire als geeignetes Medium der Kritik an Un-
glauben und Unmoral. Dabei erkennt Erasmus in der satirischen Einkleidung moralischer Werte generell die Chance, wenn nicht die einzige Möglichkeit, die Menschen zu erreichen. Lukian ist für ihn der ideale Satiriker,
der es versteht, moralischen Ernst mit Anmut zu verbinden, wie es Horaz in
seiner *Ars poetica* gefordert hatte:[41]

---

[37]   *Luciani viri quam disertissimi compluria opuscula longe festivissima ab Erasmo Rote-
rodamo et Thoma Moro interpretibus optimis in latinorum linguam traducta*, Paris
1506. Die Sammlung umfaßt *Ex Erasmi interpretatione: Toxaris sive de amicitia Luciani dialogus. Alexander qui et Pseudomantis eiusdem. Gallus sive somnium eiusdem
quoque Luciani. Timon seu Misanthropus. Tyrannicida seu pro tyrannicida eiusdem
declamatio. Cum declamatione Erasmica eidem respondente. De iis qui mercede conducti degunt dialogus eiusdem. Et quaedam eiusdem alia. Ex Mori traductione: Tyrannicida Luciani Moro interprete. Declamatio Mori de eodem. Cynicus Luciani a
Moro versus. Menippus seu Necromantia Luciani eodem interprete. Philopseudes seu
incredulus Luciani ab eodem Moro in latinam linguam traductus.*

[38]   Die Übersetzung stellte in den Augen einiger Zeitgenossen sogar das Original in den
Schatten: „Lucianus [...] quem Erasmi nostri beneficio Latine maiori propemodum
gratia redditum legunt quam ille Graece scripsit", schreibt der begeisterte Froben an
Thomas Morus (Widmungsschreiben im Vorwort seiner Ausgabe von Huttens Dialogen
Phalaris, Aula und *Febris* aus dem Jahr 1519); vgl. auch *Ep.* 344, 18-20 (Allen).

[39]   Vgl. die Einleitung von C. Robinson in den *Opera Omnia* (wie Anm. 31) Bd. I.1, Amsterdam 1969, 361-377; 368ff.

[40]   *Ep.* 205 (Allen); vgl. auch den Widmungsbrief zur Übertragung von *De iis qui Mercede
Conducti* [*De Mercede conductis*] (*Ep.* 197) und *Ep.* 187 (Vorrede zum *Toxaris*).

[41]   Ebenso sieht es Thomas Morus: „If, most learned Sir, there was ever anyone who ful-
filled the Horatian maxim and combined delight with instruction, I think Lucian certain-
ly ranked among the foremost in this respect." (Vgl. Thompson [wie Anm. 36] 2, 5-7).

Omne tulit punctum (ut scripsit Flaccus) qui miscuit utile dulci: Quod
quidem aut nemo, mea sententia, aut noster hic Lucianus est assecutus. [...]
Tantum obtinet in dicendo gratiae, tantum in inveniendo felicitatis, tantum
in iocando leporis, in mordendo aceti, sic titillat allusionibus, sic seria nugis,
nugis seria miscet; sic ridens vera dicet, vera dicendo ridet; sic hominum
mores, affectus, studia quasi penicillo depingit, neque legenda, sed plane
spectanda oculis exponit, ut nulla comoedia, nulla satyra cum huius dialogis
conferri debeat, seu voluptatem spectes, seu spectes utilitatem.[42]

So sehr sich dieses Lob der lukianischen Satire mit ihrer Mischung von
voluptas und *utilitas*[43] inhaltlich auf ein von Horaz aufgestelltes Kriterium
für die römische Verssatire gründet, umso stärker will sich Erasmus mit
Lukian formal von dieser abgrenzen: Die Verwendung der menippeischen
Satire ist eine bewußte Abkehr von der im 15. Jahrhundert nahezu unange-
fochtenen Verssatire römischen Vorbilds. Mit Quintilians traditionsbegrün-
dendem *satura quidem tota nostra est*[44] hielt man sich an die römischen
Satiriker Horaz, Persius und Juvenal, in deren Tradition die Satire im 15.
Jahrhundert als hexametrisches Strafgedicht aufgefaßt wurde. Die *satyra*
hatte so als Versgedicht, oft mit Verweis auf Sebastian Brants *Narrenschiff*,[45] einen festen Platz in der deutschen Literatur erhalten, wie ihn Joachim Vadianus in seiner Poetik definiert:

Nam et nostrae linguae, id est Germanae, rhythmis satirae scribuntur, quales
illae sunt quas annis superioribus Sebastianus Brant Argentinensium scriba
in omne vitiorum genus multa vehementia, arte vero et decore non sane pro-
culcatis, composuit [...].[46]

---

[42] *Ep.* 193, 425f. (Allen).
[43] Denselben Grund führt Erasmus auch für die Schullektüre der lukianischen Satiren an:
      In seiner Brieflehre *De conscribendis epistulis* lautet die Anweisung an den Lehrer: „In
      his delectum habebit et curam, ut ea potissimum proponat quae aetati illi amoenitate
      velut illecebrae blandiantur. In his enim pueri ut libentius, ita et utilius exercebuntur: id
      fiet, si vel nova sunt, vel faceta, vel alioqui puerorum ingeniis affinia [...]. In hoc genere
      plerique Graeci non infeliciter luserunt, sed nemo felicius Luciano." (Zitiert nach *Opera
      Omnia* [wie Anm. 31] Bd. I.2, 231-233). Ähnlich äußert sich Petrus Mosellanus in der
      Einleitung zu seiner Ausgabe von Lukians *Tyrannus*: Petrus Mosellanus, *Luciani* [...]
      dialogi duo Charon et Tyrannus, Hagenau 1518.
[44] Quintillian, *Institutionis oratoriae* X 1,93.
[45] Eine Weiterführung der Verssatire nach dem Vorbild Brants fand sich nur wenig später
      in der 1512 erschienenen *Narrenbeschwörung* des Thomas Murner. Zur Form der Nar-
      rensatire bei Brant und Murner vgl. P. Böckmann, *Formgeschichte der deutschen Dich-
      tung*, Bd. I, Hamburg 1965, 213-246.
[46] Zitiert nach P. Schäffer (Hg.), *Joachim Vadianus. De poetica et carminis ratione*, Bd. I,
      München 1973, 79.

Die zunehmende Verbreitung der lukianischen Satire mit ihrem Hauptcharakteristikum, der Mischung von Prosa und Poesie, führte im 16. Jahrhundert jedoch zur Ablösung vom römischen Satirevorbild. Erasmus und seinen Zeitgenossen erschien die menippeische Satire besser geeignet für die Verbreitung ihrer Aussagen. Der Grund dafür lag nicht zuletzt in der Form: Man hoffte, über Prosatexte ein größeres Publikum erreichen zu können als über Versdichtung. Gleichzeitig wertete man die menippeische Satire Lukians durch die Autorität des Horaz auch poetologisch auf:

> Omne tulit punctum [...] qui miscuit utile dulci: Quod quidem aut nemo, mea sententia, aut noster hic Lucianus est assecutus.[47]

Mehr als andere antike Autoren erfüllt Lukian in Erasmus' Augen die Forderung, lachend die Wahrheit zu sagen, zumal er es nicht direkt verletzend, sondern aus immer neuen Perspektiven tut, auf Umwegen sozusagen, die den Aussagen eine abwechslungsreiche Form geben und das Angenehme mit dem Nützlichen verbinden. Satire nach Art eines Juvenal lehnt Erasmus dagegen entschieden ab:

> Neque enim ad Iuuenalis exemplum occultam illam scelerum sentinam usquam movimus, et ridenda magis quam foeda recensere studuimus.[48]

Das *Moriae Encomium* stellt den stärksten Versuch dar, die menippeische Satire programmatisch in Abgrenzung zur Versatire zu etablieren und Lukian als dem Hauptvertreter dieser literarischen Gattung wachsende Popularität zu verschaffen.[49] Die 1509 geschriebene Satire ist Erasmus' gelehrte Antwort auf Sebastian Brants 1494 erschienenes *Narrenschiff*, das die unterschiedlichsten Erscheinungsformen der Narrheit zu seiner Zeit an stilisierten Personen oder Gruppen darstellt.[50] Diesen Abbildern der Narrheit stellt Erasmus das Prinzip der Narrheit in Person der 'Stultitia' entgegen, die ihre Botschaft den Menschen als Wahrheit verkauft. Dabei weist er in

---

[47] Vgl. *Ep.* 193, 425 (Allen).
[48] Widmungsbrief des *Moriae Encomium* an Thomas Morus (= *Ep.* 222, 72-74 [Allen]).
[49] Siehe auch R. Newald, *Erasmus Roterodamus*, Freiburg 1947, 100.
[50] Brants *Narrenschiff* erfreute sich in Deutschland einer immensen Beliebtheit. Bis 1498 erschienen neun weitere Ausgaben, wobei Lochers Übersetzung des Stückes ins Lateinische aus dem Jahr 1497 der Satire die internationale Leserschaft erschloß. Zur literarischen Würdigung Brants und seiner Wirkung vgl. auch Böckmann (wie Anm. 45) 234-237.

einem Brief an Thomas Morus auf die formale und inhaltliche Anlehnung
an Lukian hin:[51]

> Etenim non deerunt fortasse vitilitigatores, qui calumnientur partim leviores
> esse nugas quam ut theologum deceant, partim mordaciores quam ut Christi-
> ane conveniant modestie; nosque clamitabunt veterem comediam aut Lucia-
> num quempiam referre atque omnia mordicus arripere. Verum quos argu-
> menti levitas et ludicrum offendit, cogitent velim non meum hoc exemplum
> esse, sed idem iam olim a magnis auctoribus factitatum.[52]

Das ausdrückliche Bekenntnis zu Lukian als Vorlage verstärkt Erasmus
durch den Hinweis auf die Dialoge *Muscae Encomium* und *De Parasito*,
aus denen er Elemente verarbeitet hat. Zwar enthält das *Moriae Encomium*
auch zahlreiche Anspielungen auf verschiedene andere antike Autoren, so
daß die Lukianmotive nicht im Vordergrund stehen, aber die ausdrückliche
Nähe, die Erasmus selbst zwischen seiner Schrift und den beiden
lukianischen Dialogen sah, ist durch die Tatsache belegt, daß er ursprünglich an eine gemeinsame Veröffentlichung dieser drei Schriften gedacht
hatte.[53]

Satirischer Dialog und Kritik am Klerus

Von Lukian übernahm Erasmus nicht nur die Prosasatire, sondern auch den
satirischen Dialog. Zusammen mit Hutten ließ er den komischen Dialog des
Griechen zum Ausgangspunkt der in Deutschland einsetzenden Gesprächs-
literatur bzw. des Streitgesprächs werden. Diesbezüglich sind die *Colloquia
familiaria* des Erasmus als einflußreichste Schrift zu nennen.[54] In 57 Dialogen beleuchtet er die unterschiedlichsten zeitgenössischen Probleme; Tabu-
themen gibt es nicht: Man spricht über Aberglauben und Unbildung genauso wie über Prostitution. Mit den Dialogen *Impostura* und *Charon* finden
sich zwei inhaltlich besonders stark an Lukian angelehnte Stücke. Im

---

[51] Morus hatte ihn zu dieser Schrift angeregt. In einem Brief an Ulrich von Hutten vom 23.
       Juli 1519 schreibt Erasmus über Morus: „Unde et epigrammatis lusit iuvenis, et Luciano
       cum primis est delectatus; quin et mihi ut Morias Encomium scriberem, hoc est ut ca-
       melus saltarem, fuit autor." (*Ep.* 999, 118-120 [Allen]).

[52] *Ep.* 222, 25-31 (Allen); konkret nennt Erasmus mit „muscam et parasiticam" zwei
       Schriften Lukians als Vorbilder. (Ebenda 35).

[53] Vgl. *Ep.* 328 und 330 (Allen).

[54] Zur Bedeutung der *Colloquia familiaria* für die Lukianrezeption vgl. auch H. Craig,
       „Drydens Lucian," in: *Classical Philology* 16, 1921, 141-163; 141.

Charon erscheint wie in Lukians gleichnamigem Dialog der Unterwelts-
fährmann auf der Erde, diesmal jedoch nicht aus Neugierde, um sich die
Welt und die Torheiten der Menschen von Merkur zeigen zu lassen,
sondern aus Not: Sein Nachen ist gekentert, und er braucht Ersatz. Wie in
Lukians Totengespräch zwischen Charon und Merkur (14)[55] klagt Charon
auch hier über sein geringes Gehalt, was Erasmus zu einem Seitenhieb auf
Ablaßprediger und den Klerus veranlaßt, dessen Vertreter trotz großer Län-
dereien und reicher Bistümer jeweils auch nur einen Obolus für die Überfahrt bezahlen müssen. Die zahlreichen Ketzerprozesse des Klerus in der
Unterwelt sind es schließlich auch, derentwegen Charon das Baumaterial
für einen neuen Nachen auf der Oberwelt suchen muß, da in der Unterwelt
aufgrund der ständig brennenden Scheiterhaufen Holzknappheit herrscht.

Die bewußte Anlehnung dieses Gesprächs an Lukian und seine antike,
heidnische Einkleidung dient als Vehikel von Erasmus' Intention, die Vertreter der Kirche als falsche Heilige zu kritisieren: Gerade sie, die wahren
Heiden, passen für ihn gut in das Bild der heidnischen Unterwelt. Einen
Christen ficht diese Schrift nicht an, nur ein Heuchler dürfte sich unter den
von Erasmus satirisch geschilderten Personen und damit in der Unterwelt
Lukians wiederfinden.

Dennoch sah sich Erasmus unmittelbar nach dem Erscheinen der *Colloquia* dem Vorwurf der Ketzerei ausgesetzt[56] und mußte sich dagegen
verwahren, von Luther mit dem Epikureer Lukian gleichgesetzt zu werden:

> Tolerari poterat si me stupidum, indoctum, ebriosum, lapidem, stipitem aut
> fungum appellarat: homo sum et humana sunt haec. Verum his non conten-
> tus subinde me facit Lucianum atheon, quod nullum credam esse Deum,
> Epicuri de grege porcum, quod non credam Deo curae esse res mortalium.[57]

---

[55] Zählung nach Macleod (wie Anm. 14). Eine Übersetzung des Totengesprächs findet
sich im Anhang, Nr. III.

[56] Vgl. auch Erasmus' Verteidigung seiner Schrift gegen Vorwürfe der Ketzerei in einem
Brief an Jodocus Laurens vom 14. Juli 1522.

[57] Brief vom 2. März 1526, *Ep.* 1670, 269 (Allen), zu dem eine von Erasmus signierte
deutsche Übersetzung vorliegt: „Es mocht erlittenn werden, wo er [Luther] mich ein vn-
uerstendigen, vngelerttenn, drunckenen, ein steinstock oder eyn vnnutzen möntschen
gennenet hette: ich bin ein möntsch vnnd sollíche schmachreden sind möntschlich. Aber
mit sollichen zunamen ist er nit begnügig, macht vsz mir offt den gotlosenn Lucianum,
der ich gloub, das dhein Got seye, macht vsz mir ein mastschweyn von der schar Epicuri, der ich gloube, das Gott möntschlicher dingen dhein acht habe." (Ebenda).
Etwa zur selben Zeit schreibt Erasmus an Faber, *Ep.* 1690, 309f. (Allen): „Quid autem
non audeat in me iacere Lutherus magis irritatus, quum placidus et vt videri vult amicus,
non veritus sit mihi toties ingerere, quod cum Luciano non credam esse Deum, cum

Luthers Polemik gegen Erasmus, der diesen mehrfach sogar als gottloser als Lukian hinstellt,[58] beruht daher auch weniger auf den direkt aus Lukian genommenen 'gottlosen' Ideen, die sich in den *Colloquia* außer in den oben genannten Dialogen nur spärlich finden,[59] als vielmehr auf seiner Gleichsetzung Lukians mit Epikur als dem Prototyp des Gottlosen. Indem Erasmus die lukianischen Form des satirischen Dialogs verwendet, rückt er in Luthers Augen automatisch in die Nähe dieser beiden antiken Spötter und deren 'gottlosen' Ideen.[60] Erasmus selbst weist die Kritik zurück: In einem Brief an Kurfürst Johann von Sachsen verweist er auf das falsche Lukianverständnis Luthers und gibt den Vorwurf zurück.[61] Dabei geht es Erasmus jedoch weniger darum, Lukian christliche Vorstellungen oder Ideen unterzuschieben; vielmehr will er ihn als heidnische Lektüre für Christen hoffähig machen, da sich viele lukianische Wertvorstellungen in seinen Augen durchaus mit den christlichen vereinbaren lassen. So interpretiert er beispielsweise den Dialog *Toxaris* als Beschreibung der idealen Freundschaft unter Christen.[62]

Epicuro credam Deo non esse curae res mortalium, quod irrideam sacras litteras, quod hostis sim christianae religionis?"

[58]   Vgl. Luthers Streitschrift gegen Erasmus *De servo arbitrio*, Wittenberg 1525: „Dixi enim haec ideo, ut deinceps desinas nostram causam arguere pertinaciae et pervicatiae. Nam hoc consilio aliud nihil facis, quam quod significas te in corde, Lucianum aut alium quendam de grege Epicuri porcum alere, qui cum ipse nihil credat esse Deum, rideat occulte omnes qui credunt et confitentur." (605); sowie 661: „Docere igitur aliquid, quod intra scripturas non est ullo verbo praescriptum et extra scripturas non est ullo facto monstratum, hoc non pertinet ad dogmata Christianorum, sed ad narrationes veras Luciani [...]." (Zitiert nach *Dr. Martin Luthers Werke*, Weimar 1883ff., Bd. 18, Weimar 1908 [= *Luthers Werke*]).

[59]   Vgl. M. Heep, *Die Colloquia familiaria des Erasmus und Lucian*, Halle 1927.

[60]   Luther hält die Schrift für so 'gefährlich', daß er in seinen *Tischreden* bemerkt: „Nihil facit [Erasmus] aperto marte, itaque eius libri valde sunt venenati. Moriens prohibebo filiis meis, ne colloquia eius legant, ubi sub fictis et alienis personis impiissima loquitur ac docet ad oppugnandam ecclesiam et fidem christianam data opera sic excogitata." Erasmus sei sogar schädlicher als Lukian: „Lucianum laudo prae Erasmo. Ille enim aperto marte omnia deridet, hic vero summa specie sanctitatis ac pietatis omnia sacra et totam pietatem impetit. Itaque longe nocentior est ipso Luciano." (Zitiert nach: *Luthers Werke*, Tischreden, Bd. I, Weimar 1912, 817). Vgl. auch H. Holeczek, „Erasmus' Stellung zur Reformation," in: A. Buck (Hg.), *Renaissance - Reformation. Gegensätze und Gemeinsamkeiten*, Wiesbaden 1984, 131-153.

[61]   Erasmus, *Ep.* 1670 (Allen).

[62]   Vorrede zur Übersetzung (zitiert nach *Opera Omnia* [wie Anm. 31] Bd. I.1, 423): „Nunc Christianis usqueadeo in desuetudinem abiit, ut non dicam vestigia, sed ne nomen quidem ipsum extet; quum nihil aliud sit Christianismus quam vera perfectaque

An dieser Stelle tritt die Ambivalenz der Lukianbeurteilungen, in der er gleichzeitig zum Mitstreiter und Feind des Christentums wird, zum ersten Mal offen zu Tage. Geschadet hat Luthers Urteil dabei weder der Popularität von Lukians noch von Erasmus' Schriften, im Gegenteil: Während Lukian von der katholischen Kirche wenig später auf den Index gesetzt wurde, läßt sich bei den Protestanten keine negative Wirkung von Luthers Polemik feststellen, zumal die theologische Ablehnung Lukians als des antiken Verächters der christlichen Lehre par excellence[63] dessen Ruf als herausragender Schriftsteller nicht schmälerte.[64] Und daß sein Name auch als Kompliment verstanden werden konnte, macht eine Äußerung Ulrich Zasius' deutlich, der Erasmus durch einen Vergleich mit Lukian lobt; er räumt ihm an Bildung und schriftstellerischer Qualität denselben Rang ein:

> Hoc enim fateri et ex iudicio possum, sexcentis et amplius retro annis doctiorem te Germaniae vel omni nunquam contigisse. Admirabilis tua eruditio testis est, testes torrentissima eloquentiae tuae flumina, si interim sententiarum divitias praeteriero. Lucianus ille rhetor et sophista celeberrimus, si vivat, ex pari tecum congredi nolit, ita tuis eum disertissimis urges declamationibus.[65]

Die starke Verbreitung der *Colloquia* und des *Moriae Encomium* trug indirekt auch in katholischen Kreisen zur fortdauernden Popularität Lukians bei. Übersetzungen ins Deutsche, wie die von Sebastian Frank aus dem Jahr 1534,[66] sicherten dem *Encomium* eine breite Leserschaft.

Daß Lukian im Religionskampf zwischen Protestanten und Katholiken durchweg als Prototyp eines gottlosen Spötters angesehen wurde, verhin-

---

amicitia, quam commori Christo, quam vivere in Christo, quam unum corpus, una anima esse cum Christo, hominum inter ipsos talis quaedam communio qualis est membrorum inter se corporis."

[63] Vgl. die *Vorlesung über Jesaia* (1527-1529), 42,7: „'Ut aperires oculos caecorum'. Ergo omnes, ad quos Christus venit, eos invenit caecos, id est, sine cognitione Dei, victos et incarceratos a Sathana, morte, peccato et lege. Hoc hyperaspistae liberi arbitrii, hoc Papistae non credunt. Hoc rident Luciani religionis contemptores. Ergo extra Evangelion nihil sunt nisi tenebrae et carcer." (*Luthers Werke*, Bd. 25, Weimar 1902, 271. Ähnlich in der *Vorlesung über die Stufenpsalmen* (1532/33) zu Psalm 120,7, wo die „Luciani, contemptores religionis", genannt werden. (*Luthers Werke*, Bd. 40.3, Weimar 1930, 44).

[64] Luther selbst stellt ihm diesbezüglich ein positives Zeugnis aus. In der *Vorlesung über den Prediger Salomon* (1526) heißt es: „[...] Lucianus habuit excellentissimum ingenium inter Grecos." (*Luthers Werke*, Bd. 20, Weimar 1898, 72).

[65] Brief an Erasmus vom 9. Aug. 1515, *Ep.* 344, 14-20 (Allen).

[66] S. Frank, *Das theür und künstlich Büchlin Morie Encomion, das ist Ein Lob der Thorheit*, Ulm 1534 (wiederaufgelegt: Ulm 1543).

derte ein anderer bedeutender Humanist, Philip Melanchthon, den mit
Erasmus die Begeisterung für Lukian und mit Luther die protestantische
Grundüberzeugung verband.[67]

Philip Melanchthon (1497-1560)

Melanchthon kam schon früh mit Erasmus' Schriften in Verbindung, über
die er auch den Zugang zu Lukian gewonnen haben könnte. Wann genau er
sich mit den Satiren des Griechen beschäftigt hat, ist unklar, in jedem Fall
wird das Oeuvre Lukians für ihn vor allem aus sprachlichen Gründen interessant: Mit seiner bereits zu Lebzeiten anerkannten Autorität als *Praeceptor Germaniae*[68] entwirft Melanchthon Richtlinien und Unterrichtsstoffe
für den Schulunterricht, bei denen er eine möglichst vollkommene Sprachbeherrschung als Bildungsgrundlage postuliert; Humanität wird nach seiner
Auffassung durch Sprachverfeinerung,[69] durch *suavitas* und *elegantia* erreicht. Dafür stellt er einen Kanon der besten (d.h. vor allem sprachlich
besten) antiken Autoren zusammen, in den Lukian wegen seines reinen
Attisch aufgenommen wird.[70] In einem Brief an Heinrich Berka von der
Duba, den er seiner Ausgabe von Lukians *Oratio adversus calumniam mire
elegans*, Wittenberg 1521, voranstellt, begründet Melanchthon seine besondere Vorliebe für den griechischen Satiriker:

> Inter Graecae linguae scriptores, tum propter multiiugam eruditionem tum
> propter sermonis elegantiam et miram quandam venerem, nemo, ut opinor,
> Luciano praeferendus est. Quae nobis caussa est, cur aliquot eius commen-

---

[67] Vgl. zu Melanchthons Haltung in der Reformation H. Scheible, „Melanchthon zwischen
      Luther und Erasmus," in: Buck (wie Anm. 60) 155-180; und W. Maurer, „Melanchthons
      Anteil am Streit zwischen Luther und Erasmus," in: ders., *Melanchthon-Studien*, Gü-
      tersloh 1964, 137-162.

[68] Zu Melanchthons schulischer Bildungsreform vgl. die Studie von H.v. Dadelsen, *Die
      Pädagogik Melanchthon's. Ein Beitrag zur Geschichte des humanistischen Unterrichts
      im 16. Jahrhundert*, Stade 1878, sowie K. Hartfelder, *Philipp Melanchthon als Prae-
      ceptor Germaniae*, Berlin 1889.

[69] Melanchthon, *Encomion eloquentiae*, Hagenau 1523.

[70] Melanchthon, *Praefatio in officia Ciceronis*, 1534: „Ideo boni auctores legendi sunt, ex
      quibus linguae phrasin discamus, ex quorum imitatione comparemus nobis eiusmodi
      genus orationis quod adhiberi possit ad graves causas explicandas, quodque lumen
      afferre rebus obscuris possit, si quando homines de magnis rebus, ut saepe accidit, do-
      cendi erunt." (Zitiert nach R. Stupperich (Hg.), *Melanchthons Werke*, Bd. III, Gütersloh
      1961, 84).

tarios enarrare videatur. Ex quibus hunc tui nominis auspitio in lucem
edimus, Henrice, ut exemplo tuo iuventutem ad Graecas literas invitemus
quibus tu hactenus tam pertinaciter et faves et incumbis.[71]

Der sprachliche Reiz Lukians erhöhte sich für Melanchthon noch durch die
Form der menippeischen Satire, die eine Grundforderung Melanchthons in
sich vereinte: daß man in der schulischen Ausbildung sowohl Verse als
auch Prosa schreiben und lesen können müsse. Lukian eigne sich daher ins-
besonders für den 'Stilunterricht'. Zwei Schriften Lukians, die *Calumniae
non temere credendum*[72] und den *Hercules*[73] gibt Melanchthon in kurzer
Folge 1518 und 1520 in lateinischer Übersetzung heraus, und macht als
Professor für Griechisch in Wittenberg (1518-1560) die Werke Lukians
zum Gegenstand seiner Lehre.[74]

Empfohlen hat Melanchthon die Lektüre Lukians an verschiedenen
Stellen; unter seiner Mitarbeit erschien Lukian auf einem erhaltenen Schul-
Lehrplan dieser Zeit,[75] und oft finden sich seine Werke eingestreut in die
Reihe der für das Theologiestudium unentbehrlichen Griechischlektüren.[76]
Aber auch für die Herausbildung von Interpretationsfähigkeiten ist ihm die
Kenntnis von Lukians Schriften wichtig:

Neque tamen de natura sermonis et de figuris iudicare poterit quisquam, nisi
legerit eloquentium hominum scripta, Ciceronis, Livii, Virgilii, Terentii,
Ovidii, Quintiliani. Addendi sunt et Graeci Homerus, Herodotus, Demosthenes, Lucianus. Ad haec accedat stylus seu exercitium scribendi, quod inprimis acuit iudicium.[77]

---

[71] Zitiert nach R. Wetzel, *Melanchthons Briefwechsel*, Bd. T 1 (1514-1522), Stuttgart/Bad Cannstatt 1991, 132.

[72] *Luciani Sophistae oratio in calumniam*, Leipzig 1518.

[73] *E Luciano Hercules Gallicus. Ex Thucydide ratio quaedam contra leges*, Wittenberg 1520. In der Vorrede der Ausgabe werden die Autoren als τῆς ῥητορικῆς δυνάμεως παραδείγματα, als rhetorische Vorbilder, gepriesen. Vgl. Wetzel (wie Anm. 71) 79.

[74] So in einer Vorlesung über Lukians *Demosthenis Encomium* aus dem Jahr 1533 und - im Zusammenhang mit seiner Ausgabe - eine Vorlesung über Lukians Dialektik und die Schrift *Calumniae non temere credendum*; vgl. Hartfelder (wie Anm. 68) 559; 556: „Der Student Burer schreibt den 30. Juni 1521 aus Wittenberg: Philippus ad Corinthios epistolam nobis praelegit et Calumniam Luciani et suam Dialecticam.“

[75] F.L. Hoffmann, *Der älteste, bis jetzt bekannte Lehrplan für eine deutsche Schule im Jahre 1525*, Hamburg 1865; vgl. auch Hartfelder (wie Anm. 68) 433.

[76] So in der Abhandlung *Ratio discendae theologiae* (vgl. Hartfelder [wie Anm. 68] 474).

[77] Der Brief (Wittenberg, Ende 1529 oder Anfang 1530) ist als „Studienplan für einen Theologiestudenten“ konzipiert; zitiert nach Wetzel (wie Anm. 71), Bd. T 3 (1527-1529), Stuttgart/Bad Cannstadt 2000, 676. Vgl. auch Hartfelder [wie Anm. 68] 290f.

Mit seiner Empfehlung, Lukian als Schulautor in den klassischen Bildungskanon aufzunehmen, trug Melanchthon einerseits dessen bereits bestehender Popularität Rechnung, legte aber zugleich den Grundstein für eine systematische schulische Beschäftigung mit Lukian, der unter Berufung auf
Melanchthon bis ins 19. Jahrhundert zu den Klassikern gerechnet wurde.[78]

Auch im Rhetorikunterricht zog Melanchthon Werke Lukians heran. In
seiner ersten Deklamation *De artibus liberalibus* (gehalten in Tübingen
1517) empfielt er das 19. Göttergespräch zwischen Venus und Cupido als
moralisch nützliche Lektüre und zitiert es in der lateinischen Übersetzung
seines Schülers Casper Kurrer:[79]

> Eleganter admonet dialogo Lucianus, qui fluctus illi abhorrentes a virtute
> Musisque: eum quando *Casper Currer*, bonorum studiorum amantissimus
> iuvenis, Latinum fecit, haud gravatim referam. Iucunda est fabula. [...] Haec
> fabula est profutura moribus vestris, si frequentem animo agitaveritis. Sic
> enim et nugae seria ducent. Dixi.[80]

Die Deklamation behandelt den Fächerkanon der Sieben Freien Künste, die
der Theologie untergeordnet und in deren Dienst gestellt sind. Indem er
Lukian ausführlich in der Übersetzung eines seiner Schüler zitiert, fordert
Melanchthon seine Zuhörer dazu auf, ebenfalls Lukian zu übersetzen und
es dem 'bonorum studiorum amantissimo iuveni' gleichzutun.

Direkten Niederschlag fand Melanchthons intensive Beschäftigung mit
Lukian auch bei seinem Schüler Jacob Micyllus, der im Jahr 1538 eine
eigene Lukianausgabe vorlegte[81] und Lukian im Unterricht lesen ließ.[82]
Sein auf Lukian basierendes lateinisches Lustspiel *Apelles in Aegypten oder*

---

[78] An den Einsatz lukianischer Schriften in der Schule wurde bereits vor Melanchthon ge-
       dacht. So überlegte der Pädagoge Alexander Hegius, die lateinische Übersetzung seines
       Lehrers Rudolf Agricola von Lukians *Gallus* als Schullektüre einzusetzen. Vgl. P.
       Mack, Art. „Agricola, Rodolphus," in: *Die Deutsche Literatur. Biographisches und bi-
       bliographisches Lexikon*, Bern 1990, 582-591; 586.
[79] Zu Kurrers Ausbildung bei Melanchthon vgl. Hartfelder (wie Anm. 68) 45-47. Kurrers
       Lukianübersetzung wurde 1518 gedruckt (K. Steiff, *Der erste Buchdruck in Tübingen
       (1498-1534). Ein Beitrag zur Geschichte der Universität Tübingen*, Leipzig 1881, 218).
[80] Stupperich (wie Anm. 70) 27f.
[81] *Luciani Samosatensis opera, quae quidem extant, omnia, e Graeco sermone in Latinum,
       partim iam olim diversis auctoribus, partim nunc demum per Iacobum Micyllum, quae-
       cumque reliqua fuere, translata.*
[82] Vgl. J. Classen, *Jacob Micyllus, Rector zu Frankfurt und Professor zu Heidelberg von
       1524 bis 1558, als Schulmann, Dichter und Gelehrter*, Frankfurt a.M. 1859, 168ff.

die Calumnia wurde 1531 uraufgeführt[83] und wenig später (1569) von Pfarrer Jacob Corner ins Deutsche übertragen.[84]

Ulrich von Hutten (1488-1523)

Während der satirische Dialog Lukians in der Hand von Erasmus noch eine Waffe war, mit der er allgemein für Aufklärung und gegen einzelne kirchliche Mißstände kämpfte, stellt Hutten, der als Begründer des Streitdialogs in Deutschland angesehen werden kann,[85] den satirischen Dialog in den Dienst der Reformation.

Hutten stieß, nachdem er seine unfreiwillige Laufbahn als Mönch im Jahr 1505 mit der Flucht aus dem Kloster beendet hatte, bei Studien in Bologna 1517 auf Lukian; unter dessen Einfluß stehen die nach der Rückkehr nach Deutschland verfaßten Werke,[86] von denen besonders zwei Dialoge zeigen, wie eng sich Hutten an den griechischen Satiriker anlehnte:[87]

Im Dialog *Phalaris* aus dem Jahr 1517 wird der Herzog von Württemberg, der Huttens Vetter, Hans von Hutten, ermordet hatte, als Tyrann vorgestellt, der - ähnlich dem lukianischen Menipp in der *Necyomantia* - in die Unterwelt gelangt. Das Ziel der Unterweltsfahrt des Herzogs ist es, von Phalaris Aufschluß über weitere Grausamkeiten und Folterungsmethoden zu erhalten. Dieser bestätigt dem Ankömmling jedoch, daß er noch grausamer sei als Phalaris selbst.

---

[83] Vgl. Förster (wie Anm. 15) 343. Zu autobiographischen Zügen des Stücks vgl. G. Ellinger, *Die Neulateinische Lyrik Deutschlands*, Bd. II, Berlin/Leipzig 1929, 40f.

[84] *Apelles, Ein schöne Historia Wider die Verleumbder erstlich von Luciano in Griechischer Spraach Und zu unser Zeit vom Hochgelerten Herrn Jacobo Mycillo, Komedien weiss in Lateinischer sprache gestellet Jetzt aber in künstliche Teutsche Reimen gefasset sehr nützlich zu lesen Durch Jacobum Cornerum Haasgerodensem Pfarrherrn zu Gusten*, Frankfurt a.M. 1569.

[85] Vgl. R. Hirzel, *Der Dialog*, Bd. II, Leipzig 1895, 391f.: „Wenn ein Einzelner den Streitdialog der deutschen Reformation begründet hat, so ist es Hutten gewesen."

[86] Vgl. die Abhandlungen von A. Bauer, „Der Einfluss Lukians auf Ulrich von Hutten," in: *Philologus* 75, 1918, 437-462; 76, 1920, 192-207 und Gewerstock (wie Anm. 12).

[87] Die Nähe zu Lukian, die bereits die Zeitgenossen bemerkten, zeigt sich in einem Brief von Johann Froben an Thomas Morus vom 13.11.1518, wo es heißt: „Imo per Phythagoricam illam παλιγγενεσίαν renatum in hoc [Hutten] Lucianum dices, ubi illius Aulam, lepidissimum dialogum, legeris." Froben bezieht sich auf Huttens Schrift *Misaulus sive Aulam*, in der, ähnlich wie in Lukians *De Mercede conductis*, das elende Leben eines Dichters am Fürstenhof geschildert wird.

Während jedoch Lukian in der *Necyomantia* allgemein menschliche Torheiten geißelt oder einzelne Philosophen als Gattungsvertreter verspottet, um den Menschen die Vorzüge der kynischen Lebensweise zu schildern, gestaltet Hutten die Begegnung mit einem Verstorbenen als persönliche Satire. Er will den Mord an seinem Vetter rächen, indem er den Verantwortlichen als Unmenschen darstellt. Während bei Lukian Menipp mit einer philosophischen Frage nach dem besten Lebensweg das Reich der Schatten besucht und mit einer für die Menschen nützlichen Nachricht wiederkommt, steigt der Herzog von Württemberg im Anschluß an ein Verbrechen hinab und kehrt als Unheilbringer zurück.

Es ist der Zeitbezug, mit dem Hutten die Unterweltsfahrt als schlagkräftige Satire in seine Gegenwart zurückholt. Er übernimmt von seinem griechischen Vorbild die Form des satirischen Dialogs mit einzelnen inhaltlichen Anregungen, stellt aber die Invektive gegen einen Zeitgenossen in den Vordergrund, indem er praktiziert, was seiner Auffassung nach „die Alten" nur indirekt gewagt haben:

> Dan ein eigene art und gewonheit haben die alten gehabt, das, wann sie den grossen fürsten ir schandt und ubelthadt, nit haben offentlich dorfen vorwerffen, haben sie das in einen schimpff gemenget, uff das solichs dester lieblicher und lüstiger zu lesen sey, Und doch die wozheit under dem gedicht, wie ein roß auß den dornen erscheine.[88]

Neben der Übernahme lukianischer Formen und Motive für die persönliche Satire findet Hutten in dem Griechen einen geistigen Verbündeten für seine politischen Absichten vor allem im publizistischen Kampf gegen Rom, d.h. gegen den Papst und die römische Kirche.[89]

Zahlreich sind die Lukiananspielungen und -nachahmungen in seinen politischen Streitschriften, wie dem *Arminius*: Der Dialog entsteht aus dem Bedürfnis, sein Vaterland „von Schandflecken zu befreien" und aus der Unterdrückung seitens anderer Staaten zu lösen. Wohl zwischen 1517 und 1520 entstanden, aber erst 1529 erschienen, lehnt sich der *Arminius* an das

---

[88] Ulrich von Hutten, Vorrede zur deutschen Übersetzung des *Phalaris*; Hutten bezieht diese Aussage ausdrücklich auf Lukian: „In der schar sollicher lerer und dichter ist ein heübt und fürst gewest Lucianus, von geburt ein kriech, Dan er hat die anderen alle mit seinen Dialogen, und schimpffgedichten weit ubertroffen, Darumb pflegt jm der vom Hutten, den selbigen beuoz zuhaben, und volget jm nach [...]." (Zitiert nach E. Böcking (Hg.), *Ulrichs von Hutten Schriften*, Bd. IV, Leipzig 1860, 3).

[89] Man hat diesbezüglich eine Parallele zur Romkritik in Lukians *Nigrinus* sehen wollen, die Hutten aktualisiert habe. Vgl. Gewerstock (wie Anm. 12) 96.

12. Totengespräch Lukians an:[90] Der deutsche Feldherr Arminius klagt bei Minos seine Vorrangstellung unter den Konkurrenten ein, die er mit Unterstützung des ebenfalls anwesenden Tacitus schließlich auch erhält.

* * *

Hutten war im Lauf der Zeit immer stärker von der Wichtigkeit der deutschen Sprache für die breite Vermittlung seiner Botschaften überzeugt und verfaßte ab 1520 einzelne Dialoge auf Deutsch ohne eine zusätzliche lateinische Fassung.[91] Auf diese Weise erlangten seine satirischen Dialoge nach lukianischem Vorbild rasch große Popularität, und er wurde für seine gelehrten Zeitgenossen zum 'Lucianus redivivus'.[92] Der daraus resultierende Einfluß Huttens auf die Gattung Dialog war beträchtlich:

> Welche Wandlung hat [...] der Dialog des Mittelalters durch Hutten erfahren! Natürliche Begabung und das treffliche Vorbild Lukians streiften von ihm alle beengenden Fesseln, führten ihn aus der dumpfen Stubenluft der gelehrten hinaus unter die Menschen und erschlossen ihm eine neue Welt, in der er Raum fand zur herrlichsten Entwicklung. Er wird zur schneidenden Waffe, anstatt Belehrung und Ergötzung ist sein Zweck jetzt erbitterter Kampf, beißende Satire.[93]

Auch Huttens 1521 erschienenes *Gesprächsbüchlein* macht die Abhängigkeit von Lukian deutlich: Die *Anschauenden* basieren auf Lukians *Contemplantes*. Dabei wird der Ausflug Charons, der auf der Erde die Ursachen der in der Unterwelt beobachteten menschlichen Gefühle und Bestrebungen ergründen will, bei Hutten in höhere Sphären verlegt: Der Sonnengott zeigt seinem Sohn die Erde, und der Blick fällt auf die Deutschen als in den Augen Sols „in Kriegssachen bis auf diese Zeit die erfahrenste Nation und mit den Waffen unüberwindlich, aber zum Regieren ungeschickt".[94] Huttens Stolz auf sein Vaterland wird dabei ebenso deutlich wie seine Ab-

---

[90] Vgl. Bauer (wie Anm. 86), *Philologus* 75, 438f.
[91] So schreibt Hutten 1520 in seiner in Straßburg erschienenen *Clag und vormanu[n]g gegen dem übermässigen unchristlichen gewalt des Bapstes zu Rom, und der ungeistlichen geistlichen:* „Latein ich vor geschriben hab / das was eim yeden nit bekandt./ Yetzt schrey ich an das vatterland / Teütsch nation in irer sprach, / zu bringen dißen dingen rach."
[92] So nennt ihn Johannes Froben in einem Brief an Thomas Morus vom November 1518; vgl. H. Holborn, *Ulrich von Hutten*, Göttingen 1968, 108f.
[93] Bauer (wie Anm. 86), *Philologus* 75, 461f.
[94] K. Müller (Hg.), *Gesprächsbüchlein Ulrichs von Hutten*, Leipzig 1887, 138.

neigung gegen die politischen Führer, die seiner Meinung nach päpstliche Marionetten sind. In der von den Himmelsfahrern beobachteten Fürstenversammlung zu Augsburg offenbart der Papst, unter dem Vorwand der Kriegsführung mit den Türken, seine wahre Gesinnung:

> Von den Türken redet er nur, aber seine Gedanken liegen weit ab davon. Denn in Wahrheit trachtet er nur nach der Deutschen Geld, er hat im Sinn, sie zu plündern und ihnen abzudringen, was sie noch an Geld haben.[95]

Mit den Worten griechischer und lateinischer Autoren fordert Hutten eine Rückbesinnung auf alte Tugenden und die Zerschlagung der päpstlichen Gewalt.[96] Sein *Gesprächsbüchlein* wird zum Vorbild der reformatorischen Dialogliteratur und Auslöser einer ganzen 'Flut' von Dialogen.[97]

Die große Anzahl an Ausgaben und Übersetzungen der Werke Lukians im 16. Jahrhundert zusammen mit den aufgezeigten literarischen Nachahmungen seitens der Humanisten machen Lukian zu einem der am meisten gelesenen griechischen Schriftsteller.[98] Von den zahlreichen Rezipienten in dieser Zeit sei noch auf Ulrich Zwingli verwiesen, der einen Kommentar zu Lukian verfaßt und seine Dialoge zuweilen in theologischen Traktaten als Paradigmata heranzieht,[99] sowie auf Hans Sachs:[100] Bei ihm wird Lukian

---

[95] Ebenda 142.

[96] „Es wird darum diesem Lande eine Reformation und eine Besserung der Sitten vonnöten sein. Man soll es nicht dulden, daß soviele Müßiggänger sind, die der andern Habe und Gut verprassen, aber keinen Nutzen und keine Früchte bringen. Es wäre den Deutschen heilsam und gut, daß sie mit Eifer und Fleiß die Üppigkeit der Fremden und die ausländische Verweichlichung von sich abhielten und austrieben und ihr Wesen wieder zu der früheren Starkmütigkeit und zu der alten Tugend zurückbrächten." (Ebenda 159).

[97] Hirzel (wie Anm. 85) 392: „Wie eine Sturmfluth braust es namentlich von protestantischer Seite her über Deutschland: in alle Kreise wirkt es, wie an der Abfassung dieser Gespräche Menschen aller Stände und Arten beteiligt sind, nicht bloss die Gelehrten sondern auch die Laien. [...] Die ganze Reformation, konnte ihr berufenster Geschichtsschreiber [Ranke] sagen, ist Ein grosses Gespräch."

[98] Vgl. oben Anm. 12. Zur Privatlektüre Lukians seitens einzelner Gelehrter vgl. auch W. Ludwig, *Hellas in Deutschland. Darstellungen der Gräzistik im deutschsprachigen Raum aus dem 16. und 17. Jahrhundert*, Hamburg 1998, 35.

[99] So referiert er im Kapitel über das Fegefeuer in der Schrift *De vera et falsa religione* (Zürich 1525) eine Stelle aus Lukians *Timon* als Beispiel für die Falschheit von Philosophen. (Vgl. T. Brunnschweiler / S. Lutz (Hg.), *Huldrych Zwingli. Schriften*, Bd. III, Zürich 1995, 374f.).

[100] Eine Auflistung von Lukianbezügen bei Hans Sachs gibt W. Abele, *Die antiken Quellen des Hans Sachs*, Teil II, Progr. Cannstadt 1899, 70-74.

bereits in dem 1527 entstandenen Werk *Der eygen nutz, das grewlich thir mit seyn zwölff eygenschaften* als Autorität genannt. Sachs' Menipp bekennt die Anlehnung an Lukians *Icaromenippus*:

> Er sprach: Mein nam heißt Menipus.
> Der weiss poet Lucianus
> Von mir geschriben hat gar klug,
> Wie ich eins mals gehn himel flug.[101]

Die *Dialogi Deorum* werden bei Sachs aktualisiert,[102] und in seiner Tragödie *Charon mit den abgeschiedenen Geistern* nimmt er sich - wie Erasmus und Hutten - ein Totengespräch Lukians zum Vorbild.[103]

Mit den *Dialogi Mortuorum* ist auch die Dialogsammlung genannt, die sich neben dem *Calumniae non temere credendum* der stärksten Nachahmung erfreute. Auch wenn viele Schriften Lukians in Form von Übersetzungen oder Anspielungen den Eingang in das Bildungsgut dieser Zeit gefunden haben,[104] bestand der besondere Reiz der *Dialogi Mortuorum* in dem moralisierenden Gehalt, den thematisierten Werten 'Einfachheit', 'Bescheidenheit', dem Lob des rechtschaffenen Menschen und in der Relativierung irdischen Glücks bzw. der Entlarvung von Glücksgütern - Themen, die im 16. Jahrhundert ihre Aktualität keineswegs verloren hatten.

Gleichzeitig bot sich die Gattung Totengespräch als ideales Medium der Kritik an sozialen, politischen und gerade auch religiösen bzw. kirchlichen Mißständen an, da die Personen, scheinbar der Welt entrückt, dennoch über alle aktuellen Fragen der Oberwelt diskutieren konnten und dem Satiriker die Möglichkeit gegeben war, direkte, teils gefährliche Verspottung von Zeitgenossen indirekt über ihre Schatten vorzunehmen. Mit dieser Methode, die Hutten im *Phalaris* anwendet, wird das Totengespräch vermehrt im Dienst der Reformation verwendet. Dennoch erscheinen viele dieser Gespräche aus Angst vor Repression zunächst anonym wie das 1538 entstandene *Ein kleglich gesprech babsts Leonis und babst Clementen mit irem*

---

[101] Zitiert nach Gewerstock (wie Anm. 12) 156.

[102] Vgl. ebenda 151-154.

[103] *Charon mit den abgeschiednen Geistern* (1531). Der Herold spricht einleitend: „In freundschafft gunst, euch zugefallen / Komb wir ein Tragedi zu halten / Die hat gemachet bei den Alten / Lucianus, der gross poet." (Zitiert nach: *Hans Sachs. Werke*, hrsg.v. F. Michael / R.A. Crockett, Bd. I, Bern/Berlin 1996, 129).

[104] Auch *Dialogi Deorum* werden rezipiert: *Ein Gespräch des Herrn mit S. Petro von der ietzigen Welt Lauf und irem verkertem bösen Wesen* aus dem Jahr 1587. (Vgl. O. Schade, *Satiren und Pasquille aus der Reformationszeit*, Bd. I, Hannover 1856, 154-175).

Kemmerer, Cardinaln Spinola, in der helle gehalten, den yetzigen Kirchen standt belangend. Kutzlich in Italien asgegangen.[105]

* * *

Die Umsetzung der *Dialogi Mortuorum* in der Malerei durch Hans Holbeins *Totentänze* machte Lukian nicht nur zum Vorbild für literarische Produktion. In seinen Werken findet sich eine Fülle von Bildbeschreibungen (Ekphraseis) und Künstlerkritik,[106] weshalb es nicht erstaunt, daß bereits Leon Battista Alberti die Kunstszene auf Lukian aufmerksam machte. In seinen *Della pictura libri tre* von 1435, weist er den jungen Maler an, sich neben den künstlerischen Fähigkeiten und guten geometrischen Kenntnissen auch Wissen über Dichter und Redner anzueignen, um von ihren Bildbeschreibungen zu lernen.[107] Als erstes Beispiel nennt er Lukians Beschreibung der Darstellung der *Calumniae non temere credendum*:

> quale suole avere questa forza, quanto vediamo, che sola senza pictura, per se la bella inventione stà grata. Lodasi leggendo quella dischritione della Calupnia, quale Luciano raconta dipinta da Apelle. Parmi cosa non aliena dal nostro proposito qui narrarla per admonire i pictori in che cosa circa alla inventione loro convenga essere vigilanti. [...] Quale istoria, se mentre che si recita, piace, pensa quanto essa avesse gratia et amenità ad vederla dipinta di mano d' Apelle![108]

Die zahlreichen Gestaltungen der Beschreibung des Gemäldes des Apelles in der Folge bezeugen auch eine Wechselwirkung zwischen der Beliebtheit

---

[105]   Ebenfalls anonym erscheinen 1542 drei Totengespräche unter dem Titel *Drey Newe vnd lustige Gespreche. Wie der Wolff so etwan doch nicht lang ein mensch Heintz Wolffenbüttel genant jnn abgrund der hellen vordampt sei.* Ort des Geschehens ist die Hölle, in der über den Tyrannen Lycaon Gericht gehalten wird. Nach anfänglichen Schwierigkeiten, den Toten in die Unterwelt zu bekommen - ähnlich wie Menipp im 22. Totengespräch Lukians verweigert der Tyrann den Obolus - wird Lycaon auf Antrag der Kirche gegen den Wunsch Plutos zu Höllenqualen verurteilt. Abgedruckt bei Schade (wie Anm. 104) 99-144.

[106]   Vgl. H. Blümner, *De locis Luciani ad artem spectantibus*, Diss. Berlin 1866 und ders., *Archäologische Studien zu Lucian*, Breslau 1867.

[107]   Leon Battista Alberti, *Della pittura*, III 63: „Pertanto consiglio, ciascuno pictore molto si faccia familiare ad i poeti, rhetorici et ad gli altri simili dotti di lettera, sia che costoro doneranno nuove inventione o certo ajuteranno ad bello componere sua storia, per quali certo adquisteranno in sua pictura molte lode et nome." (Zitiert nach H. Janitschek (Hg.), *Leone Battista Alberti's kleinere kunsttheoretische Schriften*, Wien 1877, 147).

[108]   Ebenda, Kapitel 62.

dieses Dialogs als Text[109] und seiner künstlerischen Umsetzung.[110] Besonders herausragende Beispiele sind Albrecht Dürer und Sandro Botticelli, die sich genau an die lukianische Beschreibung halten.[111] Weitere Verarbeitungen lukianischer Bildbeschreibungen finden sich u.a. bei Raffael, der die bei Lukian beschriebene Hochzeit Alexanders mit Roxane[112] ins Bild faßte, sowie in der Umsetzung der im *Hermotimus* beschriebenen Momos-Geschichte in Marten van Heemskercks 1561 entstandenem Gemälde *Momus kritisiert die Werke der Götter*.[113] Für starke Nachahmung hat auch die in Lukians *Hercules* geschilderte Darstellung des Herakles in Gallien gesorgt. Dieses Motiv griffen unter anderem Albrecht Dürer, die Raffaelschule und Hans Frank mit einem Holzschnitt von 1519 auf.[114]

---

[109] Vgl. dazu Gewerstock (wie Anm. 12) 35f.
[110] Einen Überblick über die *Calumniae non temere credendum*-Verarbeitungen in der Kunst zu dieser Zeit gibt Förster (wie Anm. 15) 349ff. und ders., „Die Verleumdung des Apelles in der Renaissance," in: *Jahrbücher der kgl. pr. Kunstsammlungen* 7, 1887, 29-56 u. 89-113, sowie D. Cast, *The Calumny of Apelles*, New Haven/London 1981 und R. Altrocchi, „The Calumny of Apelles in the Literature of the Quattrocento," in: *PMLA* 36, 1921, 454-491.
[111] Vgl. P. Schulze, *Lucian in der Literatur und Kunst der Renaissance*, Progr. Dessau 1906, 1-19; 12f.
[112] Lukian, *Herodotus 5*.
[113] Vgl. dazu D. Cast, „Marten van Heemskerck's Momus criticizing the works of the gods: a problem of Erasmian iconography," in: *Simiolus* 7, 1974, 22-33; und zuletzt: E. Lippert-Adelberger, „Das Fenster vor Eduards Brust. Über ein Lukianzitat in Goethes Wahlverwandtschaften," in: *Euphorion* 92, 1998, 115-123; 121ff.
[114] Vgl. dazu F. Koepp, „Ogmios. Bemerkungen zur gallischen Kunst," in: *Bonner Jahrbücher* 125, 1919, 38-73 und J. Martin, „Ogmios," in: *Würzburger Jahrbücher für die Altertumswissenschaft* 1, 1946, 359-399 (mit ausführlicher Besprechung der literarischen Vorbilder des lukianischen Bildes).

IV. LUKIAN IM 17. JAHRHUNDERT

War der philologische Grundstein für eine dauerhafte Lukianbeschäftigung im 16. Jahrhundert durch zahlreiche Textausgaben, lateinische und deutsche Übersetzungen und literarische Nachahmungen gelegt, so machte man im 17. Jahrhundert nur teilweise davon Gebrauch. Sowohl was den Inhalt als auch was die Form seiner Schriften angeht, steht Lukian zwischen Anerkennung und Ablehnung. Das Resultat ist eine im Vergleich zum 16. Jahrhundert deutlich geringere Lukianrezeption. Diese konzentriert sich geistesgeschichtlich zunehmend auf den protestantischen Teil der Gelehrten und literarisch auf das Totengespräch als Form des satirischen Dialogs.

Gegenläufige Tendenzen

Hatten die umfassenden philologischen Vorarbeiten seitens der Humanisten einen hervorragenden Zugang zu vielen antiken Schriftstellern geschaffen, so lag darin auch ein Grund für die philologische Unproduktivität auf diesem Gebiet im 17. Jahrhundert.[1] Da die meisten Lukiandialoge in lateinischen und zunehmend auch in deutschen Übersetzungen zum Schulgebrauch vorlagen, konnte man sich vielfach mit geringfügig abgeänderten oder ergänzten Nachdrucken des Vorhandenen begnügen, so wie es beispielsweise mit den Lukianübersetzungen des Erasmus geschah. Als wichtige Neuedition der lukianischen Werke ist v.a. die Ausgabe des Basler Professors für griechische Sprache, Jacob Zwinger (1569-1610), aus dem Jahr 1602 zu nennen.[2]

Betraf der Rückgang der philologischen Beschäftigung zahlreiche antike Autoren, so machte sich speziell im Fall Lukian die zunehmend ablehnende Haltung der katholischen Kirche bemerkbar. Im Jahr 1590 wurde die Ent-

---

[1] Zur Situation der Philologie in Deutschland im 17. Jahrhundert vgl. R. Pfeiffer, *Die Klassische Philologie von Petrarca bis Mommsen*, München 1982, 178: „Die [deutsche] Philologie führte ein stilles Dasein in Schulen und Universitäten, Druckereien und Bibliotheken. Sie kümmerte dahin, aber sie überlebte."

[2] *Luciani Samosatensis Opera, quae quidem extant, omnia, Graece et Latine, in quattuor Tomos divisa*, Basel 1602 (Wiederauflage Basel 1619). Vgl. zum Rückgang des Griechischen an Schulen und im Universitätsunterricht im 17. Jahrhundert auch F. Paulsen, *Geschichte des gelehrten Unterrichts*, Bd. I, Leipzig/Berlin 1919, 487f.

scheidung der Inquisition aus dem Jahr 1554, die mit *Philopatris*[3] und *De Morte Peregrini* zwei lukianische Schriften auf den Index gesetzt hatte, in Rom nochmals bestätigt.[4] Damit haftete, auch wenn nur ein geringer Teil seiner Schriften offiziell geächtet war, nach dem Verdammungsurteil des Suda-Lexikons zum zweiten Mal das Stigma des Blasphemisten an Lukian. Hinzu kam die Abwertung einzelner Dialoge (*Dialogi Meretricii* oder *Amores*), die als frivol eingestuft wurden, was zur Folge hatte, daß die Jesuiten den Autor sogar ganz in ihren Schulen verboten bzw. die in ihren Bibliotheken stehenden Lukianausgaben von anstößigen Stellen 'befreiten'. Ein schönes Beispiel hierfür findet sich in einer im Jahr 1563 in den Besitz des Jesuitenkollegs in Innsbruck gelangten Lukianausgabe:[5] Dort sind die Stücke *Amores* und *Dialogi Meretricii* sowie die auf dem kirchlichen Index stehenden *Philopatris* und *De Morte Peregrini* herausgeschnitten.[6]

Auch für die kreative Rezeption hatte die zunehmende Kritik Folgen: Jacob Gretsers[7] im Jahr 1584 verfaßte Komödie *Timon comoedia imitata ex dialogo Luciani qui Timon inscribitur* ist die letzte direkt auf Lukian bezogene Rezeption eines Jesuiten in dieser Epoche.[8] Dabei ist die Verwendung von Lukians *Timon* als Quelle für ein Jesuitendrama[9] gleichzeitig ein eindeutiger Indikator für die Bekanntheit dieses Dialogs. Gretser stellt sich mit seiner Bearbeitung nicht nur in die Tradition von zumindest zwei Vorgängerstücken,[10] die ihm bekannt gewesen sein dürften, sondern er folgt

---

[3] Der unter Lukians Namen überlieferte Dialog *Philopatris* karikiert die christliche Taufe und Weltentstehungslehre. Auslöser des Gesprächs ist das Entsetzen von Kritias über eine Predigt. Zur Echtheitsproblematik des Dialogs vgl. unten Kapitel V: Philologische Studien: Gesners Abhandlung zum *Philopatris*.

[4] Vgl. F.H. Reusch, *Der Index der verbotenen Bücher*, Bd. I, Bonn 1883, 228.

[5] *Luciani Samosatensis Opera, quae quidem exstant, omnia, e Graeco sermone in Latinum, Partim iamolim diversis autoribus, partim nunc demum per Jacobum Micyllum, quaecumque reliqua fuere, translata*, Frankfurt 1538. (Die Ausgabe steht heute in der Handschriftensammlung der Universitätsbibliothek Innsbruck; sie enthält den handschriftlichen Verweis: „In usu collegi Societatis Jesu oenipoti 1563").

[6] Dabei läßt sich der genaue Zeitpunkt der Heraustrennung natürlich nicht mit Sicherheit auf das 16. Jahrhundert bestimmen, doch die Übereinstimmung der herausgeschnittenen mit den zu dieser Zeit kritisierten Schriften deutet auf einen Zusammenhang hin.

[7] Jacob Gretser (1561-1625) trat im Alter von 16 Jahren dem Jesuitenorden bei.

[8] Vgl. S. Fielitz, *Jacob Gretser, Timon. Comoedia imitata (1584)*, München 1994, 92-113; 282-373 (Text und Übersetzung).

[9] Vgl. auch A. Dürrwächter, *Jacob Gretser und seine Dramen. Ein Beitrag zur Geschichte des Jesuitendramas in Deutschland*, Freiburg 1912.

[10] Dramatische Bearbeitungen von Lukians Dialog *Timon* finden sich bereits im 15. Jahrhundert bei Titus Livius de' Frulovisi und Matteo Maria Boiardo; vgl. dazu W. Ludwig,

Erasmus in seiner Begeisterung für dieses Stück, der es übersetzt und als Exempel für die lukianische Verbindung von *utilitas* und *voluptas* angesehen hatte. Entsprechend drückt der Epilogsprecher des Gretserschen *Timon* die Hoffnung aus:

> Spectastis spectatores candidissimi
> Timonem nostram. Si iucunde gaudeo.
> Si fructuose gratulor. Quod si secus,
> Doleo, nam finem consecuti non sumus
> In omnibus quem pegimus nobis actibus.[11]

Gretser hält sich bei seiner Bearbeitung des Stoffes in Handlungsaufbau und Aussage weitgehend an das lukianische Vorbild, legt jedoch im Zuge seiner Bühnenbearbeitung mehr Augenmerk auf den Kontrast zwischen Reichtum und Armut, indem er den reichen Timon vor seinem Fall bei einem Gelage mit Musik ausgiebig schildert: Vor den Augen des Zuschauers zeigt sich Timon im ersten Akt wie ein Gott, der aus seinem unermeßlichen Reichtum seine Parasiten und Bittsteller beschenkt. Ab dem Zeitpunkt seines Falles, mit dem Lukians Dialog beginnt, nähert sich Gretser der griechischen Vorlage: Die Klage an Juppiter, das Zwiegespräch der Götter und der Schluß, der Timon als einen wieder zu Reichtum gelangten, dabei jedoch zum Misanthropen gewordenen Einzelgänger zeigt, lehnen sich an Lukian an.[12]

* * *

Ein zweiter wichtiger Grund für das schwindende Interesse an Lukian im 17. Jahrhundert war die zunehmende Hinwendung zur Verssatire, die noch bis Gottsched im 18. Jahrhundert die Forderung nach einem 'deutschen Horaz' und einem 'deutschen Juvenal' wachhielt. Der Vorteil der römischen Verssatire gegenüber der menippeischen Lukians wurde darin

---

„Titus Livius de' Frulovisi - Ein humanistischer Dramatiker der Renaissance," in: *Humanistica Lovaniensa* 22, 1973, 39-76 und M. Aurigemma, „Il Timon di M. M. Boiardo," in: G. Anceschi (Hg.), *Il Boiardo e la critica contemporanea*, Florenz 1970, 29ff. Eine Aufführung des *Timon* an der Annaberger Lateinschule ist für das Jahr 1577 belegt. (Vgl. O. Gewerstock, „Lucian und Hutten. Zur Geschichte des Dialogs im 16. Jahrhundert," in: *Germanische Studien* 31, Berlin 1924, 1-178; 40).

[11] Zitiert nach Fielitz (wie Anm. 8) 372.

[12] „Misanthropus ero vivus atque mortuus / Reipsa, non nudo solum vocabulo." (Gretser, *Timon*, 7. Szene des 5. Aktes).

gesehen, daß es sich bei der Verssatire um eine durch ihre Hauptvertreter Horaz, Persius und Juvenal klar definierte und abgrenzbare Gattung handelte, nach deren Vorbild man die Satiredefinitionen vornahm.[13] Verssatiren aus dem 17. Jahrhundert, wie die *Veer schertz Gedichte* von Johann Laurenberg aus dem Jahr 1652[14] oder die kurz darauf (1664) von Joachim Rachel geschriebenen *Teutschen Satyrischen Gedichten*, stehen in dieser Tradition und versuchen, ihre literarische Qualität durch die formale Nähe zu den antiken Originalen und Vorbildern zu sichern. Wie später für Gottsched spielt das formale Kriterium der Verssatire eine wichtige Rolle bei der langsamen Verdrängung Lukians:

> Denn ob sich wohl auch [...] Lucianus auf die satirische Schreibart mit gutem Erfolge geleget: so hat er doch nur in ungebundener Rede geschrieben.[15]

Lukian in protestantischen Kreisen

Von der Ächtung Lukians seitens der katholischen Kirche waren die protestantischen Gelehrten und Schulen zunächst nicht beeinflußt, im Gegenteil: Was der Gegner auf den Index setzt, verleiht womöglich einen noch größeren Reiz. So werden lukianische Werke in protestantischen Kreisen auch im 17. Jahrhundert weiterhin gelesen und vielfach rezipiert.[16] Dies geschah

---

[13] J.C. Gottsched, *Versuch einer kritischen Dichtkunst*, Leipzig 1751[4], 550f.: „Diese drey [Horaz, Juvenal und Persius] haben auch in satirischen Gedichten die höchste Vollkommenheit erreichet: und wir müssen sie uns zu Mustern nehmen, wenn wir darinn was rechtes thun wollen." Der Rückgriff auf die Verssatire läßt sich dabei auch mit der zunehmenden Latinisierung der deutschen Kultur erklären.

[14] Laurenberg (1590-1658) war Professor für Poesie in Rostock und ab 1623 Professor für Mathematik in Soroe (vgl. F.A. Eckstein, *Nomenclator Philologorum*, Leipzig 1871, 322).

[15] Gottsched (wie Anm. 13) 551.

[16] Ein schönes Beispiel für die hohe Stellung, die Lukian an einigen protestantischen Gymnasien im 17. Jahrhundert einnahm, findet sich in dem Hamburger Streit um die Stellung des Neuen Testamentes im Religionsunterricht (vgl. A. Tholuck, *Das akademische Leben des siebzehnten Jahrhunderts mit besonderer Beziehung auf die protestantisch-theologischen Fakultäten Deutschlands*, Halle 1853, 179): „Auch in Hamburg hatte das Neue Testament nur Eine Stunde die Woche und zwar die ungünstigste. Jungius in dem Streite mit der Geistlichkeit über den Hellenismus des N.T. referirt: 'der Streit über diese Frage hat sich schon vor etlichen Jahren erhoben, als das N.T. auf eine unbequeme Stunde, Sonnabend Mittag, verlegt worden, woraus geschlossen worden, daß der Rektor das N.T. lieber gar abgeschafft und mit Lucian vertauscht hätte'."

jedoch nicht ohne Kritik, da Lukian allen Bemühungen der Humanisten zum Trotz, ihm ein positives Image zu verleihen, zum Prototyp eines destruktiven Spötters avanciert war, mit dem man unliebsame und unbequeme Gegner zu denunzieren suchte.

Ein wichtiges Zeugnis sowohl für die Lukianrezeption als auch für seine Beurteilung zu dieser Zeit finden wir in den Werken und der Person Johann Balthasar Schupps (1610-1661). Dem lutherisch-orthodoxen Bekenntnis zugerechnet, macht Schupp nach zwischenzeitlicher Professur der Beredsamkeit in Marburg v.a. als Prediger von sich reden und gerät während seiner Zeit als Pastor an der St. Jacob-Kirche zu Hamburg des öfteren in die Kritik seiner Zeitgenossen. Man bezichtigt ihn ob seiner Streitschriften und Predigten, zu den „Lucianischen Speyvögeln"[17] zu gehören. Zu seiner Verteidigung verfaßt Schupp im Jahr 1659 seinen *Deutschen Lucianus* und verbindet die persönliche Ehrenrettung[18] mit dem Versuch, eine Lanze für Lukian zu brechen. Um die Absurdität ihrer Vorwürfe zu unterstreichen, zeigt Schupp seinen Gegnern auf, daß sie Lukian gar nicht verstanden bzw. gelesen haben:

> Hochgeehrter Leser. Ich weiß gar wol, daß viel unter meinen Verleumbdern seyen, welche mich für einen Lucianischen Speyvogel halten. Allein ich wolte wünschen, daß solche Pedante recht wissen möchten wer Lucianus gewesen sey, und daß sie recht lesen möchten die schöne Oration, welche der Hochgelahrte Boxhornius zu Leyden, de Satyrica Veterum sapientia gehalten hat.[19]

Die Gegner werden durch den Literaturhinweis verspottet, dem nicht so gebildeten Leser, an den sich die Schrift nicht zuletzt richtet, wird Objektivität von Seiten des Verfassers suggeriert. Schupp stellt sich und Lukian in

---

[17] Johann Balthasar Schupp, *Der Deutsche Lucianus*, in: C. Vogt, *Johann Balthasar Schupp. Streitschriften*, Bd. II, Halle 1911, 7-27; 7.

[18] Konkreter Anlaß der Schrift ist die Verleumdung eines gewissen Butyrolambius (hinter dem sich der Hamburger Pastor Johannes Müller verbirgt) seine Predigt habe unschicklichen Inhalt: „Mein Doeg, der Butyrolambius sagt in seiner Paßquill [...] Ich hab gepredigt von einem, der gewünscht hab, bey des Vice Roy zu Neapolis seiner Ehefrawen zu schlaffen, welches auch der Vice Roy hab geschehen lassen wollen, allein die Fraw hab nicht drein willigen wollen. Dabey setzt Butyrolambius, daß ich bey diesem ärgerlichen Exempel, auch diesen Lehrpunct ausgeführt hab, daß mancher etwas wünschete und bete, welches ihm dich nicht werden könte." (Ebenda 24).

[19] Ebenda.

die humanistische Tradition von Reuchlin und Erasmus, nach deren
Vorbild er die Narren bekämpfen will:[20]

> [...] wann ich mit dollen unsinnigen Leuten zuthun habe, welche mit sehen-
> den Augen blind sind, so pflege ich sie mit Schertzreden zu unterrichten.[21]

Aus der Darstellung der Lebensumstände Lukians, der als ein von törichten
Philosophen umgebener, aufmerksamer Zeitgenosse skizziert wird,[22] zieht
Schupp eine Parallele zu seiner eigenen Zeit, die eines neuen Lukian
bedarf. Dieser kann nicht mehr in griechischer oder - wie Erasmus - in
lateinischer Sprache die Narrheiten züchtigen, sondern muß es in deutscher
Sprache tun. Auf diesem Hintergrund bezeichnet Schupp sich als
„Deutscher Lucianus", der das Erbe des Griechen angetreten hat und in der
Tradition des antiken Satirikers die Narren des 17. Jahrhunderts mit Scherz-
reden unterrichtet.

Schupps Lukianrezeption läßt sich in zahlreichen seiner Werke beobachten:[23] In der Schrift *De Opinione* begibt sich der Autor in Nachahmung
von Lukians *Icaromenippus* und *Necyomantia* auf die Suche nach dem
glücklichsten Lebensweg und begegnet in den Elysischen Feldern seinem
Vorbild Lukian. Ziel seines Spottes in *De Opinione* ist die katholische
Kirche mit ihren Dogmen, - ein Thema, das im Streit zwischen den verschiedenen religiösen Richtungen vielfach in Rezeptionen anderer lukianischer Schriften,[24] v.a. der *Dialogi Mortuorum*, gekleidet wurde.[25]

---

[20] Schupp (wie Anm. 17) 19f.: „Als Lucianus solche und dergleichen Ding sahe, begeg-
      nete er den Philosophis und andern, nicht mit syllogismis in Darapti & Felapton, denn
      also hätte er auß Narren gantz dolle und rasende Leuth gemacht. Sondern er tractirte sie
      wie Reuchlin und Eraßmus, die hochgelahrte Männer, hiebevor die unsinnige Mönch
      tractirten."
[21] Ebenda 24.
[22] „Es hat aber dieser Lucianus die Welt beschrieben, nicht wie sie seyn soll, sondern wie
      sie vor Zeiten gewesen ist. Die Regenten waren damals Tyrannen, und man konte ihn
      die Wahrheit nicht beybringen, wann sie nicht gleichsam mit Zucker überzogen war.
      [...] Unter dem gemeinen Mann giengen alle Laster im schwange. Die Philosophi in den
      Schulen wolten für weise Leute gehalten seyn, aber im Werck selbsten, und wann es
      zum Treffen gieng, waren sie grosse Narren." (Ebenda 7f.).
[23] Zur Lukianrezeption Schupps im *Somnium* (1640) und der Schrift *Corinna* vgl. C. Vogt,
      „Johann Balthasar Schupp. Neue Beiträge zu seiner Würdigung," in: *Euphorion* 16,
      673-704; 691-704.
[24] So z.B. die anonym erschienene *Auctio Lutheromastigum* (ohne Jahr), die in Anlehnung
      an Lukians *Vitarum Auctio* die Feinde Luthers unter den Hammer bringt. (Vgl. Gewer-
      stock [wie Anm. 10] 146f.).

Schupp ist in der Deutlichkeit seiner Lukianrezeption zwar ein Einzel-
fall, doch er bezeugt, daß Lukian im 17. Jahrhundert nicht in Vergessenheit
geriet, zumal er, vornehmlich an protestantischen Schulen, Schulautor
blieb. In diesem Zusammenhang fällt es auf, daß die meisten in Schulen
verwendeten Ausgaben lukianischer Werke sich auf die *Dialogi Deorum*
und *Dialogi Mortuorum* konzentrieren.[26] Diese Auswahl liegt zum einen in
der von den Humanisten stets betonten Reinheit der Sprache sowie in der
Kürze der Dialoge begründet, die sich als solche gut für Unterrichtszwecke
eignen. Dazu tritt die erheiternde und moralisierende Wirkung, auf die
Ignatius Mayer in der Einleitung seiner innerhalb von 60 Jahren dreimal
wiederaufgelegten Ausgabe dieser Dialoge hinweist:

> Typographus Lectoris: Vos hoste Luciani Dialogorum selectorum libros eo
> consilio excududos suscepimus, ut iuventus Graecarum literarum studiosa
> sine morum honestatisque periculo illo Auctore post hac uteretur cuius alio-
> qui dictionem ad Graecum sermonem perdiscendum cum primis aptam
> doctissimum quisque iudicaverit. Quantum enim detrimentum adolescentum
> animis afferant ii, qui vel hunc, vel alios id genus auctores sine rerum
> delectu in lucem edunt, aut legendos proponunt, nostrorum temporum per-
> quam corrupti mores, quorum incauta lectio parens est, satis declarant.
> Habenda igitur potior virtutis ratio neque committendum unquam, ut illius
> iactura, vel maxima eruditionis praetextu, iuventus faciat.[27]

Bei der Beliebtheit insbesondere der *Dialogi Mortuorum* als Mittler
christlicher Wertvorstellungen entwickelten sich im 17. Jahrhundert zahl-

---

[25] So druckt die *Andere und zwar gewissere newe Zeitung von Berlin* einen Beitrag mit
dem Titel *In Zweyen Christlichen Besprechen zweyer Wanders=Leute. Hans Lucian und
Bendict Christian. Von jetzigen Zustand zu Berlin. Und wird diß Gespräch dem
Schlappermenischen / Lucianischen / Epicurischen und Gottlosen Calvinischen Gespräch / des Hans Knorren und Benedict Haberecht / so newlich unterm Titel / Newe
Zeitung von Berlin / außgangen / entgegen gesetzt / Allen unnd jeden Lutherandern die
der wahren Christlichen / Evangelischen / Lutherischen Religion zugethan seyn / zum
Unterricht gestellet Durch Habrecht Waarmund / Erstlich gedruckt zu Pfirt, 1614.* Vgl.
auch Kapitel III mit den Nachahmungen Huttens und Erasmus'. Zu weiteren Rezeptionen der *Dialogi Mortuorum* im 16. Jahrhundert vgl. O. Schade, *Satiren und Pasquille
aus der Reformationszeit*, Bd. I, Hannover 1856, 54-67; 99-144.

[26] Zu nennen sind u.a.: *Lucianus, Dialogi selectiores coelestes, marini et inferni, grece et
latine editi in usum puerorum*, Leipzig 1601 (anonym); I. Mayer: *Lucianus, Dialogorum
selectorum libri duo Graeco-Latini*, Ingolstadt 1608 (1620 sowie Dillingen 1624, 1664).
Ausgaben anderer lukianischer Werke sind dagegen seltener: E. Schmid, *Tragopodra*,
Wittenberg 1631 (Frankfurt/Wittenberg 1653) und *Timon sive de divitiis et paupertate
dialogus festivissimus*, Leiden 1652 (mit der Übersetzung von Erasmus).

[27] Mayer (ebenda), Vorrede (zitiert nach der Ausgabe: Dillingen 1664).

reiche Spielarten der Gattung wie die Dialoge zwischen einem Verstorbenen und einem Lebenden[28] oder die Gespräche zwischen Christus und
Gläubigen.[29]

Daneben wurde das Totengespräch in der zweiten Hälfte des 17. Jahrhunderts auch als Diskursform über andere, vermehrt politische Themen
beliebt. Im Jahr 1636 erscheint die Übersetzung eines Totengespräches aus
dem Niederländischen unter dem Titel *Menippus Dialogus Oder Kurzweilig und anmütig / jedoch vertrawlich und gutherzig Gespräch Diogenis,
Momi und Menippi*[30] und 1659 folgt das Totengespräch Johann Michael
Moscheroschs über „Statistische und bißhero von Schwedischer Seiten
practizierte Discursen“.[31] Ein erster Versuch, eine periodische Zeitschrift
mit Totengesprächen zu etablieren, wird im Jahr 1683 gestartet: *Historische, Politische und Philosophische Kriegs- und Friedens-Gespräche Auf
das jetzt neu-eingehende 163. Jahr. Worinnen auch allerley leß- und
merckwürdige Discursen, unter dem so genannten frantzösischen Kriegs-
Simplicissimo, in den Elisäischen Feldern Aller Monatlich deß gantzen
Jahrs abgehandelt werden.*[32]

Auch bei anderen zu Schulzwecken verwendeten Ausgaben wird die er-
zieherische Wirkung lukianischer Werke gelobt: So erscheint im Jahr 1664
das *Somnium sive Vita Luciani* unter dem Titel *Luciani Samosatensis Vita,
In usum Studiosae Iuventutis separatim edita.* Der Herausgeber, Daniel
Classen (1623-1678), möchte die Jugend von schlechten Gedanken abbrin-
gen und zum Studium ermuntern:

---

[28] Vgl. etwa das im Jahr 1628 erschienene *Trostgespräch für eine betrübte Mutter welcher
       ein liebes Söhnlein durch den zeitlichen Todt entzogen* in dem *Manuale Parentum
       lugentium* (1628) des Sigismund Scherertz, Pastor zu Sankt Lamberti in Lüneburg. (Vgl.
       hierzu die Arbeit von A. Bitzel, *Tentatio, Condolatio et Militia Christiana bei Sigis-
       mund Scherertz (1584-1639)*, Diss. Heidelberg 2000).

[29] Eines der frühesten stammt von Dionysos Carthusianus, *Divini amoris sive Tractatus
       Dialogicus inter Salvatorem et Hominem*, Köln 1605.

[30] Erschienen anonym und ohne Ortsangabe 1636.

[31] *Schreiben Welches der vorlengst verstorbene Hochgelahrte Herr Don Franciscus de
       Quevedo, An den Seiner Hellischen Geschichte Continuatorem Philander von Sittwald
       bey newlicher Orcinischen Post überschicket Betreffende einige Statistische und biß-
       hero von Schwedischer Seiten practicierte Discursen So zwischen denen verstorbenen
       Hn: Protectore von Engellandt Dem Schwedischen Reichs-Cantzler Ochsenstern und
       Lilienströhmen. Auff jener UnterWelt In Plutonis Residentz bey dero Zusammenkunfft
       nachdencklich geführet wurden.*

[32] Vgl. zur Totengesprächsrezeption in Frankreich im 17. Jahrhundert und die darauf
       zurückgehende Rezeption dieser Gattung in Deutschland auch Kapitel V: Das *Totenge-
       spräch* und seine Rezeption über die französischen Nachahmer.

Nam ut adolescentes pra Inopia deficientes et ad deteriora animum applicantes revocaret et ad literarum studia converteret, sermonem nunc ait ita a se institutum esse.[33]

Abgesehen von der Schule bleibt Lukian im 17. Jahrhundert für ein breiteres Lesepublikum vor allem durch die *Verae Historiae* bekannt: Im Jahr 1603 erscheint die sehr populäre[34] Sammlung *Vier Bücher Wunderbarlicher biß daher unerhörter und unglaublicher Indianischer reysen durch die Lufft, Wasser, Landt, Helle, Paradiß und den Himmel* von Gabriel Rollenhagen, in dem die *Verae Historiae* in deutscher Übersetzung einem breiteren Publikum vorgestellt werden.[35] Für Rollenhagen besteht der Wert der Schrift, nicht zuletzt mit Blick auf die Heiligenverehrung der Katholiken,[36] in der aufklärerischen Haltung Lukians:

> Dieweil aber der treffliche scharfsinnige Philosophus und Redner Lucianus, der ohn gefehr hundert jahr nach unsers Herren Christi Geburt gelebet hat / zur zeit des Keysers Trajani, auch alle Bücher durchlaß / unnd sahe / das die Indianischen Reysen mit groben greisslichen Lügen verdorben wehren / so schreibet er nach seiner Weißheit und rede Kunst / ein besonder Buch / von Indianischen Reysen / darin er die andern Scribenten und alle abergleubische thorheit der Heyden außlachet / und zu gleich mit dabey lehret / was der Welt lauff sey / bey hohes und niederstandes Personen / unnd wie man sich darin schicken solle.[37]

---

[33]   Daniel Classen, Helmstadt 1664, *Argumentum*. Zur Biographie vgl. Eckstein (wie Anm. 14) 93.

[34]   Magdeburg 1603 (Wiederauflagen 1605, 1619 und 1687).

[35]   Untertitel: *Beschrieben von dem grossen Alexander. Dem Plinio Secundo. Dem Oratore Luciano. Dem von S. Brandano. Mit etlichen Warhaften Lügen. Unsern lieben Teutschen zur Lehre und kruzweiliger ergetzung aus Griechischer und Lateinischer Sprach mit fleis verteutscht.* Die Stellen aus Lukian werden ab Seite 62 gegeben.

[36]   Ebenda: „Wie unverschampte grobe und greissliche Lügen aber in den vorigen schreiben alle sein / so haben doch die Gottes und Ehrvergessene Münche sich nicht geschemet / ihren unschüldigen Heiligen solche Lucianische possen anzudeuten. Die Heilige Schrifft unter die Banck zu stecken / und an der stath öffentlich Fabelwerk zu predigen."

[37]   *Widmung an Christoph von Dorstad.* Die *Verae Historiae* finden sich weiterhin in Andreas Heinrich Buchholz' *Lucians warhafftige Geschichte*, Rinteln 1642, und in der *Satyrische[n] Geschichte und nie erhörte Wunder-Reise*, Leipzig 1679.
Von den übrigen oft gelesenen Werken Lukians sei noch auf die 1619 erschienene Übertragung der Schrift *Calumniae non temere credendum* durch Nicolaus Glaser hingewiesen. (Abgedruckt in Agapetur Diaconus' *Herrn, Hoff, Hauss-Taffel: Hohes und nidriges standes personen zu unterthenigsten ehren [...] sich darin zubeschawn; aus dem Griechischen uebersetzt; mit reimen und figuren erklärt [...] vor augen gestellet*, Bremen 1619).

Die französische Lukianrezeption der Frühaufklärung

Lukian nimmt in der französischen Literatur des 17. Jahrhunderts einen anderen Stellenwert ein als in der deutschen. Durch die Übersetzungen des lukianischen Oeuvres[38] ins Französische in der Gesamtausgabe Jean Baudoins (Paris 1613) und vor allem durch die 1654 in Paris erschienene *Lucien de la traduction de N. Perrot d' Ablancourt en 2 parties* hatten die Dialoge Eingang in viele Werke französischer Schriftsteller gefunden.[39] Besonders die *Verae Historiae* und der *Icaromenippus* wurden vielfach rezipiert, und Motive dieser Werke fanden - womöglich auch über die englischen Mondreiseschilderungen von Francis Godwin und John Wilkins[40] - in Cyrano de Bergeracs *Histoire comique des états et empires de la lune* (1656) und dem 1661 erschienenen Gegenstück *Histoire comique des états et émpires du soleil* ihren Niederschlag.

Bei weitem einflußreicher und für die Lukianrezeption in Deutschland wichtiger waren jedoch die *Dialogi Mortuorum*, die sich seit dem 16. Jahrhundert in Frankreich als die meist gelesenen Lukiandialoge etablierten[41] und dort im ausgehenden 17. Jahrhundert besonders stark rezipiert wurden. Zu nennen ist an erster Stelle der Frühaufklärer Bernard le Bovier, Sieur de Fontenelle (1657-1757). In seinen 1683 erschienenen 36 *Dialogues des Morts* nennt der Verfasser ausdrücklich Lukian als Vorbild und verbindet

---

[38] Die erste französische Gesamtübersetzung des lukianischen Werkes stammt von Philibert Bretin, *Les oeuvres de Lucien*, Paris 1581. Davor sind zahlreiche Einzelübertragungen erschienen, angefangen von Jean Miélots 1475 erschienener Übersetzung des 12. Göttergesprächs und den 1529 in Paris erschienenen *Trente dialogues moraux de Lucian*. Vgl. hierzu C. Lauvergnat-Gagniére, *Lucien de Samosate et le Lucianisme en France au XVIe siécle: Athéisme et Polémique*, Genf 1988.

[39] Vgl. die ausführliche Abhandlung von L. Schenk, *Lukian und die französische Literatur im Zeitalter der Aufklärung*, München 1931, 16-32.

[40] Francis Godwins *Man in the Moone* erschien postum 1638; John Wilkins (1614-1672) schrieb die *Discovery of a World in the Moone*. In England waren Lukians Werke in den Übersetzungen von F. Hicks (Oxford 1634) und später durch die Gesamtübersetzung von John Spence (London 1684) einem breiteren Publikum zugänglich.

[41] Vgl. Schenk (wie Anm. 39) 13ff. Schenk gibt eine Aufstellung der Lukianausgaben des 16. Jahrhunderts in Frankreich und konstatiert: „Gegen Mitte des Jahrhunderts allerdings scheint sich von der Willkür in der Bearbeitung der Lukianischen Werke eine stärkere, einheitliche Vorliebe für die *Dialogi deorum, marini, mortuorum* loszulösen. [...] Diese Entwicklung wird sicherlich auch dadurch noch gefördert worden sein, daß augenscheinlich seit der Mitte des 16. Jahrhunderts bereits in den französischen Mittelschulen neben dem *Charon* und *Somnium* auch die *Totengespräche* in den Kanon der zu lesenden klassischen Werke aufgenommen wurden."

damit endgültig diese sich mehr und mehr als eigenständige Literatur-
gattung herausbildende Dialogform mit dem Namen Lukian:

> Zueignungsschrift des Herrn Verfassers an den Lucian in den elysischen
> Feldern.
> Berühmter Toter,
> Es ist sehr billig, daß ich Dir einige Erkenntlichkeit bezeige, nachdem ich
> mich einer Erfindung bedienet habe, die Dir gehöret. Derjenige Scribent,
> den man in einem Buche am meisten genutzet hat, ist billig der eigentliche
> Held der Zueignungsschrift. [...] Ich habe einigen Grund, zu hoffen, daß
> Deine Erfindung meine Sachen beliebt machen werde. [...] Was mich be-
> trifft, so lasse ich mir es nicht in den Sinn kommen, mich dafür auszugeben,
> daß ich Dir glücklich nachgeahmet hätte: ich verlange nur die Ehre, daß ich
> wohl gewußt, man könne kein vortrefflicher Original nachahmen, als
> Dich.[42]

Fontenelle will sich jedoch nicht sklavisch an die vorgegebene Form und
den Inhalt halten, sondern er modernisiert die Gespräche, indem er die
Ortsbeschreibung ändert, auf die meisten Gesprächsfiguren Lukians verzichtet[43] und stattdessen berühmte Persönlichkeiten aus der jüngeren Geschichte auftreten läßt;[44] wie bei Lukian haben seine Gespräche jedoch
weiterhin moralisierenden Charakter:

> Zum wenigsten habe ich mich bemühet, Deine Absicht nachzuahmen. Deine
> Gespräche halten eine Sittenlehre in sich; und ich habe gleichfalls alle
> meine Todten moralisiren lassen.[45]

---

[42] Vorrede zu Fontenelles *Dialogues des Morts*. Hier und im Folgenden zitiert nach J.C.
Gottscheds Übersetzung (*Herrn Bernhards von Fontenelle Auserlesene Schriften von
mehr als einer Welt*, Leipzig 1766, 235-238), da die Gespräche v.a. in dieser Übertragung für die deutsche Lukianrezeption und -renaissance im 18. Jahrhundert wichtig
wurden. (Vgl. Kapitel V: Das *Totengespräch* und seine Rezeption über die französischen Nachahmer).

[43] Fontenelle (wie Anm. 42) 236: „Den Pluto, Charon, Cerberus, und alles, was in der
Höllen sonst gewöhnlich ist, habe ich ausgelassen."

[44] Fontenelles Gespräche haben neben ihrer großen Popularität auch starke Kritik hervorgerufen. So behauptet Voltaire an einer Stelle über Fontenelles *Dialogues des Morts*: „Il
est honteux pour la nation que ce livre frivole, rempli d'un faux continuel, ait séduit si
longtemps." (Vgl. Schenk [wie Anm. 39] 111). Gegen solche Äußerungen verfaßte Fontenelle sein Unterweltsgespräch „Plutons Urteil über die ‚Gespräche im Elysium'".
Dort treten die von Fontenelle beschriebenen Personen auf, indem sie die zeitgenössische
Kritik aussprechen und sich und die Kritiker damit karikieren (siehe Anhang, Nr. II).

[45] Fontenelle (wie Anm. 42) 236.

Die Quintessenz der moralischen Aussagen wird von Fontenelle am Ende
der einzelnen Dialoge meist zu einem sentenzhaften Schlußwort zusam-
mengezogen.[46]

Die Beliebtheit der Gattung Totengespräch in Frankreich wird neben der
weiten Verbreitung von Fontenelles Dialogen auch durch eine Reihe von
direkten Nachahmern[47] und Schöpfern neuer Gattungsspielarten bezeugt.
Unter letzteren ist vor allem Francois de Salagnac, Sieur de la Mothe-
Fénelon zu nennen, der als Erzieher des Duc de Bourgogne die konsequente Verchristlichung des Totengesprächs betrieb.[48] Damit lag für die weitere
Lukianrezeption ein Werk vor, das als etablierter Träger christlichen Gedankenguts zu einer differenzierteren Einschätzung des lukianischen
Werkes auch in Deutschland führen sollte. Hatte es dort schon im 16. und
17. Jahrhundert vereinzelte Versuche gegeben, das Totengespräch für religiöse Zwecke zu nutzen, war nun zum ersten Mal der systematische Versuch einer Übernahme der ehemals heidnischen Gattung für christliche
Zwecke gelungen. Damit konnte sich literarische Form endgültig vom lukianischen Inhalt abkoppeln.

---

[46] So etwa in dem Gespräch zwischen Hadrian und Margaretha von Österreich, in dem es
      um die Frage nach dem besten Verhalten im Angesicht des Todes geht, die mit Hadrians
      Erkenntnis schließt, „daß die Tugend groß genug sey, wenn sie die Gränzen der Natur
      nicht überschreitet". Zitiert nach der Übersetzung von Gottsched (wie Anm. 42) 276;
      siehe Anhang, Nr. I.
[47] Vgl. dazu Schenk (wie Anm. 39) 52-64 und zusammenfassend 107: „Wie die Beispiele
      Boileaus, Fontenelles, Fénelons und manch anderer erkennen lassen, fanden in der fran-
      zösischen Literatur des 17. und 18. Jahrhunderts von allen Schriften Lukians dessen
      Totengespräche den weitaus stärksten Widerhall."
[48] Vgl. Schenk (wie Anm. 39) 64-83. Zur Totengesprächsrezeption in Frankreich im 18.
      Jahrhundert vgl. auch J.S. Egilsrud, Le „Dialogue des Morts" dans les littératures
      Française, Allemande et Anglaise (1644-1789), Paris 1934, 33-113.

V. DIE LUKIANREZEPTION IM 18. JAHRHUNDERT

Findet sich Lukian in Deutschland im 17. Jahrhundert im Vergleich zur Epoche des Humanismus marginalisiert, so gelangte sein Werk im 18. Jahrhundert zu einer unglaublichen Popularität. Der Grund hierfür lag in einem Zusammenspiel von verschiedenen, der lukianischen Satire zuträglichen Entwicklungen, die der Rezeption seiner Schriften den denkbar günstigsten Nährboden bereiteten. Zu nennen sind hierbei:

1) Die Rezeption der französischen Lukianrezipienten, die insbesondere das Totengespräch in Deutschland zu einer der populärsten Literaturformen werden läßt.
2) Die Wiederbelebung der Gattung 'Gespräch' aus Lukians *Dialogi Mortuorum.*
3) Das Wiederaufblühen der Satire und speziell des satirischen Dialogs im Zuge eines neuen Literaturstils, des Journalismus. Lukians Prosasatire wird literarisches Vorbild.
4) Die geistesgeschichtliche Entwicklung des Jahrhunderts, die Lukian zu einem geeigneten 'Mitstreiter in Sachen Aufklärung' macht.

Das *Totengespräch* und seine Rezeption über die französischen Nachahmer

Der Anstoß für eine erneute, dauerhafte und breite Beschäftigung mit Lukian kam in Deutschland zunächst durch die Hintertür Frankreich. Frankreich galt als modern, als vorbildlich in Mode und Literatur. So ist es nicht verwunderlich, daß die dort im ausgehenden 17. Jahrhundert extrem populäre lukianische Gattung des Totengesprächs Einzug in Deutschland hielt. Dabei erklärt sich die Affinität zu den *Dialogi Mortuorum* in Deutschland auch aus der Tatsache, daß es gerade diese Texte waren, die im 17. Jahrhundert an den deutschen Schulen Lukian lebendig hielten, und man somit von einem günstigen Zusammenspiel von äußeren Einflüssen und bestehender Bekanntheit sprechen muß. Dennoch stellen sich die deutschen Totengesprächsschreiber des 17. Jahrhunderts anfangs nicht in die Tradition ihres Begründers, sondern - angeregt von Fénelons und Fontenelles *Dialogues des Morts* - in die der populäreren französischen Nachahmer. So findet sich bei vielen deutschen Totengesprächen des ersten Drittels des 18. Jahrhunderts ein Verweis auf die beiden Franzosen. Vor allem Fontenelles *Dialogues des Morts* werden immer wieder als Vorbild genannt und seit dem Ende des 17. Jahrhunderts in populären Übersetzungen in Deutschland verbreitet.[1] Über sie setzte eine Lukianrenaissance ein, an deren Beginn eine umfassende Rezeption der Gattung Totengespräch steht: Zwischen 1718 und 1739 erschienen unter dem Titel *Gespräche im Reiche derer Todten* insgesamt 240 Totengespräche, die von David Faßmann (1683-1744) verfaßt und in Form eines Journals herausgegeben wurden.[2] Faßmann weist im 15. Band seiner Reihe ausdrücklich auf Fontenelle hin, der ihn zur Abfassung seiner Gespräche animiert habe. Dabei lehnt sich Faßmann jedoch nur hinsichtlich der Einführung der Personen in das Geschehen an sein Vorbild an: Die Dialogpartner begegnen sich hier wie dort zufällig im zeitlosen Raum und definieren das Gesprächsthema.[3]

Im Gegensatz zu Fontenelle ist bei Faßmann die Welt der Verstorbenen von der der Lebenden nicht völlig getrennt: Regelmäßig werden Neuigkeiten aus der irdischen Welt zu ihnen getragen, sei es durch die personifizierte 'Fama', sei es durch Zeitungen, die, von einem *Secretarius* verwaltet, die Verstorbenen über die Lage auf der Welt informieren. Dieses Interesse der Toten an der Welt der Lebenden will Faßmann übertragen sehen auf das Interesse der Lebenden an den Worten der Toten (d.h. an seinen Totengesprächen); sie werden - ebenfalls in Form einer Zeitung - regelmäßig mit der Vergangenheit konfrontiert. Moralische Belehrungen, wie sie der 'gelehrte und weltberühmte Fontenelle' beabsichtigte, will Faßmann dabei nicht geben, sondern er betont den historischen Charakter seiner Dialoge: Das Totengespräch bietet ihm den Rahmen, die Lebensgeschichten ausgewählter gestorbener Persönlichkeiten darzustellen - eine Materie, mit der

---

[1]   Die wohl wichtigste deutsche Übersetzung der fonteneleschen Totengespräche von J.C. Gottsched erscheint im Jahr 1725: *Herrn Bernhards von Fontenelle Auserlesene Schriften von mehr als einer Welt*. In der *Vorrede des Übersetzers* begründet Gottsched die Neuübersetzung mit der großen Popularität dieser Gespräche in Deutschland: „Weil nun die erste Uebersetzung so viele Liebhaber gefunden, daß bereits in vielen Jahren kein Stück davon zu haben gewesen: so glaubte ich, daß es schon der Mühe werth seyn würde, dieses so angenehme als nützliche Tractätchen, in seinem itzigen weit vollkommenern Zustande, von neuem in unsre Muttersprache zu bringen." (Zitiert nach der Ausgabe: Leipzig 1766, 45). Die Übersetzung von Fénelons *Dialogues des mortes composez pur l'education d'un prince* folgte im Jahr 1745 durch Johann Michael von Loen.

[2]   Die Zeitschrift erschien in Leipzig 1718-1740. Eine Aufstellung von Faßmanns Schriften gibt K. Kaschmieder, *David Faßmanns 'Gespräche im Reiche der Toten' (1718-1740)*, Breslau 1934, 9.

[3]   Dabei wählt Faßmann als Schauplatz seiner Dialoge nicht eine düstere Unterwelt, wie sie bei Lukian benutzt wird und bei Fontenelle im Hintergrund steht, sondern die Begegnungen finden in elysischer Idylle statt, die entsprechend seinem historischen Anspruch eher an reale irdische Orte als an Unterweltsbilder erinnert.

sich der Verfasser auch in zahlreichen Monographien beschäftigt.[4] Dabei verfolgt Faßmann politische Ziele, indem er sich als konservativer kaisertreuer Vertreter der Ständegesellschaft präsentiert.[5]

Der Grund, die literarische Form des Totengesprächs für eine Vielzahl seiner historischen Portraits zu wählen, lag für Faßmann in dem Bestreben, eine breite Leserschaft zu erreichen: Das Totengespräch als Dialog machte die Materie lebendiger, und die aus den Mündern der vorgestellten Personen selbst berichteten Begebenheiten sollten den Eindruck größerer Objektivität erzeugen.

Die Popularität von Faßmanns Gesprächen gab seinem Konzept recht: Bis 1737 waren allein 15.000 Exemplare eines separat erschienenen Dialogs verkauft worden,[6] und die Reihe konnte sich über 20 Jahre behaupten.[7]

* * *

Faßmann rezipiert Fontenelle und nennt Lukian nicht. Obgleich sich Fontenelle noch explizit auf sein griechisches Vorbild bezogen hat,[8] bleibt ein direkter Rückgriff auf den griechischen Satiriker in Deutschland zunächst aus. Dieser wird erst mit der zunehmenden Verbreitung und Nachahmung geleistet, da bei der Flut von Totengesprächen ein Qualitätssiegel gefunden werden mußte, das man durch den Bezug zum Gattungsbegründer zu erreichen hoffte.

Bemerkbar macht sich dieser Rückgriff auf das Original vor allem bei Johann Christoph Gottsched, der im Vorwort zu seiner Übersetzung der fontenelleschen *Dialogues des Morts* dessen Forderung nach Nähe zum Original aufgreift und weiterführt. Gottsched will diese Form möglichst rein, d.h. original lukianisch halten - eine Forderung, die er bereits im Jahr

---

[4] Die *Lebensbeschreibung des heldenmütigen Prinzen Eugen* erschien in Leipzig 1718, ein Jahr später *Der Ursprung des Soldatenstandes*, Berlin 1719. Dergestalt sind Faßmanns Totengespräche auch wesentlich länger als die Fontenelles.
[5] Vgl. auch L. Lindenberg, *Leben und Schriften David Faßmanns (1683-1744) mit besonderer Berücksichtigung seiner Totengespräche*, Diss. Berlin 1937, 130-135.
[6] *Die gantz unvermuthete und plötzliche Ankunfft Caroli XII. letzteren Königs von Schweden, in dem Reiche derer Todten*, Berlin 1719. Vgl. Lindenberg (wie Anm. 5) 36.
[7] Den Versuch, das Totengespräch zur Darstellung historischer Begebenheiten zu nutzen und damit an die erfolgreiche faßmannsche Tradition anzuknüpfen, findet sich bei Johann Konrad Fäsi, *Todtengespräche über wichtige Begebenheiten der mittleren und neueren Geschichte*, Leipzig 1775, sowie *Unterredungen verstorbener Personen über wichtige Begebenheiten der ältern, mittlern und neuern Geschichte*, Halle 1777.
[8] Vgl. Kapitel IV: Die französische Lukianrezeption der Frühaufklärung.

1725 in einem Beitrag für seine Zeitschrift *Die Vernünftigen Tadlerinnen*
(1725-1726) aufstellte und selbst zu erfüllen suchte:

> Wir sind entschlossen, uns in gegenwärtigem Stück dem Geschmacke unsrer
> Zeiten zu bequemen, und Gespräche im Reiche der Todten zu schreiben.
> Wir haben uns aber hierinnen keinen heutigen Scribenten zum Muster ge-
> setzt, sondern den alten Lucian, der in dieser Art die Sitten der Menschen
> zu tadeln, ein vollkommener Meister gewesen.[9]

Gottscheds Aussage macht zweierlei deutlich: Zum einen sieht er die
Gattung Totengespräch untrennbar mit moralischen Inhalten verbunden.
Nachahmungen, die diesen Aspekt nicht haben, wie Faßmanns *Gespräche
aus dem Reiche der Todten*, lehnt er ab, und wenn er sich von den 'heutigen
Scribenten' abgrenzt, so dürfte er nicht nur Faßmann im Visier haben, son-
dern auch 'Auswüchse' dieser Gattung wie das *Gespräch im Reiche derer
Todten zwischen den abgeschiedenen Geistern eines Ochsen und eines
Schweines* (Leipzig 1724). Zum andern will Gottsched ein Exempel sta-
tuieren, d.h. zeigen, wie man mit der Gattung Totengespräch umgehen kann
und soll: Sein Beitrag für die Zeitschrift besteht aus einer Übersetzung von
drei lukianischen *Dialogi Mortuorum*,[10] denen er zwei eigene folgen läßt.[11]
Dadurch wird der Leser in die Lage versetzt, Gottscheds Nähe zum Original zu überprüfen:

> Damit nun meine Leser urtheilen können, wie glücklich mir meine Bemüh-
> ungen von statten gegangen, so will ich eine und die andre davon hieher
> setzen, damit man sie desto leichter gegen meine Arbeit halten könne.[12]

Diese intendierte Gegenüberstellung macht deutlich, daß Gottscheds Charaktere wie bei Lukian keine Zeitgenossen, sondern Personen aus der Ge-

---

[9] J.C. Gottsched, *Die Vernünftigen Tadlerinnen*, 26. Stück, Halle 1725, 201. (Nachdruck:
     2 Bde., Hildesheim/Zürich/New York 1993; vgl. zur Zeitschrift das Nachwort von H.
     Brandes). Zur Literaturkritik der Zeitschrift siehe E. Gühne, *Gottscheds Literaturkritik
     in den „Vernünftigen Tadlerinnen" (1725-1726)*, Stuttgart 1987.
[10] Gottsched (wie Anm. 9) 202-205: *Lucians 7te Unterredung/ Menippus ein Cynischer
     Weltweiser/ und Mercurius*; *Das 10te Gespräch Lucians. Pluto der unterirdische Gott/
     Proserpina seine Gemahlin/ und Protesilaus ein Verstorbener*; *Das 17. Gespräch
     Lucians. Minos/ ein höllischer Richter und Sostratus ein Räuber*. (*Dialogi Mortuorum* 5,
     28, 24; Zählung nach M.D. Macleod, *Luciani Opera*, Bd. IV, Oxford 1987).
[11] Gottsched (wie Anm. 9) 205-208: *I. Lucretia/ Cleopatra/ und Proserpina*; *II. Proserpi-
     na/ Mercurius/ etliche Geister verstorbener Weibesbilder*. (Siehe Anhang, Nr. V u. VI).
[12] Gottsched (wie Anm. 9) 201.

schichte bzw. der griechischen Mythologie sind. Daß Gottsched sich dabei auf den Personenkreis beschränkt, den auch Lukian benutzt hat, und nicht verstorbene Persönlichkeiten aus späterer Zeit auftreten läßt, ist durch den Wunsch nach bewußter Abgrenzung zu den faßmannschen Gesprächen zu erklären.[13] Zudem sind Gottscheds Gespräche sehr kurz, womit dem Charakter der lukianischen *Dialogi Mortuorum* entsprochen wird.

Wie sein griechisches Vorbild verzichtet Gottsched auf eine breit angelegte Lebensgeschichte bzw. Vorstellung der Personen,[14] die als bekannt vorausgesetzt oder mit einem Satz eingeführt werden. Dies ermöglicht ihm eine Konzentration auf die Laster und die menschlichen Glücksvorstellungen, die als falsch entlarvt werden sollen. Die Allgemeingültigkeit und Zeitlosigkeit seiner Gespräche wird dabei durch die antike Einkleidung nicht beeinträchtigt: Gottsched übernimmt das lukianische Bild der Unterwelt mit den verschiedenen Wohnplätzen für die Toten, die ihnen nach dem Spruch des Unterweltsrichters zugewiesen werden.

Der von Gottsched intendierte Vergleich seiner *Totengespräche* mit dem lukianischen Original wirft die Frage auf, welche Absicht der Autor beim Verfassen eigener Gespräche verfolgte, die sich nicht nur äußerlich, sondern auch inhaltlich von dem Original wenig unterscheiden. Mit den Themen 'Vergänglichkeit der irdischen Werte' (wie Schönheit, Reichtum oder Macht) und 'Verurteilen der Eitelkeiten und Arroganz', verbunden mit einem Lob der Tugend, bleibt der Diskussionsstoff gleich: Wenn bei Gottsched im ersten *Totengespräch* die nach dem Tod fortdauernde Ruhmsucht

---

[13] Explizit grenzt sich Gottsched in seiner Schrift *Des Uebersetzers Abhandlung von Gesprächen überhaupt*, die der Übertragung von Fontenelles *Dialogues des Morts* vorangestellt ist (wie Anm. 1, 1-44), von den Gesprächen Faßmanns ab, erklärt sie für nicht lukianisch und damit von schlechter Qualität (26): „Wir haben endlich die beruffenen Gespräche im Reiche der Todten, die eine Nachahmung der lucianischen Todtengespräche seyn sollen."

[14] Solche 'Gespräche' verlieren für Gottsched ihren Gesprächscharakter und werden zu langatmigen Monologen: „Es klingt sehr wunderlich, wenn der eine den andern gleich im Anfange des Gespräches fraget: Wer er sey? Dieser aber anfängt: Ich heiße N.N. und bin im Jahre 4640 nach Erschaffung der Welt, ans Licht der Welt gebohren. Mein Vater hieß so, und meine Mutter so, u.s.w. und dieses so vier bis fünf Bogen lang nacheinander fortsetzet, bis sein ganzer Lebenslauf mit dem darauf erfolgten Tode, und allen Begräbniß-Ceremonien endlich ein Ende hat. Ist es nicht sehr wahrscheinlich, daß die andre Person, in währender zeit eingeschlafen sey, und diesen Schwätzer indessen habe ausreden lassen? Solche Lebensläufe schicken sich sehr wohl nach geendigten Leichenpredigten abzulesen, wo die Zuhörer hübsch stille seyn müssen; nicht aber in Gesprächen, wo die andre Person das Recht und die Freyheit hat, auch ein Wort dazu zu sagen." (wie Anm. 13, 33). Der Text enthält einen deutlichen Seitenhieb auf Faßmann.

und Eitelkeit der Königin Cleopatra den Auslöser für das Gespräch liefert, so fühlt man sich an das dritte Totengespräch Lukians erinnert.[15] Auch die Schlußfolgerung, daß irdische Werte und Stellungen in der Unterwelt nivelliert werden, wird bei beiden gezogen. Wenn Gottsched dennoch nicht einfach eine Übersetzung der *Dialogi Mortuorum* Lukians vorstellt, liegt das im Programm seiner Zeitschrift begründet, die sich ausdrücklich an Frauen als Lesepublikum wendet:

> Wir [der Verfasser unter dem Pseudonym Calliste und eine Freundin] hatten uns kaum gesetzt, als wir fast beyde zugleich auf die Gedancken kamen, ob es denn nicht möglich sey, nach dem Exempel der Manns-Personen, eine besondere Schrifft zu verfertigen, darinnen von mancherley Fehlern der Menschen überhaupt, insonderheit aber von den Schwachheiten des weiblichen Geschlechts gehandelt würde.[16]

Lukians Gespräche eignen sich insofern nicht, weil dort fast ausschließlich Männer in der Unterwelt zusammentreffen. Gottsched läßt dagegen weibliche Schatten mit spezifisch weiblichen Lastern auftreten, die zudem von Proserpina als Richterin verurteilt werden, da Pluto mit der Verurteilung der Männer beschäftigt ist.[17] So versuchen beispielsweise Kleopatra und Lukretia sich im ersten Gespräch gegenseitig den Rang abzulaufen: Kleopatra argumentiert mit ihrer Schönheit, die alle Männer bezaubert habe, Lukretia hält ihre Keuschheit dagegen, für die sie schließlich in der Unterwelt auch belohnt wird. Noch deutlicher behandelt das zweite Gespräch Fragen aus dem Lebensbereich der Frau. Dabei erhält die Mutter, die sich der Erziehung ihrer Kinder gewidmet hat, als Lohn eine Wohnung in den Elysischen Gefilden, wogegen die Hure „mit brennendem Peche" beträufelt wird.[18] Gottsched moralisiert wie seine französischen Vorgänger und verbindet mit seinen Gesprächen nach dem Vorbild Fénelons die Vermittlung christlicher Werte.[19] Die gewünschte Aktualität der *Totenge-*

---

[15] Zählung nach Macleod (wie Anm. 10). In dem Totengespräch wird Menipp von den drei Königen Kroisos, Midas und Sardanapal angeklagt, sie mit seinem Spott über ihre Sehnsucht nach den irdischen Verhältnissen zu verfolgen.

[16] Gottsched, *Die Vernünftigen Tadlerinnen* (wie Anm. 9) 1. Stück, 2.

[17] Ebenda, 26. Stück, 206: Merkur fordert Proserpina mit den Worten zur Hilfe auf: „Die höllischen Richter haben mit der Beurteilung der Männer soviel zu thun, daß sie euch zu ihrer Gehülfin verlangen, um die Frauenzimmer zu richten." (siehe Anhang, Nr. VI).

[18] Ebenda 208.

[19] Als Rechtfertigung für das Konzept, in vernünftiger Weise die Laster der Zeit zu tadeln, heißt es: „vielmehr sind wir überredet, da die Pflicht, so uns als Christen obliget, uns

spräche erreicht er durch die Änderung der auftretenden Personen mit Blick auf den weiblichen Adressatenkreis;[20] in Form und Gehalt sind seine Gespräche jedoch lukianisch, d.h. für Gottsched: original.

* * *

Gottscheds Lukianbeurteilung wurde in der Folge durch seine populäre Übersetzung der fontenelleschen *Dialogues des Morts*[21] weit verbreitet und insoweit umgesetzt, als sich viele Verfasser von Gesprächen und insbesondere Totengesprächen in ihrem Bemühen, original zu sein, mehr und mehr direkt auf Lukian beriefen. Man wollte aus der Masse herausstechen, und die von Gottsched vorgeschlagene Rückbesinnung auf das Original wurde dankbar angenommen. So heißt es im Vorbericht zu dem *Ausserordentlichen Gespräch im Reiche der Todten zwischen dem ersten Menschen Adam und Joseph dem Pflege-Vater des Herrn Christi*:

> Das gute Absehen, welches der Erfinder oder Anfänger solcher Todtengespräche gehabt, ist nachgehends von andern, die nur lauter abgeschmackte Sachen um eines schnöden und schlechten Gewinns willen vorgetragen haben, sehr gemißbrauchet worden, also, daß manchem Gelehrten anjetzo dieser Titel gantz eckel vorkommet. Gleichwohl ist es auch gewiß, daß man eines bösen Mißbrauchs halber einen guten Gebrauch nicht wegwerfen sondern solchen immer mehr und mehr zu erheben suchen soll.[22]

Dieses Lob des Urhebers der Totengespräche basiert auf ihrer Einschätzung als Läuterungsschriften, in denen schlechte Sitten getadelt werden und zu moralisch gutem Handeln aufgerufen wird. Der Verfasser stellt sich damit - wie schon Gottsched - in die Tradition von Erasmus und den Humanisten, die in den lukianischen Schriften christlich moralische Anliegen verwirklicht sahen und sie in Nachahmungen als geeignetes Mittel nutzten, die christliche Lehre und ihre moralischen Botschaften zu verbreiten. Beispiele

---

untereinander zu ermahnen, zu warnen und zu straffen, uns dazu genugsam berechtige." (*Die Vernünftigen Tadlerinnen* [wie Anm. 9] Stück I, 6).

[20] Zu den moralischen Wochenschriften als Bildungsprogramm für Frauen vgl. R.S. Madhyastha, *Die Frau als Bildungsobjekt in den deutschen und englischen Wochenschriften des 18. Jahrhunderts*, Diss. New York 1984 und W. Martens, *Die Botschaft der Tugend. Die Aufklärung im Spiegel der deutschen Moralischen Wochenschriften*, Stuttgart 1968.

[21] Bis 1771 erschienen 4 Auflagen.

[22] Frankfurt/Leipzig 1735.

für eine ähnliche Funktionalisierung des Totengesprächs im 18. Jahrhundert sind zahlreich.[23]

Für den Verfasser des oben genannten Totengesprächs sind dabei Form und Aussage untrennbar miteinander verbunden; ausdrücklich wendet er sich gegen eine Nutzbarmachung der Form für Inhalte, die den als ursprünglich angesehenen moralischen Unterton nicht haben: Totengespräche ohne moralisierenden Charakter werden als Mißbrauch empfunden.

Das Verlangen nach moralischer Wertevermittlung wird von vielen, auf die Erbauung ihrer Zeitgenossen zielenden Wochenschriften geteilt. Ganz deutlich bringt der Schweizer Schriftsteller Johann Jakob Bodmer diese Haltung in seiner Zeitschrift *Die Discourse der Mahlern* (1721-1723) zum Ausdruck:[24]

> [...] die Todten [...] müssen besser moralisieren als die Sterblichen, sonst würde es sich nicht der Mühe lohnen, sie reden zu machen.[25]

Bodmer versucht, den 'wahren' Charakter der Totengespräche durch die Veröffentlichung zahlreicher 'besserer' Gespräche in den Folgebänden seiner Zeitschrift zu vermitteln.[26] Auch empfiehlt er Lukian als Lektüre und verfaßt selbst *Gespräche im Elysium und am Acheron* (1763) in enger Anlehnung an sein griechisches Vorbild. Dabei hält er sich auch insofern stärker an das Original, als er nicht zeitgenössische, sondern antike Charaktere auftreten läßt.

* * *

---

[23] Vgl. die Aufstellung bei J. Rutledge, *The Dialogue of the Dead in Eighteenth-Century Germany*, Bern/Frankfurt a.M. 1974, 134-163.

[24] Populäre Totengespräche mit rein historischen oder unterhaltenden Aussagen lehnt Bodmer ab: „[...] gemeine Leute halten auf den Entre-Vues im Reiche der Todten und andern Büchern die mit seltsamen Historien / mit neuen Zeitungen / mit Mord- Brand- und Diebs-Geschichten angefüllet sind unendlich mehr als auf einem raisonnirenden Buche [...].“ (*Die Discourse der Mahlern*, XXII. Discours, Zürich 1721).

[25] Ebenda IX. Discours. Vgl. zur moralisierenden Ausrichtung der Zeitschrift auch die Arbeit von J. Splett, *Moralisches Exempel. Zu erkenntnistheoretischen und poetologischen Aspekten der Vermittlung moralischer Lehren in den frühen deutschen Moralischen Wochenschriften 'Die Discourse der Mahlern' (1721-1723), 'Der Patriot' (1724-1726) und die 'Vernünftigen Tadlerinnen' (1725-1726)*, Diss. Berlin 1987.

[26] *Die Discourse der Mahlern* wurden 1746 unter dem Titel *Der Mahler der Sitten* fortgeführt.

Das Totengespräch entwickelt sich im 18. Jahrhundert zu einer der beliebtesten Literaturgattungen in Deutschland: Über 500 Gespräche sind nach-
weisbar.[27] Dabei bleibt die Unterwelt thematisch bunt; trotz der starken
Versuche, das Totengespräch als Träger moralischer Wertvorstellungen zu
vereinnahmen, schreibt man alle erdenklichen Variationen: Themen wie
Personen sind keine Grenzen gesetzt, und man spricht und streitet über Religion, Politik oder den Krieg, erörtert Fragen nach dem Berufsstand[28] und
verbindet moralische Zwecke ebenso mit dieser Literaturform wie rein
unterhaltende. Hochstehende Persönlichkeiten kommen nicht öfter zu Wort
als das einfache Volk[29] oder sogar Kriminelle, deren Psyche man zu ergründen und offenzulegen sucht.[30]

Die Fülle der Nachahmungen ging nach Ansicht einiger Beobachter auf
Kosten der Qualität. Am Original gemessen hielt nur wenig dem Blick der
Literaturkritiker stand, es finden sich sogar vernichtende Urteile:

> Bei der Fruchtbarkeit der teutschen Schriftsteller, können wir uns doch nicht
> rühmen, dem Lucian, Fenelon, Fontenelle und Littleton eine teutsche Schrift
> in dieser Art an die Seite setzen zu können: Wenigstens ist mir keiner be-
> kannt geworden, der in dieser Art des Vortrags mit ihnen verglichen zu
> werden verdient.[31]

---

[27] Vgl. Rutledge (wie Anm. 23) 14.

[28] So in dem *Gespräch im Reich der Todten zwischen dem Buchhändler Johann Jacob
Bauer und dem Kaufmann L. von den vielerley Arten des Buchhandels in ihren rechtem
Gebrauch und Mißbrauch; und über die Frage: Ob ein Buchhändler ein Gelehrter sein
muß? da die Wissenschaften die höchste Stuffe erreicht haben sollen*, Nürnberg 1770.
(Nachdruck in: R. Wittmann (Hg.), *Quellen zur Geschichte des Buchwesens* Bd. IV,
München 1981, 89-220).

[29] Das wohl populärste Beispiel dafür ist Ulrich Bräkers (1735-1798) *Gespräch im Reiche
der Toten* aus dem Jahr 1788. Hier treten Bauern, Kinder und Mägde auf, „Mitbrüder,
Mitschwöstern [...] und viele arme Mitmenschen". (Zitiert nach S. Voellmy / H. Weder
(Hg.), *Ulrich Bräker. Gespräch im Reiche der Toten*, Basel 1978, 189).

[30] So die *Gespräche in dem Reiche der Todten unter den Spitzbuben*, Frankfurt/Leipzig/
Hamburg 1723; *Besonders curieues Gespräch im Vorhofe des Reichs der Todten
zwischen zwey [...] Dieben, Räubern und Mördern*, Frankfurt/Leipzig/Nürnberg 1727;
*Curieues drittes Gespräch im Vorhofe des Reichs der Todten zwischen zweyen Dieben
[...]*, Frankfurt/Leipzig/Nürnberg 1728.

[31] J.G. Oelrichs, *Gespräche der Verstorbenen einer Englischen Schrift*, Berlin 1761, XXI.
Vgl. zu Lyttelton auch J.S. Egilsrud, *Le „Dialogue des Morts" dans les littératures
Française, Allemande et Anglaise (1644-1789)*, Paris 1934, 158-177. Zur Totenge-
sprächsrezeption in England im 17. und frühen 18. Jahrhundert vgl. H. Craig, „Dryden's
Lucian," in: *Classical Philology* 16, 1921, 141-163; 149f.

Johann Georg Oelrichs, der die Reihe der Klassiker des Totengesprächs um die Werke des Engländers George Lord Lyttelton erweitern möchte, stellt selbstverständlich Lukian an die erste Stelle,[32] und gleichsam programmatisch findet sich Johann Elias Schlegels *Demokritus, ein Totengespräch* gleich im ersten Band der Zeitschrift *Die Belustigungen des Verstandes und des Witzes* (Leipzig 1741).

Auch einer der wichtigsten Lukianrezipienten des 18. Jahrhunderts, David Christoph Seybold, versucht, der Gattung Totengespräch zu neuem Glanz zu verhelfen und schreibt im Jahr 1780 „Gespräche im Reiche der Todten in Lucianischer Manier, statt der albernen Fratzen [...] die diesen Tittel führen".[33] Seybold hält sich dabei weitgehend an die gottschedschen Kriterien: Die Totengespräche sind kurze Disputationen über das politische, religiöse und geistige Leben seiner Zeit. Gleichwohl bleibt auch Gottsched nicht von Kritik verschont, und Seybold läßt ihn im zweiten Gespräch zusammen mit Klotz über den Verfall der Literatur und ihres 'Ruhmes' innerhalb der Literaturszene klagen; Gottsched, der zumindest in der Unterwelt, d.h., wenn es um Totengespräche geht, noch etwas zu sagen hat, bedauert:

> Wir sind doch Brüder. Denn wir haben gleiches Schicksal gehabt. Wir saßen beyde auf papiernen Thronen, und beyde sind sie von unsern Feinden zu Asche verbrannt worden, und nichts von dem erschlichenen Ruhme ist uns übrig geblieben, als dir einiges Verdienst um das Studium der Alten, und mir um die teutsche Sprache.[34]

Auch wenn die meisten Totengespräche in den Augen der Kritiker literarisch viel zu wünschen übrig ließen, muß man festhalten, daß sie zu den wichtigsten Trägern der Lukianrezeption in Deutschland wurden. Die Diskussion um Herkunft und Qualität dieser Gattung machte Lukian wieder aktuell, und spätestens seit der Mitte des 18. Jahrhunderts brachte man in Deutschland seinen Namen und nicht mehr den der französischen Nachahmer untrennbar mit dem Totengespräch in Verbindung.

---

[32] Eine ähnliche Forderung erhebt der Verfasser von dem Stück *Das verwirrete und wieder beruhigte Reich der Todten. Eine Lucianische Satyre*, Köln 1746, 3: „Zwar war das Reich der Todten eine Zeit her nicht gar/ wohl zufrieden mit einigen Sterblichen, welche sich mit/ denen Unterredungen im Reich der Todten beschäftiget/ hatten; doch ließ man sich daran gnügen, daß man diesen/ elenden Gesprächs-Schreibern bey ihrer Ankunft aus der/ Ober-Welt einen derben Verweis gab."

[33] D.C. Seybold, *Neue Gespräche im Reich der Todten*, Hanau 1780, 4. Zu Seybold vgl. Kapitel V, David Christoph Seybold.

[34] Ebenda 10-11.

Lukians *Dialogi Mortuorum* als Vorbild für die Gattung 'Gespräch'

Hand in Hand mit der Wiederentdeckung des Totengesprächs ging der Versuch, das Gespräch generell hoffähig zu machen. Bereits Faßmann suchte das Gespräch neu zu entdecken, das, wie er einen seiner Toten sagen läßt, zu Beginn des 18. Jahrhunderts keinen guten Stand hatte:

> Es ist wahr, daß sich vor Zeiten die weisesten Leute auf Unterredungen und Gespräche gelegt, die sie schrieben und herausgegeben; wie es dann auch wahrhaftig die leichteste Art, sich wohl zu explizieren und einem anderen einen richtigen Begriff von dem, was man sagen will, beizubringen. Heutigen Tages aber gibt es Leute in der Welt, welche das, was man per modum dialogi oder gesprächsweise geschrieben und ausgeführt, mit verächtlichen Augen ansehen und ihr Gespött darüber treiben. Das sind nun gemeiniglich so hochweise und hochgelahrte Herren, die vor lauter Gelehrsamkeit und Weisheit strotzen wie ein Sack, wann er voller Quirl und Rührlöffel steckt.[35]

Kann Faßmanns Versuch, das Gespräch wiederzubeleben, aus dem Bedürfnis erklärt werden, seine *Gespräche aus dem Reiche der Todten* zu etablieren, so hat Gottsched die Gattung Gespräch als solche im Blick: Lukians *Dialogi Mortuorum* sind für ihn nicht nur ein hervorragendes Medium zur Kritik und Verbreitung moralischer Wertvorstellungen, sondern sie sind Vorbilder für das Gespräch überhaupt: Indem er seine theoretische Abhandlung über das Gespräch aus der Analyse der lukianischen *Dialogi Mortuorum* begründet,[36] leistet Gottsched eine der wichtigsten gattungsgeschichtlichen Etablierungen Lukians überhaupt. Als 'wahrer Menschenkenner und -zeichner' bringe dieser die besten Grundvoraussetzungen für einen Dialogschreiber mit:

> Dieses sein Unternehmen nun ist ihm dergestalt gelungen; daß er [Lukian] zu allen Zeiten für einen Meister in dieser Schreibart gehalten worden. Seine Scharfsinnigkeit, sein natürliches Wesen, seine anmuthige Art zu scherzen, und endlich seine vernünftige Beobachtung aller Charaktere [...] kann ihm auch der schärfste Kriticus nicht absprechen.[37]

Ausgangspunkt von Gottscheds Abhandlung über das Gespräch ist seine Beobachtung, daß die zunehmende Verwissenschaftlichung den Deutschen die Form des Dialogs verleidet habe - zu Recht, wie er meint, denn eine

---

[35] Faßmann (wie Anm. 2) 206. *Entrevue*, Bd. XIII, 1111.
[36] Gottsched (wie Anm. 13) 39-43.
[37] Ebenda 12.

systematische Wissenschaft lasse sich zwar nicht in Dialogform dar-
stellen,[38] diese könne ihr aber auf eine eigentümliche Art zuträglich sein.[39]
Der Dialog habe im Dienst der Wissenschaft zunächst pädagogischen
Nutzen:

> Die systematische Lehrart, so ganze Wissenschaften in ihrem völligen Zu-
> sammenhange vorträgt, schicket sich nur für Leute, die einen durchdringen-
> den Verstand, und viel Geduld zum Nachsinnen haben. Diese Gattung von
> Menschen ist aber nicht gar zu zahlreich. [...] Der allergrößte Theil der Stu-
> dierenden, studiret mit dem Gedächtnisse, und lernet dasjenige auswendig,
> was ihm seine Lehrer vorsagen: oder was er in den Büchern findet, die man
> ihm zuerst in die Hände giebt. Für solche Leute nun wäre es sehr gut, wenn
> sie viel gute Gespräche zu lesen hätten: denn dadurch würden sie allmählich
> zum Nachdenken angeführt werden.[40]

Neben dem Zweck der Hinführung zur Wissenschaft ist der Dialog für
Gottsched das geeignete Medium, nichtwissenschaftliche Themen für den
'einfachen Mann' zu präsentieren:[41]

> Man brauchet auch in weltlichen Dingen, in Sachen die von der Haus-
> haltung, von dem Gebrauche der Vernunft, von einem klugen Umgange mit
> Leuten, von der bürgerlichen Klugheit, von allerley Pflichten des mensch-
> lichen Lebens [...] zuweilen eine Nachricht. Und von allen diesen Dingen
> könnten tausend und noch tausend schöne Gespräche geschrieben werden;
> daraus Unstudirte sehr viel lernen würden.[42]

---

[38]   Gottsched (wie Anm. 13) 20f.: „Heutiges Tages hat die Gelehrsamkeit ein ganz andres
       Ansehen bekommen. Man bemühet sich, alles, was man weis, auf sichere Grundwahr-
       heiten zu bauen. Man trägt alle Sätze von einer Gattung, in einer ordentlichen Verknüpf-
       ung vor. Man erklärt die Sachen deutlicher, und erweiset seine Lehren gründlicher: und
       daher kömmt es eben, daß die Art in Gesprächen zu schreiben, für unbequem gehalten
       worden, die Wissenschaften vorzutragen. Diese Lehrart machet sehr viel Umschweife,
       und würde in schreckliche Weitläufigkeiten stürzen."

[39]   „Nichts destoweniger dünket mich doch, daß man nicht Ursache habe, aus Stolz wegen
       unsrer erlangten Vollkommenheit, die Art durch Gespräche zu schreiben, ganz hintan zu
       setzen." (Ebenda 24).

[40]   Ebenda.

[41]   In diesem Punkt mag Gottsched an eine Stelle aus Lukians *Bis Accusatus* (33) gedacht
       haben, wo der Dialog sich beklagt, aus den philosophisch-gelehrten Höhenflügen auf
       das Maß der Verständlichkeit und Unterhaltung für einfache Leute zurückgestutzt wor-
       den zu sein.

[42]   Gottsched (wie Anm. 13) 25.

Das Gespräch als Literaturform sowohl für den Gebildeten als auch für den 'Unstudirten' ist für Gottsched Träger der Bildung par excellence. Ganz gleich, welche der beiden Adressatengruppen[43] ein Dialogschreiber im Visier hat - es gilt, bestimmte Kriterien einzuhalten. Dabei geht Gottsched von der Prämisse aus, daß ein Gespräch wirklichkeitsgetreu sein muß, insofern es entweder tatsächlich gehalten wurde oder hätte gehalten werden können.[44] Er vergleicht es mit einem Gemälde, das besser wird, je näher es an die Wirklichkeit erinnert. Auf dieser Grundlage leitet er vier Hauptregeln ab, die er unter Bezugnahme auf Horaz' *Ars poetica* wie folgt darstellt:

1) Übereinstimmung von dargestellter Person und dem mit ihr verbundenen Charakter.[45]
2) Ausgewogenheit der Sprecheranteile: „Man lasse nicht eine Person ganz allein reden, die andre aber still schweigen."[46]
3) Natürliche Sprache, keine gekünstelten Wendungen.[47]
4) „In jedem Gespräch muß von einer gewissen Materie gehandelt werden." Gottsched spielt hierbei weniger auf inhaltliche Themeneinheit an, sondern auf die Zweckgerichtetheit des Stücks.[48]

---

[43] Insbesondere die Bildung der ungebildeten Bürger ist für Gottsched ein Anliegen: „Es ist ja bey uns Evangelischen das schädliche Vorurtheil längst abgeschaffet, daß man den Pöbel in der Blindheit und Unwissenheit erhalten müsse. Warum erleichtern wir ihm denn nicht den Weg, einiges Erkenntniß zu erlangen? Warum verstecken wir unsre Gelehrsamkeit in unserm oft sehr barbarischen Lateine? Warum schreiben wir nicht in unsrer Muttersprache, wie Griechen und Römer gethan; so, daß auch Unstudirte sich von unsrer Weisheit einen Begriff machen können? Ja, warum tragen wir nützliche Wahrheiten nicht in Gesprächen vor? da doch diese Lehrart wegen ihrer Deutlichkeit und Lebhaftigkeit, überaus geschickt ist, auch den Allereinfältigsten an sich zu locken." Gottsched (wie Anm. 13) 25.
[44] Ebenda 30: „Ich habe die Hauptquelle entdeckt, woraus alle besondre Regeln der Gespräche fließen müssen. Ein Gespräch muß entweder einer wahrhaftig gehaltenen Unterredung ähnlich seyn: oder, sofern es erdichtet worden; so muß es doch die Wahrscheinlichkeit zum Grunde haben."
[45] Ebenda 30-32.
[46] Ebenda 32-34.
[47] Ebenda 34-37. Gottsched wendet sich in diesem Punkt auch gegen den Gebrauch von Fremdwörtern: „Ein gleiches ist von der Reinigkeit der Sprache zu beobachten. Die verderbte Gewohnheit fast aller Völker hat es eingeführet, daß man im gemeinen Leben viele Wörter aus fremden Sprachen einmischet. [...] Die unnöthige Vermischung der Sprachen ist ein Uebelstand und Fehler unserer täglichen Gespräche, und zeigt die Armuth der Redenden in ihrer Muttersprache, oder doch eine üble Gewohnheit an." (35f.)
[48] „Allein [...] muß doch in einer geschriebenen Unterredung, alles was darinnen vorkömmt, zu einem gewissen allgemeinen Zwecke abzielen. Es geht hier ebenso wie in

Sieht Gottsched die ersten drei Kriterien vorbildlich bei Lukian verwirklicht, macht er bei dem letzten Punkt Einschränkungen: Als Beispiel für ein
Gespräch, dem keine erkennbare Absicht, und damit nach Gottscheds Meinung keine Materie zugrunde liegt, stellt er das lukianische Totengespräch
(14) zwischen Charon und Merkur vor, in dem der Fährmann für einige bei
Merkur bestellte Gegenstände zur Reparatur seines Nachens zur Kasse ge-
beten wird:

> Nun sage mir jemand, was Lucian mit diesem ganzen Gespräch sagen
> wollte? Welches ist die Hauptabsicht gewesen, warum er den Charon und
> Mercur zusammen gepaaret und warum hat er sie eben dieses, und nichts
> anders reden lassen?[49]

Obgleich sich eine 'Hauptabsicht' des Autors leicht hätte feststellen lassen,
beispielsweise in dem Versuch, die Götter durch ihr allzu menschliches
Feilschen und wirtschaftliches Denken ad absurdum zu führen, kann Gottsched eine solche nicht erkennen. Er versucht es trotzdem - vergeblich:

> Hat er etwa die Schuldforderungen verwerfen wollen? Diese sind ja billig.
> Hat er irgend die Rechnungen von allerley Kleinigkeiten zu verspotten ge-
> suchet, wie es leicht das Ansehen haben könnte? Dieses aber erlaubet der
> Schluß des Gespräches nicht, zu glauben. Will er endlich die schändlichen
> Todesarten seiner Zeit als etwas schimpfliches vorstellen? Dieses ist ja nur
> ein Nebenwerk in seinem Gespräche. Was will er denn? Das beste was man
> vieleicht sagen könnte, wäre dieses: daß er willens gewesen, die Art der Gei-
> zigen und bösen Schuldner, unter dem Bilde Charons abzuschildern. Allein
> auch dieses will nicht angehen. Denn warum gesteht Charon einmal, daß
> Mercur etwas in wohlfeilem Preise bekommen? Pflegen Geizhälse das
> jemals zu thun? Oder warum saget Charon zuletzt etwas, welches augen-
> scheinlich wider sich selbst läuft? Gewiß, böse Schuldner pflegen sich davor
> wohl zu hüten.
>   Aber warum hatte er auch den Charon als einen Geizigen vorgestellet,
> von welchem Mercur seine Schuld nicht einziehen kann; und dem es so für
> genossen ausgeht? Werden nicht die Lasterhaften daraus einen neuen Vor-
> wand nehmen, und sich auf Charons Exempel berufen?[50]

Schauspielen. So vielerley Vorstellungen auch darinnen vorkommen, so hat doch der
Urheber derselben allezeit eine einzige Hauptabsicht vor Augen, worauf sich alles
übrige beziehen muß." (Ebenda 37f.).

[49]   Gottsched (wie Anm. 13) 40. Die Übersetzung des Totengesprächs ist im Anhang (Nr.
       III) abgedruckt; Zählung nach Macleod (wie Anm. 10).
[50]   Ebenda 40f.

Gottscheds Verzweiflung über ein so 'sinnloses' Gespräch muß auf den Mangel einer klar faßbaren, auf die Menschen bezogenen moralisierenden Grundaussage zurückgeführt werden, die er von einem guten Gespräch, das keinen wissenschaftlichen Anspruch hat, erwartet. Eine solche sieht er dagegen in Lukians drittem Totengespräch verwirklicht, das „alle guten Eigenschaften" eines Gesprächs besitze.[51] In diesem verfolgt Menipp die immer noch ihren irdischen Gütern nachtrauernden Könige und Tyrannen Krösus, Midas und Sardanapal mit unerbittlichem Spott.

Am Beispiel dieses Totengesprächs wird Lukian von Gottsched in der Folge als Vorbild einer ganzen Gattung vorgestellt, an dem sich Nachahmer messen lassen müssen und mit dem das Gespräch in Deutschland wieder populär gemacht werden soll. Insofern ist seine im Anschluß an die Abhandlung abgedruckte Übersetzung der fontenelleschen Gespräche programmatisch; als Beispiele für 'gute' Lukiannachahmung sollen sie dem Gattungsvorbild zu mehr Geltung verhelfen:

> Es sind wohl schwerlich in den neuern Zeiten sinnreichere Unterredungen
> ans Licht gestellet, als eben diese [Fontenelles]. Meine Leser werden es
> auch selber leicht sehen, wie schön er, wenigstens in den Gesprächen, von
> mehr als einer Welt, alle Regeln guter Gespräche zu beobachten gewußt.[52]

Hinter Fontenelle steht Lukian, mit dem der Leser von Gottscheds Übersetzung zunächst vertraut gemacht wird. So kann er die an Lukians *Dialogi Mortuorum* herausgearbeiteten vorbildlichen Kriterien bei Fontenelle wiederfinden und überprüfen. Dabei ergibt sich zwangsläufig, daß einige Gespräche die strengen gottschedschen Kriterien nicht erfüllen:

> Was indessen bey aller ihrer übrigen Vollkommenheit, doch noch für Fehler
> mit untergelaufen, das hat er selbst [Fontenelle], in dem angehängten Ur-
> theile Plutons über dieselben entdecket. Es ist ein seltsames Exempel, daß
> ein Scribent die Fehler seines eignen Buches, der Welt vor Augen leget.[53]

Mit dieser Beurteilung verkennt Gottsched jedoch die Intention, die Fontenelle mit seinem Nachwort verbunden hatte, der sich dort gegen Kritiker zu wehren sucht, die an seine *Dialogues des Morts* Kriterien applizieren, die diese gerade nicht erfüllen wollen. In einem literarischen Kunstgriff läßt Fontenelle in seiner - ebenfalls von Gottsched übersetzten - Schrift *Plutons*

---

[51] Ebenda 41. (Zählung der *Dialogi Mortuorum* nach Macleod [wie Anm. 10]).
[52] Ebenda 43.
[53] Ebenda.

Urtheil über die Gespräche der Todten eine Versammlung von Toten auftreten, die sich über den 'Skribent', d.h. ihn als Verfasser der Gespräche
bitter beklagen. Gehör finden sie jedoch nur bei Pluto, dessen Beurteilungs-
praxis auf den Kriterien der Literaturkritiker des 18. Jahrhunderts gründet
und dem zeitgenössischen Leser höchst zweifelhaft erscheinen muß:

> Er entschloß sich, die Beurtheilung desselben [Totengesprächsbuch] öffent-
> lich vorzunehmen: aber wie er in diesen Materien nicht gar zu viel Einsicht
> hat, indem er nur einen gemeinen Verstand besitzt, der zwar gesund aber
> nicht sonderlich zart ist; so war er willens, von jedermann die Klagen, über
> die Gespräche der Todten anzuhören und sein Urtheil darnach einzurich-
> ten.[54]

Pluto - und damit die hinter ihm stehenden Gegner Fontenelles - entpuppt
sich als Populist ohne eigene Meinung.[55] Wenn der so kritisierte Pluto sich
in seinen ersten beiden Urteilen die von Gottsched an das Gespräch erhobenen Kriterien zu eigen macht, dann drückt sich darin Fontenelles
Ablehnung gegen eben solche Versuche einer Regelpoetik aus.[56]

* * *

Gottscheds Versuch, Lukian als vorbildlich für Gespräche herauszuarbeiten, entsprang zu einem großen Teil seiner Hochachtung vor den rhetorischen Fähigkeiten des Griechen. Bereits in der erstmals im Jahr 1734 erschienenen und durch zahlreiche Wiederauflagen (1739, 1745, 1750) popu-

---

[54] Zitiert nach der Übersetzung Gottscheds (wie Anm. 1) 383-436; 384. (Die Schrift ist abgedruckt im Anhang, Nr. II).

[55] Vgl. auch die Zuschrift zu dem Gespräch, wo es heißt: „Warum habe ich denn bey so
gestalten Sachen eine Beurtheilung geschrieben? [...] Ich weis nicht, ob man es wird
glauben wollen: daß diejenige schlechte Beurtheilung der Gespräche der Todten, die wir
beyde ungedruckt gelesen; diejenige Beurtheilung, welche nichts beurtheilte, an statt
dessen aber schimpfte und schmähete, uns auf die Gedanken gebracht, eine andere zu
verfertigen: die im Absehen auf das Buch, weit strenger, im Ansehen auf den Verfasser
aber weit höflicher wäre; als welcher gewiß diejenige Hochachtung, so man gegen ihn
hat, gar wohl verdienet." (Ebenda 382).

[56] 1. Urteil: „Es wäre nicht erlaubet, die Charaktere der Personen zu verwechseln, und aus
einem Cato einen Hadrian, dagegen aus einem Hadrian einen Cato zu machen: auch so
gar nicht unter dem Vorwande der Wiedererstattung; oder daß alles, was man einerseits
genommen, anderntheils wieder ersetzet würde." (Ebenda 389).
2. Urteil: „Ein Gespräch solle nicht so gemachet seyn, daß Anakreon allein redete:
Aristoteles wäre verbunden, ihm zu antworten: und ein kleines Liedchen solle nicht von
eben dem Gewichte seyn, als viel große Foliante." (Ebenda 393).

lär gewordenen Abhandlung über die *Akademische Redekunst* hatte er auf
Lukian als Vorbild in der Ausbildung der Sprachkunst hingewiesen, und in
der Absicht, diese in Wort und Schrift bereits an den Schulen zu befördern,
erscheint die *Redekunst* im Jahr 1759 mit einem Anhang, der die Übersetzung von Lukians *Rhetorum Praeceptor* enthält.[57] Durch diese Lektüreempfehlung avanciert Lukian bei Gottsched nicht nur zum Vorbild des Gesprächs, sondern auch zum Vorbild für Sprachkunst generell:

> Eben darum rathe ich allen Liebhabern der wahren Beredsamkeit die Regeln
> und Muster der alten Redner fleißig zu lesen. Dieß sind die Quellen, daraus
> ich geschöpft habe; und ich bin viel zu ehrlich, sie jemanden zu beneiden.
> Man lese von den Griechen erstlich: [...] Rhetor didaskalos und das Loblied
> auf Demosthenes.[58]

Beginn des Journalismus, die Kategorie des Witzes und die Satiretheorie

Die wachsende Popularität von Gesprächen und Totengesprächen insbesondere, die sich im Verlauf des 18. Jahrhunderts in Deutschland beobachten
läßt, ist untrennbar verbunden mit dem Beginn des Journalismus und der
Zeitschriftenliteratur, die zum wichtigsten Träger dieser Gattung wurde.
Den Anstoß zu dieser Entwicklung in Deutschland gab Christian Thomasius (1655-1728),[59] dessen *Monatsgespräche* die aus Frankreich und
England kommende Idee der *periodicals* aufgriffen.[60] Thomasius, der vor
den *Monatsgesprächen* an den *Acta Eruditorum* Otto Menkes mitgearbeitet

---

[57]   J.C. Gottsched, *Akademische Redekunst, zum Gebrauche der Vorlesungen auf hohen
       Schulen als ein bequemes Handbuch eingerichtet und mit den schönsten Zeugnissen der
       Alten erläutert*, Leipzig 1759, 328ff.: „1. Anhang. Lucians von Samosata Rhetoren
       Didaskalos, oder der Lehrer der Redner." Mit der Rhetorik wird ein weiterer, für die
       poetische Gattungsbewertung wichtiger Punkt an Lukian herausgehoben; vgl. hierzu
       K.R. Scherpe, *Gattungspoetik im 18. Jahrhundert*, Stuttgart 1968, 16-26.
[58]   Gottsched (ebenda) 32ff.; 152: „[...] von den Griechen aber haben Lucian und Longin
       die schwülstigen Gedanken vieler ihrer Landsleute entblößet. Wer diese Schriften flei-
       ßig liest, wird seine Urtheilskraft schärfen, und sich einen guten Geschmack erwerben."
[59]   Vgl. zu Thomasius und den Beginn des Journalismus R.E. Prutz, *Geschichte des
       deutschen Journalismus*, Bd. I, Hannover 1845, 295: „Die Acta Eruditorum hatten den
       Journalismus äußerlich geschaffen; Thomasius aber ist sein geistiger Vater."
[60]   Bei diesen handelte es sich entweder um Informationsblätter, die wie der *Mercure
       galant* (erschien seit 1672) die höfische Gesellschaft mit Neuigkeiten aus den Salons
       versorgten, oder um literarisch ausgerichtete Zeitschriften, wie das *Journal des Scavans*
       (1665), in denen Neuerscheinungen vorgestellt und kommentiert wurden. Vgl.: J. Wilke,
       Literarische Zeitschriften des 18. Jahrhunderts, Bd. I, Stuttgart 1978, 42f.

hatte, will im Gegensatz zu diesen kein wissenschaftliches Journal vorstellen, sondern er intendiert eine Ausweitung des Lesepublikums.[61] Für Thomasius bestand das Programm darin, „über etliche Schrifften, die entweder auff eine indifferente Belustigung des Gemüths oder auff rechtschaffene Erbauung des Verstandes ihr Absehen gerichtet haben" zu berichten.[62] Ein Konzept mit Erfolg: Bereits im Jahr 1715 wird über das Zeitschriftenwesen in Deutschland geurteilt:

> Wir leben in einem Seculo derer Journalisten: also ist es kein Wunder, daß alle Sachen in forma der Journale vorgetragen werden.[63]

Die Zeitschriftenproduktion erreichte in der zweiten Hälfte des 18. Jahrhunderts Rekordhöhe: Waren bis 1730 insgesamt 31 Titel erschienen, so stieg die Zahl bis 1770 um 85 Zeitschriften an, und bis zum Jahr 1790 kamen weitere 200 dazu.[64]

Der Verweis auf die Beliebtheit der Journale ist ein Indikator für den Wechsel des Literaturstils, der sich seit dem Ende des 17. Jahrhunderts in Deutschland vollzog: Man schreibt zur kurzweiligen Unterhaltung oder Belehrung; die Beiträge sind knapp und haben feuilletonistischen Charakter. Um eine möglichst breite Leserschaft zu gewinnen, mußte man abwechslungsreiche Lektüre bieten, und Thomasius hoffte, dies durch den satirischen und dialogischen Charakter seiner Beiträge zu erreichen.[65] Kurze

---

[61] Die *Acta Eruditorum* enthielten Beiträge in lateinischer Sprache und richteten sich an ein spezifisches Fachpublikum.

[62] Thomasius, *Monatsgespräche*, Bd. I, Vorwort.

[63] Vgl. W. Schöne, *Die Zeitung und ihre Wissenschaft*, Leipzig 1928, 214. Ähnlich äußerte sich Gottsched im Jahr 1728: „Wenn Thomasius noch lebte, würde er mit Vergnügen wahrnehmen, wie die deutschen Schriften mehr Leser bekommen." (F. Ulbrich, *Die Belustigungen des Verstandes und des Witzes, Ein Beitrag zur Journalistik des 18. Jahrhunderts*, Leipzig 1911, 8).

[64] Vgl. Wilke (wie Anm. 60) Bd. I, 8. *Die Deutsche Bibliothek der Wissenschaften* kommentiert diese Entwicklung kritisch (Bd. I, 1767, 125): „Wir leben jetzt in einer Zeit der Journale; unsere ganze Litteratur ist mit wöchentlichen, monatlichen oder vierteljährlichen Blättern überschwemmt, die wie ein wildes Wasser aus jedem Winkel Deutschlands hervorbrausen."

[65] Über Thomasius' Haltung zur Satire vgl. H. Freydank, „Thomasius der Journalist," in: M. Fleischmann (Hg.), *Christian Thomasius, Leben und Lebenswerk*, Halle 1931, 369ff. Thomasius selbst begründet seine Vorliebe zur Satire ironisch im ersten Band seiner Gespräche (1689, 15): „[...] daß ich in Ernsthaften Sachen einen ziemlich verdrießlichen stylum habe also habe ich mit Fleiß die herbe Wahrheit mit einer Satyrischen Schreibart verzuckern wollen."

unterhaltsame Darstellungsformen waren gefragt, und im Einklang mit Gottscheds später nochmals gestellten Forderungen eroberte der satirische Dialog Lukians mehr und mehr Raum in den journalistischen Zeitschriften. Ihre Herausgeber gewannen im Verlauf des Jahrhunderts immer größeren Einfluß auf die literarische Szene in Deutschland, wurden zu Kunstrichtern und konnten, wie Gottsched, ihre Vorstellungen von Literatur einem breiten Publikum vermitteln. Ein lukianisches Totengespräch ist dann auch Träger einer Kritik dieser Entwicklung: Im Jahr 1779 läßt Wilhelm Ludwig Wekhrlin einen Literaturkritiker mit Namen Schönfleck in der Unterwelt mit Tacitus zusammentreffen und ihn die Abhängigkeit der deutschen Literatur von den Literaturpäpsten schildern:

> Die Kunstrichter sind die Faktoren des Geschmacks und der Empfindung. Sie lehren, wie man lesen und urtheilen soll. Sie bestimmen auf's genaueste das Verdienst und Nichtverdienst eines Schriftstellers. [...] Alle Werke des Witzes und des Genies, welche erscheinen, müssen zuvor auf ihre strenge Waage, ehe sie im Publikum debütiren. Ein Kunstrichter ist im Reiche der Literatur geborner Richter.[66]

Das Aufkommen des Zeitschriftenjournalismus fällt mit der Betonung des Witzes als literarisch-ästhetische Darstellungsweise zusammen.[67] Diese aus dem französischen Bildungsideal übernommene Vereinigung von Intelligenz und Imagination, der sogenannte *bel esprit*, wird in Deutschland zu einem allgemein verbindlichen Bewertungskriterium für die Qualität literarischer Produkte. Christian Wernicke, Christian Wolff und später Gottsched sehen Witz als wichtigen literarischen Bestandteil an,[68] und die Zeitschriften schreiben die Pflege und Verbreitung des Witzes auf ihre Fahnen. So heißt es beispielsweise im Vorwort der im Jahr 1741 gegründeten *Belustigungen des Verstandes und des Witzes*: „Man wird nichts, was witzig, ver-

---

[66] W.L. Wekhrlin, *Chronologen*, Bd. I, Leipzig 1779, 38-48.

[67] Vgl. P. Böckmann, *Formgeschichte der deutschen Dichtung*, Bd. I, Hamburg 1965, 471-477.

[68] Für Wernicke und Gottsched besteht Witz in der scharfsinnigen Verknüpfung von Gedanken; Wolff ergänzt die Einbildungskraft und fordert Witz bei allen literarischen Werken, die zur Nachahmung empfohlen werden: „Gleichwie in allen Dingen Exempel ein grosses Licht geben und die Bemühungen erleichtern; so gehöret auch unter die Uebungen des Witzes, wenn man anderer Leute Schriften lieset, die so wohl in Worten, als in Sachen vielen Witz beweisen, und dabey überleget, was für eine Aehnlichkeit man wahrgenommen, indem man auf diese Redensarten, oder auch auf diese Gedancken verfallen. Den Witz beweisen durch Worte geschickte Redner und Poeten." (C. Wolff, *Vernünftige Gedancken von der Menschen Thun und Lassen*, Halle 1720, § 312).

nünftig und tugendhaft ist, von dieser Sammlung ausschließen." Damit war nicht nur für aktuelle, zeitgenössische Werke des Witzes Raum geschaffen, sondern auch für antike Schriftsteller, und es erstaunt nicht, daß sich in den *Belustigungen* mit dem *Ausruf der philosophischen Sekten* aus dem Jahr 1745 eine Übersetzung Lukians findet.[69] Zwei mit der Lukianübersetzung beauftragte Mitarbeiter der Zeitschrift machen dabei aus ihrer Vorliebe für den griechischen Satiriker keinen Hehl, sondern verpassen der Übersetzung zuliebe einen von Gottsched ausgeschriebenen Dichterwettstreit.[70] Mit dem Totengespräch *Demokritus* trägt Johann Elias Schlegel in Lukianrezeption ein weiteres Werk des Witzes zum ersten Band der *Belustigungen* bei.

Als Folge wird immer öfter der 'Witz' Lukians gelobt. So schreiben die *Zuverlässigen Nachrichten von den vornehmsten Schriftstellern*:

> Von den Schriften des Lucianus ist eine grosse Anzahl vorhanden, in welchen sein beständiger, nur selten ins matte fallender Scherz, sein Witz, seine Gelehrsamkeit, seine zierliche attische Schreibart, da er kein gebohrner Grieche war, von je her bewundert worden sind, und so lange bewundert werden, als sich der gute und feine Geschmack erhalten wird.[71]

Es fällt auf, daß neben der Qualität seiner Sprache, die Lukian zu allen Zeiten eine Leserschaft gesichert hat, der Witz als eigene Kategorie hervorgehoben wird. Damit rundet sich das Bild des vorbildlichen Schriftstellers ab, das der Herausgeber der populären *Geschichte der komischen Litteratur*, Friedrich Flögel, am Ende des 18. Jahrhunderts fast wörtlich übernimmt:

> Man hat die Scherze, den Witz, die Gelehrsamkeit und die feine Attische Schreibart des Lucian, der doch kein gebohrner Grieche war, immer bewundert.[72]

---

[69] *Neue Beyträge zum Vergnügen des Verstandes und des Witzes*, Bremen 1745, 471-495 (Übersetzung von Lukians *Vitarum Auctio*).

[70] So klagt Schwabe an Gottsched über die mangelnde Beteiligung: „Sie entschuldigen sich fast insgesammt mit ihrer Unfähigkeit und obenein mit der Kürze der Zeit, zumal da jeder seinem Vorgeben nach, auf diesen Monat noch etwas notwendiges zu thun hätte. Herr Gärtner müßte mit seiner Uebersetzung eines Theils von Rollins alter Historie, Herr Schlegel und Herr Mylius mit dem Lucian vollends fertig werden." (Brief vom 4.7.1744; zitiert bei Ulbrich [wie Anm. 63] 185).

[71] G.C. Hamberger, *Zuverlässige Nachrichten von den vornehmsten Schriftstellern*, Lemgo 1764, 445.

[72] C.F. Flögel, *Geschichte der komischen Litteratur*, Bd. I, Liegnitz/Leipzig 1784, 377.

Sind mit der Gattung Gespräch und der Kategorie des Witzes zwei für die Lukianrezeption günstige Faktoren genannt, so fehlt eine dritte Komponente: Die Beurteilung der Satire im 18. Jahrhundert. Die Satire zählt zu den beliebtesten Literaturprodukten dieser Zeit,[73] und es stellt sich die Frage, inwieweit Lukians menippeische Satire den Ansprüchen der Zeit entsprach bzw. sie sogar mit beeinflußte.

Das Satirevorbild war seit dem 17. Jahrhundert nicht Lukians Prosasatire, sondern die römische Verssatire,[74] der sich auch die Satiriker des frühen 18. Jahrhunderts bedienten. Sie entsprachen damit der von Gottsched in seinem 1729 erschienenen *Versuch einer critischen Dichtkunst* gegeäußerten Forderung nach Anlehnung an die römische Verssatire und ihre Hauptvertreter Horaz, Juvenal und Persius:

> Diese drey haben auch in satirischen Gedichten die höchste Vollkommenheit erreichet: und wir müssen sie uns zu Mustern nehmen, wenn wir darinn was rechtes thun wollen.[75]

Zwar erkennt Gottsched Lukian als den wichtigsten Vertreter der Prosasatire an, er wertet ihn aber wegen der Form gegenüber den Römern ab:

> Denn ob sich wohl auch nach ihren Zeiten Lucianus auf die satirische Schreibart mit gutem Erfolge geleget: so hat er doch nur in ungebundner Rede geschrieben.[76]

Ein Grund für diese Einschätzung war sicherlich auch ein Verfall- bzw. Dekadenzschema, das Gottsched die älteren Vertreter einer Gattung als dem Original näher stehend prinzipiell bevorzugen ließ: „Es ist allemal besser, bey den alten Mustern zu bleiben," heißt es in diesem Zusammenhang. In gleicher Weise wie Lukian ordnet Gottsched auch spätere Satiriker ein: Die beiden großen Humanisten und Lukiannachahmer Erasmus von Rotterdam

---

[73] In einem Jahrhundert des kulturellen, gesellschaftlichen, religiösen und politischen Umbruchs erwies sich die Satire als das geeignete Medium der Kritik am Gegner, der unterhaltsamen und eingängigen Vermittlung der jeweiligen Vorstellungen.

[74] Vgl. Kapitel IV: Gegenläufige Tendenzen. Zur Satiretheorie und -geschichte bis zum Ende des 17. Jahrhunderts vgl. auch H. Arntzen, *Satire in der deutschen Literatur*, Bd. I, Darmstadt 1989.

[75] *Versuch einer critischen Dichtkunst*, Leipzig 1751, 550f. Zu Gottscheds Stellung innerhalb der Gattungspoetiken des 18. Jahrhunderts vgl. die Studie von Scherpe (wie Anm. 57) 18-57.

[76] Gottsched (wie Anm. 75) 551.

und Ulrich von Hutten werden als „Copisten und Stümper" bezeichnet.[77]
Sie orientierten sich für Gottsched weder an der römischen Verssatire noch
an dem von ihnen selbst gewählten Vorbild. Lukian hat für ihn immerhin
noch den Vorzug, der erste Vertreter seiner Gattung zu sein, weshalb in der
Abwertung der beiden Humanisten gleichzeitig eine relative Aufwertung
Lukians liegt.

Obgleich Gottsched die Verssatire der Prosasatire vorzieht, bleibt
Lukian für ihn einer der wichtigsten Satiriker überhaupt. Es konnte daher
nicht in seinem Interesse liegen, das von ihm gewählte literarische Vorbild
für das satirische Totengespräch und für Gespräche überhaupt wirklich
abzuwerten. Entsprechend versucht Gottsched in seiner *Abhandlung über
das Gespräch überhaupt* die scheinbar entgegengesetzten Satireformen zu
verbinden, indem er die von Horaz entwickelten poetologischen Forderungen für diese Gattung auf Lukian anwendet. So konnte er die formal
defizitäre Prosasatire mit den Kriterien der 'besten Satiriker' legitimieren
und Lukian als Satiriker aufwerten. Die Satireentwicklung im Verlauf des
18. Jahrhunderts gab diesem Konzept recht, denn man griff verstärkt auf
die Form der menippeischen Prosasatire Lukians zurück.

Ein weiterer Grund für Gottscheds Bemühen um die lukianische Satire
tritt hinzu: Die Satire entwickelte sich im 18. Jahrhundert zu der literarischen Gattung, die sich am besten zur moralischen Wertevermittlung
eignete. Dabei spielte die Form, sei es Prosa oder Vers, bei der Beurteilung
der Qualität immer weniger eine Rolle, und die Satiretheorien Eschenburgs
und Flögels am Ende des 18. Jahrhunderts halten die Diskussion über die
Satireform sogar für unwesentlich:

> Die Satyre als ein Werk des Geschmacks betrachtet, hat keine bestimmte
> Form, sondern sie ist ein Proteus, der sich in alle Gestalten verwandelt.[78]

Man versucht, die Satire nach dem Gehalt zu klassifizieren und zu beurteilen: Es wird zwischen einer rein unterhaltenden und einer ernsthaften
Satire unterschieden, wobei beiden die Absicht der moralischen Besserung
zugrunde liegt.[79] Die Hauptvertreter dieser moralischen Satire im 18. Jahr-

---

[77]   Ebenda 551. Dagegen wertet Gottsched Satiriker des 17. Jahrhunderts auf, die sich in
       die Tradition der römischen Verssatire stellen: Freiherr von Ranitz wird als der
       „deutsche Horaz" bezeichnet, und in Benjamin Neukirch sieht Gottsched den
       „deutschen Juvenal".
[78]   Flögel (wie Anm. 72) 294.
[79]   Vgl. J.J. Eschenburg, *Entwurf einer Theorie und Literatur der schönen Wissenschaften*,
       Frankfurt/Leipzig 1790, der die Unterscheidung in 'ernsthafte' und 'muntere' Satire wie

hundert - Wilhelm Rabener, Johann Heinrich Gottlob von Justi, Johann Friedrich Löwen und Georg Christoph Lichtenberg - fußen auf dieser Intention und schreiben Satiren in 'ungebundener' Rede. Für die Rezeption Lukians erwies sich diese Entwicklung als günstig. Nicht nur wurde sein satirischer Dialog zum formalen Vorbild einer ganzen Gattung, sondern die Satiretheoretiker entdeckten in seinen Satiren die Qualität der Allgemeingültigkeit, womit sie an die Tradition der Humanisten anknüpften. Gerade dieser Punkt erwies sich als wichtig, da im Zuge der Satirediskussion im 18. Jahrhundert Zweifel an der moralischen Wirksamkeit der Satire aufgekommen waren. In Zedlers *Universallexikon*, der wohl bedeutendsten deutschen Enzyklopädie des 18. Jahrhunderts, werden diese Zweifel zusammengefaßt:

> Und gewiß, wenn man die Sache genau erweget, so wird man befinden, daß die Gründe, womit man die Satyren rechtfertigen will, zu schwach sind. [...] Man belustigt sich wohl an der lächerlichen und spöttischen Vorstellung der Laster; daß aber andere dadurch sollten bewogen werden, selbige abzulegen, daran zweifelt man sehr.[80]

Ist die Satire also eine zwar unterhaltsame aber nichts bewirkende Literaturform? In einem *Sendschreiben von der Zuverlässigkeit der Satire* reagiert Rabener auf diesen Vorwurf mit dem Argument, daß die Satire besonders menschennah sei, da sie sich die angeborene satirische Neigung des Menschen zunutze mache.[81] Das Ziel dabei sei die Wahrheitsvermittlung: Der Satiriker soll als 'Weltweiser' die menschlichen Laster kennen[82] und aufdecken. Dabei wird die Qualität der Satiren an ihrer Allgemeingültigkeit

---

folgt begründet: „Jene greift die grossen Vergehungen, und wirklichen Laster an, zeigt sie in ihrer ganzen verderblichen, und hassenswürdigen Gestalt, und bestraft sie mit Ernst und Nachdruck. Diese schildert kleinere Vergehungen und Thorheiten, die mehr das äußere Betragen als den innern Charakter, mehr den äußern Wolstand, als die Sittlichkeit, entstellen, und belacht sie mit Witz und Laune." (Ebenda 122).

[80]   J.P. Ludewig (Hg.), *Zedlers Universal-Lexikon in 68 Bänden*, 1731-54, Bd. 34, Eintrag 'Satire'.

[81]   G.W. Rabener, „Sendschreiben von der Zuverlässigkeit der Satire," in: ders., *Satiren*, Leipzig 1755², 159f.: „Von der Zuverlässigkeit der Satyre weitläufige Gründe beyzubringen, scheint mir überflüssig zu seyn. Ich kenne Ihre [gemeint ist der Leser des Sendschreibens] angeborene Neigung zu dieser Art von Schriften."

[82]   Ebenda 157f.: „Wenn wir die Laster lächerlich machen; so greifen wir die Menschen an demjenigen Orte an, wo sie am empfindlichsten sind."

gemessen, die in der Schilderung dauerhafter, immer wiederkehrender menschlicher Laster begründet ist: Eine gute Satire ist zeitlos.[83]

An dieser Stelle wird Lukian für die Satiriker des 18. Jahrhunderts besonders interessant. In seinen Schriften und in seiner Art, grundlegende menschliche Laster aufzudecken, fand man - wie schon Erasmus und Hutten - diese Forderung verwirklicht. Lukians Satiren erhielten eine neue Aktualität, auf die am Ende des Jahrhunderts besonders Christoph Martin Wieland hinweisen sollte. Auch Rabener, der meistgelesene Satiriker des 18. Jahrhunderts, greift mehrmals ausdrücklich auf das lukianische Vorbild zurück, besonders in seinem 1755 erschienenen *Irus. Eine lucianische Erzählung*.[84] Hier wird das verderbliche Streben der Menschen nach Reichtum und Macht Objekt der Satire, die sich im Aufbau an Lukians *Gallus* anlehnt: Der arme, redliche Irus wird im Traum vom Verlangen nach Reichtum erfaßt und entwickelt sich zum Tyrannen. Der besondere Reiz von Rabeners Satire liegt in der Verbindung von Motiven und Charakteren aus zahlreichen lukianischen Dialogen, womit er seine genaue Kenntnis des griechischen Satirikers zeigt. Rabeners bewußte Anlehnung an Lukian wurde lobend aufgenommen, wobei letzterer der Gradmesser für die Qualität ist:

> Wer kennt ihn nicht den claßischen Satiriker und Lieblings-Schriftsteller der Deutschen! [...] In diesem Jahrhunderte ist fast kein Schriftsteller in Deutschland mehr gelesen, gepriesen und geachtet worden als Rabener. [...] Sein gutes Herz leuchtet allenhalben aus seinen Schriften, er hat mehr Lucianisches Salz als Bitterkeit, seine Satire ist allgemein und nicht persönlich.[85]

Wie die meisten seiner literarisch gebildeten Zeitgenossen schließt sich Flögel der positiven Lukianeinschätzung an.[86] Für ihn ist Lukian fast der einzige antike Schriftsteller, der „ächten komischen Humor" hinterlassen

---

[83]   Vgl. auch Flögel (wie Anm. 72) 133: „Es gibt ein allgemeines und besondres Komisches. Das allgemeine Komische, welches das betrifft, was der menschlichen Natur überhaupt zukommt, muß bey allen Nationen Lachen erregen. [...] Es gibt gewisse dauerhafte Thorheiten, welche durch alle Zeitalter durchgehen, und weder durch Ort noch Geschmack verändert werden."

[84]   Rabener (wie Anm. 81) 173-76. (Abgedruckt im Anhang, Nr. VII).

[85]   Flögel (wie Anm. 72) 113.

[86]   Ebenda 327: „Man hat wohl von keinem Schriftsteller widersprechendere Urtheile als von Lucian; einige haben ihn bis in den Himmel erhoben, und das waren meistentheils Leute von Geschmack, und Kenner der wahren Gelehrsamkeit; andre haben ihn bis in die unterste Hölle verdammt; und denen konnte man eben das vorwerfen, was sie an ihm tadeln."

habe und dessen Schriften hervorragend dazu geeignet seien, die in ihnen verborgene philosophische Ernsthaftigkeit und Allgemeingültigkeit zu vermitteln.[87] Das Lob des 'Lucianischen Salzes' wird ein wesentliches Bewertungskriterium für satirische Qualität im 18. Jahrhundert.

Diese Wertschätzung der lukianischen Satire fand auch in Schillers literaturtheoretischer Schrift *Über naive und sentimentalische Dichtung* ihren Niederschlag. In seiner Unterscheidung sucht der elegische Dichter das gemeinsame Ziel - die Natur - mehr im Ideal, der satirische dagegen in der Abneigung gegen die Wirklichkeit. Dabei stellt Schiller die scherzhafte Satire über die pathetische und erwähnt Lukian ausdrücklich als Vorbild,[88] so daß dieser den Rang einer vorbildlichen und wichtigen literarischen Größe am ausgehenden 18. Jahrhundert behaupten kann.

Christoph Martin Wieland, der „deutsche Lukian"

Gelangte Lukian über die Beliebtheit der *Dialogi Mortuorum* und seiner Stellung als vorbildlicher Satiriker im Verlauf des 18. Jahrhunderts zu stetig wachsender Bekanntheit, so gipfelt die Lukianrezeption im letzten Drittel des Jahrhunderts in der Person Christoph Martin Wielands (1733-1813). Sein besonderer Zugang zu Lukian gründet sich darauf, daß er eine Parallele zwischen dem 18. Jahrhundert und der Zeit Lukians erkennt, womit er dessen Schriften zu einer neuen Aktualität verhilft und ihn vom primär moralisierenden zum aufklärerischen Autor werden läßt.

Seit seinem 18. Lebensjahr (1751) beschäftigte sich Wieland mit Lukian, dessen Werk ihn nahezu während seiner gesamten Schaffenszeit begleiten sollte. Dabei handelte es sich nicht um Liebe auf den ersten Blick, wie wir aus den Tagebüchern eines engen Freundes entnehmen können, der im Jahr 1755 vermerkt:

> Von Lucian und seinen boshaften Einfällen redeten wir viel. Wieland sagte, wenn er seinen *Verkauf der Philosophen* lese, so müsse er ihn wegschmei-

---

[87] Vgl. Flögel (wie Anm. 72) 327f.

[88] F. Schiller, *Über naive und sentimentalische Dichtung* (1795) 44: „Bei solchen und ähnlich Anlässen muß sich der hohe Ernst des Gefühls offenbaren, der allem Spiele, wenn es poetisch sein soll, zum Grunde liegen muß. Selbst durch den boshaften Scherz, womit sowohl Lukian als Aristophanes den Sokrates mißhandeln, blickt eine ernste Vernunft hervor, welche die Wahrheit an dem Sophisten rächt und für ein Ideal streitet, das sie nur nicht immer ausspricht." (Zitiert nach der Ausgabe von J. Beer, Stuttgart 1978).

ßen. Das *De morte Peregrini* ward gelobt und der *Asinus*, wie billig, wegen seiner Schändlichkeit getadelt.[89]

Es ist interessant zu beobachten, aus welchen Gründen Wieland gut dreißig Jahre später in seiner Lukianübersetzung sein Urteil über den *Asinus* ändert und *De Morte Peregrini* in eine neue, von Lukian deutlich abgegrenzte Fassung gießt. Zunächst jedoch läßt seine pietistische Einstellung (Wieland charakterisiert diese Periode seiner Jugendjahre später als „von widerlicher Frömmigkeitswut erfüllt") ihn unter anderem auch die *Dialogi Deorum* ablehnen, ein zu seiner Zeit beliebtes Werk, das als Schullektüre gelesen wurde. In den *Empfindungen eines Christen* aus dem Jahr 1757 liefert Wieland mit der Ablehnung jeglicher Art von erotischer Dichtung die Begründung für seine Haltung nach.

Kurz darauf (1764) wendet sich Wieland jedoch mit der Schrift *Der Sieg der Natur über die Schwärmerey, oder die Abentheuer des Don Sylvio von Rosalva* vom übersteigerten Pietismus seiner Jugendjahre ab.[90] Gleichzeitig findet sich eine Hinwendung zur Satire und damit verbunden intensive Lukianstudien. Für Wieland wird Lukian, wie er später sagt, zum Vorgänger und Modell der großen Satiriker Rabelais, Cervantes, Cyrano de Bergerac, Swift, Fielding und Sterne.[91]

Mit dem *Urteil des Paris*, das 1764 erscheint, beginnt die eigentliche Phase seiner Lukianrezeption. Dabei ist ausgerechnet der erotische Teil viel ausgeprägter als in Lukians *Dearum Iudicium*: Wielands Paris läßt es bei der versprochenen Helena nicht bewenden, sondern schlägt bei seinem Handel zusätzlich eine Liebesnacht mit Aphrodite heraus.[92] Diese erotische Weiterführung seines Vorbildes betont Wieland gleich in der Einleitung:

---

[89] F.D. Ring, „Gespräche mit Christoph Martin Wieland," in: *Archiv für Litteraturgeschichte* 13, 1885, 494.

[90] In einem Brief an Geßner vom 7.11.1763 heißt es dazu: „Schwärmerei und Aberglauben erstrecken ihren Einfluß auf alle Züge des menschlichen Lebens, [...]. Der Scherz und die Ironie sind nebst dem ordentlichen Gebrauch der fünf Sinne immer für das beste Mittel gegen die Ausschweifung von beiden angesehen worden; und in dieser Intention ist, wie das Motto andeutet, die Geschichte des Don Sylvio geschrieben." (*Wielands Briefwechsel*, Bd. III, 1975, 207).

[91] C.M. Wieland, *Lucians von Samosata Sämtliche Werke*, Bde. I-VI, Leipzig 1788-1789 (= *Lucians Werke*); hier: Bd. VI, Leipzig 1789, 455.

[92] Vgl. auch J. Steinberger, *Lucians Einfluß auf Wieland*, Göttingen 1902, 57-61, der die wielandsche Dichtung kritisiert: „Den Ton der Lucianischen Dialoge trifft er noch nicht so, wie etwa später in einzelnen seiner Göttergespräche; er verfehlt zuweilen die Grenze der feinen Lucianischen Komik und fällt ins Burleske." (Ebenda 60).

Just so wie wir hat Paris einst gedacht,
Als ihm den goldnen Preis der Schönsten zuzusprechen
Ein Götterwink zur Pflicht gemacht.
Anstatt den Kopf sich lange zu zerbrechen,
Erklärt er sich, um eine hübsche Nacht,
Für die gefällige Cythere.
Freund Lucian, der Spötter, sagt uns zwar
Von diesem Umstand nichts; doch, wär' er auch nicht wahr,
So macht' er doch dem Witz des Richters Ehre.

Lukian wird hier als Freund eingeführt - eine Bezeichnung, die sich im folgenden häufig im Zusammenhang mit Wielands Lukianaussagen findet. Die kurze Inhaltsangabe des Gedichts schließt mit einer für ihn typischen Charakterisierung des Satirikers:

Wer kennt ihn nicht, den Spötter Lucian?
Wer bey ihm gähnt, der schnarchte wohl am Busen
Cytherens beym Gesang der Musen.
Daß niemand feiner scherzen kann,
Daß er ein schöner Geist, ein Kenner,
Ein Weltmann war, gesteht ihm jeder ein;
Doch wünschen Tillemont und andre wackre Männer
Mit gutem Fug, er möchte frömmer seyn.
Was uns betrifft, die gern Sokratisch lachen,
Uns dient er oft zum wahren Äskulap;
Er treibt die Blähungen der Seele sanft uns ab,
Und weiß die Kunst, mit Lächeln oder Lachen
Uns klüger oft, vergnügter stets zu machen:
Und das ist mehr, gesteht's, als mancher große Mann
In Folio und Quarto leisten kann.[93]

Mit dieser Aussage setzt sich Wieland mit dem an Lukian oft (besonders in Kirchenkreisen und früher von ihm selbst) gemachten Vorwurf der Frivolität auseinander, den er als nebensächlich abtut und dem er mit seiner eigenen, noch 'frivoleren' Ausgestaltung der Erzählung offensiv begegnet. Das, was an Lukian interessiert, sei sein Scherz, seine Satire. Wieland weist auf den Nutzen der lukianischen Schriften hin, die „klüger" machen, d.h. für Wieland: aufklärerisch wirken. Darin sieht er die Stärke und Bedeutung von Lukians Werken, der wie ein Asklepios die geistigen Verblendungen

---

[93] Zitiert nach C.M. Wieland, *Sämmtliche Werke*, Leipzig 1794-1798 (Nachdruck Hamburg 1984); Bd. X, Leipzig 1795, 153-155; im Schluß ist eine gelehrte Anspielung auf die Shakespeare-Überlieferung in „Folio und Quarto" zu sehen.

und Illusionen der Menschen heilt. Indem er es auf angenehme Weise, durch 'feinen Scherz' erreicht, wird Lukian für Wieland zum Vorbild. Die große Wirkung, die Wielands Dialog hatte, spiegelt eine Arbeit von Köster wider, der die Rezeption mit ihrem Original vergleicht.[94]

Im folgenden schreibt Wieland in enger stofflicher Anlehnung an Lukians Schrift *De Dea Syria* den *Kombabus* (1770), und 1774 erscheint die *Geschichte der Abderiten*, die ihren Ausgangspunkt in Lukians *Quomodo historia conscribenda sit* nimmt. Lukian berichtet dort von einem unerklärlichen Fieber, das alle Einwohner Abderas nach der Aufführung einer Tragödie des Euripides erfaßt hatte: Als 'Nachfolger' des Tragikers ziehen sie Tragödien dichtend umher. Wie Lukian diese Erzählung als Gleichnis für die Verirrungen seiner Zeit und insbesondere der Schriftsteller und Geschichtsschreiber nutzt, so sieht auch Wieland in seinem Jahrhundert eine solche abderitische Parallele. Eine erste Anregung zu diesem Stück dürfte er dabei aus seiner intensiven Beschäftigung mit Pierre Bayles (1647-1706) *Dictionnaire historique et critique* (1695-1697) gewonnen haben, dessen Abderitenartikel er im Vorwort zu seinem Werk erwähnt und ironisch als Garanten dafür setzt, „daß diese Abderiten nicht unter die wahren Geschichten im Geschmacke der Lucianischen gehören".[95]

* * *

Entscheidend für die starke Lukianrezeption dieser Jahre ist die Geistesverwandtschaft, die Wieland aus den Parallelen zwischen dem 18. Jahrhundert und dem Jahrhundert Lukians ableitete. Er sah das 2. Jahrhundert n.Chr. als die Zeit eines philosophischen und religiösen Umbruchs an, die von Aberglauben, Unsicherheit und der verzweifelten Suche nach festem Halt in der Welt geprägt war, den weder die traditionellen Götter noch die stagnierende Philosophie mehr geben konnten. Scheinphilosophen und Gaukler hatten Hochkonjunktur, Mysterien, Zauberkulte und aufkommende Religionen wie das Christentum verbreiteten sich rasch. Diese Atmosphäre, die Lukian in seinem *Alexander* beschreibt - eine Schrift, die Wieland besonders geschätzt hat -, war Wieland im 18. Jahrhundert vertraut, in dem die Bekämpfung des Dogmatismus der Kirche seitens der Aufklärung zu einer Orientierungslosigkeit führte, die die Menschen wie in der Zweiten Sophistik Wundermännern und Scheinphilosophen wie Cagliostro und Lavater in die

---

[94] M. Köster, *Das Urtheil des Paris aus dem Griechischen des Lucian übersetzt und mit der wielandschen Erzählung des nämlichen Inhalts verglichen*, Gießen 1770.

[95] Wieland (wie Anm. 93) Bd. 19, Leipzig 1796, *Geschichte der Abderiten*, Vorbericht 4.

Arme trieben. In seiner Schrift *Über den freyen Gebrauch der Vernunft in Glaubenssachen* aus dem Jahr 1788 weist Wieland ausdrücklich auf diese von ihm gesehene Parallele hin:

> Unsre eigne Zeit ausgenommen, wird man schwerlich in der ganzen Geschichte einen andern Zeitraum finden, wo zugleich und zum Theil in eben denselben Ländern, neben einem ziemlich hohen Grade von Kultur und Verfeinerung auf der einen Seite, auf der andern mehr Finsterniß in den Köpfen, mehr Schwäche, Leichtgläubigkeit und Hang zu allen Arten von Schwärmerey, mehr Neigung zu geheimen religiösen Verbindungen, Mysterien und Orden, mehr Glauben an unglaubliche Dinge, mehr Leidenschaft für magische Wissenschaften und Operazionen, selbst unter den obersten Klassen des Staates Statt gefunden, kurz, wo es allen Gattungen von religiösen Betrügern, Gauklern, Taschenspielern und Wundermännern leichter gemacht worden wäre, mit der Schwäche und Einfalt der Leute ihr Spiel zu treiben, als - das erste und zweite Jahrhundert der christlichen Zeitrechnung.[96]

Diese Parallelisierung seiner und Lukians Zeiten, aus der er die Aktualität der lukianischen Werke ableitet, ist der Zugang zum Verständnis von Wielands Lukianbegeisterung.[97] Man muß sich dabei vor Augen führen, daß Wieland diese Aussage bereits unter dem Eindruck seiner Lukianübersetzung (die in den Jahren 1788/9 erschien) trifft und dessen Schriften gut kennt. Die Übersetzung ihrerseits muß und will im Hinblick auf diese Parallelität gelesen werden und wird zum wichtigsten Zeugnis für Wielands Lukianverständnis.

Dabei soll nicht übersehen werden, daß Wielands Lukianrezeption zu einem Teil aus seiner generellen Begeisterung für die Antike stammt. Er teilte das Bestreben vieler seiner Zeitgenossen, klassisch zu sein, d.h. durch die Aneignung und Umwandlung lateinischer und griechischer Werke, die als Ideal angesehen wurden, die deutsche Literatur zu befruchten. Von Beginn seiner literarischen Laufbahn an war Wieland vom Wert der Nachahmung der antiken Literatur überzeugt, die ihm helfen sollte, den antiken Vorbildern entsprechende deutsche Imitate, d.h. deutsche Originale zu schaffen. In dieser Einstellung schreibt er im Jahr 1751 *Die Natur der*

---

[96] Wieland (wie Anm. 93) Bd. 29, Leipzig 1797, 43f.

[97] Dabei wird von Wielands Zeitgenossen Karl August Böttiger ein etwas anderer Grund für diese Parallelisierung genannt: „Das leztere Zeitalter [gemeint ist die Zeit Lukians] ist übrigens der Zeitraum, in welchen sich Wieland in der ganzen Geschichte am liebsten hineindenkt, weil damals das ganze cultivirte Menschengeschlecht von Adrian an bis zum lezten Antonin beinahe 80 Jahre lang eine fast ununterbrochene, sanfte Ruhe und wohlthätige Denkfreiheit genossen habe." (Zitiert nach K. Gerlach / R. Sternke, *Karl August Böttiger. Literarische Zustände und Zeitgenossen*, Berlin 1998, 33).

Dinge,[98] ein lukrezisches Lehrgedicht, das unter Fürsprache des Hallenser Professors Georg Friedrich Meier in Druck gegeben wurde:

> Weil es uns Deutschen noch bis itzt an grossen Original-Lehrgedichten fehlt [...] habe ich keine Bedenken getragen, dasselbe zum Drucke zu befördern [...] da ich mit gutem Grund glaube, dass dieses Gedicht unter unsere guten deutschen Originalgedichte gehöre.[99]

An Lukian hat Wieland jedoch ein tieferes Interesse. Er liefert ihm nicht nur Stoff zur Nachahmung, sondern Wieland erkennt in ihm eine solche Aktualität, daß es keiner Nachahmung bedarf, sondern nur einer Zugänglichmachung. Lukian könnte sein Zeitgenosse sein, seine Themen und Inhalte sind modern. Daher will seine Übersetzung auch 'nur' eine deutsche Version des Originals sein, wobei es Lukian bleibt, der spricht, und nicht der Nachahmer Wieland. Mit dieser Aktualisierung der Sprache sucht Wieland eine noch größere Nähe zu den vorbildlichen antiken Werken zu erreichen; dies allerdings stellte eine besondere Herausforderung dar.

Wielands Übersetzungsmaximen

Wieland verstand sich nicht nur als Rezipient antiker Werke, deren Aussagen, Formen und Ideen es in neuem Gewand zu vermitteln und zu übernehmen galt, sondern auch als deren Mittler und Vorsteller. Mit der Übersetzung der Briefe (1781) und Satiren (1786) des Horaz, der Werke Lukians (1788/9), der Cicero-Briefe (1808ff.), einer Auswahl aus Xenophon, Isokrates, Demosthenes und einzelner Stücke des Aristophanes, Euripides und Sophokles holte Wieland die Antike in seine Gegenwart und aktualisierte sie durch eine sprachlich zeitgemäße Übersetzung.[100] Er wird so einer der bedeutendsten Übersetzer des ausgehenden 18. und beginnenden 19. Jahrhunderts.

---

[98] Wieland (wie Anm. 93) Suppl. I, Leipzig 1798.

[99] Vorrede zur ersten Auflage (Halle 1751) 3; zitiert nach M. Doell, *Wieland und die Antike*, Progr. München 1896, 29. Wieland selbst schreibt über die Lehrdichtung in aller Selbstbescheidenheit: „Mein Gedicht über die Natur der Dinge ist eine unreife Probe. Vielleicht vergiebt man, wenn man ohnehin von Natur zum Vergeben geneigt ist, einem Werke seine Fehler, das in 10 Wochen von einem Jüngling von 18 Jahren geschrieben ist." (Zitiert nach J.C. Gruber, *C.M. Wielands Leben*, Leipzig 1827, Bd. I, 127).

[100] Vgl. zur Übersetzungstechnik auch F. Sengle, *Wieland*, Stuttgart 1949, 398-402.

Wie wichtig Wieland seine Tätigkeit als Übersetzer sah, läßt sich auch daraus entnehmen, daß er über seine Arbeitsweise und Übersetzungsmethoden den Lesern genauestens Rechenschaft ablegte. Seine sehr ausführlichen Gedanken über die Vereinbarkeit von philologischen Anforderungen einer wörtlichen Übersetzung mit der Lebendigkeit der eigenen Sprache sollen dabei besonders dem nichtwissenschaftlichen Publikum, an das seine Übersetzungen sich in erster Linie richten, einen Einblick in die Werkstatt eines Übersetzers geben.

Für Wieland bedeutete das Aktualisieren der Vorlagen dabei kein unphilologisches Arbeiten, im Gegenteil: Zahlreiche Auseinandersetzungen mit verschiedenen Lesarten in den Anmerkungen zu seinen Übersetzungen verdeutlichen die philologische Akribie, mit der er zu Werke ging. Im Vorwort zu den *Sokratischen Gesprächen aus Xenofons denkwürdigen Nachrichten von Sokrates* (1799) stellt Wieland zwei Maximen auf:

> 1) Mich nie von den Worten, und Redensarten, den Stellungen und Wendungen, dem Periodenbau und dem Rhythmus meines Autors [...] zu entfernen, als wo und so weit es mir entweder die Verschiedenheit der Sprachen oder mein letzter Zweck - von dem Sinn und Geist einer Stelle nichts, oder doch so wenig als möglich bey meinen Lesern verlohren gehen zu lassen - zur unumgänglichen Pflicht macht; aber auch 2) so oft dies letztere der Fall ist [...] mir nicht das geringste Bedenken daraus zu machen, wenn ich auch eine oder zwey Zeilen nöthig haben sollte um das zu sagen, was der Grieche oder Römer mit zwey oder drey Worten gesagt hat.[101]

Von dem grundlegenden Anspruch einer wörtlichen Übersetzung, mit der er dem literarischen Stil des Autors möglichst nahekommen will, will sich Wieland nur dann entfernen, wenn die deutsche Sprache nicht die Möglichkeit des entsprechenden Ausdrucks hat. Dabei bedauert der Dichter des öfteren, daß Wortspiele in antiken Texten im Deutschen nicht adäquat wiederzugeben seien. Die eigentliche Schwierigkeit der Übersetzung sieht er darin, Wörtlichkeit und Lebendigkeit miteinander zu verbinden, so daß die Übersetzung wie ein Original gelesen werden könne. Um dieses zu erreichen, müsse sich der Übersetzer eine gewisse Freiheit der dichterischen Nachgestaltung erhalten, die nicht nur, wie im Falle seiner Horazüberset-

---

[101] C.M. Wieland, *Sokratische Gespräche aus Xenofons denkwürdigen Nachrichten von Sokrates*, 4. (Zitiert nach J.P. Reemtsma / H. Radspieler, *Xenophon, Sokratische Denkwürdigkeiten*, Frankfurt a.M. 1998).

zung, in der Veränderung der Metrik besteht,[102] sondern in der Anpassung an den zeitgemäßen Sprachgebrauch: Man dürfe nicht „gräzisierend" übersetzen, wie er es dem Homer-Übersetzer Johann Heinrich Voß an manchen Stellen vorwirft.[103]

Diese Gratwanderung zwischen philologischen und modernen sprachlichen Anforderungen hat Wieland zumindest mit seiner Lukianübersetzung erfolgreich beschritten. Obwohl er selbst die Halbwertzeit einer Übersetzung mit 30 bis 40 Jahren angibt, da sich die Sprache ständig verändere, hat sich seine Übertragung von Lukians Schriften als zeitlos erwiesen: Die positive Kritik von allen Seiten, die seine Übertragung teilweise für besser als das Original hielt, sowie die zahlreichen Nachdrucke bis in die heutige Zeit bezeugen diesen Erfolg.[104]

Verantwortlich dafür ist eine weitere von Wieland an einen Übersetzer gestellte und bei seiner Lukianübertragung umgesetzte Forderung: Der ideale Übersetzer müsse weit mehr als ein guter Sprachkenner und Philologe sein; er müsse dem Autor kongenial sein. Man könne einen Autor nur dann richtig übersetzen, wenn man sich „seines Geistes, seiner Laune, seiner Genialität"[105] bemächtigt habe.[106] Aus diesem Postulat konnte die

---

[102] Die Nachahmung des Hexameters findet Wieland im Deutschen für unangebracht, da er zu graziös klingen würde. So wählt er eine Versart, „worin ich zehn- und elfsylbige Verse häufig mit zwölf- und dreyszehnsylbigen [...] vermische." (Vorwort zu den Satiren in der Horazübersetzung).

[103] Brief an Voß vom 14.3.1788, in: S. Scheibe (Hg.), *Wielands Briefwechsel*, Bd. 9.1, Berlin 1996, Nr. 521.

[104] Auch die im ersten Drittel des 19. Jahrhunderts von A. Pauly vorgelegte Neuübersetzung konnte die wielandsche nicht ablösen. In der Einleitung seines Nachdruckes der Wieland-Übersetzung bemerkt J. Werner dazu: „In der Tat ist Wielands Lukian-Übertragung - seine bedeutendste Übersetzung eines antiken Autors neben der seines lateinischen Lieblingsdichters Horaz - seither kaum erreicht und nie übertroffen worden." (J. Werner (Hg.), *Lukian. Werke in drei Bänden*, Berlin/Weimar 1981², Bd. I, XL).

[105] *Lucians Werke* (wie Anm. 91) Bd. I, *Ueber Lucians Lebensumstände, Charakter und Schriften* XLIV: „Ich habe mich seines Geistes, seiner Laune, seiner Genialität zu bemächtigen, und, soviel es die Natur unsrer von der seinen so sehr verschiedenen Sprache, die Deutlichkeit, und andere Rücksichten nur immer erlauben wollten, auch seine Wendungen und das Colorit seiner Schreibart nachzuahmen gesucht."

[106] Entsprechend wurde Wielands Übersetzungsweise bereits von seinen Zeitgenossen beurteilt. Bei J.F. Degen, *Litteratur der deutschen Uebersetzungen der Griechen*, Bd. II, Altenburg 1798, 23f. heißt es: „W. studirt seine Originale vorher genau und bis auf deren kleinste Züge, Schönheiten und Eigenheiten, bis er ihre Nachbildung beginnt, sucht ihren Geist ganz zu fassen, Sprache und Diktion sorgfältig zu wägen, den Ton möglichst sicher zu bestimmen, den sie gewählt hatten, von dem sklavischen Sinne, mit welchem die gemeinen Dolmetscher an den einzelnen Ausdrücken kleben, sich gänzlich

Aktualisierung erfolgen, die Wieland mit seinen Übersetzungen beabsichtigte und die er gezielt gesellschaftspolitisch für die Bewältigung von Problemen seiner eigenen Zeit einsetzte. So werden die zeit- und geistesgeschichtlichen Parallelen zu dem übersetzten Werk zu einer wesentlichen Grundlage für die von Wieland intendierte Einbettung dieses literarischen Erbes in das deutsche Kulturgut. Die Übersetzungen können als deutsches Original gelesen werden.[107]

Die Lukianübersetzung und ihre aufklärerische Intention

In der Grundüberzeugung, daß seine Zeit eines Lukian bedarf und in der Absicht, diesen zum Mitstreiter im Kampf gegen Aberglauben und geistigen Verfall zu machen, beginnt Wieland im Jahr 1786 mit seiner Übersetzung. Damit trägt er auch seiner eigenen Lukianrezeption Rechnung, da er nun das Original vorlegen will, aus dem er viele Ideen und literarische Formen gewonnen hat.[108]

Wie sehr Wieland in dieser Übersetzung aufging, bezeugt Schiller; er findet ihn „ganz versunken in Lukian". Die Intensität der Arbeit ging so weit, daß Wieland selbst zeitweilig an eine Art von Seelenwanderung zwischen ihm und Lukian gedacht haben soll, wie es sein Zeitgenosse Karl August Böttiger berichtet[109] und wie es von späteren Interpreten erwähnt wird,

---

loszureissen und dann erst von dem Geiste des Urbildes ganz durchdrungen wagt er mit edler Freiheit, insoweit diese bei dem Uebersetzer Statt finden kann, das Muster zu übertragen. Das sieht man bei seinem Horaz, das findet man bei seinem Lucian."

[107] An mehreren Stellen wird Wielands Stolz auf seine Lukianübersetzung deutlich, die er von anderen Übersetzungsprodukten abgesetzt sehen will und von der (stilistischen wie inhaltlichen) Qualität her seinen eigenen Schriften gleichstellt. Vgl. seinen Brief an Georg Joachim Göschen vom 3.4.1897: „Meine Sämmtlichen Übersetzungen aus dem Horaz, Lucian, Aristofanes u. andern Alten, die wie Ihnen nicht unbekannt ist, mit den gewöhnlichen Tagelohnarbeiten dieser Art nicht zusammengestellt werden können, sondern sowohl an sich als wegen der Kommentarien u. Anmerkungen mit meinen besten eigenthümlichen Werken in Einer Reihe stehen." (Zitiert nach: Scheibe [wie Anm. 103] Bd. 13.1, Berlin 1999, 560).

[108] Wieland weist in der Einleitung seiner Übersetzung auf die Originalität und Aktualität der lukianischen Schriften hin, die ihn und seine Zeitgenossen zu zahlreichen Nachahmungen angeregt haben, da „seine [Lukians] von neuern Schriftstellern so oft copierte und nachgeahmte Erfindungen, wie bekannt wir auch deswegen mit ihnen seyn sollten, noch immer ein so überraschendes Air von Originalität, einen so eigenthümlichen Schwung und Charakter haben". (*Lucians Werke*, Bd. I, Leipzig 1788, XXIII).

[109] „Seine [Wielands] größte Stärke besteht darinnen, daß ihm seine Phantasie alles bis zur höchsten Täuschung vergegenwärtigt. Darum konnte er auch den Horaz und Lucian so

die von einer Geistesverwandtschaft zwischen Wieland und Lukian sprechen.[110] Dabei sah sich Wieland im Unterschied zu seiner vorherigen
Horazübersetzung bei Lukian einer Schwierigkeit gegenüber, auf die er in
einem Brief an Christian Gottlob Heyne vom 10.1.1788 hinweist:

> Ich habe mich leider durch meine Liebe zu Lucian hinreißen lassen, eine
> Arbeit zu unternehmen für die ich nicht gelehrt genug bin. Denn außerdem,
> daß ich den Nachtheil habe, fast ein bloßer αὐτοδίδακτος zu seyn, (wie
> ehemals Pope) so haben mir auch theils meine vielen Verhältnisse und un-
> vermeidlichen Zerstreuungen, theils die dulces ante omnia musae nicht
> erlaubt, so viel zu lesen, und so viel Bücherkenntniß zu erwerben, als ich
> wohl zu besitzen wünschen möchte.[111]

Aufgrund dieser sprachlichen Unsicherheit läßt Wieland die Übersetzung
von dem befreundeten Gräzisten Schütz korrigieren.[112] Dennoch gilt Wieland unter seinen Zeitgenossen als guter Gräzist, zumal er während seiner
Ausbildung in Klosterbergen intensiven Griechischunterricht genossen hat.

Absicht der Übersetzung

Mit seiner Übersetzung verfolgt Wieland mehrere Ziele: Zum einen will er
mit der dritten Übertragung des lukianischen Oeuvres in seinem Jahrhundert nach Johann Christoph Gottsched[113] und Johann Heinrich Waser, die
nur eine Auswahl bzw. zwei Drittel der Schriften übersetzt hatten, Voll-

---

unnachahmlich verdeutschen. Seine dichterische Schwärmerei geht so weit, daß er, als
er den Horaz übersetzte, oft im Ernste behauptete, die Seele des Horaz sei in ihm wohn-
haft, und so auch beim Lucian." (Zitiert nach Gerlach / Sternke [wie Anm. 97] 32f.).

[110] Vgl. besonders F. Kersten, *Wielands Verhältnis zu Lukian*, Progr. Cuxhaven 1900, 5-18
und Steinberger (wie Anm. 92) 135-143.

[111] Scheibe (wie Anm. 103) Bd. 9.1, Nr. 484, 72-79.

[112] Vgl. die Einleitung zur Übersetzung; Wielands Schwiegersohn, der einmal als Korrektor
einspringen mußte, erweist sich dabei als nicht geeignet, wie man seinem Brief an Reinhold vom 29. August 1787 entnehmen kann: „Ich dancke Ihnen sehr, Mein Bester, für
die vicario modo besorgte Correctur meines Lucina's während der Krankheit unsers
Freundes Schütz. Aber zum Corrector sind Sie so wenig gemacht als ich selbst; denn ich
habe verschiedene, wiewohl zum Glück nicht viel bedeutende errata in diesem Bogen
gefunden." (Zitiert nach R. Keil, *Wieland und Reinhold*, Berlin/Leipzig 1885, 84).

[113] J.C. Gottsched, *Lucians von Samosata Auserlesene Schriften von moralischem, satirischem und critischem Inhalte. Durch verschiedene Federn verdeutscht*, Leipzig 1745.

ständigkeit erreichen.[114] Um den lukianischen Ton entsprechend seiner Übersetzungsmaxime möglichst genau zu treffen, will Wieland ferner - in Abgrenzung zu der waserschen Übertragung - einen Text mit mehr Grazie.[115] Er wehrt sich gegen Wasers künstliche, antikisierende Sprache und will dagegen mit seinem Text eine Atmosphäre schaffen, die Lukian bei dem Leser wieder lebendig werden läßt.[116] Obgleich sich Wieland bemüht, „seine [Lukians] Wendungen und das Colorit seiner Schreibart nachzuahmen",[117] stellt er die philologische Exaktheit hinter den Anspruch an die übersetzerische Freiheit. Entsprechend bittet er die Philologen um Nachsicht:

> Von meinem Lucian, - der eigentlich mehr für die größere Leserwelt als für die Gelehrten bestimmt ist, und ihrer Nachsicht sehr nöthig haben wird, erscheinen in der Ostermesse 2 dicke Bände [...].[118]

Daß Wieland dennoch philologisch genau arbeitete, ausgezeichnete Textkenntnis besaß sowie Sicherheit im Umgang mit verschiedenen Lesarten, bezeugen zahlreiche Anmerkungen zur Übersetzung. Gute philologische Hilfsmittel standen ihm dabei zur Verfügung: In seiner Bibliothek fanden sich die französischen Lukianübersetzungen von Perrot d'Ablancourt und von Massieu,[119] die englische Übertragung von Thomas Franklin,[120] und als

---

[114] Bis auf wenige Ausnahmen hat Wieland diese Zielsetzung erfüllt; vgl. das Nachwort zur Übersetzung (*Lucians Werke*, Bd. VI, Leipzig 1789, 455): „Der Unübersetzlichen habe ich unter allen Schriften die seinen Namen tragen (ausser einem einzigen Hetärengespräch) nur viere gefunden, wovon zwey, das Gericht der Vocalen und Lexiphanes, unstreitig ächt, der Solöcist zweifelhaft, und der Dialog, der den Titel Erotes [...] führt." Während Wieland die ersten drei aus grammatikalischen Gründen für unübersetzbar hält, hat er gegen den *Erotes* sittliche Einwände.

[115] Grundvoraussetzung ist die Annäherung an den Autor: „Ich habe mich seines [Lukians] Geistes, seiner Laune, seiner Genialität zu bemächtigen [...] gesucht." (*Lucians Werke*, Bd. I, Leipzig 1788, XLIV). Vgl. hierzu auch den Anhang, Nr. VIII.

[116] Vgl. auch K.H. Kausch, „Die Kunst der Grazie, Ein Beitrag zum Verständnis Wielands," in: *Jahrbuch der deutschen Schillergesellschaft* 2, 1958, 12-42.

[117] *Lucians Werke*, Bd. I, Leipzig 1788, XLIV.

[118] Brief an Voß vom 14. März 1788. (Scheibe [wie Anm. 103] Bd. 9.1, Berlin 1996, Nr. 521, 210-212). Dieselbe Aussage trifft Wieland auch in der Einleitung zur Übersetzung (*Lucians Werke*, Bd. I, Leipzig 1788, XLIVf.): „Die Gelehrten [...] sind es, von denen ich mir die meiste Billigkeit und Nachsicht verspreche - wie sehr ich auch gewünscht hätte der letztern nicht nöthig zu haben."

[119] *Lucian de la traduction de Perrot d'Ablancourt*, Amsterdam 1694; *Oeuvres de Lucien trd. par Massieu*, Paris 1781.

[120] *The Works of Lucian from the Greek*, London 1774.

Textausgaben die Standardausgabe dieser Zeit von Hemsterhuis/Gesner/
Reitz (Amsterdam 1746) neben Seybolds *Luciani Opuscula selecta*[121] und
den *Luciani opera* von J.P. Schmid aus dem Jahr 1776.

Die Gratwanderung zwischen philologischer Textnähe und sprachlich
zeitgemäßer Wiederbelebung des Textinhalts nahm Wieland sehr ernst, wie
man an zahlreichen Stellen sehen kann.[122] Dabei sind ihm auch Abstriche
bewußt, da er die angestrebte Grazie nicht immer verwirklichen konnte:

> Vielleicht hat er [Lukian] gleichwohl, durch eine zu sorgsame Bemühung,
> mich nicht zu weit von seiner Manier zu entfernen, nur zu oft etwas von
> seiner Eleganz verloren: und ich wünschte daher, daß Leser, denen seine
> Sprache fremd ist, - also wohl die meisten, in deren Hände diese Ueberset-
> zung kommen wird, - um sich nicht an den Lucianischen Grazien zu versün-
> digen, sich lieber einbilden möchten, daß er von dieser Seite viel verloren
> habe.[123]

Diese beabsichtigte Breitenwirkung konnte jedoch nicht allein durch
sprachliche Aktualisierung erfolgen, sondern Wieland sah sich genötigt,
seiner Zielgruppe, dem Laien, Hintergrundinformationen und Verständnis-
hilfen zu geben, „damit er [Lukian] von Lesern aller Arten richtig verstanden und beurtheilt" werde.[124] So finden sich sehr detaillierte Anmerkungen
mit anschaulichen Begriffserklärungen und Inhaltsangaben antiker Werke,
wie der *Odyssee* Homers, die eine gebildete Leserschaft nicht braucht.[125]

---

[121] Gotha 1773 und in einer zweiten Auflage Lemgo 1785.

[122] *Lucians Werke*, Bd. I, Leipzig 1788, 35, Anm. 17 zum *Nigrinus*: „Ich hoffe vor dem
Richterstuhle des Geschmacks losgesprochen zu werden, wenn mich jemand anklagen
sollte, daß ich mir hier mehr Paraphrase als gewöhnlich erlaubt habe. Kenner des Originals allein können die ganze Schwierigkeit solcher Stellen fühlen, und die Unmöglich-
keit einsehen, sie, ohne einen gewissen freyen Schwung, in irgend eine heutige Sprache
zu übertragen, - vorausgesetzt, daß man schreiben will - um gelesen zu werden."

[123] Ebenda XLV.

[124] Ebenda XLIII.

[125] So die Anmerkung zu Triton im sechsten *Meergöttergespräch* (*Lucians Werke*, Bd. II,
Leipzig 1788, 84, Anm. 2: „Ungeachtet es viele Tritonen, ebenso wie viele Panen,
Cyklopen, Liebesgötter u.s.w. gab, so war doch Ein Triton (so wie Ein Pan, Ein Cy-
klops, Ein Amor), dem dieser Nahme vorzugsweise zukam, und der eine Art von
Kammerdiener, oder gleichsam den Merkur des Gottes der Meere vorstellte. Sowohl er,
als seine Brüder, zeichnen sich von den übrigen Wassergöttern durch ihre Gestalt aus;
denn ihre Haare sind von Wassereppich, und der Leib, der mit kleinen wasserblauen
Schuppen bedeckt ist, endiget sich, statt der Füße, in einen Delphinenschwanz." Oder
die Anmerkung 1 zum elften *Göttergespräch* (*Lucians Werke*, Bd. II, Leipzig 1788, 62),
wo Wieland der Dialogpartnerin der Venus den Namen Luna anstelle des griechischen

Der beabsichtigten Ausweitung des Lesepublikums liegt Wielands wichtigstes Ziel zugrunde: Er will der Öffentlichkeit seinen Mitstreiter im Kampf für Aufklärung und gegen Wunderglauben zugänglich machen und Lukian als Träger dieser Botschaft für seine eigenen Ziele benutzen. Dabei kommt Wieland die gesellschaftliche Entwicklung entgegen, die im Verlauf des Jahrhunderts ein immer stärkeres Interesse an den Griechen mit sich bringt. Mit der Übersetzung Lukians als eines weiteren Klassikers deckt Wieland so den allgemeinen Bildungsbedarf.

Mit dieser Nutzbarmachung von Lukian in aufklärerischer Absicht führt Wieland eine bereits in Gottscheds Übersetzung angelegte, aber dort nicht weiter ausgeführte Argumentation weiter. Auch Gottsched sah in Lukian einen Aufklärer, dessen Wirken er jedoch historisch beschränkt:

> Ich weis es, Lucian heißt gemeiniglich ein Spötter. Es ist auch wahr, daß er fast in allen seinen Schriften gespottet hat. Aber was verspottet er? Wahrheit, Tugend, Gelehrsamkeit? Nein, sondern lauter Thorheiten, Irrthümer, und den Aberglauben der Heyden. [...] Die gesunde Vernunft hat sich in Wahrheit der Feder Lucians bedient, den Heyden die Augen aufzuthun, um der christlichen Religion, die damals mit vollem Glanze hervorzubrechen begunnte, den Weg in die Herzen der Menschen zu bahnen.[126]

Wieland hebt diese historische Beschränkung der aufklärerischen Wirkung Lukians auf und stellt ihn in die Nähe zu seiner eigenen Zeit. Die wesentliche Voraussetzung für diese Aktualisierung war die oben beschriebene Parallelität der Zeitalter, die Wieland zwischen dem 2. Jahrhundert und dem 18. Jahrhundert zu erkennen meinte.[127] Immer wieder weist er in seiner Einführung *Ueber Lucians Lebensumstände, Charakter und Schriften*[128] sowie in den Anmerkungen zu den einzelnen Dialogen auf diese Parallelen hin und stellt sie dem Leser vor Augen. Dadurch wird die Lukianübersetzung zu einem der wichtigsten Zeugnisse der wielandschen Aufklärung.

Selene gibt: „Ich habe den lateinischen Nahmen Luna dem Griechischen vorgezogen, weil er den meisten bekannter ist, und es mir immer wohlgethan scheint, auf diesen Umstand Rücksicht zu nehmen."

[126] Gottsched (wie Anm. 113) *Vorrede an den Leser*.

[127] Vgl. dazu besonders die oben erwähnte Passage (wie Anm. 96) in seiner Schrift *Über den freyen Gebrauch der Vernunft in Glaubenssachen*.

[128] *Lucians Werke*, Bd. I, Leipzig 1788, III-XLVI.

Ueber Lucians Lebensumstände, Charakter und Schriften

Mit dem Verweis auf den hohen Beliebtheitsgrad Lukians, „dessen Werke sechzehn Jahrhunderte nach seinem Tode noch so allgemein interessant sind", trägt Wieland nicht zuletzt der starken Lukianrezeption seines Jahrhunderts Rechnung. Lukian erscheint von Beginn an als Mensch, als Selfmademan, der es aus eigenem Antrieb geschafft hat, den bescheidenen Verhältnissen seines Elternhauses zu entrinnen und zu einem der gebildetsten Männer seiner Zeit zu werden.[129] Unter den Schriftstellern seiner Zeit erscheint Lukian als Ausnahmeerscheinung, ja, Wieland rechnet ihn sogar unter die besten griechischen Schriftsteller überhaupt:

> In der That weiß ich nicht, welcher unter allen alten Schriftstellern ihm an Reichthum des Genies, an Vereinigung aller Arten von Geist, an Witz, Laune, Geschmack und Eleganz, an der Gabe den gemeinsten und bekanntesten Dingen die Grazie der Neuheit zu geben, und an Verbindung aller dieser Mittel zu gefallen mit dem gesundesten Verstande, mit den mannichfaltigsten und angenehmsten Kenntnissen, und mit aller der Politur, die ein glückliches, von den Musen gepflegtes und ausgebildetes Naturell nur in der großen Welt und im Umgang mit auserlesenen Menschen erhalten kann, den Vorzug streitig machen könnte.[130]

Mit diesem Lob gelingt Wieland auch die Trennung der schriftstellerischen Leistung Lukians von dessen sonst so entartetem und wenig fruchtbarem Jahrhundert.[131] So konnte der 'späte' Lukian den ersten Rang auch unter den frühen griechischen Schriftstellern erobern.

Für Wieland hat die Aktualität und Attraktivität Lukians über die Jahrhunderte an keiner Stelle an Wert eingebüßt. Er findet „seine Laune noch belustigend, seine Satyre noch treffend, sein Sittengemählde noch frisch und lebendig, seine Scherze, größentheils, noch fein und gefällig".[132] Eine Bestätigung dafür ist die starke Rezeption Lukians durch Wielands Zeitgenossen.[133]

---

[129] Ebenda IX: „[...] einem jungen Mann, der mit den schönsten Naturanlagen soviel Studium und unverdroßnen Fleiß verband, als man unserm Autor [...] zutrauen darf, konnte der Succeß nicht fehlen [...]."

[130] Ebenda XXII.

[131] Vgl. dazu Wielands Schrift *Ueber die vorgebliche Abnahme des menschlichen Geschlechts*.

[132] *Lucians Werke*, Bd. I, Leipzig 1788, XXIII.

[133] Ebenda XXIII: „[...] seine von neuern Schriftstellern so oft copierte und nachgeahmte Erfindungen [...]."

Ein wichtiger Grund für diese Attraktivität liegt für Wieland in der Satire Lukians. Er sieht in dem Hippokentaur des satirischen Dialogs den gelungenen Versuch, „sein Vorhaben, durch Kritik und Satyre zu bessern oder zu strafen, hinter dem Anschein, bloß zu scherzen und zu belustigen", zu verbergen.[134] Dabei gelingt Lukian in Wielands Augen eine einmalige Satireschöpfung: Sie sei „bald mit Horazischen Witze bald mit Aristophanischer Laune gewürzt".[135] Die Tugenden des Komikers und Satirikers in einer Person: Wieland, der später auch Horaz und Aristophanes übersetzen sollte, legt mit Lukian den in seinen Augen größten satirischen Dichter der Antike vor.

Den moralischen Impetus der lukianischen Satire zu bessern, sieht Wieland in dem Verfall einer Zeit begründet, die gleichwohl von den äußeren Rahmenbedingungen her als begünstigt angesehen werden müsse.[136] Friede, Wohlstand und „milde Regierung" führten seiner Meinung nach aber zu einer Orientierungslosigkeit und Anfälligkeit für Scheinphilosophen, was Wieland zum Ausgangspunkt für die von ihm gesehene Parallelität zu seiner eigenen Zeit macht:

> Aber was die Zeiten unsers Autors ganz besonders charakterisiert, war ein gewisser schwindlichter Hang zur Schwärmerey, zu wunderbaren und unglaublichen Dingen, sonderlich wenn sie von Morgen herkamen, zu neuen Gottesdiensten, Mysterien, religiosen Brüderschaften, u. dergl. kurz, eine Art von epidemischer Krankheit des Menschenverstandes [...].[137]

Schon die Terminologie, v.a. das Wort 'Schwärmerey', deutet auf Wielands Jahrhundert, in dem es eine große Schwärmerdebatte gab, zu der er selbst mit der Schrift *Die Abenteuer des Don Sylvio von Rosalva* bereits einen Beitrag geleistet hatte und im Anschluß an die Lukianübersetzung mit einer Neufassung des *De Morte Peregrini* einen weiteren leisten würde.[138] Wieland spricht von den stufenweisen Verfallserscheinungen des 2. Jahrhunderts, „die beynahe unglaublich scheinen müßten, wenn uns ihre Mög-

---

[134] Ebenda XXV.
[135] Ebenda XLIII.
[136] Ebenda XXVI: „Die schönsten Provinzen des Römischen Reiches genossen in dem größten Theile dieses glücklichen Jahrhunderts alle Vortheile eines allgemeinen Friedens und einer milden Regierung."
[137] Ebenda XXX.
[138] Vgl. dazu G. Braunsperger, *Aufklärung aus der Antike: Wielands Lukianrezeption in seinem Roman 'Die geheime Geschichte des Philosophen Peregrinus Proteus'*, Frankfurt a.M. 1993.

lichkeit nicht durch ähnliche Erscheinungen in unsern eigenen Tagen begreiflich gemacht worden wäre".[139]

Dabei schließen sich Aberglaube und Aufklärung keineswegs aus. Wieland charakterisiert die Zeit trotz der Mißstände als 'gleichwohl sehr aufgeklärtes Jahrhundert',[140] warnt jedoch mehrfach vor einer Scheinaufklärung.[141] Diesbezüglich geht er auch kritisch mit seinen Zeitgenossen um:

> [...] die Eitelkeit für aufgeklärt zu passieren konnte bey einer Classe von Menschen, die sich vor der geringsten Anstrengung des Verstandes scheuet und weder Geduld noch Zeit zum Untersuchen hat, nicht besser befriediget werden, als durch den bequemen Mittelstand zwischen Skeptizismus und Leichtgläubigkeit, wo man alles bezweifelt was man glauben und alles glaubt, was man bezweifeln sollte.[142]

Ist Aufklärung nur eine Sache der Gebildeten? Wieland will das vermeiden und warnt vor einem Vakuum, das bei vielen Ungebildeten entstehen könne. Durch eine richtige Darlegung aufklärerischen Gedankenguts verbunden mit der Kritik an Mißständen sollen die Ziele der Aufklärung einer breiten Bevölkerung zugänglich gemacht werden. Ein mögliches Instrumentarium will die Lukianübersetzung mit ihren satirischen Werken sein.[143] Mit eben denselben Waffen, die zu Lukians Zeiten die Mittel zur Bekämpfung des Aberglaubens waren, will Wieland wieder antreten. Er sieht im lukianischen Entlarven aller Arten von Betrügerei eine „sehr ernsthafte Absicht [...] oft unter einem Schein von Frivolität" verborgen,[144] was Wieland als geschickte Verkleidung lobt. Auch setzt er sich kritisch mit dem im Suda-Lexikon erhobenen Vorwurf der Gotteslästerung auseinander, weil Lukian besonders in *De Morte Peregrini* gegen das Christentum und

---

[139] *Lucians Werke*, Bd. I, Leipzig 1788, XXXI.

[140] Ebenda.

[141] Im *Icaromenippus* heißt es in der Anmerkung 35 (*Lucians Werke*, Bd. I, Leipzig 1788, 216): „Man braucht diese Stelle nur mit den Wunderkräften, die ein gewisser Philosoph im Lügenfreunde einer in ein Stück frisch abgezogener Löwenhaut eingenähten Spitzmaus beylegt, zu vergleichen, um zu sehen, daß Lucian des Aberglaubens spottet, der zu seiner Zeit selbst unter vielen, die für aufgeklärt gelten wollten, in Ansicht solcher angeblicher geheimer Naturkräfte, Sympathien und dergleichen im Schwange gieng."

[142] *Lucians Werke*, Bd. I, Leipzig 1788, XXXII.

[143] Ebenda XXXIV: „[...] als Lucian den Entschluß faßte, den taumelnden Genius seiner Zeit mit den einzigen Waffen die er fürchtet und gegen die ihn seine bezauberte Rüstung nicht schützen kann, mit dem witzigen Spotte des kaltblütigen Menschenverstandes zu bekämpfen."

[144] Ebenda XXXV.

nicht gegen die Heiden gearbeitet habe. Dieser Einstellung, die Wieland interessanterweise dem von ihm in Schulzeiten noch hochgeschätzten und
eifrig gelesenen Peter Bayle[145] in den Mund legt,[146] versucht der Übersetzer
durch die positive Umkehrung des Vorwurfs entgegenzuwirken: Lukian
habe sich zwar nicht aktiv am Aufbau des Christentums beteiligt, ihm aber
indirekt durch das Niederreißen des Alten - vielleicht sogar ohne es zu
wollen - den Weg geebnet:

> Non omnia possumus omnes. Einige sind zum Angreifen, andere zum Ver-
> theidigen, einige zum Niederreissen andere zum Aufbauen berufen.[147]

Wieland räumt ein, daß Lukian kein Prediger der neuen christlichen Religion war[148] und eher eine destruktive Rolle am Ende des Heidentums einnahm. In der Zuweisung Lukians zur letzteren Gruppe liegt jedoch keine
Schmälerung seiner Leistung, ist doch das Niederreißen einer Sache
wichtig, ja sogar unentbehrlich für den Aufbau einer neuen. Lukian leiste
seinen Teil durch die Zerstörung der alten Volksreligion, [149] womit dem

---

[145] Bayle versucht, in seinem 1695-97 erschienenen *Dictionnaire Historique et Critique* die
Unvereinbarkeit von Vernunft und Glauben darzustellen und Moral von Religion zu
trennen. Lukian, den Bayle vornehmlich als historische Quelle ausschöpft, wird als Satiriker abgelehnt. Im Artikel 'Brachmanes' (Bd. I, 646, Anm. H) heißt es über *De Morte
Peregrini*: „Qu' on se tourne de tous les cotés imaginables, qu' on prenne le oui, qu' on
prenne le non, on n'échappe jamais à des gens faites comme Lucien, ni en général à la
médisance." An Lukians Kampf gegen den Aberglauben findet Bayle wenig Gefallen:
„Maís Lucien, qui s'est tant moqué des faux Dieux du Paganisme, et qui a répandu tous
les agréments imaginables sur la description qu'il a faite des folies et des impostures de
la Religion des Grecs, ne laisse pas d'etre digne de détestation: puis qu'au lieu de faire
cela par un bon motif, il n'a cherché qu'à contenter son humeur moqueuse, et qu'à
ouvrir la carrière à son style statirique, et qu'il n'a point témoigné moins d'indifférence
ou moins d'aversion, pour la vérité que pour le mensonge." (Bd. III, 2255, Anm. B).
[146] *Lucians Werke*, Bd. I, Leipzig 1788, XXXVIf.: „[...] und sogar ein Bayle findet ihn deß-
wegen verabscheuungswürdig, weil er, ich weiß nicht aus welcher Offenbarung wissen
will, Lucian habe nicht [...] die löbliche Absicht dabey gehabt, den Heiden die Augen zu
öfnen, sondern bloß seinem natürlichen Muthwillen und Spottgeist ein Feld aufzuthun,
wo er sich nach Herzenslust herumtummeln könne."
[147] Ebenda XXXIX.
[148] Ebenda: „Daß er nicht selbst derjenige war, der diese Religion predigte, kann ihm zu
keinem billigen Vorwurf gereichen."
[149] Wielands *Vorrede zu den Göttergesprächen* (*Lucians Werke*, Bd. II, Leipzig 1788, 3):
„Es war ein eben so glücklicher als neuer und kühner Gedanke, die Götter, so zu sagen,
in ihrem Hauswesen und im Neglischee, in Augenblicken von Schwäche, Verlegenheit
und Zusammenstoß ihrer einander so oft entgegenstehenden Forderungen und Leiden-
schaften, kurz, in solchen Lagen und Gemüthsstellungen mit einander reden zu lassen,

Christentum der Weg gebahnt worden sei. Daß er somit nur indirekt und ex negativo Wegbereiter war, ist für Wieland kein Grund für Kritik, im Gegenteil: „Was berechtigt uns, einen Schriftsteller, bloß weil er die Wahrheit scherzend und lachend sagt, zum Scurra zu machen?"[150] Wielands Verteidigung läuft über die Verteidigung der Gattung Satire und ihrer Elemente. Ironisch verweist er darauf, daß man allen Satirikern, von denen er Horaz, Juvenal, Chaucer, Rabelais, Cervantes, Swift und Sterne erwähnt, denselben Vorwurf des destruktiven Niederreißens machen müßte.[151]

Daß Lukian kein Konzept zum Aufbau hatte, liegt somit für Wieland einerseits in der Gattung begründet, in der er schreibt, andererseits glaubt er, daß Lukian dazu nicht berufen war. Für die erneute Beschäftigung mit ihm ist dies aber kein Gegenargument: Wieland will gerade das niederreißende Element Lukians als zeitlose Kritik gegen Falschheit und Aberglauben erneut einsetzen. Somit wird aus dem 'destruktiven' Lukian ein indirekt sehr konstruktiver Mitstreiter.

Wieland sieht bei Lukian zwei Formen des Aberglaubens bekämpft, von denen die eine, der Kampf gegen die alte Religion, rein historischen Wert besitze und wie die *Dialogi Deorum* einzig dem Vergnügen der Leser dienen soll.[152] Interessanter für die Aktualisierung ist Lukians Kritik an den Lehren der Scheinphilosophen und Gaukler, die Wieland mit Mönchen und zeitgenössischen Betrügern vergleicht. Das deutlichste Beispiel für diese Haltung findet sich in seinen Bemerkungen zu dem *Philopseudeis* und dem *Hermotimus*, denen er deshalb auch einen höheren Stellenwert als anderen

---

wo sie (unwissend daß sie Menschen zu heimlichen Zuhörern hätten) sich selbst gleichsam entgötterten und ihren bethörten Anbetern in ihrer ganzen Blöße darstellen mußten. Lucian hätte dem Aberglauben seiner Zeit keinen schlimmern Streich spielen können."
[150] *Lucians Werke*, Bd. I, Leipzig 1788, XXXVIIf.
[151] Für Wieland ist vor allem die mangelnde Kenntnis Lukians an diesem Vorurteil schuld (*Lucians Werke*, Bd. I, Leipzig 1788, XLII): „Ueberhaupt wird hoffentlich die gegenwärtige Uebersetzung etwas dazu beytragen, die Vorurtheile, die man aus zu weniger Bekanntschaft mit ihm und von bloßem Hörensagen gegen ihn als einen Spötter von Profession gefaßt haben mag, zu zerstören [...]."
[152] Vgl. die *Vorrede zu den Göttergesprächen* (*Lucians Werke*, Bd. II, Leipzig 1788, 3): „Das Vergnügen, das alle Arten von Leser - die einzigen, die keinen Scherz vertragen können, ausgenommen - noch heut zu Tage an den Lucianischen Göttergesprächen finden, wiewohl sie für uns kaum ein anderes Interesse haben, als alte Gemmen oder Herkulanische Gemählde, läßt uns auf den ungemeinen Reiz schließen, den sie für den feineren Theil von Lucians Zeitgenossen, wo der große noch an diese Götter glaubte, haben mußte."

Dialogen einräumt.[153] Diese historische Parallele, die Wieland zu erkennen meint, ermöglicht den immerwährenden Nutzen Lukians:

> Dieß mag genug seyn, unsre Leser auf den Standpunct zu setzen, woraus sie [...] die Tendenz seiner vornehmsten Schriften, ihre besondere Beziehung auf sein Jahrhundert und ihren Werth und Nutzen für jedes folgende, besonders für eine der seinigen so ähnliche Zeit wie die gegenwärtige ist, am richtigsten ins Auge fassen können.[154]

Diese programmatischen Äußerungen über die Aktualität von Lukians Schriften werden in Wielands Anmerkungen zu einzelnen Dialogen exemplifiziert. Die Verweise dienen einerseits zur Rechtfertigung der in der Einleitung aufgestellten Behauptung, gleichzeitig aber auch zur fortwährenden Lenkung des Lesers, der immer wieder auf seine Zeit und ihre Probleme hingewiesen wird. Wieland macht dabei längst nicht in allen Dialogen von solchen Anmerkungen Gebrauch - einige sind für ihn, wie gezeigt, nicht aktualisierbar -, was jedoch keineswegs die intendierte Aktualisierung auf die von ihm angemerkten Stellen beschränkt: Sie steht immer im Hintergrund, mit ihr beginnt der Leser seine Lukianlektüre und kann, ab und an besonders daran erinnert, die Parallelen selbst ziehen. Wieland selbst gibt die deutlichsten Aktualisierungen in den Dialogen *Timon, Gallus, Philopseudeis, Alexander, Hermotimus* und *Piscator*. Dazu kommen einige ganz allgemeine Verweise auf die Gegenwart wie im *Nigrinus*, wo Wieland die Wirkung der nigrinischen Rede auf Lukian mit „beredten und gut vorgetragenen Kanzelreden" vergleicht.[155]

Der *Alexander* ist für Wieland „die wichtigste und lehrreichste aller Schriften Lucians".[156] In seiner Karikatur des falschen Orakelpriesters Alexander von Abonuteichos sieht Wieland einen Spiegel der eigenen Zeit, der „uns natürlicher Weise auf den Gedanken führen [muß], was ein Alexander unsrer Zeit mit den ungleich größern Hülfsquellen, die ihm zu Gebote stünden, ausrichten könnte".[157] Alexander wird zum Prototyp des Scheinphilosophen, der Wielands Leser an Cagliostro und Lavater erinnert.

---

[153] *Lucians Werke*, Bd. I, Leipzig 1788, XLIf.: „Wenn ich [...] die beyden historischen Stücke über Peregrin und Alexandern höher würdige als andere vielleicht gethan haben: so ist meine Meynung gar nicht, [...] etwas von ihren Verdiensten benehmen zu wollen."
[154] Ebenda XLI.
[155] Ebenda 25; vgl. auch 51, Anm. 36, wo die Kanzelredner aufgefordert werden, sich nach Lukian zu bilden.
[156] *Lucians Werke*, Bd. III, Leipzig 1788, 165.
[157] Ebenda.

Die Entlarvung Alexanders durch Lukian ist die Art Aufklärung, die
Wieland fordert. Mit ihr wendet er sich gegen konservative Kräfte im Land,
insbesondere gegen die katholische Kirche, die Aufklärung verhindere.[158]

Verstärkt wird die Kritik an den Vertretern der Religion in dem Dialog
Philopseudeis, wo wir die wohl deutlichste und längste Aktualisierung
Wielands in den Übersetzungen finden:

> Vor etwa 25 Jahren brauchte man sich nur in das Zimmer irgend eines alten
> schwachköpfigen Grafen oder Herrn in Schwaben, Bayern oder Oesterreich
> zu denken, - statt der sogenannten Philosophen Ion, Dinomachus, Kleo-
> demus, Arignotus, einen bocksbärtigen Kapuziner, einen wohlbeleibten Prä-
> monstratenser, oder starkcolorirten Bernhardiner, einen hagern, habichts-
> nasigen Jesuiten, und allenfalls noch einen derbglaubigen Karmeliter um ihn
> herumzusetzen, und sie aus Veranlassung einiger Millionen Teufel, die un-
> längst von irgend einer mondsüchtigen Bauerdirne abgetrieben worden, in
> ein Gespräch über dergleichen erbauliche Dinge gerathen zu lassen, um ein
> herrliches Gegenstück zu diesem Lucianischen Gemählde zu haben. Aber
> seit dieser Zeit haben sich die Umstände sehr geändert; man kann sich nun
> mitten unter lauter Protestanten in das Zimmer des Eukrates versetzt sehen;
> und die Geisterseher, Zauberer, Mystagogen, Hermesschüler, Magnetisirer,
> Desorganisirer und Exaltirer der menschlichen Natur, kurz alle Arten von
> Adepten und Wundermännern, spielen unter allerley Gestalten und Nahmen
> eine so große Rolle gegen das Ende unsers Jahrhunderts, daß die Ion und
> Eukrates und Dinomachus u.s.w. wenn sie wiederkommen könnten, sich ge-
> nöthigt sehen würden, die großen Vorzüge der Neuern vor den Alten, und
> unsrer aufgeklärten Zeiten vor dem Jahrhundert der Antonine auch in
> diesem Stücke demüthig einzugestehen.[159]

Dabei finden sich die religiösen Auswüchse für Wieland gleichermaßen
unter Protestanten wie Katholiken, wobei seine Aussage, daß sich bei ersteren der geschilderte Zustand sogar noch verschlechtert habe, einerseits
seine persönliche Enttäuschung als Protestant widerspiegelt, andererseits
aber auch das Bemühen um Objektivität in der Frage der Religionskritik:
Der Übersetzer möchte seinem Lesepublikum, d.h. Katholiken und Protestanten gleichermaßen, nicht einseitig oder voreingenommen erscheinen.[160]

---

[158] Ebenda 176, Anm. 16; 178, Anm. 19 und 213, Anm. 48: „Daher ihr Geschrey gegen
Aufklärung! Daher ihr unermüdetes Bestreben sie den Fürsten und regierenden Herren
verdächtig zu machen! Daher die Ketzergerichte und die Verfolgungen, die wir noch
heutigen Tages in Ländern, wo solche Menschen die Oberhand haben, gegen die
Freunde und Lehrer der Wahrheit wüthen sehen."

[159] *Lucians Werke*, Bd. I, Leipzig 1788, 149f.

[160] Dennoch findet sich weitaus häufiger Kritik an der katholischen Kirche und insbesondere dem Mönchswesen. Anm. 5 zum *Philopseudeis* (*Lucians Werke*, Bd. I, Leipzig

Die Religionskritik wird im *Hermotimus* auf weitere Gesellschaftsgruppen ausgedehnt; philosophische Schulen und literarische Kreise fallen unter die dort kritisierten „Secten":

> Das, was diesem Stück hauptsächlich den Charakter eines ächten Werks des Geistes ausdrückt, ist seine ausnehmende Frischheit, und Anwendbarkeit auf unsre Zeiten, in welchen doch von den Secten, die in Lucians Tagen im Schwange giengen, nicht mehr die Rede ist. Aber die Secten, aller Zeiten sind einander, wie die Menschen überhaupt, immer ähnlich, wiewohl sie von Nahmen, Farbe, Kleidung und Sprache ändern; und man darf sich statt der Stoiker, Platoniker, Pythagoräer, u.s.w. beym Lesen dieses Dialogs nur unsere Secten, und einen modernen Hermotimus denken, so ist es, als ob beynahe alles erst vor wenig Tagen ausdrücklich für uns geschrieben sey. Also, *arrigite aures, Pamphili! Mutato nomine de vobis fabula narratur.*[161]

Bei der Kritik an Gruppen und Religion bleibt Wieland nicht stehen: Auch individuelle menschliche Fehler werden mit Lukian ans Tageslicht gebracht und kritisiert. Diesbezüglich ist vor allem der *Timon* für Wieland einer der aktuellsten Dialoge Lukians. Die Thematik von scheinheiliger Freundschaft, die einzig wegen Reichtum und Profit besteht, läßt die Gestalt des Timon für Wieland zur Integrationsfigur und zum Exempel für falsche Wertvorstellungen werden; die lukianische Satire wird wegen ihrer Lehrhaftigkeit noch über Aristophanes gestellt:[162]

> Die Satyre die im Timon herrscht, ist von weiterm Umfang, trift mehrere Gattungen von Menschen, und geht, wie der größte und wichtigste Theil der Lucianischen Schriften, auf nichts geringeres aus, als den Nebel, der die

---

1788, 155): „Ein gewisser Jesuit hatte zwanzig Jahre in den Missionen in Canada mit großem Eifer gearbeitet, und war zwanzigmal in Gefahr gewesen, die Religion die er predigte mit seinem Blute zu versiegeln, ungeachtet er (wie er selbst einem Freund ins Ohr gestand) nicht einmal an Gott glaubte. Sein Freund stellte ihm die Inconsequenz seines Eifers vor. „Ach mein Freund antwortete ihm der Missionar, wenn sie sich vorstellen könnten, was für ein Vergnügen das ist, zwanzig tausend Menschen vor sich zu sehen, die einem mit ofnem Munde zuhören, und ihnen Dinge weiß zu machen die man selbst nicht glaubt!" - Ich habe zwar für diese Anekdote keinen zuverlässigern Gewährsmann aufzustellen, als denjenigen, der unter den Schriftstellern eben so der einzige ist wie Friedrich II. von Preussen unter den Königen: aber die Sache ist an sich selbst so glaubwürdig und natürlich, daß man sie einem Manne, der die Welt so gut wie dieser Mann kannte, gar wohl auf sein bloßes Wort glauben kann."

[161] *Lucians Werke*, Bd. V, Leipzig 1789, 4.

[162] *Lucians Werke*, Bd. I, Leipzig 1788, 54: „[...] und mich dünkt daß man ihm [Lukians *Timon*], ohne ungerecht gegen Aristophanes zu seyn, den Vorzug eines größeren Interesse für heutige Leser zugestehen könne."

Menschen verhindert, in ihren wesentlichsten Angelegenheiten richtig zu sehen, zu zerstreuen, die Betrüger zu entlarven, den Betrognen die Augen zu öfnen [...].[163]

Wielands Programm der Lukianübersetzung sah sich einer Schwierigkeit gegenüber, die ebenfalls in einigen Anmerkungen zum Ausdruck kommt: dem Postulat der Sittlichkeit. Diesem fielen nicht nur die bereits genannten Dialoge zum Opfer, die Wieland nicht übersetzt, sondern es zwang den Übersetzer an einigen Stellen zu Auslassungen in der Übertragung. Anmerkungen wie: „Das Original erklärt sich hier mit einer Deutlichkeit die unsere Sitten nicht ertragen könnten"[164] deuten auf eine Verharmlosung hin, die bei Betrachtung von Wielands eigenen Werken zunächst erstaunt, da er - wie gezeigt - im *Urtheil des Paris* keinerlei Bedenken hatte, in seiner erotischen Darstellung Lukian noch zu übertreffen. Wenn Wieland daher bei seiner Lukianübersetzung peinlich genau auf Sittlichkeit achtet und neben derb erotischen Passagen[165] auch zweideutige Ausdrücke streicht, so kann diese Haltung aus zwei Gründen erklärt werden: zum einen als Reaktion auf die Kritik an Wielands eigener Person als 'Sittenverderber', wie sie sich seit den 70er und 80er Jahren (also unmittelbar vor der Lukianübersetzung) in der deutschen Literaturszene erhob und wie sie Wieland für seine Lukianübersetzung vermeiden wollte.[166] Diese Kritik war dermaßen stark, daß sich Lichtenberg genötigt sah, den Dichter wie folgt zu verteidigen:

> Nichts ist lustiger als wenn sich die Nonsense-Sänger über die Wollustsänger hermachen, die Gimpel über die Nachtigallen. Sie werfen Wielanden vor, daß er die junge Unschuld am Altar der Wollust schlachtete, bloß weil der Mann, unter so vielen verdienstlichen Werken, die die junge Unschuld nicht einmal versteht, auch ein paar allzu freie Gedichte gemacht hat, die noch überdas mehr wahres Dichter-Genie verraten.[167]

---

[163] Ebenda 54f.

[164] Ebenda 74, Anm. 29.

[165] So in der Übersetzung des *Asinus* (*Lucians Werke*, Bd. IV, Leipzig 1789, 238, Anm. 4: „Was ich hier auszulassen gezwungen bin, ist so beschaffen, daß ausser den (zu gutem Glücke ziemlich unverständlichen) lateinischen Uebersetzern, noch kein anderer schamlos genug gewesen ist, eine Dollmetschung davon zu wagen."

[166] So vermerkt z.B. Johann Heinrich Voß: „Jemand nannte Wieland, mich deucht Bürger war's. Man stand mit vollen Gläsern auf, und - Es sterbe der Sittenverderber Wieland, es sterbe Voltaire!" (Zitiert nach: A. Voß (Hg.), *Briefe von Johann Heinrich Voß*, Bd. I, Halberstadt 1829, 94).

[167] Georg Christoph Lichtenberg, *Schriften und Briefe*, hrsg.v. W. Promies, Bd. IV, München 1967, 226f. Weiter schreibt Lichtenberg: „Die Unschuld der Mädchen ist in den

Zum anderen entwickelte man im Zuge der Übersetzungstheorien des 18. Jahrhunderts andere Maßstäbe für die übersetzten lateinischen und griechischen Texte als für zeitgenössische Dichtung: Übersetzungen wurden als Vermittler des idealisierten Bildungsgutes der Antike gesehen, und ihre Funktion bestand darin, auf Schulen begleitend zur Originallektüre in den Schriftsteller einzuführen oder auch privat den Schülern Übersetzungshilfe zu sein. Abgesehen von der Tatsache, daß 'anstößige' Werke ohnehin vom Schulunterricht ausgeschlossen waren, finden sich zuweilen auch bei den kanonischen Autoren zweideutige Stellen, die den Schülern nicht als solche vermittelt werden sollten. So äußert sich Wieland mehrfach vorsichtig über den Umgang mit solchen Passagen und bemerkt in einem Brief an Heinse zu dessen Plänen einer Petronübersetzung, daß dieser so übersetzen sollte, „daß die Grazien nicht nöthig haben Ihre Hände vors Gesicht zu halten".[168] Auf diesem Hintergrund kann der vorsichtige Umgang Wielands mit solchen Textstellen nicht erstaunen.

Im Epilog auf seine Übersetzung spricht Wieland die Hoffnung aus, ein Original vorgelegt zu haben, und hofft nicht nur auf die Zustimmung der Gelehrten sondern besonders, daß die, „die ihn [Lukian] ohne Hülfe eines Dollmetschers gar nicht kennen lernten, indem sie die Werke Lucians in dieser teutschen Einkleidung lesen, nur selten gewahr würden, daß sie eine bloße Uebersetzung lesen [...]".[169]

Wielands Lukianrezeption im Anschluß an die Übersetzung

Obgleich Wieland nach zwei Jahren Arbeit an der Lukianübersetzung an seinen Schwiegersohn Reinhold schreibt, daß er seiner Erlösung mit Freuden entgegensieht,[170] endet seine Auseinandersetzung mit dem griechischen Satiriker keineswegs. Allerdings deuten seine zwischen 1789 und 1793 erschienenen *Neuen Göttergespräche* bereits eine langsame Loslösung von seinem 'Lieblingsschriftsteller' an. In der Vorrede unterteilt Wieland die Gespräche in zwei Gruppen, wobei er die erste noch ganz unter dem Einfluß Lukians verstanden wissen will:

---

letzten 10 Jahren, da die Komischen Erzählungen heraus sind, nicht um ein Haar leichter zu schlachten gewesen als vorher [...]."

[168] Brief vom 8.11.1771. (Zitiert nach W. Seiffert (Hg.), *Wielands Briefwechsel*, Bd. IV, Berlin 1979, Nr. 399, 9-10).

[169] *Lucians Werke*, Bd. VI, Leipzig 1789, 455.

[170] Vgl. Keil (wie Anm. 112) 106: „auch Lucian kriegt man in zwei Jahren endlich genug."

> [...] indessen war der Verfasser, als er sie zu Papier brachte, noch so voll
> von Lucian, mit welchem und für welchen er drey Jahre lang beynahe ganz
> allein gelebt hatte, daß es nicht zu verwundern wäre, wenn etwas von
> Lucians Geist und Laune in diese Aufsätze übergegangen seyn sollte.[171]

Die letzten fünf Gespräche weisen diesen Bezug nicht mehr auf: Wieland
wendet sich aktueller Tagespolitik zu und stellt Betrachtungen über die
Französische Revolution an.

Nachwirkungen seiner Lukianbeschäftigung finden sich noch in zwei
weiteren Werken: der im Jahr 1791 erschienenen *Geschichte des Peregrinus Proteus* und dem 1794f. in überarbeiteter Form erschienenen Märchen
Pervonte.

Das *De Morte Peregrini* ist sowohl inhaltlich wie formal eine Lukianrezeption: Wieland läßt sein Vorbild in Form eines Totengesprächs mit Peregrin zusammentreffen, um letzterem Gelegenheit zu geben, das durch
Lukian von seiner Person entworfene Zerrbild zu korrigieren. Wieland, der
in seinen jungen Jahren den lukianischen Dialog noch gelobt hatte,[172] weist
ihn jetzt zurück, ungeachtet des langen Kommentars zum *De Morte Peregrini* in seiner Lukianübersetzung, in dem er noch versucht hatte, die
historische Glaubwürdigkeit Lukians bei dessen Darstellung Peregrins zu
untermauern.[173] Zwar stellt Wieland diesen in seiner Neuschöpfung nicht an
den Pranger, sondern läßt ihn als einen vom Hörensagen getäuschten, aber
dennoch wahrheitsliebenden Erzähler erscheinen. Doch der Wechsel in der
Beurteilung der Vorlage erstaunt. Die Gründe, die Wieland zur Revision
seines ursprünglichen Urteils über diese Schrift bewogen haben, sind
zweifach: Zum einen will er den lukianischen Peregrin aktualisieren, indem
er ihn zum Schwärmer werden läßt. Damit greift er ein Zeitphänomen auf,
das ihn in seiner Jugend selbst betroffen hat und das er in mehreren
Schriften bekämpft.[174] Insofern ist es verständlich, daß Wieland seinem
Schwärmer Peregrin verständnisvoll gegenübersteht und ihn zum Opfer der

---

[171] Wieland (wie Anm. 95) Bd. 25, Leipzig 1796, *Vorbericht*, 5f. Vgl. zu den lukianischen
Einflüssen in Wielands *Göttergesprächen* auch H.D. Dahnke, „Die Götter im Negligé.
Die Erneuerung der lukianischen Gesprächstradition in Wielands Göttergesprächen," in:
Impulse 9, Berlin/Weimar 1986, 187-224. Siehe auch H. Jaumann, „Der deutsche
Lukian. Kontinuitätsbruch und Dialogizität am Beispiel von Wielands Neuen Götterge-
sprächen," in: H. Zimmermann (Hg.), *Der deutsche Roman der Spätaufklärung*, Heidel-
berg 1990, 61-90.

[172] Vgl. Anmerkung 89.

[173] *Lucians Werke*, Bd. II, Leipzig 1788, 93-110 (*Ueber die Glaubwürdigkeit Lucians in
seinen Nachrichten vom Peregrinus*).

[174] Vgl. zur Schrift und Schwärmerdebatte bei Wieland: Braunsperger (wie Anm. 138).

Gesellschaft werden läßt; einen Versuch, den Schiller und Goethe in ihren 1796 erschienenen *Xenien* lächerlich machen, indem sie Peregrin die Worte in den Mund legen:

> Siehest du Wieland, so sag ihm, ich lasse mich schönstens bedanken / Aber er tat mir zuviel Ehr an, ich war doch ein Lump.[175]

Wielands Schrift kann zum anderen aber auch als indirekte Verteidigungsschrift für Lukian gewertet werden, da *De Morte Peregrini* die lukianische Schrift war, die durch die Jahrhunderte hinweg stets im Mittelpunkt der Kritik seitens der katholischen Kirche stand. Indem Wieland Lukian als einen vom Hörensagen getäuschten Autor darstellt, versucht er eine Ehrenrettung des Satirikers, der in der Unterwelt mit den wahren Begebenheiten vertraut gemacht wird und dessen Darstellung so in keiner Weise als absichtliche Beleidigung des Peregrin und der Christen, sondern als ungewollte Täuschung erscheint.

* * *

Wielands Märchen *Pervonte* ist ein weiteres Stück Lukianrezeption, das unter dem Eindruck seiner Übersetzung zustande gekommen ist. Ursprünglich im Jahr 1778 zusammen mit einer Reihe von anderen kurzen Märchenerzählungen im *Teutschen Merkur* erschienen, stellte der *Pervonte* eine Umarbeitung von Giambattista Basiles Märchen *Pervonto* aus dem *Pentamerone* dar.[176] Wieland erweitert den Stoff zur Endfassung jedoch um einen aus Lukians *Navigium* gewonnenen Schluß, in dem der Protagonist die Nichtigkeit des Wünschens erkennt und auf sie verzichtet.[177] Wie Lukians Lykinos, der die Wünsche seiner Freunde als nichtig entlarvt, so werden die gleichen Wünsche bei Wieland in ihrer Leere vorgestellt: Beide Stücke enden nach einer Zeit im Reich der Wünsche in der Realität, mit der nur der wunschlose lukianische Lykinos bzw. Wielands Pervonte zufrieden sind. Die Gabe, die sie dazu befähigt, ist der Verstand. Wielands Märchen wird wie seine Lukianübersetzung zu einem Stück Aufklärungsliteratur.

---

[175] E. Beutler (Hg.), *Johann Wolfgang Goethe, Sämtliche Gedichte*, Bd. II, Zürich 1953, 490.

[176] Giambattista Basile (1575-1632), *Pentamerone*; das Werk wurde in den Jahren 1634ff. postum von Salvatore Scarano herausgegeben.

[177] Vgl. M. Baumbach, „Das Schiff der Wünsche unter der Flagge der Aufklärung," in: M. Baumbach / H. Köhler / A.M. Ritter (Hg.), *Mousopolos Stephanos. Festschrift für Herwig Görgemanns*, Heidelberg 1998, 457-473.

David Christoph Seybold

Lukian fand in Wielands Zeitgenossen David Christoph Seybold den
zweiten großen Verehrer und Nachahmer des 18. Jahrhunderts. Seybold
(1747-1804) war als Professor der alten Literatur in Jena und seit 1796 in
Tübingen tätig. Neben einer Übersetzung von Achilleus Tatios' Liebes-
roman (Lemgo 1773) und einer Einleitung in die griechische und römische
Mythologie (Leipzig 1779) war Lukian einerseits das Hauptobjekt seiner
philologischen Studien (vgl. die *Opuscula selecta*)[178] und andererseits die
Quelle zahlreicher satirischer Nachahmungen. So verfaßte er, die Tradition
Gottscheds fortsetzend, *Neue Gespräche im Reich der Todten*, in denen er
Nach Lucianischem Geschmack kurze Dialoge zwischen berühmten Gestal-
ten aus Politik, Literatur und Theologie vorstellt.[179]

Im Jahr 1797 gibt Seybold anonym die *Glimpf- und Schimpfreden des
Momus* heraus.[180] Das Buch enthält eine Anzahl von vorgeblich übersetzten
Deklamationen, mit denen Seybold Politikern, Literaten und Theologen
seiner Zeit zu Leibe rückt. Von Lukian inspiriert ist die vierte Deklamation:
Lobrede auf die Fliege.[181] Darin vergleicht der Verfasser die Journalisten
seiner Zeit mit Fliegen und karikiert deren Stellung als Kunstrichter innerhalb der Literatur.

Die zwei wichtigsten Werke seiner Lukiannachahmung sind die 1778
erschienene *Gelehrten-Verstaigerung nach dem Lucian*[182] und *Lucian's
Neueste Reisen oder wahrhafte Geschichten* aus dem Jahr 1791. Letztere
Schrift ist als Weiterführung der *Verae Historiae* Lukians konzipiert und
beginnt wie diese mit einer 'wahrhaften Geschichte'. Der Verfasser legt
dar, wie das Manuskript in seine Hände geriet: In den Wirren der Französischen Revolution seien in den Schlössern der Adeligen lange verborgen ge-
haltene, weil aufklärerische, Schriften versteckt worden, unter anderem
auch der von Lukian angekündigte, aber nicht geschriebene zweite Teil der
Verae Historiae.[183] Seybold berichtet von dem Vergnügen, das er an dieser
Entdeckung hatte und von der Bedeutung der Schrift für seine Zeit:

---

[178] Gotha 1773 und in einer zweiten Auflage Lemgo 1785.
[179] *Neue Gespräche im Reich der Todten*, Hanau/Frankfurt/Leipzig 1780.
[180] Winterthur 1797.
[181] Ebenda 121-152.
[182] D.C. Seybold, *Die Gelehrten-Verstaigerung nach dem Lucian*, Basel 1778.
[183] D.C. Seybold, *Lucian's Neueste Reisen oder wahrhafte Geschichten*, Reutlingen 1791,
       Vorrede: „Diese Entdeckung machte mir außerordentliche Freude, und kaum konnte ich
       mich selbst von ihrer Realität überzeugen, als ich gleich bey Lesung der ersten Kapitel
       fand: es müßte die Fortsetzung von Lucians wahrhaften Reisen enthalten."

Daß nicht dieser Fund der ganzen litterarischen Welt höchst willkommen seyn wird, zweifle ich um so weniger, weil sie nicht nur bisher die zwey ersten Bücher Lucians mit so innigem Vergnügen gelesen hat, sondern man erst vor kurzer Zeit sie gar von so großem pädagogischen Nuzen fand, daß man für die liebe Jugend einen besonderen Abdruck derselben zu Marpurg veranstaltete.[184]

Bei dieser Erwähnung bezieht sich Seybold auf die Übersetzung des Stückes von K.G. Lenz, die 1789 unter dem Titel *Reisebeschreibung für die Jugend* in Marburg erschien.[185] Da Lukian im ausgehenden 18. Jahrhundert aufgrund der Wieland-Übersetzung ein vielfach gelesener Autor war, konnte Seybold mit seinen Rezeptionen auf ein geneigtes Publikum hoffen.

Gleichzeitig können seine neuen *Wahren Geschichten* Lukians als Aufnahme eines in Lukians Werk bereits angelegten Rezeptionsanstoßes betrachtet werden: Die Ankündigung weiterer 'Wahrer Geschichten' am Ende von Lukians Schrift kann als Anregung für den Leser gesehen werden, das Buch und die Idee fortzusetzen. Damit versucht das Werk in besonderer Weise, sein Nachleben zu sichern, da es zur Vollendung und Fertigstellung auffordert und reizt. Dies schließt eine Aktualisierung der Stoßrichtung der Schrift ein. Während Lukian v.a. gegen den Wahrheitsanspruch von Literatur und insbesondere der Geschichtsschreibung polemisiert, richtet Seybold seine Kritik gegen die mangelnde Glaubwürdigkeit vieler Schriftstellerkollegen aus dem 18. Jahrhundert. Mit seinen neuen 'Wahren Geschichten' stellt sich Seybold mehr als sein Zeitgenosse Wieland der Herausforderung einer kreativen Rezeption Lukians, eines agonalen Wettstreitens mit dem griechischen Vorbild, und lädt den Leser ein, sein Werk mit dem Original zu vergleichen und es daran zu messen.[186]

---

[184] Ebenda.

[185] K.G. Lenz, *Reisebeschreibung für die Jugend mit mythologischen Anmerkungen*, Marburg 1789.

[186] Die *Verae Historiae* Lukians wurden am Ende des 18. Jahrhunderts zu vielfältigen literarischen Nachahmungen genutzt; das populärste Beispiel in Deutschland sind Gottfried August Bürgers *Erzählungen des Freiherrn von Münchhausen* aus dem Jahr 1786, in dem v.a. beim zehnten Seeabenteuer viele lukianische Motive verarbeitet sind. Bei der Illustration des Buches rezipierte u.a. Gustav Doré in seinen Holzschnitten damit indirekt Lukians Werk.

Philologische Studien: Gesners Abhandlung zum *Philopatris*

Parallel zu der starken kreativen Lukianrezeption finden sich einige wichtige philologische Studien zu Lukian im 18. Jahrhundert, die einerseits die
wachsende Bedeutung des Satirikers reflektieren, diese andererseits aber
auch mitbeeinflußten.

Im Jahr 1710 wurde der erste Band der *Miscellanea Berolinensia ad in-
crementum scientiarum ex scriptis societati regiae scientiarum exhibitis
edita* herausgegeben. Dabei handelte es sich um eine Veröffentlichung der
im Jahr 1700 von Friedrich III. von Brandenburg eingerichteten *Societät
der Wissenschaften.*[187] Sozusagen programmatisch findet sich gleich im
ersten Band neben medizinischen Beiträgen in der Sparte *Literaria* auch
eine kleine Abhandlung zu Lukian: *Specimen observationum historicarum
in Lucianum.* Der Verfasser ist der aus Frankreich für die Societät gewonnene Maturin Beyssière la Croze.[188]

Kurz darauf, im Jahr 1714, erscheint eine wichtige Arbeit des jungen
Weimarer Bibliothekars und späteren Professors in Göttingen, Johann
Matthias Gesner (1691-1761), zu Lukians *Philopatris*: *De aetate et auctore
dialogi Lucianei qui Philopatris inscribitur dissertatio.*[189]

Gesner setzt sich mit der Autorschaft des Dialogs auseinander und versucht zu zeigen, daß dieser nicht von Lukian stammen kann - ein Beweis,
der auf das Lukianbild seiner Zeit großen Einfluß hatte, da der *Philopatris*
zusammen mit dem *De Morte Peregrini* die Schrift war, an der sich die
Kritik seitens der katholischen Kirche vor allem manifestierte. Der Nachweis, daß Lukian von Samosata nicht der Autor dieses Werkes war, konnte
ihn zumindest teilweise von dem Stigma des Christenhassers befreien.[190]
Und in der Tat sollte sich nach Gesners Schrift die Diskussion um die Frage
nach Lukians Verhältnis zum Christentum, die im 19. Jahrhundert wieder
aufflammte, nur noch um *De Morte Peregrini* drehen. Obwohl bereits in
den Anfangsjahren des 18. Jahrhunderts geschrieben, kann Gesners Arbeit
als vorsichtiger Beginn der Auseinandersetzung einer sich langsam emanzi-
pierenden Altertumswissenschaft mit der Kirche, in deren Dienst die alten
Sprachen bis dato standen, gewertet werden.

---

[187] C. Bursian, *Geschichte der classischen Philologie*, München/Leipzig 1883, 357f.
[188] Ebenda 385.
[189] Die Arbeit erschien in Jena.
[190] Die genaue Datierung des *Philopatris* ist dagegen weiterhin umstritten, vgl. B. Baldwin,
„The date and purpose of the Philopatris," in: *YCIS* 27, 1982, 321-344.

Gesners Abhandlung ist nicht nur für die Lukianforschung speziell, sondern für die deutsche Altertumswissenschaft generell ein Meilenstein. In seiner *Geschichte der classischen Philologie* bezeichnet Conrad Bursian dieses Werk als „Muster einer methodischen litterarhistorisch-kritischen Untersuchung".[191] Und in der Tat beginnt mit Gesner eine neue Periode der klassischen Studien in Deutschland. Daß ausgerechnet Lukian an deren Anfang steht, ist interessant, wirft es doch Licht auf den hohen Stellenwert, den Lukian zu diesem Zeitpunkt als Schulautor und in der Gesellschaft bereits hatte. Auch unterstreicht die Tatsache, daß Gesner kurz nach der Erstveröffentlichung eine weitere Ausgabe unter Beifügung des Originals und einer lateinischen Übersetzung vorlegte, die große Aufmerksamkeit, die seine Arbeit erregte.[192] Und noch 15 Jahre später als Rektor der Thomasschule in Leipzig legt Gesner abermals eine Untersuchung zu diesem Thema vor: *De Philopatride dialogo Lucianeo nova dissertatio.*

Mit Gesner setzt in Deutschland in der Philologie die Entwicklung einer systematischen kritischen Methodenanwendung ein, die einen anderen Umgang mit den antiken literarischen Texten forderte. Man wollte sich nicht länger mit dem Sammeln und Edieren von Texten begnügen, was die Philologie seit dem Humanismus zu einer reinen Hilfswissenschaft im Dienste 'höherer' Disziplinen, vor allem der Theologie, werden ließ; ein verstärkt inhaltliches Interesse an der Antike und ihren Texten macht sich bemerkbar. Mit seiner Lukianabhandlung leistet Gesner einen bedeutenden Schritt in Richtung der sich langsam zur eigenständigen Disziplin entwickelnden Philologie, er wirkt hinsichtlich seines Faches sozusagen aufklärerisch. Für ihn waren die antiken Schriftsteller Träger edler und schöner Gedanken, die es sich anzueignen galt.[193] In dieser Einstellung wirkte er sowohl als Leiter der Thomasschule in Leipzig als auch als Göttinger Professor als Reformator: Er gründete das *seminarium philologicum*, in dem er zukünftigen Lehrern den neuen nicht mehr rein sprachlichen Umgang mit den antiken Texten vermitteln wollte. Lukian wurde in seinen *Institutiones* auf den Lehrplan der Schulen gesetzt:[194]

---

[191] Bursian (wie Anm. 187) 387.

[192] *Philopatris dialogus Lucianeus. Disputationem de illius aetate et auctore praemisit versionem ac notas adiecit.* Die Arbeit erschien 1715 in Jena.

[193] Vgl. F. Paulsen, *Geschichte des gelehrten Unterrichts*, Bd. II, Berlin/Leipzig 1921, 21ff.

[194] Vgl. ebenda 26.

> Sobald die Elemente der Formenlehre mehr durch Übung als durch Auswendiglernen eingeprägt sind, führe man die Schüler zur Lektüre leichterer Autoren, der Fabeln des Aesop, einiger Dialoge des Lucian.[195]

Ebenso wichtig wie die Einzelabhandlung zu Lukian war Gesners Mitarbeit an der großen kritischen Ausgabe, die von Hemsterhuis und Reitz 1743 vorgelegt wurde, zu der er die lateinische Übersetzung beitrug,[196] und die Integration Lukians in seine an Schulen vielgelesene *Chrestomathia Graeca* aus dem Jahr 1731.[197]

* * *

Gesners Anstöße für eine Umorientierung der Philologie wurden von seinem Nachfolger in Göttingen Christian Gottlob Heyne weitergeführt und von Friedrich August Wolf in seiner *Darstellung der Alterthumswissenschaft*[198] systematisiert. Damit gelingt der Philologie die Emanzipation von der Theologie und die Etablierung einer eigenen Disziplin. Lukian bleibt für die Gründer der *Altertumswissenschaft* erste Wahl: Wolf empfiehlt ihn als Schulautor,[199] und Johann Heinrich Voß behandelt Lukian regelmäßig im Unterricht:

> In der Zeit, als Wolff sein Schüler war, wurde gelesen im Griechischen Homer, Theokrit, ein oder der andere Tragiker, besonders Stücke des Aeschylus und Sophokles (denn den Euripides liebte er weniger), Pindar, Lucian, Xenophon [...].[200]

---

[195] *Luciani opera gr. et lat. cura T. Hemsterhuis et J.M. Gesneri et Lexicon Lucianeum Reitzii*, Amsterdam 1746.

[196] Große Bedeutung für die philologische Lukianbeschäftigung gewann auch der im Jahr 1746 in Utrecht als Anhang zur Werkausgabe von Reitz herausgegebene *Index Verborum ac phrasium Luciani*, der Wortuntersuchungen und werkimmanente Arbeiten wesentlich erleichterte.

[197] Vgl. dazu Paulsen (wie Anm. 193) 27f.

[198] Wolfs Abhandlung erschien erst 1807, die Gedanken wurden aber schon früher in seinen Vorlesungen entwickelt.

[199] J.F.J. Arnoldt, *Friedrich August Wolf*, Bd. II, Braunschweig 1862, 188: „Und so führt er [Wolf] auch in seinen Coniectaneen über Schulautoren den Lukian als lesenswerth [...] auf."

[200] Vgl. F. Heussner, *Johann Heinrich Voss als Schulmann in Eutin*, Eutin 1882, 13. Voß selbst äußert sich über seine Vorliebe der Lukianlektüre: „Beiläufig merke ich an, dass ich Homers Odyssee unterhaltender als seine Ilias, und Lucians auserlesene Gespräche und den Apollodor unterhaltender als Xenophons philosophische Schriften, die Cyropädie nicht ausgenommen, beim Unterricht gefunden habe [...]." (Ebenda 40).

Lukian erhält so innerhalb der Philologie im ausgehenden 18. Jahrhundert einen festen Platz in einem sich herausbildenden Kanon von Autoren,[201] auf dessen Grundlage zu Beginn des 19. Jahrhunderts die Schul- und Universitätsbildung durch Wilhelm von Humboldts Neu-Humanismus erneuert werden sollte. Spiegelt diese Präferenz von Lukian gegenüber anderen Autoren einerseits die beständige und bei Wieland auf dem Höhepunkt stehende Präsenz Lukians im deutschen Geistesleben des 18. Jahrhunderts wider, so ist sie andererseits durch das reine Attisch bedingt, aufgrund dessen Lukian für den Spracherwerb schon immer als Muster gegolten hatte. Als dritter Grund für die Wahl dieses Satirikers seitens der Altertumswissenschaft spielt die Ablehnung Lukians seitens der katholischen Kirche gewissermaßen eine psychologische Rolle, da die Philologie in ihrem Emanzipationsbestreben von der Theologie sich so mit Lukian symbolisch von dieser abgrenzen konnte: Was der Gegner verteufelt, ist gerade willkommen.

---

[201] Die Liste der Schulausgaben von Lukians Werken im 18. Jahrhundert ist lang. An dieser Stelle seien genannt: J.C. Schläger, *Luciani Samosatensis Mortuorum Dialogi. In usum auditorii seperatim*, Helmstädt 1739; I.A. Schier, *De somnio seu vita Luciani in usum schol.*, Wolfenbüttel 1762 (1796); D.C. Seybold, *Opuscula selecta in usum praelect*, Gotha 1774; F.A. Wolf, *Scripta selecta in usum lectionum curavit*, Halle 1786; J.C. Bremer, *Lucians Götter- und Todtengespräche. Mit erklärenden Anmerkungen und griechisch-deutschem Wortregister*, Leipzig 1790; G.H. Martini, *Dialogi selectiores inprimis deorum*, Leipzig 1794; J.D. Büchling, *Timon oder der Menschenfeind, ein Dialog*, Leipzig 1796; C.E. Gehrich, *Sammlung einiger Schriften aus Lucians Werken zum Gebrauche für Schulen herausgegeben*, Göttingen 1797; A.F.W. Rudolph, *Quaestio, quomodo historiam conscribi oporteat*, Leipzig 1797.

VI. LUKIAN IM FRÜHEN 19. JAHRHUNDERT - DIE UMSTRITTENE ETABLIERUNG SEINES OEUVRES INNERHALB DER ALTERTUMSWISSENSCHAFTEN

Die Werke Lukians gehörten zu Beginn des 19. Jahrhunderts zum Bildungsgut der Deutschen. Durch Wielands Übersetzung populär geworden fanden sie Eingang in den Lektürekanon der humanistischen Gymnasien; Lukian wurde zum Klassiker. Trotz dieser überaus günstigen Ausgangsposition sollten seine Werke jedoch noch im ersten Drittel des 19. Jahrhunderts abermals zum Brennpunkt harter Auseinandersetzungen werden, und das nicht nur, wie vorher, zwischen Kirche und Altertumswissenschaft, sondern auch innerhalb der altertumswissenschaftlichen Disziplin: Dabei spiegelt sich die Geschichte Lukians im 19. Jahrhundert zu einem großen Teil in der Diskussion um die Klassizität in der griechisch-römischen Antike wider, an deren Ende die Marginalisierung des nachklassischen Lukian zu beobachten ist. Dieser Fall eines Klassikers wurde geistesgeschichtlich durch die allgemeine gesellschaftliche Abkehr vom aufklärerischen Gedankengut und - indirekt, aber wirkungsvoll - durch die zunehmend kritische Haltung der Deutschen gegenüber Frankreich weiter begünstigt.

Wirkung der wielandschen Lukianübersetzung

Die starke Rezeption von Wielands Lukianübersetzung zeigt sich bereits kurz nach ihrem Erscheinen. Als einer ihrer ersten Leser kann Friedrich Schiller sie seinem Freund Körner wärmstens empfehlen:

> Wenn du dir aus dem MeßCatalogus einiges aussuchst, so vergiß Wielands Lucian nicht. Er wird Dir gewiß sehr werth werden; durch Wielands Galanterie besitze ich ihn selbst, und habe ihm schon manche angenehme Stunde zu danken.[1]

Populär geworden ist Lukian für Schiller auch ein willkommenes Exempel in seiner Abhandlung *Über naive und sentimentalische Dichtung*. Bei

---

[1] Brief an Körner vom 25. April 1788; zitiert nach: *Schillers Werke* (Nationalausgabe), Bd. 25, hrsg.v. E. Haufe, Weimar 1979, 46-49; 48. Vgl. allgemein zur Lukianübersetzung Wielands und deren Wirkung J. Werner, „Wenn du dir einiges aus dem Meßkatalog aussuchst, so vergiß Wielands Lukian nicht," in: *Philologus* 120, 1985, 121-132.

seiner Unterscheidung in elegische und satirische Dichter vertritt Lukian
zusammen mit Aristophanes die vorbildlichen Satiriker:

> Bei solchen und ähnlichen Anlässen muß sich der hohe Ernst des Gefühls
> offenbaren, der allem Spiele, wenn es poetisch sein soll, zum Grunde liegen
> muß. Selbst durch den boshaften Scherz, womit sowohl Lukian als Aristo-
> phanes den Sokrates mißhandeln, blickt eine ernste Vernunft hervor, welche
> die Wahrheit an dem Sophisten rächt und für ein Ideal streitet, das sie nur
> nicht immer ausspricht.[2]

Schiller belegt dieses Urteil mit einem Zitat aus dem *Nigrinus*, das er
Wielands Übersetzung entnimmt.[3] Dabei nähert er sich Lukian zunächst
von einer anderen Position, als Wieland es getan hat: Ihn interessiert der
Literat Lukian, der Satiriker als sentimentalischer Dichter, und weniger der
Gesellschaftskritiker und Aufklärer, den Wieland in ihm sah. Dabei ist die
Erwähnung Lukians als Satiriker auch als Reflex auf die Satirediskussion
des 18. Jahrhunderts zu werten, in deren Zuge die lateinischen Vorbilder
durch Griechen ersetzt wurden. Schiller nennt Horaz, Juvenal und Persius
nicht, wogegen er bei den Griechen Lukian an erster Stelle erwähnt. Diese
Betonung des Satirikers wird durch die „ernste Vernunft" unterstrichen, die
Schiller in Lukians Werken sieht, und läßt im Gegensatz zu Wieland auch
eine positive, d.h. aufbauende Wirkung Lukians erkennen.[4] Indem Lukian
aber gleichzeitig als sentimentalischer Dichter die Natur, d.h. die Wahrheit,
durch das Aufzeigen der verderbten Wirklichkeit sucht, nähert sich Schiller
Wielands Sicht des Aufklärers wieder an.

Dabei hat Schiller nicht zufällig ein Zitat aus der Romkritik des
Nigrinus ausgewählt, läßt sich doch aus diesem Dialog die für die intel-
lektuellen Kreise des ausgehenden 18. Jahrhunderts typische Hinwendung
zu den Griechen herauslesen, die schon in Wielands Kommentar zu dieser
Stelle spürbar ist:

---

[2]   F. Schiller, *Über naive und sentimentalische Dichtung* (1795) 44; zitiert nach der Ausgabe von J. Beer, Stuttgart 1978.

[3]   Ebenda 43: „Unglückseliger [...] warum verließest du das Licht der Sonne, Griechenland, und jenes glückliche Leben der Freiheit und kamst hieher in dies Getümmel von
prachtvoller Dienstbarkeit, von Aufwartungen und Gastmählern, von Sykophanten,
Schmeichlern, Giftmischern, Erbschleichern und falschen Freunden? usw." Schiller erwähnt im Zusammenhang mit Lukians Satire auch Wieland lobend: „Auch in unserm
Wieland erkenne ich diesen Ernst der Empfindung [...] und nimmer fehlt ihm die
Schwungkraft, uns, sobald es gilt, zu dem Höchsten emporzutragen." (Ebenda 44).

[4]   Den Hintergrund dieses Diskurses bietet die kantisches Dialektik von Ernst und Spiel;
für Schiller kann auch im satirischen Spiel sittlicher Ernst verborgen sein.

> Da er [Lukian] seine Rückreise durch Italien nahm, so war es natürlich, Rom nicht unbesucht zu lassen; er scheint aber nur so lange daselbst verweilt zu haben, als nöthig war, um sich von der unsäglichen Verderbniß dieser übermüthigen Tyrannin der übrigen Welt mit eigenen Augen zu überzeugen und sie in einem seiner schönsten Sittengemählde (im Nigrinus) mit der Unschuld und Simplicität des stillen Athens contrastieren zu lassen.[5]

Schillers Rezeption ist ein gutes Beispiel für die Wichtigkeit und den Einfluß von Wielands Übersetzung, die den Zugang zu dem griechischen Satiriker erleichterte. Auch Goethe verkannte den Einfluß der Übersetzung nicht, obwohl er seinen Zugang zu Lukian schon früher gewonnen hatte und diesen sogar zur Abgrenzung gegenüber Wieland benutzte: Seine Literatursatire *Götter, Helden und Wieland* aus dem Jahren 1773/74 war in Auseinandersetzung mit Wielands Singspiel *Alceste* entstanden, das Goethe als Abwertung des Ideals der antiken Tragödie empfunden hatte.[6] Die *Alceste* bilde „Helden und Halbgötter nach moderner Art",[7] Goethe hingegen will möglichst klassisch sein[8] und kleidet auch seine Kritik in eine klassische Form: *Götter, Helden und Wieland* ist eine Spielart des lukianischen Totengesprächs. Wieland gelangt im Traum in die Unterwelt und wird dort von Herkules und Euripides wegen Verunglimpfung angeklagt. Trennt Goethe an dieser Stelle Wieland noch insofern von Lukian, als er dessen Satire zur Verspottung seines Zeitgenossen nutzte, so schlug dieses in der Folge ins Gegenteil um, und Goethe verbindet Wielands Namen untrennbar mit dem Lukians: In seiner Hommage an den toten Freund nennt Goethe Wieland den „deutschen Lukian" und verweist auf die Geistesver-

---

[5] C.M. Wieland, *Lucians von Samosata Sämtliche Werke*, Bd. I, Leipzig 1788, XIII.

[6] Vgl. R. Petzoldt, „Literaturkritik im Totenreich. Das literarische Totengespräch als Literatursatire am Beispiel von Goethes Farce *Götter, Helden und Wieland*," in: *Wirkendes Wort* 3, 1995, 406-416.

[7] J.W. Goethe, *Dichtung und Wahrheit*, 15. Buch. Goethe bekennt dort rückblickend: „Wir sahen Wielanden, den wir als Dichter so hoch verehrten, der uns als Übersetzer so großen Vorteil gebracht, nunmehr als Kritiker launisch, einseitig und ungerecht. Hiezu kam noch, daß er sich auch gegen unsere Abgötter, die Griechen, erklärte und dadurch unsern bösen Willen gegen ihn noch schärfte. Es ist genugsam bekannt, daß die griechischen Götter und Helden nicht auf moralischen, sondern auf verklärten physischen Eigenschaften ruhen, weshalb sie auch dem Künstler so herrliche Gestalten anbieten. Nun hatte Wieland in der 'Alceste' Helden und Halbgötter nach moderner Art gebildet." (Zitiert nach der Hamburger Ausgabe von W. Loos / E. Trunz, Bd. X, München 1998, 58).

[8] In seiner eigenen Euripides-Bearbeitung der *Iphigenie auf Tauris* beschreibt Goethe es als sein Ziel, „[...] mich mit griechischer Art und Sinne möglichst zu befreunden." Vgl. H.G. Gräf, *Goethe über seine Dichtungen*, Weimar 1824, 15.

wandtschaft beider, die Wielands Schaffen prägte und die gelungene
Lukianübersetzung erst möglich machte:

> [...] und so entstand der deutsche Lukian, der uns den griechischen um desto
> lebhafter darstellen mußte, als Verfasser und Übersetzer für wahrhafte
> Geistesverwandte gelten können.[9]

Wielands Ziel war erreicht: Er hatte Lukian einem breiten Publikum zugänglich gemacht, und die von ihm erhoffte allgemeine Akzeptanz seiner
Übersetzung war eingetreten. Neben Goethe sprach August Wilhelm Schlegel seine Anerkennung aus, und Johann Eschenburg nannte sie eine „ voll-
endete, meisterhafte, klassische Übersetzung". Auch die Fachwelt schloß
sich diesem Urteil an: Johann Friedrich Degen verbindet sein Lob der
Übertragung mit der Bewunderung für „die hohe Kunst des glücklich nach-
zeichnenden Meisters, auf welche, wie auf seine eigenen Schöpfungen das
Vaterland mit Recht stolz seyn kann".[10] Damit hatte die deutsche Literatur
ein neues, aus dem Griechischen gewonnenes Original: Wielands Lukian.[11]

Lukian als Schulautor des Neuhumanismus

Auf den erfolgreichen Einzug Lukians in die Bibliotheken und Köpfe der
lesenden Bevölkerung am Ende des 18. Jahrhunderts durch Wielands Übersetzung folgte die Vermittlung an die lernende, zu bildende Bevölkerung zu
Beginn des 19. Jahrhunderts. In dieser Zeit gelang es der Philologie als
Altertumswissenschaft, sich als eigenständige wissenschaftliche Disziplin
zu etablieren. Herder und Humboldt entwickelten auf der Grundlage eines
idealisierten Griechenlandbildes das Konzept eines neuen Humanismus, der

---

[9]   J.W. Goethe, *Zu brüderlichem Andenken Wielands* (1813), 703. (Zitiert nach E. Beutler,
      Johann Wolfgang Goethe. Biographische Einzelschriften, Zürich 1962). Goethe würdigt
      Wielands Übersetzungstätigkeit anhand einer kurzen Skizze der Übersetzungsmaximen
      seiner Zeit. (Ebenda 705).

[10] J.F. Degen, *Die Litteratur der deutschen Uebersetzungen der Griechen*, Bd. II, Alten-
      burg 1798, 25.

[11] Wieland wurde auch im Ausland zu einer Autorität in der Lukianbeurteilung, und seine
      Einschätzung des Satirikers erreichte weite Verbreitung. So übernimmt der englische
      Übersetzer William Tooke in seine zweibändige Gesamtübersetzung Lukians das Vor-
      wort Wielands „On the Circumstances, Character and Writings of Lucian by Mr.
      Wieland" anstelle einer eigenen Einleitung. (W. Tooke, *Lucian of Samosata from the
      Greek with the Comments and Illustrations of Wieland and others*, London 1820).

zur Bildungsgrundlage in Deutschland erhoben werden sollte.[12] Dem nach militärischen Niederlagen gegen Frankreich identitätssuchenden Deutschland bot sich so die Chance, einen neuen Anfang mit eben dem Anfang der Kultur, nämlich den Griechen, zu machen.[13] Unter dem Wahlspruch „Die Griechen sind uns nicht bloss ein nützlich historisch zu kennendes Volk, sondern Ideal"[14] setzte Humboldt in seiner Funktion als Minister der preußischen 'Section für Cultus' gleichzeitig mit seinem bayrischen Kollegen Friedrich Immanuel Niethammer eine Bildungsreform durch, die Latein und Griechisch zu der Ausbildungsgrundlage der höheren Schulen werden ließ: Nach der Gymnasialreform von 1812 wurden in Preußen 76 Stunden Latein und 50 Stunden Griechisch unterrichtet.[15] Das Resultat war, daß nach der Einführung des Abiturs als Voraussetzung des Universitätsstudiums die gesamte staatstragende Schicht in Deutschland im 19. Jahrhundert in den alten Sprachen ausgebildet wurde.

Die Stärkung des Unterrichts in den klassischen Sprachen wurde durch die Verstaatlichung der Schulen gewährleistet, wodurch den Kirchen das Bildungsmonopol entzogen war. Damit blieb nicht nur mehr Zeit für die Lektüre der antiken Schriftsteller, was die Anzahl der gelesenen Autoren vergrößerte,[16] sondern vor allem ergab sich die Notwendigkeit und Chance einer Neubewertung der bis dahin gelesenen Texte: Welche Autoren waren

---

[12] Vgl. M. Landfester, *Humanismus und Gesellschaft im 19. Jahrhundert*, Darmstadt 1988.

[13] W. von Humboldt begründet diese Forderung mit der Ursprünglichkeit der Griechen (*Über das Studium des Alterthums und des Griechischen insbesondere* [1793] § 33): „Es zeigt sich daher in dem Griechischen Charakter meistentheils der ursprüngliche Charakter der Menschheit überhaupt [...]." (Zitiert nach A. Flitner / K. Giel, *Wilhelm von Humboldt. Werke*, Bd. II, Darmstadt 1986⁴, 19).

[14] W. von Humboldt, *Ueber den Charakter der Griechen, die idealische und historische Ansicht desselben* (1807), in: ders., *Werke* (wie Anm. 13) 65.

[15] Die Angabe bezieht sich auf die Gesamtstundenzahl der jeweiligen Fächer verteilt auf neun Studienjahre. Latein und Griechisch waren damit die am stärksten unterrichteten Fächer, wobei sich spätestens mit dem ersten allgemein verbindlichen Lehrplan für preußische Gymnasien aus dem Jahr 1837 eine weitere Stärkung des Lateinischen findet. Vgl. hierzu Landfester (wie Anm. 12) 71f.

[16] Vgl. zu dieser Entwicklung F. Paulsen, *Geschichte des gelehrten Unterrichts*, Bd. II, Berlin/Leipzig 1921, 151f.: „Das Griechische war seit der Mitte des [18.] Jahrhunderts im Aufsteigen. Hatte man es bisher wesentlich im Interesse der künftigen Theologen, um des Neuen Testamentes willen, getrieben, so begann es unter dem Einfluß der neuhumanistischen Ideen sich zu einem für die allgemeine Bildung wichtigen Unterrichtsfach zu entwickeln [...] die Schriftsteller, die von der Schule bisher fast nur in kleinen sprachlichen Übungsblöcken benutzt worden waren, fangen an, zunächst in Chrestomatien, dann auch in Schulausgaben wirklich gelesen zu werden."

am besten dazu geeignet, Grundlage der 'Nationalbildung' zu werden? Oder, im Sinne Humboldts, welche Texte ließen das postulierte Ideal 'Griechenland' auch als ein solches hervortreten? Die gesellschaftspolitische Relevanz der alten Sprachen bestimmte die Auswahlkriterien und führte zu dem Zwang, nur die 'größten' und 'besten' Schriftsteller zu lesen. Für Lukian bedeutete diese Forderung den Beginn einer über einhundert Jahre währenden Diskussion, ob und warum er einen Platz in diesem Kanon haben konnte.

Das Problem der Neubestimmung eines Lektürekanons betraf zunächst Universität und Schule gleichermaßen. Zwar hatte Humboldt die Unabhängigkeit der Universitäten postuliert, an denen das Prinzip der „Freiheit von Forschung und Lehre" gelten sollte, und damit eine politische oder religiöse Einflußnahme zu vermeiden gesucht. Indem er aber gleichzeitig den Universitäten die Aufgabe der Lehrerausbildung übertrug, verlangte er von ihnen, den Lehrern das Bildungsideal zu vermitteln, das diese dann an die Schüler weitergeben sollten. Beide Institutionen arbeiteten nun Hand in Hand: Die Forschung über einzelne Autoren an den Universitäten findet direkten Niederschlag in der Behandlung derselben in den Schulen, und der Unterricht spiegelt seinerseits die Situation der jeweiligen antiken Autoren in der Forschung wider. Diese Verflechtung von Universität und Schule, von Forschung und Lehre zeigt sich auch in der Person des Lehrers, der sich im 19. Jahrhundert als Wissenschaftler versteht und an der wissenschaftlichen Forschung beteiligt ist.[17] Umgekehrt haben viele Professoren in dieser Zeit auch ein Schuldeputat, weshalb wir es mit einer komplexen Verbindung von Universität und Schule, Lehre und Gesellschaft zu tun haben, die der Schlüssel zur Beurteilung Lukians im 19. Jahrhundert ist.

Die Voraussetzungen für die Aufnahme Lukians in den Kanon der Schulautoren waren zunächst optimal: Der Gründungsvater der Altertumswissenschaft, Friedrich August Wolf, hatte ihn empfohlen, Gesner und Voß unterrichteten ihn an der Schule,[18] und die frühere Ablehnung seitens der katholischen Kirche sprach in den Augen der Neuhumanisten eher für Lukian. Grundlage der Beschäftigung war und blieb das reine Attisch, auf das die Herausgeber immer wieder hinweisen. So gehört Lukian wie selbstverständlich seit dem Ende des 18. Jahrhunderts zu den Schulau-

---

[17] Ein wichtiger Indikator dafür sind die zahlreichen wissenschaftlichen Abhandlungen der Schulprogramme, in denen wichtige Forschungsbeiträge von Lehrern geleistet wurden.

[18] Siehe Kapitel V: Philologische Studien: Gesners Abhandlung zum *Philopatris*.

toren[19] und behielt diesen Status trotz zahlreicher gegenläufiger Tendenzen bis in die erste Hälfte des kommenden Jahrhunderts.

Ausgaben und Auswahl von Lukians Schriften bis 1830

In den Schulausgaben dieser Zeit finden sich besonders häufig die *Dialogi Deorum* und *Dialogi Mortuorum*, deren Popularität sich in den zahllosen kreativen Rezeptionen des 18. Jahrhunderts manifestiert hatte. Wie schnell Schüler an diese Texte herangeführt wurden, bezeugt eine Klage H.W. Ules (1783-1861), der von seiner ersten Begegnung mit Lukian berichtet:

> Im Griechischen ohne andere Vorkenntnisse als ein wenig Deklinieren sogleich zum Lesen von Lucians Totengesprächen [...] gezwungen.[20]

Die Einzelausgaben der *Dialogi Deorum* und der *Dialogi Mortuorum*, die um die Jahrhundertwende gelesen wurden, sind zahlreich.[21] Zu nennen ist zudem Friedrich Jacobs' *Elementarbuch der griechischen Sprache für Anfänger und Geübtere* aus dem Jahr 1805.[22] Jacobs will in Anlehnung an die Chrestomatien eine attraktive und abwechslungsreiche Lektüre bieten, wobei Lukians *Dialogi Mortuorum, Dialogi Marini* und vor allem die *Dialogi Deorum*[23] einen Platz im 'mythologischen Abschnitt' erhalten.[24] Bei seiner

---

[19] Vgl. auch Paulsen (wie Anm. 16) 89f.

[20] Ebenda 182.

[21] Einige der wichtigsten Ausgaben seien hier genannt: J.C. Bremer, *Lucians Göttergespräche. Mit philolog. und krit. Anmerkungen und griechischem Wortregister*, Leipzig 1790; ders., *Lucians Todtengespräche. Mit erklärenden Anmerkungen und griechischdeutschem Wortregister*, Leipzig 1791; A. Matthiae, *Ausgewählte Gespräche. Als Lesebuch für die mittlere Classe gelehrter Schulen herausgegeben*, Leipzig 1809 (enthält eine Auswahl aus den *Dialogi Deorum* und *Dialogi Mortuorum* sowie *Contemplantes* und *Somnium sive Vita Luciani*); J.T. Lehmann, *Dialogi mortuorum. In usum schol.*, Leipzig 1813; ders., *Dialogi deorum et marini in usum schol.*, Leipzig 1815.

[22] Jena 1805. Das *Elementarbuch* erfreute sich größter Beliebtheit: Bis zum Jahr 1819 erschienen sieben Auflagen.

[23] Die siebte Auflage des Werkes aus dem Jahr 1819 enthält zwölf Dialoge Lukians (153f.), unter denen sich die *Dialogi Deorum* III, VIII, XIII, XVI, XVIII, XXIV, die *Dialogi Marini* II, V, XI, XV und die *Dialogi Mortuorum* XVI und XIX befinden.

[24] Jacobs' (wie Anm. 22) Vorwort zur ersten Auflage (1805): „In dieser Rücksicht glaubte ich vornehmlich dasjenige auswählen zu müssen, was als auffallend und ungewöhnlich die Einbildungskraft beschäftigen konnte; auch die lucianischen Gespräche haben in dieser Absicht in dem mythologischen Abschnitte einen Platz erhalten."

Einschätzung der Dialoge als Parodien ist Jacobs von Wieland abhängig, dessen Sicht er übernimmt:

> Denn obgleich, wie ein geistreicher Gelehrter sagt, ein großer Theil des Salzes dieser Göttergespräche mit den Göttern selbst verflogen ist, so haben sie doch, nach meiner Erfahrung, für Kinder, denen die Hauptsachen der Mythologie bekannt sind, allen Reiz einer anmuthigen Parodie.[25]

Als „geistreicher Gelehrter" steht der Lukianübersetzer wie ein Übervater über der Forschung, dem zu Lebzeiten noch fast alle Lukianherausgeber huldigen.[26] Dabei bleibt ein Hauptgrund für die Schullektüre das hervorragende Attisch sowie die inhaltliche Themenfülle v.a. der *Dialogi Deorum* und *Dialogi Mortuorum*.[27]

Jacobs' *Elementarbuch* erfreute sich großer Beliebtheit an den Schulen, bereits 1806 kommt es zur zweiten Auflage, in deren Vorwort er erklärt:

> Die lucianischen Gespräche sind vermehrt, und von den erzählenden Stellen abgesondert worden, theils um die Vermischung verschiedener Gattungen des Stils, welche niemals ohne Nachtheil ist, zu vermeiden, theils, ihre Lectüre selbst zu erleichtern.[28]

Weitere Verbreitung fanden die *Dialogi Deorum* in den Schulausgaben E.F. Poppos (Leipzig 1817) sowie des einflußreichen Handschriftenforschers zu Lukian, F.V. Fritzsche.[29]

---

[25]   Ebenda.

[26]   So vor allem Bremer (wie Anm. 21) *Vorrede*, III: „Nur wenige unter den griechischen Schriftstellern haben [...] für Jünglinge soviel Interesse und Einladendes zur Beschäftigung mit der griechischen Literatur [...] und zur Bildung ihres Geschmacks zu wirken, als Lucian, von dem Hr. Wieland, aus langem und vertrauten Umgange mit ihm, irgendwo sagt [Urtheil des Paris]: Wer bey ihm gähnt, der schnarchte wohl am Busen / Der Venus selbst, und beim Gesang der Musen." Bremer druckt als „Einleitung zu Lucians Göttergesprächen" Wielands *Vorrede zu den Göttergesprächen* ab, die dieser im 2. Band seiner Lukianübersetzung (Leipzig 1788) gibt.

[27]   So begründet August Matthiae die Herausgabe seines Lukianlesebuchs für die mittleren Klassen (wie Anm. 21), Vorrede V: „Zur Grundlage wählte ich [...] Gespräche Lucians, eines Schriftstellers, der für junge Leute vorzüglich anziehend und unterhaltend ist [...]."

[28]   Jacobs, *Vorrede zur zweyten Auflage*, Gotha im September 1806. Auf die große Wirkung seines Buches für den Schulunterricht wird immer hingewiesen; vgl. etwa F.A. Menkes Vorwort seiner kommentierten Ausgabe lukianischer Schriften (*Lukian's Prometheus, Charon, Timon, Traum, Hahn*, Bremen 1846).

[29]   *Luciani dialogi deorum in usum scholarum edidit Francesius Volkmarus Fritzsche*, Leipzig 1829.

Die Lukianbegeisterung der Zeit erfaßte auch, will man Goethes Jugenderinnerungen in seiner poetisch-biographischen *Dichtung und Wahrheit* Glauben schenken, sogar Vertreter der lukiankritischen katholischen Kirche: Goethe berichtet von einer Unterrichtsstunde des Rektors seines Gymnasiums, Albrecht, der sich in seiner Klosterwohnung in jeder freien Minute mit Lukian beschäftigte:

> Wir saßen in seiner Bibliothek an einem mit Wachstuch beschlagenen Tische; ein sehr durchlesener Lukian kam nie von seiner Seite.[30]

Zugleich mit der Schule entdeckt die Forschung ihr Interesse an dem Satiriker. Dabei bemühte man sich zunächst neben dem Versuch einer chronologischen Einordnung der Schriften um neue kritische Ausgaben, wie die von Lehmann ab 1822 vorgelegte und auf der hemsterhuisschen basierenden Edition.[31] In den kommenden 60 Jahren sollte es allein sechs weitere kritische Gesamtausgaben von Lukians Werken geben, was die Bedeutung, die er innerhalb der altertumswissenschaftlichen Forschung einnahm, unterstreicht.

Von seiten der Universität ist bei der Beschäftigung mit Lukian ein weiterer Gesichtspunkt zu berücksichtigen, der sich positiv ausgewirkt hat: Friedrich August Wolf hatte in seinem Konzept der *Alterthumswissenschaft* die Forderung nach dem Erfassen der ganzen Antike gestellt und damit auch die 'späten' Autoren nicht ausgeschlossen:

> Diese und andere [...] Meinungen verdoppelten des Verfassers Eifer, [...] einen Versuch zu machen, wie sich die einzelnen [...] Doctrinen zu einem organischen Ganzen vereinigen ließen, um alles, was zu vollständiger Kenntnis des gelehrten Alterthums gehört, zu der Würde einer wohlgeordneten philosophisch-historischen Wissenschaft emporzuheben.[32]

In seiner Konzeption findet sich das Attribut 'klassisch' als Bevorzugung der frühen Autoren nicht. Dazu kam im Fall von Lukian, daß er sprachlich wegen seines reinen Attisch ohnehin als 'klassisch' gelten konnte.

---

[30] Goethe (wie Anm. 7) Buch IV, 141.

[31] J.T. Lehmann, *Lucianus Opera. Gr. et lat. post Tib. Hemsterhusium et I.F. Reitzium*, Leipzig 1822-29.

[32] F.A. Wolf, *Darstellung der Alterthumswissenschaft nach Begriff, Umfang, Zweck und Werth*, Berlin 1807 (abgedruckt in: *Museum der Alterthumswissenschaften* 1), *Vorrede* 5. Wolf nennt die gesamte Antike als Zeitraum für die Beschäftigung (31) und spricht von dem Wunsch, das „Alterthum im Ganzen zu umfassen". (Ebenda 67).

Der Wandel des Wielandbildes: Lukian als Voltaire des Altertums

Die starke Wirkung, die Wielands Lukianübersetzung und -einschätzung zu
Beginn des 19. Jahrhunderts hatte, verstärkte die Nähe, die zwischen Übersetzer und Original gesehen wurde. Dabei beflügelte die Autorität Wielands
die Rezeption Lukians, der mit dem 'deutschen Lukian' fast untrennbar
verbunden war. Solange Wieland selbst eine positive Einschätzung wider-
fuhr, war diese Verbindung für Lukian stützend; was aber, wenn sich die
Wielandbegeisterung ins Gegenteil wandelte? Dieses geschah in zweifacher
Hinsicht:

1) Wielands Antikenbild entsprach schon zu seinen Lebzeiten nicht dem
der meisten Gelehrten. Er betrachtete die Antike als Reservoir von nützlichen Ideen und übernahm ganz selbstverständlich Motive, Formen und
Personen, um sie in seinen Werken in neuen Gewändern zu aktualisieren.
Im Gegensatz dazu folgten seine Zeitgenossen im wesentlichen dem idealisierten Griechenlandbild Johann Joachim Winckelmanns und vertraten eine
Auffassung von der Antike als einem vergangenen, nie mehr erreichbaren,
aber zu erstrebenden Ideal, an dem man nicht rütteln durfte. Goethes Persiflage auf Wielands *Alceste* ist für diese Spannung zu Wieland paradigma-
tisch.[33]

2) Auch mit den Romantikern erwuchs Wieland eine gewichtige Oppo-
sition. Besonders die Brüder Schlegel versuchten, diesen deutschen 'Klassiker' systematisch zu demontieren. Ihre Kritik richtete sich gegen den
'Nachahmer' Wieland, wobei August Wilhelm Schlegel bemerkt:

> Was die Poesie betrifft, so habe ich schon öfter geäußert, daß ich das meiste,
> was die Deutschen in der letzten Periode verehrt haben, für durchaus null
> halte. Ich sehe wenigstens nicht, wie sich auf die Wielandische mattherzige
> Schlaffheit und manirierte Nachahmerei sollte weiter fortbauen lassen.[34]

Sein Bruder Friedrich nennt ihn sogar einen „negativen Classiker";[35]
Wielands Aufklärungsbegriff und seine verstandesbetonte Auffassung von

---

[33] Vgl. Anm. 7.
[34] Zitiert nach E. Lohner (Hg.), *August Wilhelm Schlegel. Kritische Schriften und Briefe*,
Bd. III, Stuttgart 1964, 84.
[35] Friedrich Schlegel an seine Frau Caroline, Oktober 1798 (wie Anm. 34) Bd. II, 464f.:
„Das sind sie, die negativen Classiker. Ihr Dichten und Trachten scheint mir nicht etwa
nur unbedeutend und weniger gut, sondern ihre Poesie ist absolut negativ, so gut wie die
französische von Corneille bis Voltaire. Sie hat gar keinen Werth, sondern wirklich Un-
werth, und muß also in Belagerungszustand erklärt werden."

Welt, Kunst und Dichtung werden in den Kreisen der Romantiker abgelehnt.[36] Rückblickend auf seine Jugendzeit faßt Ludwig Tieck im Jahr 1828 diese Einschätzung Wielands durch die Romantiker zusammen:

> Die Überzeugung, daß Wieland, trotz seiner damaligen Popularität [...] nicht der Dichter der Nation sei und sein könne, war immer das Gefühl meiner Jugend und ward Überzeugung, bevor ich mit jenen tiefsinnigen und vielumfassenden Geistern, den Brüdern Schlegel, befreundet war. [...] Von seinen [Wielands] dichterischen Werken denke ich immer noch, wie damals. Diese Menschenkenntnis, dieses Scheitern einer sogenannten platonischen Gesinnung an dem Reiz, der Gelegenheit und Sinnlichkeit, diese Lehre, die sich immerdar wiederholt, stieß mich in der Jugend von diesen Werken zurück, in denen die Lüsternheit so oft, neben der Moral, ihr ganzes Recht auf die Phantasie ausüben soll. Dieser Voltaire, jüngere Crebillon, Dorst und andere Franzosen, die man immer bei Wieland wiederfindet [...] sind die Ursachen, daß viele seiner Werke schon jetzt veraltet sind, und noch mehr veralten werden.[37]

Würde Lukian mit Wieland veralten? Die Abkehr von vielen Ideen der Aufklärung nach dem Wiener Kongreß und die einsetzende Restauration in Deutschland unterstützten die Auffassung der Romantiker von der Unzeitgemäßheit des Aufklärers Wieland. Vor allem die von Wieland selbst gezogene Parallele mit Voltaire erweist sich jetzt als Bumerang. Er wurde der deutsche Voltaire, und da er bereits der deutsche Lukian war, lag es nahe, eine Parallele zwischen Lukian und Voltaire zu ziehen mit der Konsequenz - und teilweise auch in der erklärten Absicht -, beide abzuwerten. Repräsentativ für diese Entwicklung sind vor allem die Arbeiten Tzschirners und Schlossers.

* * *

Mit dem 1829 erschienenen Werk[38] *Der Fall des Heidenthums* verfolgt der Leipziger Theologieprofessor Tzschirner[39] ein historisches Erkenntnisziel: Er untersucht die Epoche der Spätantike unter dem Aspekt ihrer Bedeutung

---

[36] Schlegel (wie Anm. 34) Bd. III, 65: „[...] so soll ihnen das menschliche Dasein und die Welt wie ein Rechenexempel aufgehen. Sie verfolgen dabei als Unaufgeklärtheit die ursprüngliche Irrationalität, die ihnen überall im Wege ist."

[37] Zitiert nach U. Schweikert (Hg.), *Ludwig Tieck. Schriften*, Bd. I, München 1971, 133f.

[38] Das Werk wurde postum von C.W. Niedner herausgegeben, Leipzig 1829.

[39] H.G. Tzschirner (1778-1828) wurde 1805 Professor in Wittenberg, wechselte 1809 in der gleichen Stellung nach Leipzig, wo er seit 1815 Pfarrer der Thomaskirche war.

für das Christentum, wobei der besprochene Zeitraum eine „vorbereitende Entwicklung" auf dieses darstelle. Tzschirners Geschichtsauffassung ist teleologisch; Geschichte ist für ihn die Geschichte zweier zunächst konkurrierender Welten, der heidnischen und der christlichen Welt, wobei sich letztere durchsetzte und die erste ablöst:

> Der Schlußstein der alten und der Anfangspunct der neuen Zeit ist der Fall des Heidenthums; eine Begebenheit, groß und bedeutsam wie keine, vorbereitet seit langer Zeit durch Moses und die Propheten [...].[40]

Das Heidentum hat für Tzschirner historisch seinen rechtmäßigen Platz in der Welt, dessen Kenntnis wichtig für das Erkennen der Bedeutung des Christentums sei. Davon ausgehend stellt Tzschirner die Frage:

> [...] wie ist die ewig denkwürdige Umwandlung der Welt erfolgt, deren Wirkungen heute noch fortdauern in dem Zustande unsers Geschlechtes und sich fortpfanzen werden bis hinab an das Ende der Dinge?[41]

Zentrale Bedeutung komme bei dieser Umwandlung Lukian zu, der am geschichtlichen Wendepunkt stehe.[42] Tzschirners Darstellung des Satirikers beginnt dabei mit dem aus Wieland bekannten Vergleich Lukians mit Voltaire, den er aber nicht positiv konnotiert, sondern mit dessen Hilfe er Lukian von vornherein in die geistige Nähe zu einem mittlerweile in Mißkredit geratenen französischen Autor stellt:

> Weit größeren Einfluß aber übte unstreitig Lucian von Samosata auf seine Zeit, der Voltaire der alten Welt, welchem er wie in seiner Lebensansicht und in der zerstörerischen Richtung einer langen und vielseitigen schriftstellerischen Thätigkeit, so auch in der Gabe leichter, einnehmender und belustigender Darstellung, und selbst in der Schlüpfrigkeit glich, durch welche Beide um den Beyfall eines lüsternen Geschlechtes warben.[43]

Tzschirners Ansatz ist damit eine indirekte Auseinandersetzung mit dem wielandschen Lukianbild und damit mit dem Lukianbild der Aufklärung und der Aufklärung selbst. Die bei den Romantikern und in Kirchenkreisen

---

[40] H.G. Tzschirner, *Der Fall des Heidenthums*, Leipzig 1829, 2.
[41] Ebenda.
[42] Lukian wird am Schluß des ersten Kapitels „Vom Heidenthume und dem Christenthume nach ihrem Gegensatze und dem Anfange ihres Kampfes im Zeitalter der Antonine" behandelt.
[43] Tzschirner (wie Anm. 40) 154.

erhobene Kritik an Voltaire, die zuvor vor allem auf Wieland übertragen wurde, richtet Tzschirner nun gegen Lukian.

Auch in seinem anschließenden Hauptkritikpunkt nimmt Tzschirner Wielands Lukianbild ins Visier, um sich dagegen abzugrenzen. Es geht ihm um die „zerstörerische Richtung" von Lukians Werken, die Wieland zwar erkannt, aber noch positiv gewertet hatte, indem er sie auf das Niederreißen von Trug und Aberglauben der heidnischen Welt bezog. Daß Lukian nur niedergerissen aber nicht aufgebaut habe, war für Wieland daher kein Problem: „non omnia possumus omnes."[44] Tzschirner dagegen beurteilt gerade diese Tendenz der lukianischen Schriften negativ:

> [...] unheilbar verwundete sein [Lukians] schonungsloser Spott das religiöse Gefühl, wer ihn gelesen hatte, konnte nicht mehr an die Volksreligion glauben, ob er auch dem frivolen Spötter zürnen mochte. Groß war unstreitig die Zahl der Ungläubigen zu seiner Zeit; größer noch mußte sie durch einen Schriftsteller werden, welcher dem einen klar machte, was er bisher nur dunkel gefühlt hatte, dem Andern Muth gab, mit gleicher Ungebundenheit sich auszusprechen und in allem seinen Lesern den letzten Rest der Scheu vor dem Heiligen austilgte.[45]

Es ist interessant, daß der teleologisch orientierte Tzschirner in dem Niederreißen des heidnischen Glaubens nicht die positive Seite sah, nämlich, daß gerade die Zerstörung der letzten Reste des Heidentums den Weg frei machte für einen neuen, 'besseren' Glauben, für das Christentum - ein Argument, das für Wieland grundlegend war und das später von den Verteidigern Lukians gerade aus Kirchenkreisen gerne gebraucht werden sollte. Vielleicht liegt dies aber gerade in der teleologischen Ausrichtung von Tzschirners Geschichtsbild begründet: Da es, wie der Verfasser selbst konstatiert, nach Lukian eben nicht zu dem Aufschwung des Christentums kam, was denkbar gewesen wäre, sondern erst lange Zeit später, mußte Tzschirner diese Sicht von Lukian als indirekt produktivem Zerstörer aufgeben. Ansonsten hätte er zugeben müssen, daß das Christentum nicht in der Lage gewesen ist, das durch Lukian entstandene Vakuum an Religiosität zu nutzen.

Tzschirner begründet die negative Einschätzung lukianischer Zerstörung mit einem charakterlichen Mangel des Griechen und überhäuft ihn mit Vorwürfen, wie sie am Beginn des 19. Jahrhunderts des öfteren gegenüber französischen Schriftstellern, v.a. Voltaire, gebraucht wurden:

---

[44] Vgl. Kapitel V: *Ueber Lucians Lebensumstände, Charakter und Schriften.*
[45] Tzschirner (wie Anm. 40) 161.

Hellen und klaren Geistes, aber ohne sittlichen Ernst, ohne ergründende Tiefe, ohne Innigkeit des Gefühles [...] fand er [Lukian] weder an dem strengen Ernst der stoischen Schule noch an der überschwenglichen Weisheit der Platoniker [...] Wohlgefallen.[46]

Wenn Lukian wenigstens einer philosophischen Schule angehört hätte! Tzschirner bemüht sich, eine alte, durch die Aufklärung verlorengegangene, religiös geprägte Bürgertugend herauszustreichen, die erneut zum Bewertungsmaßstab wird: sittlicher Ernst. Dessen Fehlen führt nach Tzschirner einerseits zu einer Profanisierung, wie er sie bei den zu seiner Zeit so populären *Dialogi Deorum* konstatiert,[47] andererseits zu eben jener destruktiven Tendenz der lukianischen Schriften: „Er wollte nicht reformieren, sondern zerstören."[48]

* * *

'Reformieren' - damit ist das Stichwort gefallen, das für die Wende im Lukianbild der 20er und 30er Jahre des 19. Jahrhunderts bestimmend geworden ist. Die Konsolidierung von Kirche und Staat nach der Besetzung Deutschlands durch die napoleonischen Truppen führte zu der Abwendung von aufklärerischen Ideen, wie sie sich in Tzschirners Analyse von Lukian zeigt: Zwischen den Zeilen seines Buches, das für ein breites Publikum bestimmt war, lesen wir nicht nur die Absicht des Autors zur Stärkung der kirchlichen Position heraus, sondern vor allem die Forderung, dem Überbleibsel der als zerstörerisch beurteilten Aufklärung, Lukian, seinen Platz zuzuweisen und ihn richtig, das heißt für Tzschirner negativ, zu beurteilen. Die starke Kritik Tzschirners und der breite Raum, den er Lukian in seiner Darstellung einräumt, erklärt sich auch aus der Stellung Lukians als Schulautor, dessen am meisten gelesene Werke, die *Dialogi Deorum*, explizit kritisiert werden und mehr und mehr ins Visier der Gegenaufklärung geraten.

Tzschirners Abhandlung - und das wertet sie im Vergleich zu Wieland in den Augen seiner Zeitgenossen auf - ist geleitet von dem neuen Wissen-

---

[46] Ebenda 154.

[47] Mit der Kritik an den *Dialogi Deorum* sucht Tzschirner Lukian entscheidend zu treffen, da er nicht zuletzt über diese Dialoge verbreitet und gelesen wurde (ebenda 156): „um es profanieren zu können, faßte er [Lukian] das Götterleben von der profansten Seite, ohne des tiefern Sinnes, welcher in mehreren Mythen lag oder in sie hineingelegt ward, zu achten."

[48] Ebenda 157.

schaftsbegriff, dem Ideal einer historischen, wertfreien, möglichst objektiven Erkenntnis. Somit ist sein Werk, zumindest aus der Sicht des Herausgebers C.W. Niedner, in keiner Weise durch Tzschirners Zugehörigkeit zur protestantischen Kirche auf eine protestantische Sicht beschränkt, im Gegenteil:

> Um die Schrift, als eine historische, im Kreis der wissenschaftlichen Erzeugnisse ebenbürtig zu finden, wird es wohl nicht der Frage bedürfen, welcher Partei ihr Urheber angehört; [...] Der Verewigte ist, wie er es als Geschichtsschreiber zugesagt hat, „hinter sein Werk zurückgetreten" und hat aus den Quellen gearbeitet.[49]

Das Ideal der reinen Wissenschaft,[50] reiner historischer Erkenntnis mit Anspruch auf Wahrheit soll die Argumentation stärken. Diese Betonung einer historischen Wahrheitsfindung wird vom Herausgeber wohl auch im Bewußtsein getroffen, eine höhere Akzeptanz und breitere Leserschaft gewinnen zu können. Auch hatte sich die Theologie noch nicht wieder in alter Stärke etabliert, weshalb es geschickter erschien, den Kirchenhistoriker Tzschirner als Historiker auftreten zu lassen, dessen Muse die Wahrheit ist:

> Rühmliches Streben schon giebt Muth, und darum betrete ich muthig meine Bahn und rufe, wie der Dichter den Beistand der Musen bei dem Beginn seines Werkes, so den Geist der Wahrheit[51] an, daß er mich leite und führe.[52]

Doch gerade mit diesem Musenanruf nach Art eines heidnischen Lehrgedichts offenbart Tzschirner seine Position als Kirchenhistoriker, dessen „Geist der Wahrheit" Gott ist und dessen Geschichtswerk mit den Grundsätzen des Christentums geschrieben wurde und gelesen werden soll.

Tzschirners Ansatz wird in der Folge durch die Arbeit des Heidelberger Historikers Friedrich Christoph Schlosser[53] unterstützt, der Lukian eben-

---

[49] Ebenda, *Vorwort des Herausgebers*.

[50] Ebenda IV: „Ueberdies werden die der Theologie verwandten Schriften, je weiter sie sich nach ihrem Gegenstande von der Gegenwart oder nächsten Vergangenheit in das höhere christliche Alterthum entfernen, desto leichter reinwissenschaftlich aufgenommen."

[51] Tzschirner zitiert Johannes 16,13: „Wenn aber jener, der Geist der Wahrheit kommen wird, der wird uns in alle Wahrheit leiten."

[52] Tzschirner (wie Anm. 40), *Einleitung* 4.

[53] F.C. Schlosser, *Universalhistorische Uebersicht der Geschichte der alten Welt und ihrer Cultur*, Frankfurt a.M. 1815ff. Schlosser (1776-1861) war nach dem Studium der Theo-

falls in die Nähe von Voltaire rückt[54] und die zerstörerische Tendenz der Satiren herausstellt:

> Lucian hatte wie Voltaire die Überzeugung, daß Spott und Satyre erst alles Alte vernichten müßten, ehe irgend etwas Besseres gebaut werden könne.[55]

Dabei ist Schlossers Bild des griechischen Satirikers zunächst ambivalent.[56] So unterscheidet auch er zwischen Absicht und Wirkung von Lukians Schriften und stellt dessen positive Absichten im Gegensatz zu dem Franzosen heraus:

> [...] es läßt sich aber aus dem Fischer beweisen, daß Lucian nicht blos verspottete, weil er am Spott und Zerstören, wie Voltaire, ein Vergnügen fand, sondern daß er der ernsten Moral und einer wahren Weisheit [...] durch seinen Spott einen Dienst zu thun glaubte.[57]

Trotz dieser Würdigung einiger seiner Schriften und ihrer Intention[58] bleibt die Wirkung, die Lukians Werke gerade an einer Schlüsselstelle der Geschichte erhielten, für Schlosser verheerend:

> Lukians Schriften wirkten daher kräftig dazu, ein Geschlecht, welches schon lange für den Geist des Alterthums keinen Sinn mehr gehabt hatte, vom alten Ernst völlig zur Leichtigkeit und dadurch zum Aberglauben überzuführen.[59]

---

logie in Göttingen ab 1800 in Frankfurt zunächst als Hauslehrer, dann ab 1812 als Professor der Geschichte und Geschichte der Philosophie tätig, ehe er 1817 nach Heidelberg auf eine Professur für Kirchengeschichte berufen wurde.

[54] V.a. beim frivolen Gehalt der Werke sieht Schlosser Parallelen: „Die so eben genannten Schriften sind wenigstens nicht absichtlich schlüpfrig, wie die Gespräche der Freudenmädchen und Lucius oder der Esel, welche ganz in der Manier der Candide oder der Pücelle abgefaßt sind; freilich war auch das Publikum, für welches Lucian und Voltaire schrieben, völlig dasselbe." (wie Anm. 53, Bd. III.2, Frankfurt a.M. 1831, 229).

[55] Ebenda 220.

[56] Ebenda: „Wir nennen ihn zwar nicht mit Boissonnade den geistreichsten und originellsten Schriftsteller der Griechen, doch möchten wir ihn eben so wenig unbedingt als einen gemeinen Spötter verachten."

[57] Ebenda 225.

[58] Interessanterweise hält sich Schlosser bei seinem Lob an die Auswahl der zu seiner Zeit am meisten gelesenen Schriften: „Die Göttergespräche, die Todtengespräche, Timon, die beyden Jupiter, Charon, die Götterversammlung, Menippus oder das Todten-Orakel, die neben den vorher aufgeführten [*Nigrinus, De Mercede condictis, Saturnalia*] zu seinen vorzüglichsten Arbeiten gehören [...]." (Ebenda 228).

[59] Ebenda 229.

Wie bei Tzschirner ist auch hier die Forderung nach Bewahrung des 'alten
Ernstes', der Lukian nicht hinreichend genügt hat, Grund für die Ablehnung seiner Schriften. Insofern kann Schlosser auch dem lukianischen Zerstören keinerlei Nutzen mehr abgewinnen, da die Abkehr vom Altertum,
wie er sagt, bereits vollzogen war, und die Übel der Zeit durch seine Werke
nicht wirkungsvoll bekämpft wurden:

> Lucian's Spott und der leichtfertige Ton seiner Schriften war übrigens für
> seine Zeit ganz verloren; alle Thorheiten, die er verlacht, der Aberglaube,
> den er verspottet, blieben vorherrschend, und Gauner aller Art spielten an
> allen Ecken des Reichs Propheten- und Heiligen-Rollen [...].[60]

Mit Tzschirner und Schlosser vollzieht sich die Abkehr vom wielandschen
Lukianbild, das vor allem von Seiten der Historiker mit den Mitteln der
'reinen' Wissenschaft bekämpft wurde. Das Resultat ist ein Paradoxon:
Gegen Ende des ersten Drittels des 19. Jahrhunderts trägt ausgerechnet der
wielandsche Ansatz, der Lukian 50 Jahre zuvor populär gemacht hatte, zu
seinem Untergang bei: Aus dem Aufklärer Lukian wird in der theologischen Kritik der Förderer und Wegbereiter des Aberglaubens. Daß in dieser
Debatte unter dem Namen Lukian auch Voltaire und alles Französische getroffen werden sollte, ändert nichts an der negativen Wirkung für ersteren.

Dieser starken Kritik mußte - wollte man Lukians Platz in der Schule
und damit in der Gesellschaft nicht gefährden - eine Verteidigung entge-
gengestellt werden, deren wissenschaftlicher Anspruch höher anzusehen
war als bislang und deren Standbein nicht länger Wieland sein konnte: Man
mußte versuchen, Lukian vom wielandschen Lukian zu trennen, das heißt,
den „deutschen Lukian" von Lukian von Samosata.

Neue Übersetzung - *Lucians Werke* von August Pauly

In den späten 20er Jahren machte sich August Pauly[61] an eine neue Lukianübersetzung. Dieser erneute Übersetzungsversuch wurde nicht, wie von
Wieland prognostiziert, aufgrund der sprachlichen Veralterung seiner Über-

---

[60] Ebenda 231.
[61] Gottlieb Wilhelm August Pauly (1796-1845) war seit 1827 Professor in Heilbronn,
später am Ober-Gymnasium in Stuttgart tätig.

tragung gemacht,[62] sondern spiegelt das Bedürfnis der Altertumswissenschaft nach einer textnäheren Übertragung wider:

> [...] und so konnte meine Aufgabe, gegenüber von einem Vorgänger wie Wieland, der gerade von dieser Seite ein Meisterwerk geliefert hat, nur diese seyn, zu versuchen, wie sich jene Freiheit der Bewegung mit der Treue gegen die Urschrift noch näher möchte vereinbaren lassen.[63]

Paulys Arbeit ist als Versuch zu verstehen, Lukian für ein Fachpublikum, das den griechischen Text kannte und mit ihm arbeitete, zugänglicher zu machen. Die Übersetzung soll Studenten und Schülern ein Hilfsmittel im Dienste der Originallektüre sein, die den Forderungen nach philologischer Genauigkeit entsprechen will. Daß eine solche Übertragung nötig wurde, muß gleichzeitig als Reaktion auf die starke Lukianlektüre an Schulen und Universitäten seitens des Fachvertreters Pauly gewertet werden.

Dabei gelingt es Pauly nicht, sich von dem übermächtigen Einfluß der Wieland-Übersetzung frei zu machen. Er kapituliert vor dessen literarischer Leistung, wenn er bekennt:

> Noch bin ich das Geständniß schuldig, daß ich mich einigemal nicht enthalten konnte, unnachahmlich gelungene Stellen der Wieland'schen Übertragung [...] zu borgen. Warum hätte ich in solchen Fällen dem Leser etwas entschieden Mangelhafteres bieten sollen?[64]

Besonders zum inhaltlichen Verständnis der Werke Lukians bietet Pauly keine Weiterführung, geschweige denn eine Abgrenzung von Wieland, im Gegenteil. Wie sein Vorgänger sieht er im zweiten Jahrhundert die äußerlich glücklichste Periode der Antike,[65] und wie für Wieland ist Lukian für ihn ein Kämpfer gegen den Aberglauben:

---

[62] C.M. Wieland, „Vorbericht zur Ausgabe von Xenophons Gastmahl," in: *Attisches Museum* IV/1, Leipzig 1802, 77, wo er allgemein über Übersetzungen sagt: „[...] so lange unsere Sprache eine der Lebenden bleibt, wird eine neue Übersetzung wenigstens alle dreyßig oder vierzig Jahre sogar nöthig seyn."

[63] A. Pauly, *Lucian's Werke*, Stuttgart 1827, Bd. I, 16f. (Vgl. auch den Anhang, Nr. VIII).

[64] Ebenda 17.

[65] Ebenda 8f.: „Das Zeitalter, welches Lucian in seinen besten Jahren durchlebte, war also jenes glänzende unter Hadrian und den beiden Antoninen, wo unter der milden und friedlichen Regierung dieser weisen und humanen Fürsten der Wohlstand der Provinzen blühte, und der lebhafte Verkehr der Städte und Völkerschaften einen äußerlich glücklichen Zustand herbeiführte, wie ihn die Geschichte des Alterthums sonst nirgends, wenigstens nicht von dieser Dauer, aufweist."

> Lucian, ein heller Kopf und entschiedener Freund der Wahrheit, beschloß
> den Kampf gegen dieses Zeitalter des Trugs, Aberglaubens und Dünkels.[66]

Pauly kehrt zu Wielands Auffassung zurück, daß Lukian niedergerissen
und nicht aufgebaut habe.[67] Die Spannung, die gerade hierin von Lukians
Gegnern gesehen wurde, spielt bei ihm jedoch keine Rolle. Sein Verdienst
bleibt die Präsentation einer neuen Übersetzung;[68] die Schaffung eines
neuen Lukianbildes hielt er nicht für nötig, wohl aber einer seiner Zeitgenossen, der die Wichtigkeit einer neuen Darstellung über Lukian erkannte.

Lukian als Bildungsreformer: Karl Georg Jacobs *Characteristik Lucians von Samosata*

Im Jahr 1832 setzt Jacob zu einer Abhandlung an, die in mehrfacher Hinsicht eines der interessantesten und wichtigsten Werke über Lukian in der
ersten Hälfte des 19. Jahrhunderts ist.[69] Ausgangspunkt für Jacob ist die
wachsende Ablehnung Lukians, wie sie in den Arbeiten Schlossers und
Tzschirners zutage getreten ist, auf die er sich explizit bezieht:[70]

> [...] man tadelt an ihm [Lukian] [...] seine Lebensansicht, die blos zerstö-
> rende Richtung seiner schriftstellerischen Thätigkeit, die Lüsternheit seiner
> Darstellungen und vor allem der Haß gegen Alles, was Glaube und Anbe-
> tung hieß, der ihn auch dazu trieb, die Volksreligion zu lästern, in seinen
> Lesern die letzte Scheu vor dem Heiligen zu tilgen und einen kalten, trost-
> losen Atheismus an die Stelle des religiösen Glaubens mit seinen frommen

---

[66] Ebenda 11.
[67] Ebenda 13f.: „Dieses Streben war indessen rein negativ. Wenigstens läßt sich wohl nir-
      gends die Absicht nachweisen, einem geläuterten religiösen Vernunftglauben den Weg
      zu bahnen, und eben so wenig, dem Christenthum in die Hände zu arbeiten, wie Kestner
      annimmt." (Zu Kestners Stellung zu Lukian im Spannungsfeld zwischen Altertums-
      wissenschaft und Kirche vgl. Kapitel VII: A. Kestner, *Die Agape oder der geheime
      Weltbund der Christen*).
[68] Wobei Wielands Übertragung weiterhin populär blieb, vielfach nachgedruckt wurde und
      noch im ausgehenden 20. Jahrhundert die einzig erhältliche deutsche Gesamtüberset-
      zung Lukians ist; vgl. Kapitel VIII: *Lucianus redivivus*? Neuere Forschungstendenzen
      zu Lukian.
[69] K.G. Jacob, *Characteristik Lucians von Samosata*, Hamburg 1832. Jacob war zwischen
      1826 und 1831 Oberlehrer am Friedrich Wilhelm Gymnasium in Köln, ehe er im Jahr
      1831 Professor in Schulpforta wurde.
[70] Jacob zitiert aus Tzschirners Vorwürfen gegen Lukian (wie Anm. 69, 15f.) und grenzt
      sich gegen Schlosser ab (18ff.).

Ahnungen zu sehen. Zur Widerlegung solcher Vorwürfe habe ich meine Characteristik Lucians abgefaßt.[71]

Die *Characteristik* ist somit zunächst als Verteidigungsschrift konzipiert, wobei sich der Verfasser vor allem mit zwei Vorwürfen auseinandersetzt: dem Zerstören als destruktives Element einerseits und dem dahinter vermuteten Mangel an Moral andererseits, der Lukian vor allem von theologischer Seite bescheinigt wurde. Gleichzeitig hat seine Abhandlung programmatischen Charakter, insofern als Jacob ein neues Lukianbild entwirft, das er für eine Umgestaltung der Gesellschaft nutzen will.

Jacob greift zu Beginn seiner Darlegung den Vorwurf Tzschirners auf, daß Lukians Satiren ohne tiefen Ernst seien, wogegen er opponiert:

Lucian war kein gewöhnlicher Spötter oder Satiriker, es war ihm vielmehr ein rechter Ernst bei seinen Satiren.[72]

Mit dieser Feststellung nimmt Jacob bewußt Abstand von Wielands Lukianbild: Er erkennt in den Satiren neben ihrer Lust am Niederreißen, bei der Wieland stehenblieb, den Willen zum Aufbau und zur Besserung:

Dazu schlug er [Lukian] den Weg der Satire ein, aber nicht jener Satire, die nur erbittert und nicht bessert, er versuchte vielmehr einen leiseren, weniger heftigen Weg und enthüllte in einer Reihe von satirischen Gemälden die Gebrechen der Zeit, den Aberglauben, die Genußsucht, die Wundersucht, die Prahlerei, die Unwissenheit, die Unmännlichkeit, die Liederlichkeit. Statt, daß er aber wie andre Satiriker bloß tadelte und nur Unwillen und Zorn blicken ließ, gab er auch die Mittel zum Besserwerden an.[73]

Lukian im Dienst eines Neuaufbaus? Tzschirner und Schlosser hatten das abgelehnt, letzterer, indem er mit den historischen Fakten dagegen zu argumentieren suchte, die für ihn auf keinerlei positive Wirkung Lukians schließen ließen. Auch Jacob findet den direkten Niederschlag Lukians nicht in der Geschichte, sondern in einer nach seiner Auffassung bislang unentdeckten inhaltlichen Konzeption der lukianischen Satiren als visionäres politisches Programm:

---

[71] Jacob (wie Anm. 69) VI.
[72] Ebenda VII; ähnlich 141: „Lucians Satire ist viel gerechter und ernster."
[73] Ebenda 193.

> Sein Wunsch war deutlich dahin gerichtet, im römischen Reiche ein an
> Geist und Körper besseres und tüchtigeres Geschlecht entstehen zu sehen.[74]

Jacob glaubt an Lukian als Erzieher, der seiner Zeit ein neues Bildungskonzept vermitteln wollte, angefangen von den Schulen (hier verweist Jacob
auf die Schriften *Anacharsis* und *Toxaris*) bis hin zu den Orten höherer,
d.h. philosophischer und rhetorischer Ausbildung, die er zu reformieren
suchte:

> Darum zeigt Lucian seinen Zeitgenossen ein Bild der *griechischen* Zeit, der
> *griechischen* Erziehung, die allgemein als gut, heilsam und nützlich aner
> kannt war.[75]

Den Eingang der Griechen in die Gesellschaft zu Beginn des 19. Jahrhunderts hatte Humboldt als neue Bildungsgrundlage für die Bürger eines
neuen Staates gefordert. Diese Bildungsreform, so suggeriert Jacob, hatte
einen Vorgänger: Lukian, den 'Humboldt der Zweiten Sophistik'.

Die von Jacob interpretierte Bildungsreform Lukians mit Hilfe des Griechischen betraf nicht nur die Schulen,[76] sondern auch die Wissenschaft:[77]
Ihre Vertreter, die Philosophen und Sophisten des 2. Jahrhunderts - so
Jacobs Deutung des *Vitarum Auctio* - würden von ihren Ämtern enthoben
und es entstehe Platz für neue Kräfte, die die alte griechische Philosophie
und Wissenschaft bewahren, mehren, fördern sollten. Diese 'Bildungsreform' Lukians will Jacob aktualisieren und als Vorbild darstellen.[78] Entsprechend positiv lautet sein Fazit:

---

[74] Ebenda VII.
[75] Ebenda 36 (Hervorhebungen von Jacob).
[76] Ebenda 27: „Einem Manne von Lucians hellem und scharfen Blicke konnte es nicht entgehen, daß in der Erziehung und Unterweisung der Jünglinge seiner Zeit eine durchgreifende Veränderung vorgehen müßte [...] Denn das Unterrichts- und Erziehungswesen
      hatte in der Zeit von Tiberius bis zu den Antoninen allmählig eine solche Um- und Verbildung gewonnen, daß die besten Schriftsteller des Jahrhunderts [...] in die lautesten
      Klagen darüber ausbrachen."
[77] Diesbezüglich teilt Jacob die Auffassung K.F. Hermanns, „daß Lucian durch eine ernste
      und ihn tief ergreifende Ansicht von dem traurigen Zustande seiner Zeit und dem damaligen Stande der Wissenschaften bewogen ward, nach Kräften mitzuwirken, daß die in
      jener Zeit weit verbreitete Kunde der Wissenschaften - richtiger gesprochen - daß die
      Bücherweisheiten des Zeitalters auch zu einer ächten Wissenschaftlichkeit führen
      solle." (Ebenda 14).
[78] Diese Aktualisierung erfolgt zum Teil mit den gleichen Mitteln, die Wieland einsetzte,
      nämlich dem Aufzeigen von Parallelen der Zeitalter, die gleiche, d.h. lukianische
      Behandlung erfordern (ebenda 36): „Jene Einfachheit, Mäßigung, Bescheidenheit - die

> Und so haben wir in den Lucianischen Werken den Versuch eines Mannes,
> der Kopf und Herz auf dem rechten Flecke hatte, nach Kräften beizutragen,
> daß die Dinge dieser Welt, das heißt der Staat, so vollkommen als möglich
> eingerichtet werden und die Mitglieder desselben glücklich leben.[79]

Jacobs Schrift steht unter dem Eindruck der Restauration und ist auf dem
Hintergrund der in Deutschland stattgefundenen Bildungsreformen Humboldts zu lesen. Lukian wird dabei ein besonderer Platz zuteil, da sich in
ihm die praktische Umsetzbarkeit mit dem theoretischen Überbau einer solchen Reform vereint:

> In Lucian vereinigte sich nämlich der praktische Sinn des Römers mit der
> theoretisch - speculativen Richtung der Griechen, er wollte durch seine
> Schriften der griechischen Philosophie den Eingang in die Gemüther seiner
> Zeitgenossen verschaffen, um sie, die in Schlaffheit und Unmännlichkeit
> versunken waren, von neuem der staatsbürgerlichen Thätigkeit zuführen.[80]

Mit denselben Absichten empfiehlt Jacob Lukian ausdrücklich den staatlichen Bildungsanstalten seiner Zeit, was in seiner Widmung an den
„Königl. Preußischen Geheimen Ober-Regierungs- und vortragenden Rathe
im Ministerium der Geistlichen-, Unterrichts- und Medicinal-Angelegen-
heiten Herrn Schulze" deutlich zum Ausdruck kommt.[81]

Ein solches Programm erfordert an sich schon den sittlichen Ernst, den
Schlosser und Tzschirner Lukian kurz zuvor noch abgesprochen hatten:
Am Schluß seiner Darlegungen greift Jacob diese Vorwürfe noch einmal
auf. Dabei geht er vor allem auf Tzschirners Kritik an der Frivolität der
Dialogi Deorum ein, die er für eine bösartige Unterstellung hält. So ist für
Jacob beispielsweise das 17. Göttergespräch denkbar harmlos, da der Be-
richt Merkurs „so einfach und von aller Lüsternheit so fern [ist], daß nur
ein verdorbenes Gemüth daran Anstoß nehmen kann".[82] Geschickt gibt er
damit den Vorwurf zurück, so daß nun Tzschirner als verderbter Charakter
dasteht, dessen Phantasie in eine Richtung geht, die Lukian gänzlich fern

---

Hauptzüge der früheren Erziehung - waren jetzt verschwunden, an ihre Stelle war
Schwelgerei, Unbescheidenheit und Übersättigung getreten, der ganze Character der Erziehung war stürmische Uebereilung, denn die Aeltern wollten (fast wie in unsrer Zeit)
die Kinder nur gern in einem Geschäfte sehen und Grundsätze und Geschmack wurden
dem Vortheile und der Eitelkeit geopfert."

[79] Ebenda VIII.
[80] Ebenda VII.
[81] Ebenda III.
[82] Ebenda 171f.

gewesen sei. Letzterem wird sogar „Züchtigkeit in Betreff der berührten Gegenstände" attestiert.[83] Auch bei der Behandlung der *Dialogi Meretricii* läßt Jacob keine Beschuldigungen der Frivolität zu: Er grenzt Lukian positiv gegen Voltaire und Casanova ab und sieht in der lukianischen Hetäre die gesellschaftlich akzeptierte gebildete Frau. Ebenso sei die *Luciade* nicht aus „bloßer Lüsternheit erdichtet worden", sondern um die Verderbnisse der Zeit offen zu schildern:[84]

> Lucian - das behaupten wir noch zum Schlusse - ist niemahls frivol oder lüstern, um seine Leser durch schlüpfrige Schilderungen zu unterhalten, sondern dergleichen Scenen sind, wo er sie beschreibt, stets einem höheren Zwecke untergeordnet. Denn er will abschrecken, belehren, nützen.[85]

Jacob schreibt für ein breites Publikum,[86] wobei er einerseits den Lesern innerhalb der Altertumswissenschaft eine neue Charakteristik Lukians geben will, die Wieland ablösen kann; auf der anderen Seite möchte er die Akzeptanz Lukians auch in der weiteren Bevölkerung sichern. Lukian werde mit seinem von Jacob herausgearbeiteten politischen Programm der Erziehung zu guten Bürgern zum geeignetsten Zuarbeiter des neuhumanistischen Bildungsideals.

Als Lektüre empfiehlt Jacob daher vor allem zur Erziehung der jüngeren Schüler die Skythendialoge, *Anacharsis*, in dem es um körperliche Ertüchtigung geht, sowie *Demonax*, - alles Dialoge, die in der Folgezeit verstärkt ediert und gelesen wurden: Den Anfang hatte Jacob mit der Herausgabe des *Toxaris* bereits selbst gemacht,[87] und August Pauly war ihm mit dem *Anacharsis* gefolgt.[88] Im Jahr 1832 erscheint der *Toxaris* in einer separaten Ausgabe von K. Jacobitz,[89] Friedrich Schöne schließt den *Anacharsis* und *Demonax* in seine Schulausgabe aus dem Jahr 1838 ein,[90] und 1842 er-

---

[83] Ebenda 173.
[84] Ebenda 185.
[85] Ebenda 191.
[86] Ebenda XII: Sein Buch soll „auch für gebildete Männer und edle Dilettanten lesbar" sein.
[87] K.G. Jacob, *Toxaris*, Halle 1825.
[88] A. Pauly, *Lucianus: Gallus, Anacharsis, Patriae encomium*, Tübingen 1825.
[89] K. Jacobitz, *Toxaris*, Leipzig 1832.
[90] F. Schöne, *Lucianus: Traum, Anacharsis, Demonax, Timon, Doppelt Angeklagte, Wahre Geschichten. Für den Schulgebrauch mit Einleitungen und erklärenden Anmerkungen versehen*, Halle 1838.

scheinen dieselben Dialoge in dem *Griechischen Lesebuch für die Secunda*
von M. Seuffert.[91]

Ein solcher Boom gerade dieser von Jacob empfohlenen Dialoge im An-
schluß an seine *Characteristik* zeigt die Aufmerksamkeit, die man dem
Werk schenkte und das Echo, das seine Ausführungen in weiten Teilen der
Altertumswissenschaft fanden. Auf diesem Hintergrund widmet der
Direktor der Gelehrtenschule in Bremen, Friedrich August Menke, Jacob
im Andenken an seine Verdienste um Lukian die im Jahr 1846 erschienene
Schulausgabe des „alten Classikers" Lukian.[92]

Karl Friedrich Hermanns Gegendarstellung zu Jacob

Als unmittelbare Reaktion auf Jacob findet sich die Rezension Karl Friedrich Hermanns,[93] die er später zu einer eigenen Abhandlung erweitert.[94]
Hermann lobt dort zwar die Bedeutung von Jacobs *Characteristik*, die seit
16 Jahren das Lukianbild in Deutschland geprägt und ein breites Publikum
angesprochen habe, weist aber gleichzeitig auf die philologisch unbefriedi-
gende Analyse des historischen Hintergrundes hin:

> Nur darin kann ich mit dem Verfasser nicht so wie ich es wünschte überein-
> stimmen, dass er es für möglich gehalten zu haben scheint, eine treue und
> wissenschaftlich genügende Charakteristik seines Schriftstellers zu geben
> [...].[95]

Für Hermann ist Jacobs Analyse populärwissenschaftlich,[96] er selbst hat das
Fachpublikum im Auge, dem er eine im strengen Sinne wissenschaftliche
Arbeit präsentieren möchte. Diesbezüglich verweist er auf eine Dissertation
seines Schülers Gottfried Wetzlar, der im Jahr 1834 unter dem Titel *De ae-*

---

[91]   M. Seuffert, *Zweite Abteilung des Griechischen Lesebuchs für die Secunda; Gallus,
       Anacharsis, Demonax, Timon und Juppiter Tragoedus*, Brandenburg 1842.
[92]   Menke (wie Anm. 28) I, *Widmung*.
[93]   K.F. Hermann (1804-1855) war nach seiner Heidelberger Habilitation Professor in
       Marburg und seit 1842 in Göttingen.
[94]   K.F. Hermann, „Zur Charakteristik Lucians und seiner Schriften," in: *Gesammelte Ab-
       handlungen und Beiträge zur classischen Litteratur und Alterthumskunde*, Göttingen
       1849, 201-226.
[95]   Ebenda 202.
[96]   „Fast sollte man denken, dass er sich hierin zu sehr durch jene Rücksicht auf das
       grössere Publicum habe bestimmen lassen, die gerechten Erwartungen seiner philologi-
       schen Leser hintan zu setzen." (Ebenda 202).

tate vita scriptisque Luciani Samosatensis eine Untersuchung über Lukian nach diesen Maßstäben unternommen hatte. Gewirkt hat Wetzlar wenig, vor allem nicht nach außen, was gleichzeitig den Konflikt zeigt, in dem Hermann sich befand: Er lobt einerseits die Breitenwirkung von Arbeiten, die jedoch oft, wie für ihn Jacobs *Characteristik*, die philologischen Anforderungen nicht erfüllten. Andererseits ist sich Hermann bewußt, daß philologische Arbeiten wie die seines Schülers den Nachteil haben, die Leser (nicht nur wegen der lateinischen Sprache) zu überfordern.

Die Abhandlung Hermanns wird von historisch-philologischem Interesse geleitet; einen Zugang zu Lukian hatte der Verfasser bereits mit seiner 1827 erschienenen Schulausgabe der Schrift *Quomodo historiam conscribi oporteat* gewonnen.[97] In der Auseinandersetzung mit Jacob beweist Hermann zunächst dessen unreflektierte und an manchen Stellen falsche Beurteilung von Werken, die unter Lukians Namen überliefert, aber nicht echt sind.[98] Dazu kämen Ungenauigkeiten in der Sprachbeherrschung.[99]

Hermanns eigentlicher Punkt und Neuansatz ist jedoch die Konstruktion einer zeitlichen Biographie Lukians, nach der sowohl die Einordnung seiner Werke als auch deren Beurteilung vorgenommen wird. Auch hier habe Jacob eine unreflektierte Beurteilung gegeben:

> Doch noch bei weitem grösser ist der Missbrauch, den er auch von den unbezweifelt ächten Werken unsers Schriftstellers macht, indem er theils alle ohne Unterschied und ohne Rücksicht auf die verschiedene Zeit und Veranlassung ihrer Entstehung zu gleichgültigen Zeugen für den Charakter ihres Urhebers macht, theils Stellen aus ihrem Zusammenhange reisst und zum Beweis seiner Ansicht aufführt, die im Verhältnisse zum Ganzen betrachtet unter einem ganz andern Lichte erscheinen.[100]

Dagegen lenkt Hermann den Blick auf die „verschiedene Zeit und Veranlassung" der Schriften, die den Schlüssel zu seinem Verständnis von Lukian bieten. Für die Charakteristik und Beurteilung eines Schriftstellers komme nur eine Methode in Frage:

---

[97]   *Luciani Samosatensis libellus, Quomodo historiam conscribi oporteat. Cum varietate lectionis selecta scholis instituendis seperatim excudi jussit Carolus Fridericus Hermann*, Frankfurt a.M. 1827.

[98]   Hermann (wie Anm. 94) 202: „Hrn. J. gilt jede Schrift als lucianisch, sobald er Belege seiner Ansicht daraus entnehmen kann."

[99]   „Doch hat er auch sonst noch falsch übersetzte Ueberschriften beibehalten, woraus man leicht auf eine allzuflüchtige Würdigung der betreffenden Schriften schliessen könnte." (Ebenda 205).

[100]   Ebenda 203f.

> [...] bezwecken wir aber seine Charakteristik als Schriftsteller, so ist diese von einer genauen historischen Beleuchtung der einzelnen Schriften unzertrennlich; und wollen wir den Menschen und den Schriftsteller verbinden, so kann dieses nur in Form einer Entwicklungsgeschichte seiner geistigen Thätigkeit geschehen.[101]

Letztere ist für Hermann eine Entwicklung des Niedergangs. Die Jugend ist die Blüte, das Alter der Verfall, und was für den einzelnen Schriftsteller gilt, trifft auf die gesamte Literatur zu: Sie welke seit Homer. Für Lukian und seine Schriften bedeutete das folgende Einteilung:

> Alles was uns Lucian an verschiedenen Stellen seiner Werke über seine frühere Bildungsgeschichte mittheilt, zeugt von der idealen Richtung, die sein herrlicher Geist von früher Jugend an nahm.[102]

Dieser Zeit des 'unersättlichen Durstes nach Wissen' und 'rastlosen Strebens nach immer höherer Geistesfreiheit'[103] ordnet Hermann die Werke *Timon, Gallus, Piscator, Bis Accusatus, De Mercede conductis, Rhetorum praeceptor, De Morte Peregrini, Philopseudeis* und *Alexander* zu, die als Beurteilungsgrundlage für Lukian genommen werden sollen.[104] Hermann nennt diese Phase der schriftstellerischen Entwicklung „Normalepoche".[105] Die späteren Schriften, zu denen er vor allem den *Hermotimus* rechnet, seien vom „strafenden Ernste des Philosophen und dem Hohne des Zweiflers" bestimmt.[106] Diese hätten entsprechend geringen Wert,

> denn was können die Arbeiten eines abgelebten Greises, der mühsam den Funken seines sterbenden Geistes anbläst und aus den Winkeln seines Gedächtnisses die spärlichen Reste rednerischen Apparats zusammensucht, zur Beurtheilung dessen beitragen, was dieser als Mann in der Blüthe seiner Jahre gewollt und geleistet habe![107]

---

[101] Ebenda 207.
[102] Ebenda 208.
[103] Ebenda: „[...] sein unersättlicher Durst nach Wissen, sein rastloses Streben nach immer höherer Geistesfreiheit riss ihn aus der Werkstätte seines Oheims zur gelehrten Bildung."
[104] Ebenda 209f.: „Gerade diese Schriften aber, die seinen fünfziger und sechziger Jahre angehören, sind zu seiner Beurtheilung am wichtigsten."
[105] Ebenda 211.
[106] Ebenda 212.
[107] Ebenda 206.

Trotz der Schwierigkeit bei Lukian eine gesicherte Chronologie zu entwickeln, die Hermann wegen mangelnder biographischer Daten sieht,[108]
hält er an dem Konzept fest und entwickelt aus seiner Interpretation und
Wertung der einzelnen Werke die gewünschte Chronologie. Damit gibt er,
ohne es zu wollen, seine vermeintlich objektiv-wissenschaftliche Methode
dem Vorwurf der Subjektivität preis.

Was bei Hermann von Lukian bleibt, ist ein recht ungeordnetes und
vages Bild eines unterhaltenden und zu seinen besten Zeiten geistreichen
Schriftstellers. Die Wirkung seiner Abhandlung auf die nichtphilologische
Leserschaft, die er im übrigen auch nicht erreichen wollte, war gering.
Innerhalb der Altertumswissenschaft jedoch war seine Analyse insofern
von Bedeutung, als er einerseits durch die starke Polemik gegen Jacob eine
Abkehr von dessen Konzept erzwang, andererseits aber auch mit den
Grundstein legte für eine vor allem in der zweiten Hälfte des Jahrhunderts
verstärkt aufkommende Diskussion um Lukian als Klassiker. Sein Entwick-
lungskonzept der Literatur hatte Lukians Zeit generell als Verfall abqualifiziert:

> Nicht Lucian allein, das ganze griechische Volk hatte es längst verlernt, zu
> den Sitzen der Wahrheit, der Idee, hinaufzusteigen, von wo sie einst seine
> Dichter und Weisen zur Erde herabgeführt hatten.[109]

Konnte man Lukian unter diesen Umständen noch lesen, und wenn ja,
mußte man sich nicht wenigstens vor den späten Schriften des 'greisen'
Lukian hüten?

Hermann selbst schien damit keine Probleme zu haben, veröffentlicht er
doch im Jahr 1852 eine Übersetzung von Lukians *Podagra*.[110] Ausgangspunkt ist ein Überlieferungsproblem, da die Schriften *Podagra* und *Ocypus*
zwar getrennt überliefert wurden, aus inhaltlichen Gründen für Hermann

---

[108] Vgl. ebenda 211: „Freilich ist hier die chronologische Scheidung schwer, da alle äus-
seren Indizien fehlen [...] im Allgemeinen aber möchten wir wohl nicht irren, wenn wir
alle Schriften hierher rechnen, die keine deutlich ausgesprochene satirische oder zu-
rechtweisende Tendenz enthalten."

[109] Ebenda 215.

[110] K.F. Hermann, *Lucians Schnellfuss oder die Tragödie vom Podagra; übersetzt und
seinem verehrten Freunde und Collegen Herrn Hofrath Dr. Conradi [...] gewidmet*, Göttingen 1852.

jedoch zusammengehören. Auf Lukian selbst geht Hermann in seinem
Vorwort nur am Rande ein.[111]

* * *

Jacobs politisch motivierte *Characteristik* Lukians verlor durch Hermanns
Nachweis ihres unphilologischen und unwissenschaftlichen Charakters innerhalb der Altertumswissenschaft an Einfluß. Die Auseinandersetzung der
beiden Lukianforscher ist zugleich ein Indikator für wachsende Span-
nungen innerhalb dieser Disziplin, deren universitäre Vertreter zu dieser
Zeit verstärkt das Bewußtsein von Wissenschaftlern entwickelten, die mit
reiner Forschung und strengen Methoden die Antike erschlossen. Während
ihre Arbeiten weniger an Breitenwirkung interessiert waren, forderten und
bezweckten die Vermittler des Faches an den Schulen, wie Jacob, eben
dieses. Dabei schlossen sich Forschung und ihre Vermittlung in den
Schulen zunächst auch nicht aus, bzw. ihre Einheit war ursprünglich sogar
intendiert. Die zunehmende Verwissenschaftlichung der Fächer jedoch
führte nicht nur zu einem mangelnden „pädagogischen Enthusiasmus" von
Universitätsgelehrten, sondern verleitete sie auch, wie Hermann, zur Arroganz gegenüber Schulforschern.[112]
    Kehren wir zu Lukian zurück: Hermanns Forderung nach einer histo-
risch-philologischen Betrachtung Lukians findet sich in Teilen verwirklicht
bei A. Wissowa, der Lukian als historische Quelle für das 2. Jahrhundert
auswertet.[113] Von Hermann beeinflußt zeigt sich Wissowa insofern, als er
mit einer positiven Beurteilung Lukians vorsichtig ist, da dieser als Kind
seiner Zeit sich von deren Verderbnissen nicht habe lösen können:

> Denn wie sehr auch ein Schriftsteller sich losgerungen hat von den Ver-
> kehrtheiten und Irrtümern seiner Zeitgenossen, ganz wird er sich nicht los-
> machen können von dem gemeinsamen Boden und dessen Einflusse.[114]

---

[111] Ebenda 6: „Damit wird aber das Ganze erst recht des Schriftstellers würdig, dessen Na-
     men es in den Handschriften trägt und dem wir bei aller genialen Leichtigkeit seiner
     Schöpfungen doch nicht wohl blosse Fragmente zutrauen dürfen."
[112] Vgl. dazu auch Paulsen (wie Anm. 16) 394: „Ich habe schon früher darauf hingewiesen,
     daß die großen Philologen dem pädagogischen Enthusiasmus meist kühl und nicht
     selten entscheidend ablehnend gegenüber standen."
[113] A. Wissowa, *Beiträge zur innern Geschichte des zweiten nachchristlichen Jahrhunderts
     aus Lukians Schriften*, Progr. Breslau 1848, 3-18.
[114] Ebenda 4.

Wissowa hält sich an das Muster vom Welken der Literatur und betrachtet die Zeit Lukians als in jeder Beziehung, auch literarisch, degeneriert. Damit reduziert er auch den literarischen Wert Lukians auf die Funktion einer Geschichtsquelle.[115]

Mit Hermann und Wissowa gelangt bereits vereinzelt ein Aspekt in die Lukiandiskussion, der in der zweiten Hälfte des 19. Jahrhunderts immer stärker in den Blickpunkt geriet: die Ablehnung Lukians über die Ablehnung der Zeit in der er lebte, das späte, 'verwelkte' 2. Jahrhundert nach Christus. Während sich diese Diskussion vorwiegend innerhalb der Altertumswissenschaft abspielen sollte, sorgte eine von außen kommende Kritikerschar für die wohl heftigste Kontroverse um Lukians Werk in Deutschland überhaupt: die Theologen.

---

[115] Eine weitere Arbeit in dieser Richtung liefert E.A. Struve, *Lucian von Samosata und die Zustände seiner Zeit*, Progr. Görlitz 1849.

VII. Lukian im Spannungsfeld zwischen Theologie und Altertumswissenschaft

Die Kritik an Lukians Werken seitens der katholischen Kirche war seit dem Verbannungsurteil des Suda-Lexikons zwar ein Dauerbrenner, sie verlor im ausgehenden 18. Jahrhundert unter dem Einfluß der Aufklärung jedoch an Gewicht. Der Entzug der Bildungshoheit durch den Staat schwächte den Einfluß der Kirchen zu Beginn des 19. Jahrhunderts weiter.[1] Nach anfänglicher Ablehnung der Bestrebungen des Neuhumanismus kam es jedoch zu einer Wende, da die Kirchen sich gezwungenermaßen mit dem neuen Bildungsideal abfanden und versuchten, es sich ihrerseits zunutze zu machen: Man erkannte in der Rückbesinnung auf die Antike insofern eine Chance für die Stärkung der Theologie, als die heidnische Antike in den Entwicklungsprozeß des Christentums in ihrer historischen Funktion als Vorläuferin eingebunden wurde.[2] So wurde, wie bei Tzschirner, ein Hauptaugenmerk auf die Epoche des Verfalls der heidnischen Welt gelenkt, aus deren Trümmern sich das Christentum entfaltete.[3] Durch diese Betrachtung konnte das Christentum als dauerhafte, religiöse und kulturelle Größe erscheinen. Für Lukian erwies sich dieses geschichtsphilosophische Konstrukt einerseits als positiv, da seine Epoche mehr in den Blickpunkt der Forschung rückte, andererseits jedoch bot er im Vergleich zu griechischen Schulautoren, deren zeitliche Entfernung zum Christentum eine historische Konfrontation ausschloß, den Theologen insofern eine Angriffsfläche, als er zu einer Zeit, in der das Christentum aufkam, sich nicht zu diesem bekannte bzw. es sogar verspottete.

Die sich aus diesen Prämissen ergebende Auseinandersetzung zwischen Altertumswissenschaft und Theologie zeigt sich vor allem in dem Ringen um Lukian als Schulautor, das die Lukianbeschäftigung während des ganzen 19. Jahrhunderts prägte und erst zu einer eindeutigen Entscheidung - nämlich der Absetzung Lukians von den Lehrplänen - führte, als die Altertumswissenschaft ihr Interesse an Lukian verlor und in der Ablehnung seiner Schriften noch weiter ging als viele Theologen.

---

[1] Durch die Schulreformen und die Schaffung eines eigenen, staatlich geprüften Lehrerstandes wurde der Kirche die Bildungshoheit entzogen. Vgl. dazu F. Paulsen, *Geschichte des Gelehrten Unterrichts*, Bd. II, Leipzig/Berlin 1921, 286ff. u. 389-406.

[2] Vgl. zu dieser Diskussion auch M. Landfester, *Humanismus und Gesellschaft im 19. Jahrhundert*, Darmstadt 1988, 88-93.

[3] Vgl. Kapitel VI: Der Wandel des Wielandbildes: Lukian als Voltaire des Altertums.

Tiemanns Konzept des Sexualaufklärers Lukian

Einer der interessantesten und aufschlußreichsten Beiträge zu Lukian wird
zu Beginn des 19. Jahrhundert von dem Theologen Johann Christian Tiemann vorgelegt: Im Jahr 1804 erscheint sein *Versuch über Lucians von Samosata Philosophie und Sprache*.[4] Tiemanns Arbeit hat eine doppelte
Funktion: Er will Lukian einerseits vom Stigma des Blasphemisten und
gleichzeitig vom Vorwurf der Frivolität befreien, ihn andererseits aber auch
als wichtigen Schriftsteller innerhalb eines christlichen Erziehungspro-
gramms integrieren. Steht das erste Vorhaben noch deutlich in der Tradition Wielands, so geht er mit seinem eigentlichen Anliegen über ihn hinaus.

Die Abhandlung zu Lukian ist als Auftakt zu einer Reihe von „Bemerkungen über den Sinn und Geist einiger alten Klassiker, besonders solcher,
die auf Schulen gelesen werden, oder doch gelesen zu werden verdienen",
gedacht.[5] Lukian gehört für Tiemann zur ersten Kategorie, zumal seine
Analyse sich insbesondere mit den *Dialogi Deorum* auseinandersetzt, von
denen es zu seiner Zeit bereits mehrere Schulausgaben gab. Indem Lukian
an den Anfang dieser Reihe gesetzt wird, geht Tiemann in die Offensive: Er
will den Rückfall des Griechen in die Sparte der nicht gelesenen Autoren
verhindern, die sich durch die zunehmende Kritik von theologischer Seite
abzeichnete.

Ausgehend von den alten Vorwürfen gegen Lukian als destruktiven
Blasphemisten und Verfasser frivoler Werke greift Tiemann zunächst auf
die von Wieland verwendete Verteidigungsstrategie zurück, Lukian mit anderen, akzeptierten Autoren in eine Reihe zu stellen.[6] Eine Verurteilung
Lukians aus Sittlichkeitsgründen müsse eine Verurteilung einer Reihe allgemein anerkannter Schulautoren, wie beispielsweise Ovid oder Horaz,
nach sich ziehen.[7] In dem Bewußtsein der Schwäche dieses Argumentes
entwickelt Tiemann eine neue, zunächst überraschende Verteidigungsstra-

---

[4] J.C. Tiemann, *Ein Versuch über Lucians von Samosata Philosophie und Sprache*, Zerbst
    1804. Tiemann war als Pastor zu Wallwitz tätig.
[5] Ebenda 9.
[6] C.M. Wieland, *Lucians von Samosata Sämtliche Werke*, Bd. I, Leipzig 1788, XXXVIII,
    wo er ironisch darauf verweist, daß man mit einer Verdammung Lukians ebenso
    „Horaz, Juvenal, Chaucer, Rabelais, Cervantes, Swift, Sterne, und allen komischen und
    satyrischen Dichtern überhaupt, das gleiche Urtheil sprechen" müßte.
[7] Tiemann (wie Anm. 4) 50: „Denn auf diese Art würde man nicht nur den Martial, den
    Horaz, den Ovid, sondern die mehresten Autoren, welche man den Schülern ohne Be-
    denken in die Hände giebt, aus den Schulen verbannen müssen."

tegie: Er zitiert die, wie er sagt, schlüpfrigsten Stellen aus den *Dialogi Deorum* und *Dialogi Meretricii*, um zu zeigen, daß sie nicht so schlimm seien wie ihr Ruf, und daß eine geschickte Übersetzung seitens des Lehrers solche Stellen in harmloser Form präsentieren könne. Damit könne auch ein sittenstrenger Lehrer alle Schriften Lukians mit seinen Schülern lesen:

> In den Dialogis deorum et meretriciis kommen zwar etwas frappante Scenen zum Vorschein, das ist nicht zu leugnen; aber doch drückt sich Lucian nie so aus, daß man seine Worte in der Uebersetzung nicht mildern könnte.[8]

Mit dieser Einstellung erhebt Tiemann die auch bei Wieland beobachtete Glättung von frivolen Stellen zum Prinzip, womit der Anspruch auf philologische Genauigkeit aufgegeben wird und auch aufgegeben werden muß, will man die Lektüre von Schriften propagieren, die derartige 'Probleme' mit sich bringen. Doch auch in diesem Punkt zeigt sich eine Spannung in Tiemanns Aufsatz: Eine konsequente Verharmlosung frivoler Stellen lehnt er ab. Statt dessen macht er sich für eine Nutzbarmachung gerade dieser Passagen stark und fordert in letzter Konsequenz die Lektüre von Lukians Schriften an den Schulen unter dem Aspekt einer Sexualaufklärung der Jugend:

> Mehrere unsrer neuern Schriftsteller haben daher geradehin behauptet, daß es unrecht und schädlich sey, junge Leute über den Geschlechtstrieb, über die Erzeugung des Menschen und über die damit verwandte Materien in der Unwissenheit zu erhalten, und sie haben unter den gehörigen Einschränkungen ihres Satzes Recht; weil es am Tage liegt, daß es heilsamer für sie seyn müsse, sie frühzeitig mit Verstand über dergleichen Dinge klug zu machen, als es darauf ankommen zu lassen, daß sie aus eigner Erfahrung und zu ihrem Schaden klug werden. Wenn wir aber darüber einverstanden sind, so sieht man gar nicht ein, was noch für ein Bedenken seyn könne, einzelne Ausdrücke von der Art, oder ganze darauf Bezug habende Stellen in den alten Autoren zu verdeutschen, oder, so weit das nothwendig ist, zu erklären. Diese Bemerkungen schienen mir hier nicht am unrechten Orte zu stehen, wenn ich Lucians Ehre retten, und jene Einwendungen eines und des andern finstern, oder etwas zu ängstlichen Schulmannes widerlegen wollte.[9]

---

[8] Ebenda 40; Für Tiemann sind solche Stellen auch deshalb schon prinzipiell unbedenklich, weil die Studenten ohnehin mit den 'Werken der Aphrodite' vertraut seien. Daher bräuchte der Lehrer auch keine Angst zu haben, etwas zu sagen, „was nicht an sich sehr natürlich, und allen Knaben aus der übrigen, jedem Bauernjungen vor Augen liegenden, Natur längst bekannt wäre, als: ἐπεὶ ἐν ἔργῳ ἦσαν". (Ebenda).

[9] Ebenda 36f.

Und in der Tat liest sich Tiemanns Schrift als Sexualaufklärung nicht nur
für „junge Studenten", sondern auch für die Zunft der Griechischlehrer,
denen er in moralischer Hinsicht einen weniger steifen und vor allem inten-
siveren Gebrauch lukianischer Werke mit gerade den für frivol geltenden
Stellen in ihren Unterrichtsstunden nahelegt.[10] Ob Tiemann allerdings mit
den Textbeispielen, die er zur Untermauerung seines Punktes gibt, diesem
Ziel auch nur einen Schritt nähergekommen ist, ist fraglich. Zwar 'beweist'
er Lukians Züchtigkeit jeweils mittels einer glatten Übersetzung, aber zuweilen an Stellen, die sich nur schwer in ein für damalige Verhältnisse gut-
zuheißendes Aufklärungskonzept einordnen lassen:

> Ja man sieht es ihm [Lukian] recht deutlich an, welche Behutsamkeit er an-
> wendet, um sich solcher Ausdrücke zu enthalten, die seine Leser zu noch
> nicht bekannten Ideen führen, oder der Tugend eines unverdorbenen Jüng-
> lings gefährlich werden könnten. Wenn z.E. Jupiter den schönen Ganymed
> geraubt hat, um ihn zu seinem Schlafkammerad zu machen, so läßt sie
> Lucian so miteinander sprechen: „Ich habe dich deswegen geraubt, daß wir
> zusammen schlafen. *Gan.* Kannst du das nicht allein? Wäre dirs denn ange-
> nehmer, bei mir zu schlafen? *Jup.* Allerdings, bei einem so schönen Knaben,
> als du bist, Ganymed. *Gan.* Was hilft denn die Schönheit zum Schlaf? *Jup.*
> Sie hat etwas sehr angenehmes und macht den Schlaf süßer." Und als der
> noch unschuldige Ganymed dies nicht begreifen kann, zumal da ihn sein
> Vater ungern bei sich im Bette gehabt, weil er diesen durch sein Wälzen und
> Strampeln oft im Schlafe gestört habe und deshalb zu seiner Mutter sey ge-
> schickt worden, so fährt Jupiter fort: „O damit wirst du mir grosses Ver-
> gnügen machen, wenn ich die Nacht an deiner Seite schlaflos zubringen soll;
> da werde ich dich stets küssen und umarmen."
>   Ich kompromitire das Urtheil eines jeden unbefangenen Lesers, ob
> Lucian sich vorsichtiger und behutsamer ausdrücken konnte, um den wol-
> lüstigen Jupiter die Zweifel des Ganymed beantworten zu lassen. [...] Hier
> hätte vielleicht mancher gegen den Lucian Eingenommene eine recht
> schmutzige Erklärung Jupiters erwartet. Aber er spricht sehr züchtig: die
> Gesellschaft eines schönen Beischläfers hat viel angenehmes und macht den
> Schlaf süßer.[11]

Das Argument hat etwas Entwaffnendes: Zwar spricht Juppiter züchtig, wie
Tiemann unter Hinzunahme seiner Übersetzungsmaxime überzeugend darstellt, aber er nimmt seinen Worten nichts an der Anzüglichkeit der dahin-

---

[10]   Ebenda 43: „Jetzt nur noch so viel, daß [...] diejenigen Schullehrer sich in einem großen
      Misverständniß befinden, die ihn [Lukian] als gefährlich für die Jugend proscribiren."
[11]   Ebenda 40-42.

terstehenden Begierden, die einer christlichen Erziehung keinesfalls will-kommen sein konnten.

Den unkomplizierten Umgang Tiemanns mit erotischer Literatur und seine Wertschätzung derselben illustriert auch sein Verweis auf Wieland, mit dem er die ausgiebige Lukianlektüre 'frivoler' Stücke empfiehlt: Er zitiert Wielands Vorrede zu dem *Urtheil des Paris*.[12]

* * *

Den zweiten gegen Lukian erhobenen Vorwurf, den des destruktiven Blas-phemisten, diskutiert Tiemann in Auseinandersetzung mit Ludewig Vives, den er mit der Äußerung zitiert, daß Lukian „den Menschen die alte und an-genommene Religion geraubt habe, ohne ihnen eine neue wiederzugeben". Dagegen hält Tiemann, zunächst Wielands Argumentation folgend, an Lukian als Aufklärer fest,[13] der „den religiösen Aberglauben seines Volkes zu zerstören" suchte.[14] Auch dessen Aktualisierung wird beibehalten.[15] Den entscheidenden Schritt weg von der wielandschen Aporie des *non omnia possumus omnes* leistet Tiemann, indem er das Niederreißen Lukians in den Dienst einer höheren Sache,[16] nämlich der Wahrheit, bzw. des wahren Glaubens, stellt. Dabei vergleicht Tiemann Lukians Leistung mit der Luthers, der ähnliches geleistet habe:

> So zerbrach einst Luther durch seine hellen Einsichten und durch sein rich-tiges Gefühl der Wahrheit die Fesseln des Aberglaubens.[17]

---

12 Vgl. zu Wielands erotischer Gestaltung des Stoffes unten Kapitel V: Christoph Martin Wieland, der „deutsche Lukian".

13 Lukian wird charakterisiert als „zu einem hohen Grade der Aufklärung hinauf ge-schwungen", der „mit seiner Aufklärung denen zu Hülfe kommen [wollte], die deren am meisten bedurften". (Tiemann [wie Anm. 4] 49f.); das 13. Kapitel seiner Abhandlung widmet Tiemann dem Ziel der lukianischen Aufklärung, den religiösen Aberglauben seiner Zeit zu bekämpfen.

14 Ebenda 63.

15 Im Anschluß an ein Lukianzitat heißt es: „Wer denkt hier nicht an Falks Mahlerei, in der sich die Affen um Kants Perücke, Halskrause, Beinkleider u.s.w. zanken, und an die theol. Candidaten, die sich einbilden, große Prediger zu seyn, wenn sie die kleinliche Kunst lernten, einen berühmten Redner im Aeußerlichen hier und da nachzuahmen? Wie sich doch die Thorheiten aller Zeiten immer so gleich sehen! und wie ihre Knechte in allen Jahrhunderten eine so große Anzahl ausmachen!" (Ebenda 82).

16 So spricht Tiemann generell von der Ausrichtung der Schriften „aufs gemeine mensch-liche Leben und zur Verbesserung des Ganzen". (Ebenda 50).

17 Ebenda 99.

Tiemanns Schrift muß auf diesem Hintergrund als Versuch gewertet
werden, die protestantische Lehre über die Hintertür, durch einen an den
Schulen gelesenen Schriftsteller weiterzuvermitteln.[18] Gleichzeitig enthält
die gewonnene Parallele das Plädoyer an protestantische Theologen, verstärkt Lukian zu lesen. Besonders Schriften, die dessen Nähe zum Protestantismus deutlich machten, wie die *Dialogi Mortuorum*, werden von
Tiemann zur Lektüre empfohlen:

> Hier nur noch aus den Todtengesprächen eine einzige Stelle, welche be-
> weiset, daß er sogar von der evangelischen Lehre [...] Kenntnis und Ueber-
> zeugung gehabt habe.[19]

Kein destruktives Niederreißen, sondern die Verfolgung einer Vision macht
Lukian für Tiemann zum latenten Träger eines Glaubens, dem Jahrhunderte
später durch Luther eine religiöse Richtung gegeben wurde. Nach Wieland
ist Tiemann der zweite Protestant, der sich mit einer umfassenden Darstellung zu Lukians Schriften äußert; beide wehren sich gegen das Mißverstehen Lukians nicht nur von seiten der Katholiken, sondern auch von Protestanten, die die Leistung Lukians für ihren Glauben bislang verkannt
hätten.[20]

Ein wesentlicher Grund für Tiemanns Verteidigung liegt in der schulpo-
litischen Situation, mit der viele Theologen zu Beginn des 19. Jahrhunderts
konfrontiert waren: Mit der Bildungsreform des Neuhumanismus mußte
sehr schnell ein großer Bedarf an Latein- und Griechischlehrern gedeckt
werden, wobei verstärkt theologisch ausgebildete Lehrkräfte im staatlichen
Schuldienst zur Vermittlung der alten Sprachen eingesetzt wurden und das
neue Bildungsideal unterrichten sollten. Das sich bei ihnen langsam bildende Selbstverständnis als Altertumswissenschaftler konnte zu einer Diskrepanz zwischen offizieller Kirchenmeinung und den Anforderungen des
Unterrichts führen.

---

[18] Daß Luther Lukian nicht besonders geschätzt hatte, übergeht Tiemann bei seiner Parallelisierung, die ihn immer wieder Grundsätze der protestantischen Ethik in Lukian hin-
einlesen läßt. (Vgl. ebenda 86).

[19] Ebenda 111.

[20] Dabei liegt ein Grund für die stärkere Verteidigung Lukians von protestantischer als von
katholischer Seite in dem liberaleren Umgang mit Literatur; die Protestanten standen
nicht unter einem ähnlichen Druck wie die Katholiken, denen der Index die Beschäftigung mit Lukian lange verleidet hatte.

A. Kestner, *Die Agape oder der geheime Weltbund der Christen*[21]

In die gleiche Richtung wie Tiemann geht eine Arbeit des Theologieprofessors August Kestner aus dem Jahr 1819. Kestner will eine neue Analyse der Entwicklung des Christentums in den ersten Jahrhunderten vorstellen, die in seinen Augen bis dahin „fast immer einseitig und parteiisch" behandelt wurde.[22] Er will objektiv, ohne protestantische oder katholische Brille, Erkenntnisse über die Zeit „aus klaren Quellen, ohne Vorurtheil" gewinnen[23] und mit der Betonung der Wissenschaftlichkeit seiner Darstellung eine höhere Autorität verleihen.[24] Bei dem Versuch, das Werk und die Person Lukians, des - wie er feststellt - „bisher sogenannten Christenspötter[s]",[25] neu zu bestimmen, arbeitet Kestner in drei Schritten die Bedeutung Lukians an der Schwelle zwischen Entfaltung des Christentums und dem Untergang der alten Welt heraus.

Zunächst lenkt er den Blick auf ein schon oft - vor allem von Wieland und Tiemann - vorgebrachtes Argument, daß Lukian mittels der Satire die Verderbtheit seiner Zeit bekämpfen wollte:

> Ob er gleich an die Stelle der veralterten Institute und der gehaltlosen Denk- und Lebensweise seiner Zeit nichts Neues und Besseres einzusetzen wußte, so wollte er doch wenigstens den Geist der Zeit aufrütteln, indem er alle Misverhältnisse des damaligen Lebens furchtlos aufdeckte und in sarkastischer Rede lächerlich machte.[26]

Lukian habe vor allem mit seinen *Dialogi Deorum* einen Beitrag zur Zerstörung des heidnischen Götterglaubens geleistet.[27] Interessanterweise

---

[21] A. Kestner, *Die Agape oder der geheime Weltbund der Christen, von Klemens in Rom unter Domitians Regierung gestiftet*, Jena 1819.

[22] Ebenda XIX.

[23] Ebenda.

[24] Ebenda XI: „Auch darüber zweifelte ich keinen Augenblick, ob ich die geschichtliche Ausbeute in ihrer nackten Gestalt darstellen oder ummänteln sollte. Es giebt viele Verhältnisse im Leben, die des Schleiers nicht entbehren können, aber die Geschichte soll ihn fallen lassen oder nicht gebrauchen."

[25] Ebenda 504.

[26] Ebenda 499.

[27] Ebenda 502: „Wer damals Lucians Göttergespräche mit Andacht gelesen hatte, konnte zu den Göttern nicht mehr andächtig beten oder opfern." Und weiter (503): „[...] eben so waren auch die fratzenhaften Götterprosopopäien des Lucian, welche die Zeitmeinung beklatschte, Vorboten des nahenden Umsturzes der alten Götterreligion und mitwirkende Ursachen zu demselben [...]."

scheint Kestner dabei jedoch keine aufbauende Funktion der lukianischen
Werke zu sehen, womit er hinter Tiemann zurückbleibt und wiederum eine
wielandsche Position einnimmt. Doch nur für kurze Zeit: Sein Beitrag bedient sich einer geschickten rhetorischen Struktur, die die niederreißende
Wirkung der lukianischen Schriften auf den Leser überträgt und ihm mit
der Lektüre genau die *tabula rasa* vor Augen führt, die Lukian mit seiner
Kritik hinterlassen habe. Im Anschluß nimmt Kestner den Leser wieder an
die Hand und rüttelt ihn in der Art auf,[28] wie Lukian den Schritt vom
Niederreißer zum Aufbauer vollzogen und das Erwachen des Christentums
ermöglicht habe:

> Viele, auch die Trägen und die Freunde der Finsterniß, fanden nach und
> nach Freude an dem Lichte und an der Arbeit des neuaufgegangenen Tages
> und seegneten als Christen den Mann, der ihnen die Augen geöffnet hatte,
> den die Dunkelheit verscheuchenden Lucian.[29]

Mit dieser Argumentation rückt Kestner Lukian in die Position eines Vor-
läufers des Christentums und vereinnahmt ihn im Dienst am Glauben. Als
Beförderer in der Sache ist es Kestner dabei gleichgültig, ob Lukian selbst
Christ war oder nicht:

> Um Lucian, den bisher sogenannten Christenbespötter als Beförderer der
> christlichen Sache darzustellen, kömmt es nicht darauf an zu zeigen, daß er
> christliche Grundsätze und Glaubensdogmen hatte und hielt, sondern nur,
> daß er nicht direkt gegen die christliche Sache agirte.[30]

Kestner möchte zeigen, daß es auch einem Nichtchristen möglich war, das
Christentum durch seine Werke zu fördern, - eine Feststellung, die nicht
unumstritten war, da es Stimmen gab, die allein die Tatsache, daß ein

---

[28] Ebenda 503: „Alle aber waren aus ihrem Schlummer geweckt. Die Erwachten freuten
     sich zum Theil über das aufdämmernde Licht und sahen ohne Furcht oder hoffend
     voraus, daß nun auch das Christenthum, das Element einer neuen Zeit, den vollen Tag
     bringen würde. Die meisten aber haßten den unzeitigen Wecker, der sie aus ihrem süßen
     Traumleben aufgestört hatte, und wendeten, noch Lichtscheu, ihren Blick von der Sonne
     ab, auf welche die früher Erweckten, [...] die Christen [...], sie hinwiesen."
[29] Ebenda 504.
[30] Ebenda. Weiter heißt es (504): „Es läßt sich aber nicht beweisen, daß Lucian den christ-
     lichen Zeitgeist gehaßt und seine Anhänger mit der Geißel der Satyre verfolgt habe. [...]
     Der Seitenblick aber auf das Christenthum, der seinen Spott über die christlichen
     Freunde des Peregrin begleitet, spricht nicht sein eignes Urtheil, sondern nur die damals
     in der heidnischen Welt allgemeingeltende Ansicht seines Freundes Celsus aus [...]."

Mensch aus dem zweiten Jahrhundert, der die Chance, dem Christentum anzugehören, nicht genutzt hatte, zu dessen Nachteil auslegten.[31]

Mit der Erwähnung des *De Morte Peregrini* geht Kestner auf ein weiteres Lukianproblem ein: Um das entworfene Bild des Beförderers des Christentums nicht zu gefährden, versucht er, die Unbedenklichkeit der Schrift für das Christentum zu erweisen. Kestner verlegt sich dabei auf die Strategie, die Äußerungen gegen die Christen in dieser Schrift nicht als Lukians Meinung, sondern als die seiner Zeitgenossen hinzustellen, die Lukian lediglich referieren würde. Dabei zeigt Kestner nicht nur Verständnis für die geäußerte Kritik an Peregrin und seinen Anhängern, die als schwärmerisch abgewertet werden,[32] sondern geht noch einen Schritt weiter: Nachdem er seine Leser, zu denen nicht zuletzt Lukiankritiker gerechnet werden müssen, Lukian gegenüber nachsichtig gestimmt hat, versucht er, diesen mit den Christen in Verbindung zu bringen; in späteren Jahren habe Lukian weitere und bessere Kenntnis über das Christentum erhalten und „muß also seine früher gefaßte Ansicht über das Christenthum [...] geändert haben":[33]

> Lukian forschte weiter und fand im Christenthum des Tatian, dessen Schriften er las, nicht eine grundlose Schwärmerei, nicht ein blindes Anbeten eines gekreuzigten Magiers [...] sondern eine neue philosophisch-religiöse Lehre.[34]

Kestner kommt zu dem Schluß, daß Lukian sich zwar nie offen zum Christentum bekannt hat, aber zumindest ein Sympathisant oder geheimer Christ war, der den Christen seiner Zeit in manchen Fällen sogar aktiv zu Hilfe gekommen sei:

> Es finden sich unverkennbare Spuren, daß Lucian zuweilen gleichsam als Anwalt der christlichen Secte gegen seine heidnischen Zeitgenossen aufgetreten ist.[35]

---

[31] So beispielsweise Tzschirner. (Vgl. Kapitel VI: Der Wandel des Wielandbildes: Lukian als Voltaire des Altertums).

[32] Vgl. Kestner (wie Anm. 21) 504f. Mit dem Hinweis auf „eine so grundlose und gefährliche Schwärmerei" (ebenda 506), die in den Christen um Peregrin gesehen wurde, könnte Kestner Wielands Umdeutung des Peregrin als Schwärmer im Auge gehabt haben.

[33] Ebenda 507.

[34] Ebenda 508.

[35] Ebenda 508f. und 511: „Wir eilen zur Anzeige anderer Thatsachen, bei denen Lucian offenbar als Mitgehülfe der christlichen Oppositionsschriftsteller erscheint."

Als Belege werden Stellen aus den Dialogen *Calumniae non temere credendum* und *Alexander* herangezogen. Kestner folgert, daß die Christen Lukian dankbar sein müßten, ohne den sie kaum den Durchbruch geschafft hätten:

> Denn wären die christlichen Oppositionsschriftsteller allein aufgetreten mit ihren feindseligen Angriffen auf die heidnische Welt, so hätten ihre Schriften gewiß so viel Widersinn und so wenig Einklang gefunden, als ein Revolutionär, der ohne gehörige Vorbereitungen getroffen zu haben, dem bestehenden Zustande der Dinge schroff entgegentritt.[36]

Die rhetorische Strategie der Abhandlung kommt an dieser Stelle deutlich zum Tragen: Je länger man liest, je tiefer man zu den Quellen vordringt und sie, um mit dem Verfasser zu reden, unparteiisch liest, um so klarer tritt der Wandel von Lukian als Zerstörer zum Beinahe-Christen hervor, den Kestner am Ende seiner Darlegung gefunden haben will.

* * *

Tiemann wie Kestner sind Beispiele für Versuche seitens der Theologie, einen heidnischen Schriftsteller für die Religion - in diesem Fall die protestantische Kirche - zu vereinnahmen. Ihr Sichtweise eröffnet einen Weg, Lukian, der bis dahin auf den Schulen vornehmlich im Dienst des Neuhumanismus gelesen wurde, auch in den Dienst des Religionsunterrichts zu stellen. Die Arbeiten können umgekehrt als Versuch gewertet werden, über die christliche Deutung kanonischer heidnischer Texte den Einfluß der Religion an den Schulen zu stärken, da erst die Kirchengeschichte ein 'richtiges' Verständnis ermögliche.

Gegenbewegung über die Kritik am *De Morte Peregrini*

Kestners Haltung blieb nicht lange unwidersprochen. Nur ein Jahr später erscheint eine eigene Abhandlung des Jenaer Theologen und Professors für Beredsamkeit H.C.A. Eichstädt, die sich mit der von Kestner vorgebrachten These auseinandersetzt.[37] Die Arbeit ist als Widerlegung Kestners konzi-

---

[36] Ebenda 515.
[37] H.C.A. Eichstädt, *Lucianus num scriptis suis adiuvare religionem Christianam voluerit.* Jena 1820. Eichstädt (1772-1848) studierte Theologie und Philologie in Leipzig, habilitierte sich 1792 mit der Arbeit *De dramate Graecorum comicorum satyrico* und wurde

piert[38] und zeugt als Einzelabhandlung zu Lukian von der Bedeutung der 'lukianischen Frage' innerhalb der Theologie. Dabei läßt der Verfasser Kestners These zunächst als genauso revolutionär wie absurd erscheinen:

> Adeo enim nova de Luciano eiusque in Christianos animo et studio in medium protulit, ut, si vera sint, quae disseruit [Kestnerus], iure nos pudeat philologos in explicando iudicando facetissimo scriptore tam diu caecutiisse.[39]

Aus Eichstädts Worten spricht Hohn: Wie konnte ein neuer Interpret es wagen, die traditionelle und durch philologische Studien als gesichert geltende Beurteilung der lukianischen Werke umzustürzen? Die vermeintlich richtige Auffassung zu vertreten nimmt Eichstädt für sich in Anspruch. An fünf Punkten versucht er, Kestners Position zu widerlegen. Dabei gesteht er zu, daß durch Lukians Satiren der Aberglaube schneller vertrieben wurde,[40] mißt dieser Leistung aber keine hohe Bedeutung bei; den Willen zur Beförderung des Christentums habe Lukian nicht gehabt:

> Tamen eum *voluisse* scriptis suis efficere, quod effectum concedimus, adeoque vindicias religionis Christianae eiusque doctorum suscepisse, et hanc rem consulto ac naviter egisse, id vero praefracte negamus.[41]

Mit der Betonung der göttlichen Vorsehung als leitende Kraft, die keines Lukian bedurfte, argumentiert Eichstädt im Gegensatz zu Kestner nicht historisch, sondern teleologisch religiös: Die Entwicklung mußte sich zwangsläufig zum Christentum vollziehen, wobei die von Kestner angesprochene Möglichkeit des Scheiterns der Christen ohne Gehilfen wie Lukian nicht berücksichtigt wird. Vielmehr sei klar, daß unter dem Mantel der Vorsehung auch scheinbar gegen das Christentum gerichtete Schriften

---

1797 nach Jena berufen, wo er seit 1803 Professor der Eloquenz und Beredsamkeit war. (Vgl. zur Biographie: F.A. Eckstein, *Nomenclator Philologorum*, Leipzig 1871).

[38] Ebenda 2f.; Eichstädt faßt Kestners Argument zusammen und kritisiert: „Nam quem [Lucianum] adhuc existimabamus infensum fuisse rei Christianae, Christianosque una cum ipsorum magistro risui ac ludibrio exposuisse, eum Kestnerus censet id egisse sedulo, ut adiuvaret novam religionem, factam doctoribus invidiam minueret, sectatorumque persuasionem firmaret. Ego vero, quod pace viri doctolissimi dixerim, speciosius ista quam verius disputata censeo."

[39] Ebenda 2.

[40] Ebenda 5: „Ac primum quidem concedimus viro doctissimo, *potuisse* illam sentiendi scribendique libertatem, qua Lucianus eminuit, eo valere, ut depulsa superstitionum caligine, tanto facilius emergeret Christianae doctrinae veritas."

[41] Ebenda 6f.

für dieses arbeiteten, was jedoch in keinem Fall den Schriftstellern selbst als ein *voluisse* ausgelegt werden dürfe:[42]

> Et satis constat, eximium quoddam providentiae divinae in conservanda pro-pagandaeque religione documentum a theologis in eo poni, quod nullae um-quam calumniae, impetus nulli adversariorum quidquam potuerint, nisi ut religio nova firmamenta stabilitatis adipisceretur.[43]

Eichstädt zieht zahlreiche Stellen aus Lukian heran, in denen er Anspielun-gen auf das Christentum sieht, um sie als Beweis für Lukians Kritik an demselben hinzustellen. Vor allem die *Verae historiae* bieten ihm eine Fundgrube: So erkennt er in dem Kampf zwischen Phaeton und Endymion eine Persiflage des biblischen Kampfes zwischen dem Erzengel Michael und dem Satan.[44] Die Walfischepisode wird auf Jona bezogen:

> Nam quis, qui libero animo ad legendum accesserit, talem notationem non agnoscat in fabula de immensae magnitudinis ceto, qui navigentes immani hiatu ipsa cum navi hauserat? Cui non statim in mentem veniat, quod de Iona memoriae proditum?[45]

Als einen Hauptkritikpunkt greift Eichstädt die alte Diskussion um Lukians Schrift *De Morte Peregrini* wieder auf und fokussiert damit die Debatte über Lukian innerhalb der Theologie auf einen Punkt, den sowohl Kestner als auch Tiemann nicht in den Mittelpunkt ihrer Darlegungen stellen woll-ten. Kestner glaubte, diese Schrift als für die generelle Lukianbeurteilung unerheblich hinstellen zu können, da sie einerseits die einzige Stelle bei Lukian enthalte, wo er sich kritisch über die Christen äußere, andererseits auf eine Gruppe schwärmerischer Christen anspiele; diese Kritik dürfe nicht mit der Kritik am Christentum als solches gleichgesetzt werden.[46]

---

[42] Vgl. auch 7f.: „Itaque iure admiramur vim veritatis in illorum, qui sacra Christiana odis-sent, testimoniis: quae vis tanta fuit, ut vel invitos impelleret ad scribenda ea, quae ad causam Christianorum tuendam suo tempore incredibiliter essent valitura."

[43] Ebenda 7.

[44] Ebenda 11.

[45] Ebenda 10.

[46] Vgl. Kestner (wie Anm. 21) 504: „Es läßt sich aber nicht beweisen, daß Lucian den christlichen Zeitgeist gehaßt und seine Anhänger mit der Geißel der Satyre verfolgt habe. Nur in einer einzigen Stelle seiner voluminösen Schriften hat er eine kleine Anzahl von Christen bespöttelt, weil er sie mit dem tollen Peregrin in Verbindung fand, und seinen wahnsinnigen Helden gern in recht absurden Umgebungen und Verhält-nissen schildern wollte."

Unter Berufung auf eine Reihe von Abhandlungen aus dem 18. Jahrhundert[47] wirft Eichstädt solchen Urteilen Ignoranz vor, da sie die Forschung zu Lukians Stellung zum Christentum nicht genügend berücksichtigt hätten.[48] Für ihn bleibt *De Morte Peregrini* eine lukianische Schrift mit dezidiert christenfeindlichem Inhalt.

* * *

Schützenhilfe für seine Ablehnung der kestnerschen Auffassung von Lukian als Zuarbeiter des Christentums erhielt Eichstädt nur wenig später indirekt von seiten der Altertumswissenschaftler. August Pauly war in seiner neuen Lukianübersetzung aus dem Jahr 1827 weitgehend dem wielandschen Lukianbild gefolgt und sah wie dieser in Lukian einen destruktiven Niederreißer:

> Dieses Streben war indessen rein negativ. Wenigstens läßt sich wohl nirgends die Absicht nachweisen, einem geläuterten religiösen Vernunftglauben den Weg zu bahnen, und eben so wenig, dem Christenthum in die Hände zu arbeiten, wie Kestner annimmt.[49]

Pauly will Lukian zwar nicht als Christenhasser erweisen, kommt aber zu einem Ergebnis, das die Grundlage für eben das Lukianbild liefert und indirekt fördert, das Theologen wie Eichstädt entwarfen, um Lukian abzuwerten. Gleichzeitig zeigt Paulys Arbeit die Brisanz und Aktualität der Frage nach Lukians Stellung zum Christentum, die von seiten der Altertumswissenschaftler mit großer Aufmerksamkeit verfolgt wurde. Daß sie sich jedoch nur vereinzelt an dieser Diskussion beteiligten, liegt wohl auch daran, daß man sich als Disziplin von der Theologie emanzipiert hatte und theologischen Fragestellungen an ihre Studienobjekte keine größere Bedeutung beimaß. Insofern ist bei Pauly das Thema auch nur am Rande erwähnt, was seine Indifferenz in dieser Frage erkennen läßt.

---

[47] Eichstädt bezieht sich auf die Arbeiten von Daniel Peucer, *De maledictis Lucianeis in Christum eiusque apostolos*, Leipzig 1742 und I.T. Krebs, *De malitioso Luciani consilio, religionem Christianam scurrili dicacitate vanam et ridiculam reddendi*, Leipzig 1769, die Lukian als Christenhasser definiert hatten.

[48] Eichstädt (wie Anm. 37) 9f.: „Ex his accusatoribus unum Kestnerus commemorat Krebsium, sed reprehendit, quod Lucianum nomine inquinaverit criminoso: ceteros silentio praetermisit."

[49] A. Pauly, *Lucian's Werke*, Bd. I, Stuttgart 1827, 13f. Vgl. Kapitel VI: Neue Übersetzung - *Lucians Werke* von August Pauly.

Bemühung um Ausgleich: Nordtmeyer und Planck

Spätestens seit Mitte des 19. Jahrhunderts hatten sich die Kirchen von den
Angriffen der Aufklärung erholt, und es lag im Interesse vieler Theologen,
nach dem Verlust des Bildungsmonopols wieder verstärkt an den Schulen
Fuß zu fassen.[50] Da radikale Versuche, die neue humanistische Bildung
generell als heidnisch zu verdammen, nicht fruchteten, verlegte man sich
vielfach auf das teleologische Argument des Altertums als Vorläufer des
Christentums, um der Religion ihren zentralen Platz im Bildungskanon zu
sichern, bzw. das Fach Religion als zumindest gleichwertig zu etablieren.
Bis zur Mitte des Jahrhunderts stieg der Einfluß der Theologen an den
Schulen soweit, daß sie maßgeblich an Schulreformen und Lektüreplänen
beteiligt waren. In Preußen, das immer noch als Zugpferd in Bildungsfra-
gen galt, war seit 1850 Ludwig Wiese für das Gymnasialwesen zuständig,
der auf diese Entwicklung reagierte und eine Aussöhnung zwischen kirchlichen und humanistischen Interessen zu erreichen suchte:

> Das Verhältnis der klassischen Literatur zum Christentum, an und für sich
> genommen, muß nicht als feindlich betrachtet werden, richtiger wird die
> erstere in ihrem religiösen Gehalt als Vorstufe des Christentums betrachtet,
> in welcher wir selbst bei ihren Verirrungen ein Suchen und Ahnen der
> Wahrheit anzuerkennen haben.[51]

Inwieweit dieses Suchen nach der Wahrheit auch für Lukian galt, blieb -
wie gezeigt - weiter umstritten, und die Frage stellte sich, ob seine Dialoge
unter dem Gesichtspunkt einer Annäherung zwischen Kirche und Altertumswissenschaft noch zu vermitteln waren.

* * *

Für diese in den Diskussionen der 40er und 50er Jahre weitergeführte Frage
sei auf drei Arbeiten hingewiesen, die das Bemühen um Ausgleich in der
Frage nach Lukian als Schulautor erkennen lassen. Von Seiten der Altertumswissenschaft griff der Schulmann Nordtmeyer im Jahr 1845 die 'lu-

---

[50] Vgl. Landfester (wie Anm. 2) 64ff. und 169ff. Landfester streicht heraus, daß sich „der
Staat, zumindest seit den 40er Jahren, zunehmend als 'christlicher Staat' verstand" und
spricht von einem „regelrechten Bündnis von Regierung und Protestantismus" nach
1848. (Ebenda 170).

[51] Beschluß der Philologenversammlung zu Erlangen aus dem Jahr 1851; zitiert bei Paulsen (wie Anm. 1) 497. Vgl. zur Debatte auch Landfester (wie Anm. 2) 165-173.

kianische Frage' in einer eigenen Abhandlung auf,[52] in der er versucht, Lukian den gefährdet scheinenden Platz an der Schule zu erhalten:

> Saepe miratus sum, quod [...] Lucianus e numero eorum scriptorum, quorum opera in nostro aliisque, quorum satis novi rationem docendi atque institutiones, gymnasiis leguntur, tamquam exemptus esse videtur.[53]

Für Nordtmeyer liegt der Grund für den Rückgang Lukians an den Schulen in dem erwähnten Konflikt zwischen Kirche und Altertumswissenschaft. Um Lukian zu verteidigen verweist er einerseits auf die gespaltene theologische Diskussion,[54] bedient sich andererseits der Argumentation Jacobs.[55] Sein Hauptargument ist, daß Lukian über seine Satire neuen Verderbnissen vorbeugen wollte und einzig der Wahrheit verpflichtet gewesen sei:

> Quis igitur dubitat, quin irridendi animum compescere, quam nova pericula, novas inimicitias concitare Lucianus maluerit, nisi veritatis studio consiliique probitate, ut pericula qualiacunque sperneret, compulsus esset?[56]

Diese Richtung der lukianischen Schriften könne man nur über eine ausgiebige Lektüre erfassen, wobei sich Nordtmeyer in Fragen einer konkreten Lektüreempfehlung zurückhält. Gleichwohl wird sein positiver Blick auf Lukians Dialoge am Schluß mit den Worten zusammengefaßt: „Juvat integros accedere fontes atque haurire."

Nordtmeyers Arbeit spiegelt den uneingeschränkten Enthusiasmus eines Lehrers wider, dessen Generation mit Lukianlektüre aufgewachsen ist und der sich Hoffnung macht, diese auch weiterhin in der Lehre, vielleicht mit anderen, bis dahin nicht gelesenen Dialogen betreiben zu können. So wenig

---

[52]   E. Nordtmeyer, *Num Lucianus in scholis legendus sit, quaeritur*, Celle 1845.

[53]   Ebenda 3.

[54]   Ebenda 3f.: „Sicuti enim aequalium alii, iique boni et eruditi, summis, eum laudibus sustulerunt, alii summo eum odio et invidia insectati sunt, ita postea vel e primis doctrinae christianae magistris, qui Patres Ecclesiae nominantur, vel in nostrae aetatis viris et imprimis theologis doctis alii fuerunt, qui virtutes defenderent, alii qui vitia castigarent, quorum nomina inde a Lactantio usque ad Tzschirnerum et Neandrum enumerando fines commentationis nostrae excedimus."

[55]   So übernimmt er Jacobs Ablehnung des Lukian-Voltaire Vergleiches (ebenda 6): „Ex his enim, quae modo exposui, satis apparet, Luciani consilium ingeniique indolem permultum differe ab illis [Voltaire, Diderot, Rousseau], qui in scribendo id potissimum agerent, ut lidibrii et irrisionis in alios jactarent tela, quibus animos mentesque vulnerarent, probitatis ac virtutis studia labefactarent, infamiam moverent."

[56]   Ebenda 5.

er dabei in der inhaltlichen Diskussion neue Impulse setzen kann, so sehr scheint er die Stimmung seiner Zeit auch in theologischen Kreisen getroffen zu haben: Man hatte sich mit dem status quo einer Lukianlektüre unter Vorbehalt gegen einzelne Dialoge (v.a. *De Morte Peregrini*) abgefunden und war um Ausgleich bemüht. Diese Haltung bringt zu Beginn der 50er Jahre exemplarisch die Arbeit A. Plancks über *Lucian und das Christenthum* zum Ausdruck.[57] Planck, der ebenfalls einen sehr großen Bekanntheitsgrad für Lukian in Anspruch nimmt,[58] weist auf Lukians Bedeutung für die Kirchengeschichte hin und setzt sich zunächst mit *De Morte Peregrini* auseinander. Er legt dar, daß Lukian die einzige Quelle ist, die uns von dem Feuertod des Peregrin berichtet, weshalb er dieser Schilderung einen fiktionalen Charakter zuweist. Dabei verfolgte Lukian laut Planck das Ziel, „die christlichen Märtyrer zum Gegenstande einer Satire zu machen".[59] Unter diesem Gesichtspunkt weise die Schrift große Parallelen mit der Leidensgeschichte des heiligen Ignatius sowie Polykarps, des Bischofs von Smyrna, auf.[60] Eine solche Parodie ist für Planck jedoch keineswegs bösartig: „Er lacht und spottet, aber er klagt und denunziert nicht", konstatiert er allgemein über Lukians Satire und dessen Einstellung gegenüber den Christen.

Mit Planck erfährt nach Tiemann der Humor Lukians wieder eine positive Wertung in theologischen Kreisen. Zugute halten müsse man Lukian weiter die Situation der damaligen Christen, unter denen der Aberglaube weit verbreitet gewesen sei.[61] Für Lukian habe sich das Christentum selbst in ein ambivalentes Licht gestellt, wofür man mit Planck Verständnis zeigen könne:

> Das Christentum erscheint dem Lucian als eine neue Form des Cynismus, als ungebildete Schwärmerei.[62]

An dieser Stelle scheint auch Planck den wielandschen Schwärmer Peregrin im Auge zu haben. Entschuldbar[63] sei Lukian zudem im Vergleich mit

---

[57]   A. Planck, „Lucian und das Christenthum. Ein Beitrag zur Kirchengeschichte des zweiten Jahrhunderts," in: *Theologische Studien und Kritiken* 24, 1851, 826-902.

[58]   Ebenda 826: „In der Reihe der zahlreichen Schriftsteller des bekannten Rhetors und Sophisten Lucian von Samosata."

[59]   Ebenda 843.

[60]   Ebenda 855: „Wir glauben, mit den angeführten Belegen bewiesen zu haben, daß eine Parodie der christlichen Märtyrer in Lucian's Peregrin sehr wahrscheinlich ist."

[61]   Ebenda 847.

[62]   Ebenda 850.

anderen heidnischen Schriftstellern dieser Zeit, deren Einstellung gegen die
Christen für Planck viel deutlicher formuliert war:

> Dadurch unterscheidet er sich von allen übrigen heidnischen Bestreitern des
> Christenthums. Wo diese strafbaren Eigensinn, Gefahr für den Staat, Mangel
> an Ehrfurcht gegen den Kaiser sehen, da findet er [Lukian] gar nichts als
> eine neue Schwärmerei. [...] deshalb ist sein Urtheil über die Christen zu-
> gleich milder und billiger, als das eines Tacitus, Plinius und Anderer.[64]

Neben dieser 'harmlosen' Satire über die Christen schreibt Planck anderen
Satiren Lukians eine stärkere positive Wirkung zu: So hätten die *Dialogi
Deorum* den alten Glauben zerstören wollen und wären indirekt für den
christlichen Glauben tätig gewesen.[65] Mit dieser Unterscheidung in harm-
lose und zerstörerische Schriften nimmt Planck der von früheren Kritikern
oft vorgebrachten Verallgemeinerung eines zerstörerischen Charakters der
lukianischen Satiren generell die Spitze. Dabei hat er insbesondere die Arbeiten von Krebs und Eichstädt im Auge, die für ihn unreflektierte religiöse
Eiferer sind: Diesen Lukiangegnern entging, wie Planck feststellt, keine
noch so entlegene Persiflage auf das Christentum, so daß sie sogar in der
Walfischepisode der *Verae Historiae* eine Anspielung auf Jona erkennen
wollten.[66] Planck gibt zahlreiche Beispiele für diesen Sammeleifer theologischer Lukiangegner, auf deren Lächerlichkeit er hinweist.[67]

Indem Planck sowohl die Kritik Eichstädts an Lukian als Christenhasser
als auch das Lob des geheimen Christen Lukian zurückweist, das Kestner
ausgesprochen hatte, und sich abschließender Wertungen enthält, sucht er
sein Bemühen um Ausgleich in dieser Frage zu dokumentieren.

---

[63]   Vgl. ebenda 885: „So ist also Lucian's Urteil über die Christen das mildeste unter allen,
die wir von heidnischen Schriftstellern seiner Zeit noch haben. Er klagt sie nicht an,
richtet und verdammt sie nicht. [...] Es sind nicht Verbrecher, nicht Apostaten eines alt-
ehrwürdigen Glaubens; sie sind einfältige Schwärmer und Narren, nicht besser und nicht
schlechter, als die vielen tausend übrigen Narren in der Welt auch."

[64]   Ebenda 879.

[65]   Ebenda 885: „Die Ausbreitung des Christenthums verdankt, obgleich Lucian nach Geist
und Herz seiner Lehre fremd bleiben mußte, doch den satirischen Göttergesprächen
vielleicht mehr, als jene Eiferer auch nur geahnt haben."

[66]   Vgl. ebenda 897f.

[67]   Vgl. ebenda 855ff.; 898: „Lächerlich war es, in der Stelle Calumniatori non temere
credendum 24, wo von Einem die Rede ist, der seine Schuld auf Andere zu übertragen
sucht, eine Anspielung auf Joseph's Geschichte zu sehen."

Lukianlektüre als Gottesbeweis

Der Versuch, zu einer differenzierten Lukianbeurteilung zu kommen, wird
kurz darauf mit einer Arbeit J.L. Hoffmanns von einer eher historisch wer-
tenden auf eine aktualisierende Perspektive erweitert: *Lucian der Satiriker
im Hinblick auf Glauben und Leben der Gegenwart geschildert.*[68] Wie der
Titel bereits erkennen läßt, geht es Hoffmann um die Frage, was eine
Lukianlektüre für die Gesellschaft bedeuten kann. Um ein möglichst breites
Lesepublikum für dieses Thema zu gewinnen und in dem Bewußtsein, daß
die Verwissenschaftlichung innerhalb der Altertumswissenschaft interes-
sierte Laien und Eltern von der Beschäftigung mit klassischen Themen und
Fragestellungen abgeschreckt[69] und von dem Diskurs hierüber abgeschnit-
ten[70] hat, bedient er sich einer populärwissenschaftlichen Darstellung. Die
Wissenschaft dürfe den Bezug zur Gegenwart nicht verlieren, rein historischen Forschungen erteilt Hoffmann eine deutliche Absage:

> Er [Hoffmann] beabsichtigte keine wirkliche Parallele zweier so weit aus-
> einander liegender Zeitalter; er wollte zunächst nur den Lucian schildern;
> aber weil einmal bei der ursprünglichen Gleichheit der Menschennatur unter
> ähnlichen Bedingungen sich im Leben, wenn auch nicht Alles, doch Vieles
> wiederholt, so sprangen ungesucht gar häufig in der alten Zeit Analogien der
> neuern hervor. Diese Ähnlichkeiten anzudeuten ist die Aufgabe dessen, der
> die Vergangenheit der Gegenwart zum Verständnis bringen und hauptsäch-
> lich auch solche, die mehr in der letzteren leben, für erstere interessieren
> will.[71]

Hoffmann sieht in seiner Stellung als Schullehrer die Notwendigkeit, die
Antike mehr in die Gegenwart einzubinden; sein Vorwurf an die Wissen-

---

[68] Erschienen in: *Album des literarischen Vereins in Nürnberg*, Nürnberg 1857, 1-115.
[69] Ebenda, Vorwort: „Freunde und Kenner des griechischen Altertums ergehen sich oft in
      Klagen, daß die klassische Welt heutzutage im großen Publikum so wenig Anklang
      mehr finde. Ohne die andern Ursachen dieser Beschwerden zu verkennen, müssen wir
      doch auch die Gelehrten selbst für diesen Übelstand verantwortlich machen. Wenige ge-
      nießbare Uebersetzungen ausgenommen, schreiben sie alle ihre Bücher nur für sich
      selber. Die Alterthumswissenschaft hat sich dabei in so viele Einzelheiten und Subtili-
      täten zersplittert und verloren, daß der gebildete Mann, der draußen steht, nicht mehr
      folgen kann und über solchem Unvermögen am Gegenstande den Geschmack verliert.“
[70] Aus diesem Grund hat Hoffmann seine Abhandlung nicht nur in dem wenig verbreiteten
      Album des literarischen Vereins in Nürnberg erscheinen lassen, sondern im Jahr 1856
      separat als Sonderdruck herausgegeben. Vgl. zum sinkenden Interesse der Gesellschaft
      am klassischen Bildungsgut seit den 40er Jahren auch Paulsen (wie Anm. 1) 381ff.
[71] Hoffmann (wie Anm. 68) Vorwort.

schaft deckt sich diesbezüglich mit dem Jacobs, der konstatierte, daß ein reiner Forscher niemanden zu begeistern bräuchte und deshalb schnell der Gefahr einer unzugänglichen Verwissenschaftlichung, einer Weltabgewandtheit, erliege. Für Hoffmann ist Jacobs Versuch, dieser Entwicklung entgegenzuwirken, vorbildlich. Seine Schulausgaben hätten gewirkt und Lukian vermittelt:

> Vorliegende Schilderung Lucians ist zunächst für Laien bestimmt, denen der geistreichste aller spätern Griechen gemeinhin nur dem Namen nach bekannt ist, höchstens, daß sie sich einzelner Göttergespräche und etwa eines größern Dialogs von ihrem Jacobs oder Halm erinnern.[72]

Doch inhaltlich will sich Hoffmann von Jacob abgrenzen und dessen *Characteristik* ablösen, die offenbar zu seiner Zeit immer noch das Lukianbild prägte und bis 1856 noch nicht überholt war:

> Wenn nun aber auch ein Fachgelehrter das Schriftchen anregend und das Wesen Lucians besser darin gezeichnet fände, als in der steifen Charakteristik, welche vor vierundzwanzig Jahren Jacob mit übermäßiger Vorliebe für offenbar unechte Schriften von ihm entworfen hat, so wäre es für die kleine Mühe, die schon durch die Lectüre des genialen Griechen aufgewogen wurde, belohnt im Uebermaß.[73]

Wenn Hoffmann einen neuen Versuch startet, dieses zu leisten, dann greift er damit einerseits die Kritik Hermanns auf, der Jacobs Methode als unwissenschaftlich und - was einzelne Schriften angeht - wegen der umstrittenen Autorschaft als falsch abqualifiziert hatte. Dabei hat Hoffmann auch die theologische Kritik an Lukian als Christenhasser im Blick.

Hoffmann arbeitet zunächst unabhängig von Lukians Schriften die Schattenseiten des zweiten Jahrhunderts heraus. Dadurch kann er ihn seiner eigenen Zeit gegenüberstellen, als ein Beispiel dafür, daß man auch in einer düsteren Epoche Hervorragendes leisten konnte:

> Trotz aller schwarzer Schatten, welche die wachsende Schlechtigkeit auf jene Jahrhunderte wirft, trotz aller innern Hohlheit derer, die als Träger der Bildung der Verderbnis um so weniger Einhalt zu thun im Stande waren, weil ihre Sinnlichkeit sie in den Strudel mit hineinriß, bleibt doch immerhin

---

[72] Ebenda.
[73] Ebenda.

die Thatsache rühmenswerth, daß ein strebsamer Kopf im Stande war, eine
selbst glänzende Existenz auf die freie Wissenschaft zu gründen.[74]

Erscheint Lukian hier als Lichtgestalt, so auch nur im Kampf gegen den
Verfall. Wie Wieland sieht Hoffmann ihn als Aufklärer und „Sittenmaler
seiner Zeit":[75]

> Der Schwerpunkt seiner Schriften liegt in ihrem positiven Gehalt, in ihrem
> Ankämpfen gegen religiöse Irrthümer und sittliche Gebrechen seiner Zeit,
> die er mit der scharfen Waffe der Satire unerbittlich verfolgte.[76]

Die Verbundenheit mit Wieland und seinem Lukianbild zeigt sich weiter in
der Wertschätzung einzelner Schriften; wie dieser hält Hoffmann den *Alexander* für eine der wichtigsten Schriften Lukians,[77] und mit Wieland teilt er
die Aktualisierung Lukians, was sich vor allem in der Beschreibung des
Philopseudeis beobachten läßt: Während Wieland sich an das Zimmer eines
Mönches erinnert fühlte, führt uns Hoffmann als Variation in eine zeitgenössische Versammlung von Klatschbasen:

> Im Lügenfreund des Lucian sitzt eine Gesellschaft Philosophen über einem
> Gespräch beisammen; man glaubte einen Tisch voll alter Basen in einem
> Landstädtchen reden zu hören, wenn nicht auch die neue Zeit ihre Kerner
> und Eschenmayer und so manche fromme Naturforscher und Theologen auf-
> zuweisen hätte, die im Geisterglauben mit den ehrwürdigen Stoikern, Plato-
> nikern und Peripatetikern wetteifern. Wie alte Spitalfrauen sitzen die Lang-
> bärte um das Krankenbette des Podagristen Eukrates und plaudern erst über
> sympathische Kuren.[78]

Mit der Kritik an der entarteten Kirche folgt Hoffmann einer weiteren wie-
landschen Tendenz der Ausdeutung und Aktualisierung von Lukians
Werken,[79] so daß er seinen Lesern ein Wiederaufleben des wielandschen
Lukianbildes bietet und ihnen als Konsequenz auch dessen Übersetzung

---

[74] Ebenda 14f.
[75] Ebenda 13.
[76] Ebenda 25.
[77] Ebenda 31: „Die Lebensgeschichte dieses Alexander [...] ist eine der allerwichtigsten
      Schriften Lucians, weil sie einen hellen Strahl auf die Macht des Aberglaubens wirft."
[78] Ebenda 71.
[79] Ebenda 76: „Alle Sünde und Schande, welche die Satiriker um die Zeit der Reformation
      dem Pfaffen- und Möchthume nachsagen, Unwissenheit, Anmaßung, Heuchelei, Geld-
      gier, Trunksucht, Völlerei, Unzucht, weiß Lucian in grellen Bildern an seinen Philoso-
      phen abzuschildern."

empfiehlt.[80] Doch Hoffmanns Darstellung birgt eine überraschende Wende: Er betont die rein destruktive Wirkung der lukianischen Schriften und bewertet sie im Gegensatz zu Wieland negativ:

> [...] bei Lucian dagegen wie bei Voltaire ist die Verneinung dergestalt überwiegend, daß zwischen den Trümmern dessen, was sie zerstören, kaum für ein grünes Fleckchen Raum bleibt, auf welchem für die Zukunft neues Leben emporsprießen kann.[81]

Durch den abwertenden Voltaire-Vergleich rückt Hoffmann Lukian in ein so schlechtes Licht, daß er von der „mephistophelischen Schadenfreude an der Vernichtung" sprechen kann,[82] die Lukians Satiren charakterisiere.[83] Obwohl Hoffmann in Lukian keinen Christenhasser sieht, scheint er mit diesem Urteil der Kritik der Theologen in die Hände zu spielen und in eine ähnliche Richtung zu gehen wie vor ihm Tzschirner, der diese allzerstörende Wirkung Lukians mit Blick auf das Christentum negativ beurteilt hatte. Dabei bleibt Hoffmann zunächst nicht bei der Wirkung Lukians auf die heidnische Antike stehen:

> Er [Lukian] fliegt als Rabe über den Leichenfeldern des Heidenthums hin und her; seiner Kehle entströmen nimmer die Lieder der Lerche; mit einförmigen Lauten wiederholt er immer von neuem seine rauhe Melodie des Atheismus.[84]

Im Verlauf seiner Darlegungen wird der Atheist Lukian, der für Hoffmann zugleich ein Nihilist ist,[85] in direkten Bezug zum Christentum gesetzt:

> Ich glaube an meine Seele, ich glaube an meine sittliche Aufgabe, ich glaube an einen Gott, heißen die drei Hauptartikel des allgemeinen Menschheitskatechismus.[86]

---

[80] Ebenda, Vorwort: „Der Verfasser würde seine Absicht erreicht zu haben bekennen, wenn es ihm glückte, dem hochberühmten und wenig gekannten Griechen neue Leser zu gewinnen, die [...] bei mangelnder Zeit und Lust zum Wörteraufschlagen, etwa die leichtzugängliche Uebersetzung Wielands zu Hand nähmen."

[81] Ebenda 8.

[82] Ebenda 51.

[83] Die negative Wirkung von Satiren überhaupt steht für Hoffmann fest (ebenda 34): „Der Witz aber hat noch nie eine weltgeschichtlich positive Wirkung hervorgebracht."

[84] Ebenda 8.

[85] Ebenda 114f.: Am Ende seiner Untersuchung spricht Hoffmann davon, „daß es den mephistophelisch schadenfrohen Nihilisten keineswegs gelingen wird, die Sterne vom Himmel zu reißen".

An diesen Grundwerten gemessen könnte nichts konträrer sein als Lukian und das Christentum, das zudem „damals seinen Tempel mit eben den Ideen baute, welche Lucian als Staub in alle Lüfte zerstreut zu haben meinte".[87] Der Wert einer Lukianbeschäftigung liegt für Hoffmann in der Nutzbarmachung des Kontrastes Lukian - Christentum: Lukian sei der Beweis dafür, daß das Christentum die einzige wahre Religion und Sinngebungsinstanz in der Welt ist, da er die Nichtigkeit von allem, was es damals an 'alternativen' Religionen und Philosophien gab, erkannte und verspottete. Die einzige Möglichkeit, das entstandene Vakuum zu füllen und der Welt einen dauerhaften Sinn zu geben, bot - wie Hoffmann aus der Geschichte zu erkennen glaubt - das Christentum, zu dem Lukian, wenn er es gekannt hätte, automatisch hätte finden müssen. Lukians Nihilismus als Negativbeispiel könne den Leser vom Wert des Christentums überzeugen; der Schulunterricht soll diesen Kontrast nutzen und dem negativen Lukian das positive Christentum entgegensetzen, dessen Wert und Kraft erst nach der Lektüre seiner Schriften richtig deutlich werde.

Obgleich Hoffmann mit seiner Schrift eine weitere Lektüre des Satirikers fordert, hat er wenig dazu beigetragen, das zweideutige und in Bezug auf die Religion umstrittene Bild Lukians zu ändern, - im Gegenteil: Hoffmann greift auf das längst überwundene wielandsche Lukianbild zurück und garniert es mit einem zusätzlichen negativen Akzent: Lukian wird zum Prototyp des Atheisten, der in einem verzweifelten Nihilismus endet, weil er nicht zum Christentum greift; so gesehen sind die lukianischen Schriften für Hoffmann ein Gottesbeweis ex negativo.

Populäre Nachahmung als Christianisierung Lukians

Trotz der wachsenden skeptischen Haltung aus theologischen Kreisen um die Mitte des Jahrhunderts war Lukian in der Gesellschaft weiterhin populär, was nicht zuletzt daran lag, daß die gebildete Bevölkerungsschicht dieser Zeit mit Lukian als Schullektüre aufgewachsen war. Ein Indikator für das bestehende Lukianinteresse außerhalb der gelehrten Diskussion findet sich in einer der wenigen literarischen Lukianrezeptionen des 19.

---

86   Ebenda 114.
87   Ebenda.

Jahrhunderts: Friedrich Harrers *Christus und Antichristus in populären Dialogen nach Lucian*.[88]

Harrer nimmt sich mit Lukians Dialog *Contemplantes* einen der in der ersten Hälfte des Jahrhunderts oft im Schulunterricht gelesenen Dialoge zum Muster, womit sich nicht nur sein Zugang erklären läßt, sondern auch das Bestreben, an etwas Bekanntes anzuknüpfen.[89] Daher kann er sich auf Lukian als den „geistreichen Griechen"[90] im Titel seiner neuen Dialoge beziehen, womit er die Qualität der eigenen Rezeptionsprodukte sichern will. Allerdings übernimmt Harrer nur die lukianische Form, inhaltlich ist er wenig lukianisch:

> Es ist aber in demselben der Versuch gemacht, die Form des Lucianischen Dialogs einem anderen, ganz heterogenen Inhalt anzupassen.[91]

Dieser 'heterogene' Inhalt besteht für Harrer in christlichem Gedankengut. Seine Dialoge wollen lukianische Formen verchristlichen, wobei er nicht nur - wie bei der Rezeption der *Dialogi Mortuorum* im 18. Jahrhundert - den Schauplatz mit neuen Gestalten füllt, sondern die heidnischen Figuren Lukians selbst christianisiert:

> Ich will damit nur sagen: es wird dem wieder auf Erden erscheinenden Charon ein anderes Object zur Beschauung, als in Lúcian's Dialogen, vorgehalten. Es wird ihm als Object das religiöse Leben unserer Gegenwart, unsere religiöse Zerrissenheit in einzelnen Umrissen vor Augen gestellt.[92]

Wenn Charon bei Lukian über die menschlichen Thorheiten belehrt wird, so steigt er bei Harrer an die Oberwelt, um zu erfahren, „wie es jetzt mit der Religion der sterblichen Menschen steht".[93] Er trifft seinen Freund Hermes, der ihn unter Katholiken und Protestanten sowie Ungläubigen herumführt. Bei dieser Synthese von heidnischen Figuren als Dialograhmen und christ-

---

[88] F. Harrer, *Christus und Antichristus in populären Dialogen nach Lucian*, Regensburg 1862.

[89] Es gab allein drei separate Schulausgaben dieses Dialogs: J.T. Lehmann, *Charon sive Contemplantes*, Leipzig 1811; J.C. Elster, *Charon sive Contemplantes. Mit erklärenden Anmerkungen zum Gebrauch für mittlere Klassen in Gymnasien*, Helmstädt 1831; G.A. Koch, *Charon sive Contemplantes. Zum Gebrauch für die mittleren Klassen der Gelehrtenschulen*, Leipzig 1839.

[90] Harrer (wie Anm. 88) V.

[91] Ebenda VI.

[92] Ebenda.

[93] Ebenda 10.

lichen Inhalten bleiben Charon und Hermes keine neutralen Beobachter, sondern stehen im Dienst des Christentums nach dem Untergang der heidnischen Welt:

> Du weißt, wie unsere, auf erlebte Facta gegründete, Überzeugung feststeht, wie den vor achtzehn hundert Jahren durch das Einschreiten einer höheren Gewalt begonnenen Umsturz des Dämonencultus und unserer Altäre kein Sophist uns, so wenig wie unsere eigene Existenz, wegzustreiten im Stande ist.[94]

Die antiken Figuren werden zu willkommenen Zeitzeugen und als solche funktionalisiert. Für Harrer bedeutet der Umgang mit heidnischer antiker Literatur die Entdeckung eines Ideenreservoirs, aus dem man sich bedienen darf. Seine Dialoge sind daher mehr als nur eine formale Nachahmung Lukians: Sie suchen eine Verbindung der Antike mit dem Christentum, wobei sich heidnische Elemente als nutzbare Träger christlichen Gedankengutes erweisen. Harrer steht damit zwar insofern auf der Seite der Lukiankritiker, als er sich von dessen Inhalten und Zielen distanziert,[95] bleibt ihm aber als literarisches Vorbild verbunden.

C. Pohls Versuch der Befreiung Lukians vom Vorwurf des Christenhassers

Obgleich in der Frage nach Lukians Stellung zum Christentum bereits alle Argumente ausgetauscht schienen, wendet sich Pohl Anfang der 70er Jahre mit einer neuen Abhandlung zu diesem Thema zu Wort.[96] Die bestehende Kontroverse faßt er wie folgt zusammen:

> Kaum über einen andern Gegenstand gehen die Ansichten der Gelehrten weiter aus- und bunter durch einander. Während die Einen unsern Samosatenser als einen frivolen Spötter und hämischen Feind des Christenthums brandmarken; suchen Andere ihn vor solchen Angriffen, die nur von einer voreiligen Auslegung seiner Schriften herrührten, in Schutz zu nehmen,

---

[94] Ebenda 12 (Charons Worte zu Hermes).
[95] Vgl. auch die Abgrenzung Harrers von Lukians Ziel des Dialogs, „dem Charon einen deutlichen Begriff von den eitlen und thörichten Bestrebungen, den lächerlichen Sorgen und Kämpfen der Menschen zu verschaffen und den seltsamen Contrast hervorzuheben, der zwischen dem menschlichen Hoffen und Handeln und der kurzen, den Menschen zugemessenen Lebensdauer statt findet". (Ebenda V).
[96] *Ueber Lucian und seine Stellung zum Christenthume*, Progr. Breslau 1871.

wenn sie nicht gar in ihm einen geheimen Anhänger, einen bewussten oder unbewussten Apologeten des Christenthums erblicken.[97]

Mit Pohl greift wieder ein Altertumswissenschaftler in die Diskussion ein, der auf der Seite der Lukianbefürworter steht. Er versucht die Diskussion konkreter am Text festzumachen und konzentriert sich auf eben die beiden Schriften, „worin von den Christen und ihren Glaubenslehren Rede ist",[98] womit er *Philopatris* und *De Morte Peregrini* meint. Mit dieser Fokussierung gelingt Pohl ein wichtiger Schritt weg von der in Einzelheiten und Spitzfindigkeiten geführten Debatte der letzten Jahrzehnte, in der jeder Forscher neues Material zu bringen suchte, um die ein oder andere Position zu stützen. Wie lächerlich eine solche Suche und die damit verbundene Materialschlacht sei, macht Pohl an zahlreichen Stellen von Lukians Werken deutlich, in die eine Christenverspottung hineingelesen wurde.[99]

Pohls Beitrag faßt den Inhalt der beiden Werke, vor allem von *De Morte Peregrini*,[100] ausführlich zusammen, womit er auch einem Laienpublikum den Einstieg in die Diskussion ermöglichen möchte. Die anschließende Besprechung beschränkt sich im Falle des *Philopatris* auf die zweifelhafte Autorschaft des Dialogs, wobei Pohl auf Gesners These zurückgreift, daß der Dialog nicht von Lukian stamme und deshalb kein Gewicht in der Diskussion haben dürfe.[101]

Ein wichtiger Punkt bei der Besprechung des *De Morte Peregrini* ist für Pohl die Feststellung der Glaubwürdigkeit Lukians, die er auf die Schilderungen der persönlichen Erlebnisse beschränkt wissen möchte; Anekdoten

---

[97] Ebenda I.
[98] Ebenda II.
[99] Vgl. ebenda XIII-XVI; XVI: „Was die anderen Anspielungen betrifft, die man hie und da noch in seinen Schriften gefunden hat; so kann sie der vorurtheilsfreie Leser als solche nicht anerkennen, wofern er eben nicht zwischen oder hinter den Zeilen lesen will. Philologische Gründe streiten dagegen."
[100] Die Inhaltsangabe des *De Morte Peregrini* erstreckt sich über knapp sieben Seiten (II-VII) der 19-seitigen Abhandlung.
[101] Ebenda II: „Doch diesen Dialog können wir hier füglich ausser Acht lassen, weil seine Aechtheit aus innern wie äussern Gründen bezweifelt wird und Matthias Gesner's Vermuthung, dass derselbe von einem jüngern Lucian herrühre, an welchen noch ein Brief (der 32.) des Kaisers Julian vorhanden sei, bisher nicht widerlegt ist, vielmehr einen hohen Grad von Wahrscheinlichkeit für sich hat." Vgl. zu Gesner Kapitel V: Philologische Studien: Gesners Abhandlung zum *Philopatris*.

oder Erzählungen, die Lukian nur vom Hörensagen gekannt habe, nimmt er hingegen von der Beurteilung aus und folgert:[102]

> [...] dass wir die Charakteristik des Peregrinus im Ganzen als richtig und seine Todesart als verbürgte Thatsache ansehen, dagegen auf die Richtigkeit der gelegentlich über die Christen eingestreuten Bemerkungen uns nicht verlassen dürfen.[103]

Wird mit dieser Aussage Lukian in seiner historischen Glaubwürdigkeit relativiert, so bezieht Pohl den Spott Lukians auf eine andere Zielgruppe, nämlich die Kyniker, als deren Vertreter Peregrin gesehen wird:[104]

> Ich meine, dass Jeder, der vorurtheilsfrei die in Rede stehende Schrift Lucians liest, kaum eine andere Ansicht gewinnen wird, als die, wonach Lucian nichts weiter gewollt habe, als seinem Freunde Kronios das Factum der Selbstverbrennung, das er selbst mit angesehen, umständlich schildern und dem Urtheile der verständigen Minorität, zu welcher er gehörte, die Oberhand verschaffen über das der blinden Verehrer und Vergötterer des cynischen Märtyrers.[105]

Zwei Dinge sind es, die nach Pohl den Dialog bislang im falschen Licht erscheinen ließen: Man verkannte das eigentliche Ziel von Lukians Spott, nämlich die Selbstverbrennung, und sah Peregrin als Christen und nicht als Kyniker.[106] Lukian habe die Christen nicht gekannt, und als eine Sekte wie jede andere hätten sie ihn auch nicht interessiert.[107] In diesem Punkt ver-

---

[102] Hier verweist Pohl auf eine Arbeit W.A. Passows aus dem Jahr 1854, die in den Meiniger Schulprogrammen erschienen ist.

[103] Pohl (wie Anm. 96) VIII.

[104] Ebenda: „Lucian, als Gegner der gemeinen Cyniker, denen er bei jeder Gelegenheit etwas anhängt, sucht natürlich die Reaction, welche durch die masslose Bewunderung des Peregrin hervorgerufen ward, seinerseits zu verstärken."

[105] Ebenda X.

[106] Vgl. auch ebenda XIII: „Nur Peregrinus, der fanatisch eitle, überspannte, durch Flammen zu den Göttern aufsteigende Cyniker, soll an den Pranger gestellt werden: Hätte dieser nicht zufällig bei den Christen eine vorübergehende, ihn stark compromittirende Rolle gespielt, so wäre es Lucian nicht eingefallen, über die Satzungen und Gebräuche der von ihm verachteten jüdischen Sekte seine nur Unwissenheit verrathende, confusen Bemerkungen zu machen [...]."

[107] Ebenda XI: „Lucian mochte allerdings in seinem philosophischen Dünkel das Christenthum, das er aus den Quellen nicht kannte, wie die meisten seiner Zeit- und Standesgenossen, als eine fanatische Sekte des Judenthums ansehen und darum verachten oder vornehm ignoriren, zumal er von der die Welt überwindenden Kraft desselben keine entfernte Ahnung hatte."

weist Pohl immer wieder auf die Möglichkeit, die Lukian gehabt hätte, seine Ablehnung gegen die Christen deutlich auszudrücken, was er aber nicht getan habe.[108] Dieses argumentum ex silentio wird mit dem Hinweis unterstützt, daß andere heidnische Schriftsteller sich explizit gegen das Christentum stellten.[109] Die Stellen, wo sich Lukian über die Christen äußert, seien dagegen wenige und in ihrem Ton eher 'nett' belächelnd als vernichtend spottend.[110]

Auf der anderen Seite wendet sich Pohl gegen eine Vereinnahmung Lukians durch das Christentum. Für ihn ist Lukian nichts weiter als ein oberflächlicher Kenner des Christentums, jedoch in keinem Fall ein Sympathisant oder Anhänger:[111]

> Ich finde also in der famosen Schrift Lucians vom Lebensende des Peregrinus nichts weiter, als einen Beweis dafür, dass der Verfasser die Lehren des Christenthums nicht ordentlich gekannt habe, woraus ihm nicht einmal ein Vorwurf gemacht werden kann, da der Kanon der Schriften des neuen Testamentes erst am Ende des zweiten Jahrhunderts, als Lucian vielleicht schon todt war, festgestellt [...] wurde [...].[112]

Pohl schlägt den Mittelweg ein und versucht, die Frage von Lukians Stellung zum Christentum als falsch gestellt abzutun. Dennoch bedauert er, daß mit Lukian ein potentieller Verfechter für das Christentum verlorengegangen ist,

---

[108] Vgl. ebenda X: „Hätte er den gewaltigen, ihm selbst ärgerlichen Eindruck, den der Tod christlicher Märtyrer [...] damals auf das heidnische Publicum machte, durch seinen Spott schwächen oder verwischen wollen; so sehe ich Nichts, was ihn hinderte, seinen Angriff auf die Christen mehr direct zu machen." Und weiter heißt es (ebenda XI): „[...] aber er ist kein erbitterter Gegner desselben, wozu ihn Manche stempeln wollen, sonst hätte er sich als solcher in seinen Schriften gewiss deutlicher entpuppt."

[109] Lukian wird positiv von Tacitus und Plinius dem Jüngeren abgegrenzt (ebenda X).

[110] Ebenda XVI: „Denn die wenigen Bemerkungen, die er über die Christen und ihren Glauben im Lebensende des Peregrinus so gelegentlich einschiebt, sind im Vergleich zu dem, was er sonst geschrieben, nur ein Tropfen am Eimer. [...] Die einzelnen Ausdrücke darin sind an sich nicht verletzend, nur in ihrer Zusammenstellung etwas pikant und wie Alles bei Lucian auf den Effect berechnet, der Ton ruhig, vom sardonischen Lächeln eines vornehmen Bedauerns begleitet."

[111] Ebenda: „Dabei bin ich jedoch weit entfernt, der Ansicht jener beizutreten, welche Lucian für einen zum Christenthume Bekehrten, für einen geheimen Christen halten. Für diese Ansicht finde ich keinen Anhaltepunkt, ihr steht Alles entgegen."

[112] Ebenda XII.

da er vermöge seiner ausgezeichneten Geistesanlagen, vermöge der Schärfe
und Klarheit seines Denkens, der Gewandtheit und Anmuth seiner Sprache
und Darstellung, der grossen Belesenheit und Menschenkenntniss, seines so
beharrlichen und unermüdlichen Strebens, seines seltenen Freimuthes etc.
ein gewaltiges Rüstzeug des Glaubens hätte werden können.[113]

J. Sörgel: *Lucian's Stellung zum Christenthum*

Einen ähnlichen Ansatz verfolgt der Gymnasialprofessor für Alte Sprachen,
Sörgel, der den Titel von Pohls Abhandlung imitiert, um seine Anknüpfung
an ihn deutlich zu machen.[114] Dabei sieht Sörgel in Lukian, wie er in der
Vorrede an die Leserschaft des Schulprogramms bekennt, nicht nur geeignetes Material zur Sprachvermittlung, sondern vor allem ein Bildungsgut.
Lukian gehöre zu den „hervorragendsten Geistern des Alterthums",[115] und
die Beschäftigung mit ihnen sei wertvoll, da sich über sie Einblicke in alle
wesentlichen Fragen des Menschseins ergäben:

> Treten uns doch all' die grossen Fragen, mit deren Lösung der menschliche
> Geist auch jetzt noch beschäftigt ist, schon im Alterthum entgegen und gibt
> es auch für denselben Geist nichts Interessanteres und Bildenderes, als zu
> sehen, wie ein und derselbe Gegenstand in so verschiedenen, durch so gros-
> se Zwischenräume getrennte Zeiten aufgefasst und behandelt worden ist.[116]

In diesen Worten lebt das Ideal des Neuhumanismus wieder auf, in Grie-
chenland und durch die Beschäftigung mit den Griechen den zentralen
Fragen der Menschheit und damit der Menschheit selbst näherkommen zu
können. Sörgel rückt so in die Nähe einer Position, wie sie Anfang der 70er
Jahre Friedrich Nietzsche in seinen *Unzeitgemäßen Betrachtungen* vertre-
ten hat. Wie dieser fordert Sörgel die Betonung des 'praktischen Werts' der
Antike für das Leben, demgegenüber er „antiquarisches oder historisches
Interesse" zurücktreten läßt.[117]

---

[113] Ebenda XIX.
[114] J. Sörgel, *Lucians's Stellung zum Christenthum*, Progr. Kempten 1875.
[115] Ebenda 5.
[116] Ebenda 4.
[117] Ebenda. Vgl. Nietzsches Schrift *Vom Nutzen und Nachtheil der Historie für das Leben*
(1874), der die Antike nicht über die Historie betrachten, sondern sie als zeitlich ge-
trenntes Ideal zur Besserung und Erziehung der Jugend heranziehen möchte und ein
'Hineinleben' fordert: „Dort aber finden wir auch die Wirklichkeit einer wesentlich unhistorischen Bildung und einer trotzdem oder vielmehr deswegen unsäglich reichen und

Im Fall von Lukian könne der Wert seiner Schriften und der Sinn einer Beschäftigung mit diesen denn auch weniger nach seiner Stellung zum Christentum beurteilt werden: Wie Pohl schlägt Sörgel zunächst einen Mittelweg vor und setzt sich kritisch von den beiden Extrempositionen ab.[118] Zwar zeigt sich auch für ihn in Lukians Worten über das Christentum Geringschätzung, diese sei jedoch „in der durchaus mangelhaften Kenntnis, welche Lucian vom Christenthum hatte", begründet.[119] Für einen Christenhasser sollte man viel stärkere Angriffe erwarten als die Lukians, - auch hier folgt Sörgel Pohl:

> Wäre Lucian von solchem Hasse gegen das Christenthum erfüllt gewesen, wie seine Gegner annehmen, und hätte es in seiner Absicht gelegen, dasselbe auf Tod und Leben zu bekämpfen, so würde er, der, um den alten Götterglauben zu stürzen, nicht müde wird, immer wieder neue und stets schärfere Waffen gegen ihn in Bewegung zu setzen, gewiss nicht blos im Vorübergehen und ohne besonderen Nachdruck vom Christenthum gesprochen [...] haben.[120]

Mit der abschließenden Betonung, daß man *De Morte Peregrini* nicht als gegen einen Christen gerichtete Schrift mißverstehen dürfe - Sörgel läßt Lukian den Kyniker und nicht den Christen Peregrin verspotten[121] -, erscheint die Frage nach Lukians Stellung zum Christentum als obsolet und falsch gestellt.[122] Der eigentliche Wert des Autors liegt für Sörgel statt dessen in einer unbewußten, schicksalhaften Leistung:

---

lebensvollen Bildung." (Zitiert nach G. Colli / M. Montinari (Hg.), *Friedrich Nietzsche. Werke*, Bd. I, München 1999, 307).

[118] Vgl. besonders Sörgel (wie Anm. 114) 9f. sowie 17: „So wenig man auf der einen Seite zugeben kann, Lucian sei von bitterm Hass und Feindschaft gegen das Christenthum erfüllt gewesen, so wenig wird man doch auch andrerseits leugnen können, er habe sich ungünstig gegen dasselbe ausgesprochen."

[119] Ebenda 16f.; 18: „Und zwar ging, wie schon wiederholt bemerkt, seine Verachtung des Christenthums aus seiner höchst ungenauen und oberflächlichen Kenntnis vom christlichen Leben und seiner völligen Unkenntnis von der christlichen Lehre hervor."

[120] Ebenda 18; vgl. auch 19: „Er [Lukian] urteilt über das Christenthum sine ira et studio."

[121] Ebenda 22: „Wenn er [Lukian] nun ausdrücklich erklärt, dass seine Schrift gegen Peregrinus gegen diesen als Cyniker gerichtet sei [...] was berechtigt uns da, trotz der ausdrücklichen Erklärung Lucians, er spreche von einem Cyniker, seine Worte mit aller Gewalt auf christliche Märtyrer zu beziehen?"

[122] Ebenda 22: „Daraus folgt dann weiter, und das ist der Kern unserer ganzen Untersuchung, dass dem Urtheil Lucians über das Christenthum, das sich auf die oberflächlichsten Notizen vom christlichen Leben stützt und auch ohne besondere Ansprüche auftritt,

Hierin liegt Lucian's welthistorische Bedeutung. Er war, so wenig er selbst diese Absicht hatte und so wenig er eine Ahnung von dieser Wirkung seines destruktiven Auftretens der alten Religion gegenüber besass, doch bestimmt, durch die Vernichtung des Glaubens an das Heidenthum, die ganz vorzugsweise sein Werk war, dem Christenthum leichteren Eingang zu bereiten.[123]

Pohl und Sörgel kämpfen mit ihren Arbeiten gegen das sinkende Interesse an Lukian als Schulautor[124] und sehen dies hauptsächlich in der schädlichen Diskussion um seine Stellung zum Christentum begründet. Ihre Verteidigungsstrategien zielen auf die Überwindung dieser Debatte, von der ihrer Meinung nach das Überleben für Lukian an den Schulen abhing, - scheinbar mit Erfolg, da ihre Argumente verstärkt aufgegriffen und weitergeführt wurden: So sieht der Philosoph und evangelische Theologe Eduard Zeller in seiner 1877 erschienenen Schrift *Alexander und Peregrinus*[125] letzteren als Schwärmer an, den Lukian als solchen erkannt und entlarvt habe. Die theologischen Vorwürfe gegen Lukian als Verspotter des christlichen Martyriums hält er für absurd.[126] Zwar stimmt er zu, daß Lukian auch die Christen treffen wollte,[127] doch die Spitze des Angriffes im *De Morte Peregrini* beurteilt er wie Sörgel und Pohl:

Er [Lukian] will nicht die Christen mit dem Cyniker schlagen, sondern diesen mit jenen.[128]

---

keineswegs das Gewicht und die Bedeutung zukommt, die man ihm gewöhnlich beilegt."
[123] Ebenda 6.
[124] „Jetzt finden sich seit geraumer Zeit lucianische Schriften nur sehr ausnahmsweise in den Lehrplänen deutscher Gymnasien verzeichnet; dagegen lassen sich jetzt die Gelehrten die Verteidigung seines Charakters auf das Eifrigste angelegen sein." (Ebenda 10).
[125] E. Zeller, „Alexander und Peregrinus," in: *Deutsche Rundschau* 3, Heft 4, 1877, 62-83.
[126] Zeller grenzt sich von der Forschungsmeinung ab, daß Lukian Peregrin als Christ sah (ebenda 75): „Aber auch unbefangene neuere Forscher waren geneigt, diesen Zug für eine Erfindung Lucian's zu halten, welcher dadurch das Christenthum als eine von den aberwitzigen Verirrungen der Zeit, als einen thörichten und verderblichen Aberglauben, mit der Schwärmerei eines Peregrinus auf eine Linie stellen, und namentlich den Märthyrerheroismus der Christen als ein Erzeugniß verblendeter Eitelkeit brandmarken wollte."
[127] Die Beurteilung der Christen durch Lukian wird von Zeller an anderer Stelle („Römische und griechische Urtheile über das Christenthum," in: *Deutsche Rundschau* 3, Heft 7, 1877, 63) entschuldigt: „Ein Weltmann wie er, halb Skeptiker, halb Epikureer, konnte darin unmöglich etwas Anderes sehen, als eine von den Thorheiten und Schwärmereien, an denen die Zeit so reich war."
[128] Zeller (wie Anm. 125) 76.

Diese Verlagerung des Schwerpunktes lukianischer Kritik auf den Kyniker Peregrin brachte die Kritiker von theologischer Seite weitgehend zum Schweigen, und es schien, daß sich Lukian in den 70er Jahren des 19. Jahrhunderts als Schulautor etabliert hatte.

Lukian als Klassiker? Die Absetzung Lukians von den Lehrplänen

Neben der kontrovers geführten Debatte um Lukian zwischen Theologen und Altertumswissenschaftlern sorgte seit den späten 30er Jahren des 19. Jahrhunderts eine interne, d.h. innerhalb der Altertumswissenschaft stattfindende Diskussion für eine weitere Infragestellung von Lukians Stellung an den Schulen: die Kanonbildung der Schulautoren und die damit verbundene Konzentration auf die 'Klassiker'. Ausgangspunkt für diese Diskussion war die Gymnasialreform aus dem Jahr 1837 mit der Verminderung des Griechischunterrichts auf 42 Stunden gegenüber der Erhöhung von Latein von 76 auf 86 Stunden.[129] Mit dieser Reduzierung wurde eine stärkere Konzentration auf wenige Klassiker gefordert, unter denen Lukian keinesfalls einen sicheren Platz hatte. Auf der 'Versammlung der pädagogischen Section bei der Philologenversammlung' in Göttingen - die Institution war eigens zum Zweck der Erarbeitung gemeinsamer Richtlinien für Deutschland im Jahr 1837 gegründet worden - wurde im Jahr 1852 eine Lektüreempfehlung gegeben, die Lukian nicht mehr berücksichtigte:

> Zu diesem Zwecke hat sich der Schüler im wesentlichen nur mit der Litteratur und Sprache vor 300 v. Chr. zu beschäftigen, insbesondere mit folgenden Schriftstellern: Homer, den Ueberresten der Lyrik, den Tragikern, Herodot, Thukydides, Xenophon, Platon, Demosthenes.[130]

Auch auf den folgenden Tagungen wird Lukian nicht in den offiziellen Kanon der Schulautoren aufgenommen: So verabschiedete etwa die 'Versammlung der badischen Schulmänner zu Lahr' im Jahr 1862 einen Lektürekanon mit Homer, Xenophon, Herodot, Lysias, Isokrates, Demosthenes, Thukydides, Plato und Sophokles.[131]

---

[129] Vgl. Landfester (wie Anm. 2) 71f. Die Zahlen beziehen sich auf die Gesamtstundenzahl der Fächer verteilt auf neun Schuljahre.

[130] *Neue Jahrbücher für Philologie und Pädagogik* 67, 1853, 465.

[131] Vgl. auch die Debatten in den vorhergehenden Versammlungen. So wird ein ähnlicher Kanon auf der 16. Versammlung der deutschen Philologen, Schulmänner und Orienta-

Daß die kontroverse Diskussion um Lukians Stellung zum Christentum und die Nachwehen des Frivolitätsvorwurfes seiner Schriften ein Hauptgrund für die Nichtberücksichtigung waren, ist unbestritten; daß er aber unter das Diktum des Literatur- und damit auch des Sprachverfalls fallen sollte, das alle 'unklassischen' d.h. späten Autoren aus dem Kanon ausschloß, war für viele Altertumswissenschaftler nicht einzusehen, die die Qualität seines Attisch betonten; zudem war die Lektüre seiner Dialoge im ersten Drittel des Jahrhunderts noch selbstverständlich, und viele Forscher und Schulmänner waren mit Lukian als Schulautor aufgewachsen.

Als wichtigster Gegner eines Ausschlusses Lukians vom Lektürekanon muß Julius Sommerbrodt gewertet werden, dessen dreibändige Schulausgabe lukianischer Dialoge (erste Auflage 1857) dieser Entwicklung entgegenwirken wollte. In den Vorworten der zahlreichen Wiederauflagen spiegelt sich die altertumswissenschaftliche Lukiandiskussion der zweiten Hälfte des 19. Jahrhunderts.

Sommerbrodts Hauptargument für die Aufnahme Lukians in den Schulkanon ist neben dem reinen Attisch seiner Schriften die Ansicht, daß erst eine Lektüre späterer Autoren - wie Lukian - das Erfassen des Altertums in seiner Ganzheit ermögliche:

> Soll also die Jugend mit dem klassischen Alterthume vertraut werden, so dass sie im Stande ist, seine Bedeutung in der Geschichte und sein Verhältniss zum Christenthum zu erfassen, so genügt es nicht, bloss die Zeit des Aufgangs dieser großen Erscheinung kennen zu lernen; auch ihren Untergang muss sie ins Auge fassen.[132]

Mit dieser Forderung stellt sich Sommerbrodt in die Tradition des Begründers der Altertumswissenschaft, Friedrich August Wolf, der das ganze Altertum zum Ziel der Forschung machte und nicht bloß einen 'klassischen' Teil desselben, mit der Begründung, daß erst das Erfassen des Ganzen den gewünschten Zugang ermögliche.[133] Gleichzeitig macht Sommerbrodt den Versuch, eine Epoche aufzuwerten, die in den Augen vieler Kollegen und Philologen seiner Zeit als literarisch zweitrangig abgestempelt wurde und das Welken der Literatur widerspiegele. Sommerbrodt weiß um den kulturellen Niedergang dieser Zeit, wehrt sich aber dagegen, ihn zu

---

listen zu Stuttgart im Jahr 1856 von mehreren Vertretern als vorbildlich eingestuft. (*Neue Jahrbücher für Philologie und Pädagogik* 76, 1857, 46).

[132] J. Sommerbrodt, *Vorwort zur ersten Auflage*, Berlin 1857. (Zitiert nach der zweiten Auflage, Bd. III, Berlin 1878, V).

[133] Vgl. Kapitel VI: Ausgaben und Auswahl von Lukians Schriften bis 1830.

generalisieren: Erstens gebe es Ausnahmen wie Lukian, und zweitens seien es gerade diese Ausnahmen, die zeigten, daß auch in schwierigen Zeiten die griechische Bildung und Kultur bestehen und Werke von höchster Vollkommenheit hervorbringen könne. Lukian führe

> an der Gränze dieser alten und neuen Zeit, in einer Sprache, die an die besten Vorbilder der klassischen Muster erinnert, noch einmal die Herrlichkeit vor Augen [...], und [zeichnet] im Gegensatz dazu von der Auflösung aller sittlichen Kraft des Alterthums, von der Entartung in Kunst und Wissenschaft ein anschauliches Bild [...].[134]

So gesehen sei Lukian einerseits hervorragend geeignet zur Kontrastierung, da er den Verfall der Zeit schildere, von dem sich das 'klassische' Altertum abgrenze und in seinem Wert ex negativo definiere; andererseits bleiben Lukians Werke für Sommerbrodt Beispiele für die Herrlichkeit des Altertums, was er mit der 'sittlichen Kraft' begründet, die er in Lukians Werken sieht. Die Bedenken, die diesbezüglich von theologischer Seite geäußert wurden, hält er für nebensächlich, da Lukian ohne Kenntnis des Christentums geschrieben habe. Auf diesem Hintergrund will Sommerbrodt Lukians Platz im Schulkanon gesichert sehen:

> Aus diesem Grund verdient nach den erhabenen Denkmälern der Blütezeit, deren Genuß der Jugend nimmermehr verkürzt oder verkümmert werden soll, nach Homer, Sophocles, Herodot, Thucydides, Xenophon, Plato, Demosthenes auch Lucian einen bescheidenen Platz selbst auf der Schule.[135]

Formuliert Sommerbrodt seine Forderung in dem Bewußtsein einer wachsenden Hinwendung zur Klassikerlektüre zunächst noch bescheiden, so wird er mit Blick auf die noch nicht zu lange zurückliegende selbstverständliche Lukianlektüre offensiver:

> Die vergangene Generation [...] benutzte vielmehr Lucian mit Vorliebe für die Schule. Aber indem sie darin fehlte, daß sie ihn den jüngeren Schülern vorlegte und gerade die Schriften (Todtengespräche, Göttergespräche) auswählte, welche theils an sich die unbedeutendsten, theils für diese Altersstufe ungeniessbar ja schädlich sind, erhöhte sie nur die Abneigung gegen ihn.[136]

---

[134] Sommerbrodt (wie Anm. 132) VI.
[135] Ebenda.
[136] Ebenda VII.

Sommerbrodt wirbt für die Wiederbelebung Lukians als Schulautor mit einer neuen Auswahl der Dialoge, bei denen sich viele der gegen Lukian erhobenen Vorwürfe nicht stellen würden. Seine Ablehnung der *Dialogi Deorum* ist dabei als Reaktion auf den Frivolitätsvorwurf zu werten, mit dem sich schon Tiemann konfrontiert sah.[137] Gleichzeitig sucht er möglichen Bedenken, daß die Jugend verdorben werden könnte, durch die Verschiebung von Lukianlektüre in höhere Klassen zu begegnen:

> Hoffentlich gelingt es besser, das Vorurtheil allmählich zu besiegen, wenn fortan das Gediegenste und Beste nur für die *gereiftere* Jugend ausgehoben werden, für welche die Beschäftigung mit Lucian um so weniger bedenklich ist, als überall, zumal in den spätern Schriften, durch den beissenden Spott der *ernste nach Wahrheit strebende, aller Lüge und Aufgeblasenheit feindliche Sinn* hindurchleuchtet.[138]

Diese Rücksichtnahme auf das Alter der Schüler zeugt von einer größeren Sensibilität im Umgang mit den Unterrichtsstoffen und ist vor allem gegen Stimmen aus dem Unterrichtsministerium gedacht, die unter dem wachsenden Einfluß der Kirchen genau darauf achteten, daß die Moral und Sittlichkeit der Schüler nicht gefährdet wurde. Sommerbrodt hatte wohl vor allem Wilhelm Schrader im Blick, der zusammen mit Ludwig Wiese in Preußen für das Gymnasialwesen zuständig und als Lukiankritiker bekannt war. Schrader stellte im Hinblick auf die an Schulen immer noch praktizierte Lukianlektüre die Forderung auf, daß „Lucian [...] wegen seiner Frivolität trotz der reinen Sprache von der Schule gänzlich ausgeschlossen werden" sollte.[139] Es ist wahrscheinlich, daß Schrader bei den frivolen Schriften Lukians die *Dialogi Deorum* im Auge hatte, die Sommerbrodt - gerade um solche Vorwürfe zu vermeiden - von seiner Schulausgabe ausschloß. So gesehen erklärt sich Schraders generelle Ansicht von Lukian als einem frivolen Autor aus der einseitigen Beurteilung weniger Dialoge und bezieht sich auf Schulausgaben, in denen die *Dialogi Deorum* enthalten waren.[140]
Dennoch ist Schrader trotz des starken Negativurteils nicht konsequent: An anderer Stelle seiner Unterrichtslehre empfiehlt er Lukian weiter für den Stilunterricht, womit er nicht nur dem reinen Attisch, sondern auch der

---

[137] Vgl. Kapitel VII: Tiemanns Konzept des Sexualaufklärers Lukian.
[138] Sommerbrodt (wie Anm. 132) VII. (Hervorhebungen von Sommerbrodt).
[139] W. Schrader, *Erziehungs- und Unterrichtslehre für Gymnasien und Realschulen*, Berlin 1868, 421.
[140] So die Ausgabe von K. Jacobitz aus dem Jahr 1863; die *Dialogi Deorum* erscheinen im 2. Band.

herrschenden Schulpraxis Rechnung trägt, nach der Lukian einen festen Platz an der Schule hatte:

> Der Stoff derselben [gemeint sind die Texte zu den Stilübungen] ist aus mustergültigen griechischen Autoren zu entnehmen [...] Xenophon, Lysias und Lucian bieten [...] einen wohlgeeigneten und reichhaltigen Stoff.[141]

Muß dieser Hinweis als ein deutliches Eingeständnis von Lukians Wert zumindest in sprachlicher Hinsicht verstanden werden, so bleibt für Schrader die inhaltliche Auseinandersetzung mit ihm problematisch; abgesehen vom Stilunterricht sieht er keinen Platz für Lukianlektüre an den Schulen. Sein abschließendes Urteil lautet:

> Es möge hier nochmals betont werden, daß deshalb bei der Auswahl aus Ovid mit großer Vorsicht verfahren und Lucian, so viele Anhänger er sonst noch findet, gänzlich von unsern Schulen verbannt werden soll.[142]

Schrader setzte sich durch. Begünstigt durch die Diskussion um Lukians Stellung zum Christentum und der Tendenz, mit den Klassikern die Literatur vor dem 3. Jahrhundert v.Chr. zu lesen, führte sein Argument der Frivolität Lukians zur Verbannung seiner Werke von den Schulen: Auf der Direktorenkonferenz in Königsberg im Jahr 1865 wurde Lukian - wie schon 1854 von der Philologenversammlung in Göttingen - von den Lehrplänen abgesetzt.[143]

Doch ehe Lukian gänzlich in der Versenkung verschwinden konnte, wurde er bereits fünf Jahre später auf der Direktorenkonferenz in Posen (1870) wieder in den Kanon der Schulautoren aufgenommen. Die Gründe dafür dürften einerseits in dem fortdauernden Interesse der Forschung gelegen haben, sowie andererseits in einer Generation von Lehrern, die aus ihrer Schulzeit mit ausgiebiger Lukianlektüre vertraut waren und sich nicht starr an die Königsberger Beschlüsse hielten. Lukian-Herausgeber dieser Zeit wie Jacobitz bringen diese bestehende Lukianaffinität ihrer Generation zum Ausdruck:

> Nicht ungern habe ich die Bearbeitung der zur Lektüre für Schüler geeigneten Schriften des Lucian übernommen, zumal da ich in früherer Zeit selbst

---

[141] Schrader (wie Anm. 139) 419.
[142] Ebenda 145f.
[143] Vgl. hierzu O. Wichmann, *Lucian als Schulschriftsteller*, Progr. Eberswalde 1887, 2.

mehrere derselben im Kreise junger Leute mit Vergnügen gelesen und erklärt.[144]

Daß Lukian auch nach der offiziellen Empfehlung zur Absetzung weiter
gelesen wurde, wird nicht zuletzt durch die Wiederauflage des zweiten
Bandes von Sommerbrodts *Ausgewählten Schriften* bestätigt, die in das
Jahr 1869 fällt. Gleichzeitig erfreute sich Lukian während dieser Zeit über
die populäre Rezeption einer fortlaufenden Beliebtheit in der Gesellschaft,
wie die 1866/67 in vier Bänden erschienene Neuübersetzung seiner Schriften durch Theodor Fischer zeigt.[145] Dieser verweist auf die Popularität des
„geistreichsten, unterhaltendsten und somit nützlichsten Schriftsteller[s]".[146]
    Die erste Lukianschulausgabe nach der Wiedereinführung an den
Schulen wird von Sommerbrodt im Jahr 1872 mit einer Neuauflage seiner
Auswahl besorgt, wobei ihn das Interesse des Verlags zuerst überraschte:

> Ebenso überraschend als erfreulich war mir die Aufforderung der Verlags-
> handlung, eine neue Auflage dieses Bändchens vorzubereiten.[147]

Für die Verlage ist Lukian kein Risiko mehr, er ist Gegenstand von Forschung und Lehre.[148] Auch die positive Einschätzung seines Werks häuft
sich in den 70er Jahren: Neben den Arbeiten von Sörgel und Pohl, die ihn
gegen die Vorwürfe von theologischer Seite in Schutz nahmen,[149] wird er
von Wilhelm Freund in dem 1874 erschienen *Triennium philologium oder*

---

[144] K. Jacobitz, *Ausgewählte Schriften des Lucian*, Leipzig 1862.
[145] T. Fischer, *Lucian's Werke*, Stuttgart 1867. Auch Übersetzungen einzelner Schriften
    werden gezielt für ein breites Lesepublikum veröffentlicht. So etwa R. Schönborns
    *Münchhausen, der griechische, oder die wahre Geschichte von Lukians wundersamer
    Reise. Ein Lügenmärchen für junge und alte Leser aus dem Griechischen umgearbeitet*,
    Halle 1868 (mit Abbildungen).
[146] Fischer (wie Anm. 145), Bd. I, 15f.
[147] Sommerbrodt (wie Anm. 132) Vorwort zur zweiten Auflage, Bd. I, Berlin 1872. Vgl.
    auch das Vorwort zur zweiten Auflage des 3. Bandes, Berlin 1878, X, wo es heißt:
    „Ueber Lucians Wiedereinführung in die Schulen kann ich nur wiederholen, was ich in
    den Vorworten der drei Bände meiner Auswahl gesagt habe, [...] und die Thatsache,
    dass überhaupt eine zweite Auflage derselben nöthig geworden ist, scheint dafür zu
    sprechen, dass sich eine nicht geringe Anzahl von Schulmännern meiner Ansicht ange-
    schlossen hat."
[148] Vgl. dazu den Hinweis Sommerbrodts im Vorwort zur 2. Auflage des 3. Bandes (wie
    Anm. 147, IX): „Das Interesse an Lucian ist in steter Zunahme begriffen, wie die im
    Jahr 1872 von mir zusammengestellte Literaturübersicht beweist."
[149] Vgl. Kapitel VII: C. Pohls Versuch der Befreiung Lukians vom Vorwurf des Christen-
    hassers.

Grundzüge der philologischen Wissenschaften für Jünger der Philologie als „einer der geistreichsten Satiriker der Griechen" überschwenglich gelobt,[150] und am Ende der 70er Jahre erscheint eine Auswahl seiner Dialoge in *Reclams Universal Bibliothek* in der Übersetzung Wielands.[151]

* * *

Lukians Werk steht in den 70er Jahren des 19. Jahrhunderts wieder stärker im Interesse der Forschung. Rückblickend auf die Kontroversen der vorausgegangenen Jahrzehnte beginnt Friedrich Motz seine im Jahr 1875 erschienene Abhandlung *Lucian als Aesthetiker*[152] mit den Worten:

> Erst in neuerer Zeit hat sich das Interesse der Philologen den Schriften Lucian's [...] wieder mehr zugewandt.[153]

Das positive Bild von Lukian, das Motz zu beobachten glaubt, erklärt sich aus einer Vielzahl von Arbeiten, die sich den Schriften Lukians nicht mehr aus literatur- oder religionsgeschichtlichem, sondern aus kunsthistorischem Interesse näherten und sein Werk für das Kunstverständnis des Altertums fruchtbar zu machen suchten. Dabei stellt sich Motz in eine Tradition von Forschern wie Hugo Blümner, die Lukian als „einen der ersten, wo nicht den bedeutendsten Kunstverständigen und Kunstkenner unter den uns erhaltenen Schriftstellern des Alterthums" lesen.[154] Daß Lukian so gesehen werden konnte, lag zum einen an dem Mangel an kunsthistorischen Abhandlungen aus der Antike, die man durch versprengte Aussagen verschiedener Autoren zu rekonstruieren suchte.[155] Zum anderen griffen die sich

---

[150] W. Freund, Leipzig 1874.

[151] M. Oberbreyer, *Lucian's ausgewählte Schriften. Uebersetzt von C. M. Wieland*, Leipzig 1878/79.

[152] Erschienen in Meiningen 1875.

[153] Ebenda 1.

[154] H. Blümner, *Archäologische Studien zu Lucian*, Breslau 1867, 1. Als weitere Vorbilder nennt Motz K.O. Müller (*Handbuch der Archäologie der Kunst*), E. Müller (*Geschichte der Theorie der Kunst bei den Alten*) und L. Friedländer (*Darstellung aus der Sittengeschichte Roms*).

[155] Dabei orientierte man sich v.a. an der 'originalen' griechischen Kunst und ihrer Beobachter. In diesem Punkt wird Lukian als Quelle für Ludwig Friedländer interessant, der in seiner *Darstellung aus der Sittengeschichte Roms*, Bd. III, Aalen 1979[10], 107-118, aus seiner Abneigung gegen das römische Kunstverständnis nach griechischer Kunst und griechischen Quellen wie Lukian sucht (115f.): „Daß in der Tat trotz aller alten und neuen Kunstpracht Roms und des römischen Reiches die bildende Kunst einen Einfluß auf

herausbildenden archäologischen und kunsthistoriographischen Disziplinen verstärkt auf solches Material zurück. Dabei rücken Dialoge in den Mittelpunkt, die nicht an Schulen gelesen wurden und in den oben aufgezeigten Kontroversen keine Rolle spielten: Motz bezieht sich v.a. auf die Schriften *Imagines, De Saltatione, Hippias* und *Pro Imaginibus*. Dennoch wird das Lob Lukians nicht zuletzt aus dessen aufklärerischem Wahrheitskonzept abgeleitet, das man aus anderen Schriften auf sein Kunstverständnis überträgt.[156] So kann sich Motz nicht von einer Charakterisierung Lukians im Sinne Wielands und von der Frage nach Lukians Wirkungsabsicht lösen.

Das von Motz gesehene neue Interesse an Lukian sollte sich in den letzten zwanzig Jahren des Jahrhunderts weiter steigern.[157] Ein wichtiger Grund für diese Entwicklung liegt in einer philologischen Arbeit, die die Lukiandiskussion in dem noch immer nicht endgültig geklärten Streit um seine Stellung zum Christentum beenden sollte. Zwar waren die Stimmen, die Lukian in dieser Frage verteidigten, mit den Arbeiten Pohls und Sörgels lauter geworden, doch fehlte ihnen als Gymnasialprofessoren letztlich die nötige Autorität innerhalb der Altertumswissenschaften, die Forschung in ihrem Sinn zu beeinflussen.

Die Wende in der Lukianbeurteilung durch Jacob Bernays

Im Jahr 1879 erscheint in Berlin die für die Lukianbeurteilung des ausgehenden 19. Jahrhunderts maßgebliche Abhandlung *Lucian und die Kyniker*

---

die römische Gesamtbildung niemals gewonnen hat, dafür liefert die römische Literatur, als Ganzes betrachtet, einen vollgültigen und unwiderleglichen Beweis. Von einer so großen Zahl von Dichtern und Schriftstellern verschiedener Perioden [...] verrät kaum einer Interesse und Verständnis für die bildende Kunst. [...] Lucian endlich zeigt von allen antiken Schriftstellern die umfassendste Kenntnis und das eindringendste Verständnis der Kunst. [...] Übrigens war auch Lucians Interesse so gut wie ausschließlich der Blütezeit der griechischen Kunst zugewandt: je feiner gebildet sein Auge war, desto weniger konnte ihm neben ihren Werken alles, was die späteren Jahrhunderte hervorgebracht hatten, der Beachtung wert erscheinen."

[156] Vgl. Motz (wie Anm. 152) 15: „Eine zweite Beobachtung, welche Lucian an das Kunstwerk stellt, ist die ἀλήθεια, die Wahrheit. Wer weiß, wie die Wirklichkeitsliebe den Mittelpunkt von Lucian's Charakter, der Kampf in ihrem Dienste sein Leben ausmacht, dem wird dies nicht befremdlich erscheinen. [...] Ebenso fordert er vom Künstler Wahrheit der Darstellung."

[157] Vgl. die Aufstellung der Abhandlungen zu Lukian bei R. Klussmann, *Bibliotheca scriptorum classicorum et Graecorum et Latinorum*, Bd. I.2, Leipzig 1911, 53-67.

von Jacob Bernays.[158] Bernays, seit 1866 auf das Extraordinariat in Bonn berufen, setzt sich mit Lukians Dialog *De Morte Peregrini* auseinander, mit dem Ziel, den zahlreichen, in seinen Augen unsachgemäßen, weil unhistorischen Interpretationen dieser Schrift zu begegnen.[159] Diese Intention spiegelt auch der Titel seiner Arbeit wider, mit dem Bernays den Schwerpunkt der sonst bei diesem Dialog untersuchten Beziehung 'Lucian und das Christentum' auf eine, seiner Meinung nach der Schrift eher gerecht werdende Formulierung verlagert: *Lucian und die Kyniker*:

> Weil Lucian in seiner Schilderung des bewegten Lebenslaufes des Peregrinus etwa anderthalb von zwölf griechischen Oktavseiten daran wendet, um dessen Beziehungen zu den 'Christianern' zu besprechen, und dies nun in einem so wegwerfenden Tone geschieht, wie ein spottender Epikureer ihn in solchem Falle naturgemäss anschlägt, so erschien lange jene Episode der Kern der gesamten Schrift, die nun als widerchristliche Satire von manchem Frommen mit der Begierde, die eine verbotene Frucht erregt, verschlungen und von allen Unfrommen mit boshaftem Behagen genossen ward.[160]

In einem einzigen polemischen Satz faßt Bernays die besonders von Theologen verfolgte und in seinen Augen absurde Diskussion um *De Morte Peregrini* zusammen. Das Herantragen oder besser Hereintragen von christlichen Ideen in den Text ist für ihn durch nichts gerechtfertigt,[161] weshalb seine Arbeit als der erklärte Versuch gewertet werden muß, die Fragestellung zu diesem Dialog neu zu formulieren.

Der Ausgangspunkt, sich dem Dialog zu nähern, ist für Bernays eine in der Diskussion bislang unberücksichtigte Galen-Stelle, die er zur Klärung von Lukians Intention heranzieht:

---

[158] J. Bernays, *Lucian und die Kyniker*, Berlin 1879. Vgl. zu Bernays' wissenschaftlichem Werdegang die Darstellung von Wolfgang Schmid, „Aus der Geschichte der klassischen Philologie vor Usener und Bücheler. Friedrich Ritschel und Jacob Bernays," in: H. Erbse / J. Küppers, *Wolfgang Schmid. Ausgewählte philologische Schriften*, Berlin/New York 1984, 695-717; 709-117 (mit weiterer Literatur).

[159] Bernays (wie Anm. 158) 1: „Der Blick der modernen Leser und Ausleger heftet sich so unverwandt auf jene eine Seite, dass er die anderen, im Sinne und für die Zeitgenossen des Verfassers gleichsehr oder sogar überwiegend bedeutsamen Seiten übersieht, und dadurch die Auffassung des Ganzen eine der ursprünglichen Absicht des Schriftstellers ungemässe, also eine unhistorische wird."

[160] Ebenda.

[161] Dabei muß auch berücksichtigt werden, daß Bernays als Jude eine solche christlich-religiös geführte Debatte für unfruchtbar hielt.

> Vielleicht würde die gegen den Kyniker gerichtete Haupttendenz der Schrift
> längst zu allgemeiner Anerkennung gelangt sein, wenn die älteren Erklärer
> rechtzeitig dem gangbaren hermeneutischen Material eine, so weit ich sehen
> kann, noch nicht hervorgezogene Nachricht einverleibt hätten.[162]

Die Nachricht, auf die er sich bezieht, ist die Schilderung einer Heilbehand-
lung des todkranken kynischen Philosophen Theagenes, die Galen (*method.
medendi* 13,15) beschreibt. Während in dieser Beschreibung der Kyniker
nüchtern und positiv geschildert wird, ist die gleichlautende Figur bei
Lukian als Helfershelfer des Peregrin ebenso negativ wie dieser dargestellt.
Bernays benutzt den Verweis auf Galen, um die unterschiedliche Schilderung dieses Charakters bei den beiden Autoren aufzuzeigen und zu
schließen, daß Lukians Darstellung des Theagenes unglaubwürdig sei.
Damit treffe in Analogie derselbe Verdacht auch auf die Peregrin-Schilde-
rung Lukians zu, die ebenso unglaubwürdig sei:[163] Sie beruhe vielmehr auf
wahllos zusammengetragenen Informationen vom Hörensagen, denen kein
historischer Wert beizumessen sei. Der einzige Punkt, den Bernays an
Lukians Peregrin für wahr und glaubhaft hält, ist das Faktum, daß letzterer
nach einem zeitweiligen Zwischenspiel als Christ als Kyniker lebte.[164] Und
genau als solchen wollte Lukian ihn verspotten:

> Jedenfalls schien es dem Lucian nun an der Zeit, die Grossthat des Peregri-
> nus [...] schonungslos zu beleuchten. Er zog, wo sich Gelegenheit bot, Er-
> kundigungen über den Meister und Jünger ein, durch die er für seinen Theil
> sich befugt hielt, ein Doppelbild zu entwerfen, das den Peregrinus als aben-
> teuerlich ruhmsüchtigen, gegebenen Falls auch verbrecherischen Narren,
> den Theagenes aber als heuchlerischen Schelm einer allgemeinen Verach-
> tung Preis geben sollte, welche mit den namhaften Sectenhäuptern auch die
> ganze kynische Secte treffen musste.[165]

---

[162] Bernays (wie Anm. 158) 2.
[163] Ebenda 63: „Wie spärlich nun auch solche Mitteilungen unbefangener Zeitgenossen des
     Peregrinus uns zufließen, so genügen sie doch, um den schon durch innere Anzeichen
     geweckten Verdacht gegen Lukians Auffassung als äussere Zeugnisse zu verstärken. Sie
     entkräften seine unbedingte Verurteilung des Peregrinus ebenso wie Galenos' Bericht
     gegen seine Schilderung des Theagenes misstrauisch machen muss."
[164] Ebenda 60f.: „So hat denn eine genaue Durchmusterung der Lucianischen Anklage-
     schrift aus dieser selbst ermitteln können, dass abgesehen von Gerüchten, die nicht ein-
     mal Lucian für erwiesen auszugeben wagt, wenig Anderes auf Peregrinus haften bleibt,
     als dass er, nach einem Durchgang durch das Christenthum, wie ein Kyniker lebte und
     starb."
[165] Ebenda 20f.

Bernays legt dar, wie eng die Beziehungen zwischen Kynikern und Christen zur damaligen Zeit gewesen sind, da beide den Polytheismus bekämpften; gegenseitige Übertritte und zeitweilige Betätigungen eines Kynikers als Christ oder umgekehrt wie im Fall von Peregrin seien nicht ungewöhnlich gewesen, weshalb Bernays mit Verweis auf Aelius Aristides resümiert:

> Die in solchen einzelnen Vorkommnissen noch für uns hervortretenden Wechselbeziehungen zwischen den Kynikern und den Anhängern der Bibel haben nun auch einen Zeitgenossen des Lucian zu einem gemeinschaftlich gegen beide gerichteten Angriff veranlasst.[166]

Entsprechend weist Bernays Lukian die primäre Absicht zu, gegen die Kyniker geschrieben zu haben, wobei er die Christen als eine Sekte, von der er wenig Kenntnis hatte, miteinbezogen habe. In diesem Punkt folgt er den Arbeiten Plancks, Pohls und Sörgels, liefert aber eine wesentliche genauere Textanalyse als Beweis.

Nach der Analyse des *De Morte Peregrini* geht Bernays in einem zweiten Teil seiner Abhandlung auf Lukians generelle philosophische Haltung ein:

> Es bedurfte einer Kenntniss der Tiefen und Höhen der Menschennatur, wie Epiktet sie besass, um der doppelartigen Erscheinung des Kynismus Tadel und Lob gerecht zuzumessen. Ein Mann wie Lucian war dazu unfähig.[167]

Lukian wird als Mensch ohne philosophische Tiefe vorgestellt, der auch sonst wenig Ansprechendes zu bieten habe: „Ernste Studien irgendwelcher Art hat er nie unternommen."[168] Bernays nimmt sogar Voltaire, der vielfach mit Lukian verglichen worden war,[169] gegen Lukian in Schutz.[170] Besonders im Hinblick auf das Streben nach Wahrheit und Erkenntnis habe Lukian dem Franzosen nichts Gleichwertiges zu bieten:

> Kein Leser des Lucian hingegen wird es sich wohl je verhehlen können und hat es sich wohl je verhehlt, dass er eben so wenig die philosophischen Sy-

---

[166] Ebenda 37f.
[167] Ebenda 42.
[168] Ebenda.
[169] Vgl. Kapitel VI: Der Wandel des Wielandbildes: Lukian als Voltaire des Altertums.
[170] Bernays (wie Anm. 158) 42: „Seine modernen Bewunderer wie Tadler pflegten ihn mit Voltaire zu vergleichen, ein Vergleich, der gegen Voltaire in jeder Beziehung ungerecht ist."

steme, die er verspottet, wie das epikureische, das er schließlich erwählte, jemals in ihrem organischen Zusammenhang zu ergründen auch nur Anstalt gemacht.[171]

Deutlicher konnte Bernays nicht werden: Lukian war ein Schreiber ohne philosophische Tiefe, ein Durchschnittsmensch,[172] über den das vernichtende Urteil gefällt wird:

> Lucian hingegen trägt in Bezug auf alle religiösen und metaphysischen Fragen eine lediglich nihilistische Oede zur Schau.[173]

Diese negative Beurteilung sollte in der Folge für einen Umschwung in der Lukianforschung und -diskussion sorgen, in der nach den sittlichen und religiösen Fragen nun die Frage nach Lukian als Philosoph in den Mittelpunkt gerückt wurde.

Bernays schließt an seine Beurteilung eine eigene Übersetzung des *De Morte Peregrini* an; Wielands Übertragung ist ihm zu unphilologisch,[174] was er auf dessen mangelnde Griechischkenntnisse zurückführt.[175] Die Tatsache, daß Bernays den Text in Übersetzung herausgibt, deutet an, daß er sich an eine Leserschaft wendet, bei der es sich nicht nur um Philologen handelt. Bernays will einer möglichst breiten Öffentlichkeit eine wichtige philologische Studie zugänglich machen (auch im Interpretationsteil werden die griechischen Zitate in Übersetzung geboten), die eine alte Diskussion beenden und einen neuen Weg - auch in der gesellschaftlichen Lukianrezeption - einschlagen will.

Bernays' Intention hatte Erfolg. Mit seinem Buch tritt ein sichtbarer Wandel in der Lukianbeurteilung sowohl in fachlichen als auch außerfachlichen Kreisen sowie an den Schulen ein.

Zunächst wurde Lukian, nach der endgültigen Befreiung vom Vorwurf des Christenhassers, als Schulschriftsteller zunehmend von theologischer Seite akzeptiert. Nach Gesners Abhandlung über den *Philopatris* war nun

---

[171] Ebenda 43.
[172] Ebenda 46.
[173] Ebenda 44.
[174] Ebenda 66: „Wielands deutsche Bearbeitung des Lucian ist eine in ihrer Art gelungene Leistung; die Art jedoch ist eine sehr frei paraphrasierende, die es sich eingestandenermassen (1 S. XLV) erlaubt, nicht nur 'weitläufiger' sondern auch 'kürzer' zu sein als Lucian und dessen 'elegante Tautologien zu vermeiden', Schon aus diesem Grunde wäre sie unbrauchbar für den hier beabsichtigten Zweck, dem Leser die Verificirung der in der vorstehenden Abhandlung enthaltenen Angaben zu erleichtern."
[175] Ebenda.

auch der zweite ehemals auf dem kirchlichen Index stehende Dialog Lukians von dieser Kritik befreit. Daß diese Neubewertung erst endgültig mit
Bernays einsetzte, und nicht schon mit Pohl oder Sörgel, liegt sowohl an
seiner größeren Autorität als Forscher innerhalb der Altertumswissenschaften als auch an der wesentlich genaueren Interpretationsmethode.

Mit dem Verweis auf Bernays erklärt Adolf Harnack im Jahr 1881 in
der *Real-Enzyklopädie für protestantische Theologie und Kirche*, daß Lukian in der Tat kein Christenhasser gewesen sei,[176] wobei er sich auf dessen
Nachweis stützt, daß sich Lukians *De Morte Peregrini* nicht gegen die
Christen sondern gegen die Kyniker richte.[177] Dennoch geht Harnack einen
Schritt weiter als Bernays, indem er die Schilderung der Christen als historische Quelle beurteilt, in der Lukian ohne Hintergedanken Zeugnis ablege,
„für die Reinheit der christlichen Sache und des christlichen Lebens".[178]

Harnacks Einschätzung wird auch in der Wiederauflage des Lexikons
im Jahr 1902 übernommen, und die Diskussion innerhalb der Theologie[179]
um Lukians Stellung zum Christentum scheint am ausgehenden 19. Jahrhundert weitgehend abgeschlossen zu sein; nur noch vereinzelt finden sich
Abhandlungen zu diesem Thema.[180]

Re-Etablierung Lukians an den Schulen: Die Systematik Oskar Wichmanns

Auch innerhalb der Altertumswissenschaft macht sich Bernays' Einfluß in
der Lukiandiskussion zunächst positiv bemerkbar: Sommerbrodt kann ihn,
nun endgültig vom Stigma des Christenhassers befreit, in der Neuauflage

---

[176] A. Harnack, Art. „Lucian von Samosata," in: *Real-Enzyklopädie für protestantische
Theologie und Kirche*, Bd. 8, Leipzig 1881², 772-779.

[177] Ebenda 776: „Die ganze Pointe der Schrift, die sich gegen den Cynismus überhaupt
richtet [...]."

[178] Ebenda 779.

[179] Auch in katholischen Nachschlagewerken finden sich in der Folge keine abschätzigen
Meinungen über Lukian.

[180] Die wichtigste stammt von Oscar Schmidt, *Lukians Satiren gegen den Glauben seiner
Zeit*, Progr. Solothurn 1900. Schmidt sieht Lukian in einer Zeit des Religionskampfes
als Kämpfer gegen den Aberglauben allgemein, ohne eine bestimmte Stoßrichtung etwa
gegen die Christen einzunehmen (44): „Da hebt der Riesenkampf zweier Weltanschauungen an, der heidnischen und der christlichen, und mitten in diesem Kampfe steht
Lukian, aber ohne die Partei der einen oder anderen zu ergreifen, sondern im Zerwürfnis
mit beiden, als ein echtes Kind jener haltlosen, von Widerspruch und Gegensatz bis ins
innerste aufgeregten Zeit." Dabei schließt er sich der Meinung Bernays' über *De Morte
Peregrini* als eine gegen die Kyniker gerichtete Schrift an.

des ersten Bandes seiner Schulausgabe im Jahr 1879 mit dem Verweis auf den *praeceptor Germaniae* Melanchthon sogar als „unentbehrliches Rüstzeug im Kampf für das Evangelium"[181] unter die Klassiker einreihen.[182] Dieser erneute Versuch, Lukian im Schulkanon zu etablieren, bekam in den 80er Jahren Rückendeckung durch eine Schrift von Oskar Wichmann. Der Verfasser widmet sich der Frage nach Lukians Stellung im Bildungskanon der Gymnasien,[183] die er nach den vorhergehenden Forschungen und mit Blick auf die Autorität Melanchthons für selbstverständlich hält:

> So hat die Schulwelt doch wohl einmal ernsthaft zu erwägen, ob nicht jenes von Melanchthon gefällte Urteil, dass neben der Lektüre des Homer, Herodot und Demosthenes die des Lucian als unentbehrliches Rüstzeug zum Kampf für das Evangelium gepflegt zu werden verdiene, vollauf berechtigt ist, und die Einführung Lucians in unsere höheren Schulen mit Segnungen verknüpft sein dürfte, die diesem Schriftsteller wie anderen einen unbestrittenen, wenn auch bescheidenen Platz zu sichern geneigt wären.[184]

'Unbestritten', weil das letzte Argument gegen Lukian, das des Christenhassers, endgültig gefallen sei. Wichmann verweist auf die Arbeit von Bernays und begnügt sich anzumerken, „dass Lucian kein antichristlicher Eiferer, sondern vielmehr durch sein schriftstellerisches Wirken in der Richtung der christlichen Lehre unbewusst thätig gewesen ist".[185] Die Kriterien für die Einbeziehung eines Autors in den Kanon der Klassiker sind nach Wichmann sprachlicher und inhaltlicher Art:

> Die Form muß für die Prosalektüre der attische Dialekt in möglichster Reinheit und stilistischer Vollkommenheit, der Inhalt von idealem Werte, d.h. derartig sein, daß entweder die Willenskraft, d.h. die Betätigung des Sittlichen, oder die Verstandesbildung, d.h. die Erkenntnis des Wahren gefördert, oder die Einbildungskraft, d.h. die Anschauung des Schönen belebt wird.[186]

---

[181] Vgl. auch das Vorwort zur dritten Auflage, Berlin 1888, XI: „Ich habe diese Ansicht im Vorworte aller drei Bände dieser Ausgabe ausgesprochen und zu begründen versucht und begnüge mich, hier nur nochmals zu wiederholen, daß Melanchthon die Lektüre Lucians nicht nur empfiehlt, sondern sie neben dem Homer, Herodot und Demosthenes als unentbehrliches Rüstzeug im Kampfe für das Evangelium bezeichnet."

[182] J. Sommerbrodt, *Ausgewählte Schriften des Lucian*, Bd. I, 1879², Vorwort: „Am Ende wird der praeceptor Germaniae, Melanchthon, doch Recht behalten, wenn er Lukian einen Platz neben Homer, Herodotus und Demosthenes gibt."

[183] O. Wichmann, *Lucian als Schulschriftsteller*, Progr. Eberswalde 1887.

[184] Ebenda 2.

[185] Ebenda 33.

[186] Ebenda 3f.

Für Wichmann werden diese Kriterien von Lukian erfüllt, und das reine Attisch, das Lukian trotz der starken inhaltlichen Kritik nie abgesprochen wurde, bleibt für ihn der Hauptgrund für die Lukianlektüre. Daneben will Wichmann die inhaltliche Eignung der lukianischen Schriften mit Hilfe einer Unterteilung in drei Gruppen erweisen: Er betrachtet die Dialoge unter den Rubriken Ethik, Wissenschaft und Kunst sowie Religion, also den Kernbereichen der schulischen Bildung.

In die erste Gruppe stellt Wichmann das *Somnium sive Vita Luciani*, das er als „geschmackvoll ausgeführte wie auf sittlichem Grunde aufgebaute Selbstbiographie" bezeichnet.[187] Als weitere ethisch vorbildliche Schriften werden *Contemplantes, Timon, Nigrinus* und *Anacharsis* genannt;[188] der *Gallus* ist für Wichmann erst nach einigen redaktionellen Eingriffen für die Schule zu empfehlen:

> Wer den Dialog nach der Fassung des Originals verfolgt, könnte Veranlas-
> sung nehmen, die schulmäßige Lektüre desselben wegen einiger sittlich an-
> stößiger Stellen zu verwerfen. [...] Nachdem einmal durch die genannten
> Zusätze der Verdacht erweckt worden ist, dass die schaffende Hand der
> Leser oder Abschreiber mehrfach thätig gewesen ist, trage ich keine Beden-
> ken unter Entfernung eines unmotivierten Uebermaßes von Schmutzigkeit
> c.32 die Rede des Ἀλεκτρυών lauten zu lassen [...]. [189]

Nach gut wielandscher Manier soll ein Lehrer nicht davor zurückschrecken, Glättungen vorzunehmen. Dagegen erfüllen die *Dialogi Mortuorum* die ethischen Anforderungen nicht:

> [...] so möchten wir meinen, daß die Jugend mit diesen von keinem Strahl
> der Sonne beleuchteten Scenen nicht bekannt gemacht und nicht auf ein
> Feld geführt werden darf, auf welchem die menschliche Phantasie zwar mit
> sittlichen Ideen, aber nicht durch schöne und wahrheitsgemäße Formen un-
> terhalten wird.[190]

Wichmanns Begründung für die Ablehnung der *Dialogi Mortuorum* wirft auch Licht auf die zunächst ungewöhnlich erscheinende Haltung Sommerbrodts zu diesen Dialogen, der sie wiederholt als ungeeignet für die Schule

---

[187] Ebenda 6f.
[188] Ebenda 18; die genannten Dialoge werden gewertet als Träger „ethischer Wahrheiten, deren objektive Gültigkeit über jeden Zweifel erhaben ist".
[189] Ebenda 10.
[190] Ebenda 14.

eingestuft und von seiner Schulausgabe ausgeschlossen hatte.[191] Der Schauplatz der Unterwelt allein sei für eine christlich zu erziehende Jugend eine zu heidnische Vorstellung. Diese Auffassung wurde jedoch längst nicht von allen Philologen geteilt. Jacobitz hatte die *Dialogi Mortuorum* in seiner Schulausgabe aus dem Jahr 1883 mit der Begründung aufgenommen, daß Lukian damit ein Bild vorführe,

> dessen Anblick auch für jüngere Leute keineswegs ungenießbar, oder wohl gar schädlich, sondern im Gegenteil gewiß sehr belehrend und höchst anziehend ist. Kann doch der sittliche Ernst, welcher hier zugrunde liegt, selbst der Jugend bei nur einigermaßen aufmerksamen Lesen durchaus nicht entgehen.[192]

Es fällt auf, wie stark von den Herausgebern der 'sittliche Ernst' als Kriterium betont wird. Womöglich handelt es sich um eine Reaktion auf den Vorwurf der „nihilistischen Oede", den Bernays in seiner Analyse ins Spiel gebracht hatte, und der nicht unwidersprochen bleiben sollte: Mit der Zuschreibung des sittlichen Ernstes sollte Lukians pädagogischer Wert für den Unterricht weiter unterstrichen werden. Entsprechend oft wird dies von Wichmann betont:

> Wahre Sittlichkeit in allen Verzweigungen menschlicher Thätigkeit ist die in immer neuer Form auftretende Forderung Lucians, ora et labora in richtiger Übertragung die Idee, in deren Verwirklichung er die Aufgabe der Menschheit erblickt.[193]

Bei seiner Besprechung des *Anacharsis* greift Wichmann auf die *Characteristik* Jacobs zurück, dessen Sicht er übernimmt.[194]

---

[191] So auch noch in der Neuauflage des ersten Bandes der Schulausgabe aus dem Jahr 1888: „So entschieden ich Schrader darin beistimme, daß nicht alle Schriften Lucians in die Hände der Jugend gehören, daß er überhaupt für die jüngeren Schüler (in Tertia) sich nicht eignet, (namentlich nicht seine Götter- und Totengespräche, die man vor Zeiten mit Vorliebe gelesen hat)."

[192] Jacobitz (wie Anm. 144) in der Vorrede zu den *Totengesprächen* (2. Auflage 1883).

[193] Wichmann (wie Anm. 183) 14.

[194] Ebenda 16: „Daß Lucian in einem Staatswesen, dessen Glieder von der Macht und dem Wert der politischen Thätigkeit erfüllt sind, in einem Staatswesen, wie es Athen und Rom in ihrer höchsten Kraftentwicklung dargestellt haben, denjenigen Boden sah, auf welchem die Idee der Tugend am besten verwirklicht werden könne, davon hat er ein in hohem Maße ehrenvolles Zeugnis in der Schrift Ἀνάχαρσις abgelegt."

Auf dem zweiten Gebiet, Wissenschaft und Kunst, zu dem Wichmann auch die Philosophie zählt, werden ebenfalls eine Reihe herausragender lukianischer Dialoge genannt:

> Er hat auch diejenige Wissenschaft, welche das höchste Problem des menschlichen Lebens zu lösen, den Inbegriff der menschlichen Glückseligkeit festzustellen versuchte, die Philosophie zu Rate gezogen, um seinen ethischen Grundsätzen ein höchst reales Prinzip zu geben.[195]

Träger dieser Inhalte ist für Wichmann besonders die Schrift *Hermotimus*, in der das Erkennen objektiver Wahrheiten geleugnet werde;[196] dieselbe Tendenz zeigten auch die Dialoge *Icaromenippus* und *Necyomantia*. Interessanterweise schließt Wichmann den *Hermotimus* dennoch als pädagogisch ungeeignet von der Schullektüre aus. Als Grund nennt er die mangelnde Förderung fruchtbaren Wissens in dieser, ihm zu theoretisch gehaltenen Schrift.[197] Demgegenüber sieht er den praktischen Nutzen bei den anderen beiden Dialogen gegeben, wobei die *Nekyomantia*, wie die *Dialogi Mortuorum*, wegen ihres Schauplatzes zurückgestellt wird: Wichmann fürchtet, „dass die Phantasie des jugentlichen Lesers zu lange mit abschreckenden Bildern erfüllt [...] wird".[198]

Weiter wird die Schrift *Quomodo historia conscribenda sit* unter die Empfehlungen aufgenommen, wogegen die *Verae Historiae* aus sittlichen Gründen keinen Platz im Kanon finden:

> Die Frage, ob eine solche Schrift Gegenstand einer Schullektüre werden darf, erledigt sich einfach aus der Erwägung, das die in den Ἀληθεῖς ἱστορίαι gebotenen Materialien mit den Forderungen des Verstandes und, wie wir mit denen, welche die Schrift kennen, sagen müssen, sittlicher Reinheit im Widerspruch steht.[199]

---

[195] Ebenda 19.
[196] Ebenda 20: Lukian komme „zu einem abweichenden Resultat, demzufolge er, überzeugt, daß es kein objektives Kriterium der Wahrheit und somit keine Möglichkeit gebe, durch die Philosophie der absoluten Wahrheit teilhaftig zu werden, als einzig vernünftige Forderung diejenige anerkennt, auf alle Ziele der Philosophie für immer zu verzichten und sich als nützliche, thätige Glieder der menschlichen Gesellschaft mit menschlichen Aufgaben zu beschäftigen".
[197] Ebenda 22f.
[198] Ebenda 23.
[199] Ebenda 31.

Wichmanns Begriff vom Sittlichen wird in seiner Begründung für die Ablehnung der Dialoge *Philopseudeis, Alexander* und *Asinus* deutlich.
Während Wieland hundert Jahre zuvor besonders die ersten beiden Werke
im Sinn der Aufklärung als pädagogisch wichtige Schriften herausstellte,
haben sie bei Wichmann keinen Platz:

> Mit superstitiösen Heilmethoden, dem Apparate magischer Erscheinungen,
> der Kunst zu fliegen, auf dem Wasser zu laufen, durchs Feuer zu gehen,
> Leute verliebt zu machen, den Mond auf die Erde herabzuziehen, mit Gei-
> stererscheinungen, wandelnden Besen, polternden Statuen, oder auch mit
> den durch den Orakelglauben des Volkes ins Leben gerufenen Betrügereien
> eines verschlagenen Bösewichts, dessen körperliche Vorzüge und geistige
> Begabung nicht das Dunkel seiner Seele erraten ließen, die unerfahrene Ju-
> gend zu unterhalten, widerspricht der Forderung geistiger und sittlicher Er-
> ziehung.[200]

Das ausgehende 19. Jahrhundert will den Schülern eine heile Welt, ein
Ideal vermitteln, das Schattenseiten nicht verträgt. Damit verbindet sich
Wichmanns letzte Kategorie, der religiöse Wert der Schullektüre. Diesbezüglich werden - wie bei Sommerbrodt - die *Dialogi Deorum* sowie
Iuppiter Tragoedus abgelehnt, „da der Schriftsteller darin mit der Negation
eines religiösen Glaubenssatzes operiert, den das christliche Bewußtsein
sich als unveräußerlichen Besitz zu erhalten suchen muß".[201] Ansonsten
sieht Wichmann in Lukian jedoch das positive Streben nach wahrer Religion verwirklicht; daß er selbst kein Christ war, tue dabei weder der Beurteilung seiner Person noch seiner Schriften Abbruch:

> [...] so wird auch ein Mann, der zwar nicht an mythische Göttergeschichten,
> wohl aber an seine Pflicht, an die Verbindlichkeit der sittlichen Idee des
> Guten geglaubt hat, nicht ein Atheist, sondern ein religiöser Mann genannt
> werden dürfen, in dessen Herzen ein Altar gestanden hat für den unbekann-
> ten Gott, für den Gott, der nicht nur die Idee des Guten in den Menschen ge-
> pflanzt, sondern auch die Verwirklichung derselben für höhere Zwecke in
> Aussicht genommen hat.[202]

Wichmanns Arbeit ist die erste umfassende Analyse der lukianischen
Werke im Hinblick auf ihre Eignung zur Schullektüre. Ermöglicht wurde
sie durch die wachsende Akzeptanz des Satirikers innerhalb der theologi-

---

[200] Ebenda 31f.
[201] Ebenda 41.
[202] Ebenda.

schen Kreise, deren wachsender Einfluß an den Schulen seit der Mitte des 19. Jahrhunderts die Etablierung Lukians in den Bildungskanon noch verhindert hatte.

Die von Wichmann vorausgesetzte und weitgehend unbestrittene Eignung Lukians in sprachlicher Hinsicht für die Schule wurde noch im selben Jahr durch Wilhelm Schmids Abhandlung *Der Atticismus in seinen Hauptvertretern* deutlich unterstrichen.[203] Lukian sei mit seiner Verwendung des reinen Attisch den Klassikern ebenbürtig:

> So wird denn Lucians persönliche Anlage, die Eigenart der von ihm gewählten Vorbilder, die Beschaffenheit seiner Gegenstände, das Verhältnis derselben zu der Darstellungsweise von einem durchgehenden Zug organischer Verwandtschaft beherrscht: niergends ist äusserlich Angelerntes, pedantisch Aufgezwängtes, sondern überall naturgemässe Verschlingung und Verwachsung der Elemente, aus welchen ein folgerichtig entwickelter Stil sich hervorbildet: mag man einige wenige bedeutende Flecken an Lucianus Sprache auffinden: im ganzen muss man anerkennen, dass aus seiner Darstellung wahrhaft attische Anmuth hervorleuchtet.[204]

Die wachsende Bedeutung der lukianischen Studien seit den 70er Jahren des 19. Jahrhunderts faßt Sommerbrodt im Vorwort seiner Schulausgabe von 1888 zusammen:

> Der Eifer der Forscher hat sich noch fortdauernd dem Reichtum Lucians nach allen Seiten hin zugewendet.[205]

Diese Aussage muß jedoch wörtlich verstanden werden und widerspiegelt nicht die Schulsituation dieser Zeit: Während sich die Forschung in der Tat verstärkt mit Lukian auseinandersetzt, erreicht die Zahl der Schulausgaben nicht mehr die Menge wie in der ersten Hälfte des 19. Jahrhunderts. Obgleich Lukian nunmehr die besten Voraussetzungen hatte, unter die Klassiker integriert zu werden, war er attraktiver zu der Zeit, als man ihn noch als Klassiker las, ohne daß er einer war. Die Stellung, die Lukian bis

---

[203] W. Schmid, *Der Atticismus in seinen Hauptvertretern*, Bd. I, Stuttgart 1887. Schmid stellt Lukians Eignung als sprachliches Vorbild durch einen Vergleich seines Wortschatzes mit dem anderer, als Schullektüre akzeptierter Autoren heraus (431): „Es giebt wahrscheinlich keinen griechischen Prosaiker, dessen Wortvorrat reichhaltiger wäre, als derjenige des Lucian. Die Zahl der von ihm angewendeten Wörter beträgt beiläufig 10400 (bei Plato etwa 9900, bei Polybius etwa 7700)."

[204] Ebenda 432.

[205] Sommerbrodt (wie Anm. 182), Vorwort zur dritten Auflage.

zu seiner Absetzung von den Lehrplänen im Jahr 1865 an den Schulen hatte, wurde nicht mehr erreicht. Drückt sich Wichmann schon vorsichtig aus, wenn er hofft, Lukian möge einen „bescheidenen Platz" unter den Klassikern bekommen, so weisen die Herausgeber der Schulausgaben ab den 80er Jahren des 19. Jahrhunderts verstärkt auf den Rückgang der Lektüre hin. Sommerbrodt erwähnt in der genannten Ausgabe das Nachwirken von Schraders dictum als entscheidend für diese Entwicklung, und deutlich resigniert äußert sich Karl Bürger bei der Neuauflage von Jacobitz' Schulausgabe im Jahr 1894:

> Nun ist die Lektüre des Lucian in dieser Klasse [Secunda], die dafür in der That auch noch nicht recht geeignet ist, wohl auch schon früher nicht sehr häufig gewesen; ganz ausgeschlossen erscheint sie jedenfalls nach den neuen Lehrplänen, nach denen für Lucian überhaupt höchstens in der Privatlektüre ein kleines Plätzchen übrig geblieben ist.[206]

Wie konnte es zu dieser Entwicklung kommen, daß sich die Befreiung Lukians von der theologischen Kritik und die allgemeine Betonung seiner Eignung als Schulautor aufgrund des hervorragenden Attisch nicht entsprechend positiv für die Lukianlektüre auswirkte? Zu beobachten ist am Ende des 19. Jahrhunderts eine Diskrepanz zwischen immer weniger Lukianlektüre an den Schulen und verstärktem Forscherinteresse an den Universitäten.[207] Den Auslöser für diese Entwicklung enthält meines Erachtens die besprochene Abhandlung von Bernays, der zwar einerseits die für Lukian wichtige Befreiung vom Stigma des Christenhassers leistete, andererseits aber mit dem Hinweis auf Lukians „nihilistische Öde" eine verstärkt kritische Debatte auslöste, nämlich die um den Philosophen Lukian. Waren die Kritiker unter den Theologen verstummt, erwachten sie im eigenen Lager, innerhalb der altertumswissenschaftlichen Forschung.

---

[206] K. Bürger, Vorwort zur dritten Auflage, Blankenburg a.Harz 1894.
[207] Vgl. die Liste der Lukianabhandlungen bei Klussmann (wie Anm. 157).

VIII. *LUCIANUS QUINQUIES ACCUSATUS* - DAS ENDE DER LUKIANFORSCHUNG IN DEUTSCHLAND

Zusammen mit dem positiven Effekt, den Bernays auslöste, gab seine Arbeit den Anstoß zu einem Wandel der Lukianbeurteilung innerhalb der Altertumswissenschaft: Das steigende Interesse, das seit den 70er Jahren des 19. Jahrhunderts in der Forschung beobachtet werden konnte, wich einem verstärkt negativen Lukianbild. Wie schon zu seinen Lebzeiten sah sich der griechische Satiriker wegen seiner Werke auf der Anklagebank,[1] diesmal gleich aus fünf Gründen:

1) Eine im Anschluß an Bernays verstärkt philosophisch geführte Diskussion um Lukian bestärkt das Urteil der 'nihilistischen Öde' seiner Werke.
2) Damit eng verbunden ist die Abwertung der Zweiten Sophistik als Epoche, in der in den Augen vieler Philologen große schriftstellerische Leistungen nicht mehr möglich waren.
3) Die Satire als literarische Form wird unpopulär, was eine Ablehnung Lukians als Satiriker mit sich bringt.
4) 'Lukian war kein Grieche, sondern Semit.' Diese Feststellung löst eine teilweise rassistisch geprägte Debatte um sein Werk aus.
5) Die Anwendung der Quellenforschung auf Lukians Werke führt zum Vorwurf des Plagiats.

Diese sich teilweise gegenseitig bedingenden Kriterien führten zur Marginalisierung Lukians in Forschung und Lehre. Zu Beginn des 20. Jahrhunderts findet er sich auf den Lehrplänen nicht mehr vertreten, Abhandlungen über sein Werk sind verpönt und - wenn es sie gibt - von einer negativen Sicht geprägt.

Lukians 'nihilistische Öde'

Soll man sich mit einem Autor beschäftigen und ihn an Schulen vermitteln, dessen Schriften alles verneinen, nichts Produktives zeigen oder hinterlas-

---

[1] Im *Bis Accusatus* beschreibt Lukian sich selbst als von Seiten der Rhetorik und des Dialogs angeklagt.

sen? War diese Frage bislang in der Diskussion zwischen Altertumswissenschaft und Kirche auf den religiösen Aspekt beschränkt, - Lukian setze in
einer Zeit des religiösen Umbruches keine Akzente bzw. arbeite sogar
gegen solche an, indem er jegliche religiöse Ader zerstöre - so stellte Jacob
Bernays diese Frage neu und umfassender: Sein Interesse galt dem philosophischen Gehalt von Lukians Schriften, den er als nicht vorhanden erkannte, eine Sichtweise, der sich zahlreiche einflußreiche Forscher anschlossen.[2]

Auf eine ähnlich skeptische Haltung gegenüber dem philosophischen
Gehalt der lukianischen Schriften trifft man bereits ein Jahr vor Bernays
Abhandlung in der *Encyklopädie und Methodik der Philologischen Wissen-
schaften* August Boeckhs:

> In seiner [Lukians] satirischen Prosa [...] zeigt sich zugleich [...] die innere
> Gehaltlosigkeit der Sophistik [...] es ist bei ihm kaum eine feste Überzeu-
> gung geblieben. Er tadelt und bespöttelt alle Philosophen, ohne selbst etwas
> Besseres zu wissen.[3]

Verband sich Boeckhs Auffassung, die er in seinen Seminaren über
Jahrzehnte vertrat,[4] noch mit der Geringschätzung der religiösen Tiefe
Lukians,[5] so greifen spätere Arbeiten den eigentlichen Kritikpunkt von Ber-
nays auf. Nach Wilhelm Schmid[6] geht vor allem Wilamowitz in seinem
Überblick über die Griechische Literatur auf Bernays' Bedenken ein, wenn
er sagt:

---

[2] In der Minderheit sind die Fürsprecher Lukians in diesem Punkt: Mit Verweis auf
     Bernays äußert W. Christ in seiner *Geschichte der griechischen Litteratur*, München
     1898[3], 749: „Oft erhält man den Eindruck, als habe Lukian gemeint, die Negation des
     Verkehrten genüge, um die geistigen und gemütlichen Bedürfnisse der Menschen zu be-
     friedigen. Aber deswegen ist er doch kein Nihilist, wie ihn seine Gegner genannt haben;
     auch bei dem Mangel positiver Geistesrichtung hat mit Recht der feine und geistreiche
     Spötter von Samosata viele Leser im Altertum und bewundernde Verehrer in der neu-
     eren Zeit unter den Philologen, Dichtern und Künstlern gefunden."

[3] A. Boeckh, *Encyklopädie und Methodologie der Philologischen Wissenschaften*, Leip-
     zig 1877, 674.

[4] Die *Encyklopädie* wurde postum herausgegeben und ist das Ergebnis von Boeckhs Vor-
     lesungen.

[5] Boeckh (wie Anm. 3) 674: „[...] er [Lukian] verspottet die Götter des Volksglaubens
     und steht doch nicht auf einem hohen theistischen Standpunkt."

[6] W. Schmid, „Bemerkungen über Lucians Leben und Schriften," in: *Philologus* 50,
     1891, 297-319; 311: „Von einem philosophischen Entwicklungsgang des Lucian kann
     man im strengen Sinne nicht reden, höchstens von einer geordneten Veränderung seiner
     philosophischen Sympathien."

> Natürlich hatte er [Lukian] keine eigenen Gedanken; Geister die stets ver-
> neinen, sind im Grunde dumm.[7]

In diesem Zusammenhang nennt Wilamowitz Lukian einen Journalisten im
negativen Sinn. Äußerungen wie diese finden sich bei zahlreichen Philologen.[8]

Die Ablehnung von Lukian als Philosoph liegt zum Teil in der Tatsache
begründet, daß man ihn keiner bestimmten Schule zuordnen konnte. Bernays hatte ihn letztlich den Epikureern zugewiesen, ohne jedoch überzeugt
zu sein. Johannes Vahlen widersprach und suchte zu zeigen, daß er den
Kynikern nicht allzu fern stand.[9] Wer zu keiner bestimmten philosophischen Schule gehörte, so die Quintessenz dieser Debatte, konnte in den
Augen vieler Philologen des ausgehenden 19. Jahrhunderts auch selbst kein
Philosoph sein. Dabei stellte man sich nicht die Frage, ob Lukian überhaupt
an solchen philosophischen Kriterien gemessen werden durfte; die Möglichkeit, daß er sich gegen jegliche Art von Schulphilosophie wehrte und
sich einer Zuordnung entziehen wollte, wurde nicht gesehen. Ein solches
Denken in den Kategorien einer Schulphilosophie kennzeichnete bereits
Schlossers Einstellung zur Antike: „Ueber Schule und Schulwesen ver-
mochte sich keiner zu erheben."[10] Der Philosoph als unabhängiger Denker
etwa nach dem Muster Kants galt als eine Erscheinung der Neuzeit, die
nicht auf die Antike übertragen wurde.[11]

Aus diesen, sich 'zwangsweise' ergebenden Versuchen, Lukian zu einzelnen Philosophenschulen zuzuordnen, erklärt sich auch die häufig zu finden-
de negative Gesamtbeurteilung seiner Werke. So schreibt Rudolf Hirzel als
typischer Vertreter dieser Haltung in seiner Darstellung der Dialogliteratur
über Lukian:

---

[7] U. von Wilamowitz-Moellendorff, „Die griechische und lateinische Literatur und Sprache," in: P. Hinneberg (Hg.), *Die Kultur der Gegenwart*, Bd. I.8, Berlin 1905, 3-4.

[8] Etwa bei W. Capelle, „Der Spötter von Samosata," in: *Sokrates* 68, Berlin 1914, 606-
622; 619: Capelle spricht davon, daß dem Leser bei Lukian „eine ungeheuere geistige
Öde entgegengähnt, die das Gefühl einer unendlichen Leere erzeugt".

[9] Vgl. J. Vahlen, „Index Lectionum Hibernarum 1882/83," in: ders., *Opuscula Academica*, Bd. I, Leipzig 1907, 181-197.

[10] F.C. Schlosser, *Universalhistorische Uebersicht der Geschichte der alten Welt und ihrer
Cultur*, Frankfurt a.M. 1815ff.; hier Bd. III.2, 231. Vgl. zu Schlosser Kapitel VI: Der
Wandel des Wielandbildes: Lukian als Voltaire des Altertums.

[11] Vgl. Schlosser, ebenda 231: „In einer solchen Zeit konnte überhaupt nur vom Sectenwe-
sen die Rede sein, selbst der Skepticismus [...] mußte [...] die Form einer Schulweisheit
erhalten."

> So wandelt sich nicht ein Philosoph, sondern ein Sophist und Rhetor, dessen
> höchste Göttin die Gelegenheit ist und dessen Überzeugung im Dienste der
> Sache steht, die er gerade vertritt. Wie Voltaire und Heinrich Heine behan-
> delt Lucian die Philosophie belletristisch.[12]

Eine weitere Schwierigkeit wurde gesehen: Gehörte man schon nicht selbst
einer philosophischen Schule an, so gehörte es sich wenigstens, diese nicht
zu verspotten; geleitet von einem idealisierten Bild zumindest der Hauptvertreter bzw. der Gründungsväter der einzelnen Schulen als vorbildliche
Sucher nach der Wahrheit, fiel der kritische Blick vieler Philologen vor
allem auf Lukians Schrift *Vitarum Auctio*. Dieser Dialog war bereits von
Wieland wegen Pietätlosigkeit gegenüber den erhabenen Häuptern der
Philosophie getadelt worden und bot den geeigneten Nährboden, Lukian
negativ von der Philosophie abzugrenzen. Bei dieser Debatte berief man
sich zum Teil auf Lukian selbst, dessen *Piscator* als Entschuldigung für
seinen früheren Dialog interpretiert wurde.[13]

Jacob Bernays sah in dem Dialog die Reaktion auf einen tatsächlich
stattgefundenen und berechtigten Tumult unter den Philosophenschulen der
damaligen Zeit[14] und betrachtete Lukians Philosophenverspottung als lüg-
nerisch und unreflektiert - eine Meinung, der sich Vahlen anschloß.[15] Dagegen nimmt Ivo Bruns in einem Beitrag aus dem Jahr 1888 einen differenzierteren Standpunkt ein: Für ihn hat Lukian die beiden Schriften von vornherein als Ringkomposition gestaltet, um die zeitgenössischen 'Afterphilosophen' besser von den Häuptern der einzelnen Schulen, die der Spott nicht
treffe, abgrenzen zu können.[16] Bruns versucht herauszuarbeiten, „dass er
[Lukian] nur Männer, die unter dem Namen der Philosophie Uebles gethan,
schlecht behandelt", die 'wahren' Philosophen hingegen von seinem Spott
verschont blieben.[17] Dabei ist Bruns bestrebt, keineswegs etwas Positives
über Lukians philosophische Haltung zu sagen:

---

[12] R. Hirzel, *Der Dialog*, Bd. II, Leipzig 1895, 328.
[13] Lukian schildert dort seine drohende Verurteilung durch die aufgebrachten Häupter der
      Philosophenschulen, die sich Urlaub aus der Unterwelt erbeten hatten, um ihm wegen
      seiner Verspottung den Garaus zu machen. Der Angeklagte verteidigt sich mit dem Hin-
      weis, daß sich seine Kritik nicht gegen die Häupter sondern gegen ihre Schüler richte.
[14] J. Bernays, *Lucian und die Kyniker*, Berlin 1879, 49: „Der Aufruhe, welchen dieser Dia-
      log in den philosophischen Kreisen überhaupt, ganz besonders aber bei den Kynikern
      hervorrufen mußte, veranlaßte Lucian zu der Vertheidigung, die in dem Dialog 'Der
      Fischer oder die wiederauflebenden Philosophen' vorliegt."
[15] Vahlen (wie Anm. 9) 188ff.
[16] I. Bruns, „Lucians philosophische Satiren," in: *RhM* 43, 1888, 86-103; 95ff.
[17] Ebenda 97.

Für Lucian's philosophisches Wissen soll hier keine Lanze gebrochen werden.[18]

Bruns ist der Auffassung, daß sich Lukian - abgesehen von einer sehr
kurzen Periode im Alter, in der er ihn als Epikureer wertet,[19] - nie zu einer
Philosophie bekannt habe.[20] Entsprechend könne man auch von keiner philosophischen Entwicklung sprechen:

> Philosophische 'Perioden' giebt es abgesehen von den gewiss kurzen An-
> wandlungen der Jugend bei dem ganz indifferenten Lucian nicht.[21]

Im zweiten Teil seiner Darstellung versucht Bruns Lukians Kampf mit den
'Afterphilosophen' näher zu beleuchten. Er will zeigen, daß der *Bis Accusatus* ein Wendepunkt in Lukians Philosophenverspottung gewesen ist:
Während Lukian vorher unreflektiert alle Philosophen verspottet habe,
hätte er danach, wie im *Piscator*, zwischen Häuptern und Afterphilosophen
differenziert.[22]

Dieser Arbeit von Bruns stellt Rudolf Helm im Jahr 1902 seine Studie
über *Lucian und die Philosophenschulen* entgegen, die er mit den Worten
beginnt:

> Daß Lucian niemals ein Philosoph war, ist heute bekannt.[23]

Für ihn ist Lukian nur ein oberflächlicher Journalist.[24] Der Versuch einiger
seiner Zeitgenossen, insbesondere von Bruns, dennoch einen Rest philosophischen Gehalts bei Lukian feststellen zu wollen, sei inkonsequent; die

---

[18] Ebenda 98.

[19] Vgl. I. Bruns, „Lucians philosophischen Satiren II," in: *RhM* 43, 1888, 161-196; 177.

[20] Ebenda 176: „Eine Parteinahme für eine von diesen auf Kosten der anderen Schulen ist
in der ganzen Zeit, in der Lucian philosophische Satiren verfasst, ausgeschlossen."

[21] Ebenda 177.

[22] Ebenda 187: „Ich könnte mit dem allgemeinen Resultate schliessen, welches diese
Untersuchungen ergeben, dass alle Schriften Lucians, die grundsätzlichen uneingeschränkten Angriff auf alle Philosophen aller Zeiten enthalten, vor dem Bis accusatus
geschrieben sein müssen [...]."

[23] R. Helm, „Lucian und die Philosophenschulen," in: *Neue Jahrbücher für das Klassische
Altertum* 5, 1902, 188-213;188.

[24] Ebenda: „Seine ganze Anlage, zur Oberflächlichkeit geneigt, jedem spekulativen Denken abhold, mußte ihn hindern in die Probleme irgend eines Systems gründlich einzu-
dringen. [...] er war im Grunde nichts anderes als ein geschickter und witziger Journalist."

Forschung habe mit der Verabschiedung von Lukian als Philosophen den ersten Schritt getan, nun solle man auch den zweiten tun:

> Man hat Lucian früher öfter als Philosophen ernst genommen; jetzt spricht man wenigstens noch von seinem Kampf mit den Philosophen und bezeichnet seine lustigen Schwänke und satirisch angehauchten Possen als Streitschriften. Man thut ihm damit in den meisten Fällen zu viel Ehre an und faßt seine ganze Schriftstellerei von einem falschen Gesichtspunkt auf.[25]

Um den 'richtigen', d.h. rein destruktiven und äußerst oberflächlichen Lukian aufzuzeigen, setzt Helm zu einer 58seitigen systematischen Demontage an und prägt ein Bild, auf das beispielsweise noch Wilhelm Nestle in seiner 1944 erschienenen *Griechischen Geistesgeschichte* - trotz eines ansonsten positiven Lukianbildes - an entscheidender Stelle zurückgreift:

> Man darf Lukian nicht zu den Philosophen rechnen. Um sich ernsthaft mit Philosophie zu beschäftigen, ist er zu oberflächlich.[26]

Die Geringschätzung der Zweiten Sophistik

Die ablehnende Haltung führender deutscher Altertumswissenschaftler im Hinblick auf den Gehalt der lukianischen Werke entspricht der Ablehnung des Jahrhunderts, in dem Lukian lebte.

Die sogenannte Zweite Sophistik war bereits zu Wielands Zeit eine wenig geschätzte Periode. Die sich im 19. Jahrhundert auf den Schulen herausbildende Ablehnung der literarischen Produkte dieser Zeit war das Resultat einer von altertumswissenschaftlicher Seite verstärkt vertretenen Auffassung vom 'Welken' der griechischen Literatur, die sich nach den 'Klassikern' des 5. und 4. Jahrhunderts v.Chr. in ständigem Verfall befand. Die Einteilung Wolfs, der in der griechischen Literatur sechs Phasen unterscheidet, übernimmt Bernhardy in seiner Literaturgeschichte (1838), wobei er Lukian der fünften Periode zuweist, die einen Zeitraum von 500 Jahren umfaßt (30-529 n.Chr.). Auch Wilamowitz folgt diesem Schema, wenn er in seiner Darstellung „Die griechische und lateinische Literatur und Sprache" eine Epocheneinteilung nach historischen Einschnitten vornimmt.

Auch wenn es Philologen wie Wilhelm Schmid gelang, im Falle Lukians von sprachlicher Seite dieser Abwertung entgegenzuwirken,

---

[25] Ebenda 188.
[26] W. Nestle, *Griechische Geistesgeschichte*, Stuttgart 1944, 505.

blieben die Vorbehalte gerade unter den führenden Altertumswissenschaftlern groß. Zwar konnte Otto Seeck ihn den „geistvollsten Satiriker des Zeitalters" nennen,[27] diesen Platz nahm er jedoch nur im Hinblick auf die 'Geschichte des Untergangs der antiken Welt' ein. Wie 'geistvoll' Lukian im Vergleich mit früheren Schriftstellern gewesen ist, wird nicht erwähnt.

Ließ sich die Geringschätzung der Zweiten Sophistik bis auf F.A. Wolf zurückverfolgen, so stellte sich einigen Altertumswissenschaftlern am Ende des 19. Jahrhunderts die Frage, wie es denn überhaupt zu dem durch Wieland ausgelösten Lukianboom kommen konnte. Nach jahrzehntelanger Nichtbeachtung rücken mehrere Arbeiten die wielandschen Lukianstudien wieder in den Mittelpunkt. Dieses geschieht im Zuge einer Rückbesinnung auf die deutschen Klassiker im letzten Drittel des 19. Jahrhunderts. Das gewachsene Bewußtsein für Nationalliteratur im wilhelminischen Bildungsbürgertum spiegelt sich wider in der Edition der *Deutschen National-Litteratur*, die zwischen 1882 und 1889 in 222 Bänden erschien, wobei Wieland mit sechs Bänden vertreten war.[28] Aber schon die Beurteilung Wielands innerhalb dieser Reihe deutet seine im Vergleich zu Goethe und Schiller untergeordnete Stellung an:

> Es ist ein anderes, ob ein Dichter wirklich das Schöne, Große, Vaterländische erfaßt und darstellt wie Goethe, oder ob er wie Wieland nur als ein Vorläufer allerlei kulturgeschichtliche Bestrebungen aus allen Zeiten und Landen in die Dichtkunst hineinzieht.[29]

Die 'wahren' Klassiker, Schiller und Goethe, erhalten in dieser Reihe 12 bzw. 36 Bände.

Mit dem erneuten Interesse an Wieland fiel der Blick der Forschung auch auf seine ausgiebige Lukianrezeption und ihre Gründe; zwei Arbeiten, Kerstens *Wielands Verhältnis zu Lucian*[30] und Steinbergers *Wieland und Lukian*,[31] untersuchen die Lukianrezeption Wielands und weisen auf die 'Geistesverwandtschaft' zwischen ihm und Lukian hin:

> Lucian und Wieland sind Geistesverwandte. Wieland selbst war sich dessen so sehr bewusst, dass er einmal sagte, während der Uebersetzung des Grie-

[27] O. Seeck, *Geschichte des Untergangs der antiken Welt*, Bd. I, Berlin 1897, 272.
[28] H. Pröhle, *Wielands Werke*, in: *Deutsche National-Litteratur* (Bd. 51-56), Berlin/Stuttgart 1887f.
[29] Ebenda Bd. 51, VI.
[30] F. Kersten, *Wielands Verhältnis zu Lucian*, Progr. Cuxhaven 1900.
[31] J. Steinberger, *Lucians Einfluss auf Wieland*, Göttingen 1902.

chen sei ihm gar oft der Glaube an die Seelenwanderung bis zu einer Art von Täuschung gewachsen.[32]

Kersten wie Steinberger[33] sehen diese Geistesverwandtschaft begründet in der beiderseitigen Affinität zur Satire und im gemeinsamen Streben nach Aufklärung. Darüber hinaus konstatieren sie eine Parallelität der Zeitalter:

> Die Jahrhunderte, in denen sie gelebt haben, das zweite und das achzehnte n.Chr., haben [...] viel Ähnlichkeit mit einander, und man muss sich den Charakter beider vergegenwärtigen, um die Geistesrichtungen beider Männer und ihr Verhältnis zu einander kennen und würdigen zu lernen.[34]

Mit dieser Einschätzung gibt Kersten auch die Erklärung für den Boom in der Lukianforschung, den Wieland ausgelöst hatte: die Affinität des 18. Jahrhunderts zu Lukians Zeit.

Parallel dazu wurde innerhalb der Philologie in literarischer Hinsicht die Frage erörtert, ob ähnliche Zeitumstände ähnliche literarische Formen begünstigten. Rudolf Hirzel sieht in der Gattung Dialog eine Zeiterscheinung, die am ausgehenden 19. Jahrhundert nicht mehr gegeben war, - eine Meinung, die sich bis in das erste Drittel des 20. Jahrhundert behaupten konnte:[35]

> Massenhaft ist der Dialog wohl nur drei Mal erschienen, alle drei Mal in revolutionären Perioden der Weltgeschichte als ein Zeichen und Mittel ihrer geistigen Kämpfe. Das erste Mal war seine Jugend, die das sophistische Zeitalter und die nächsten Jahrzehnte umfasst; dann kam er wieder und beherrschte die Literatur, als die Renaissance und die Reformation hereinbrachen; und endlich ist er noch ein Mal, bis jetzt das letzte Mal in ganzen Schaaren aufgeflogen, da er mithalf an der Aufklärung Friedrichs des Grossen, dem Sturm und Drang und der Romantik unserer Literatur so wie an der englischen und französischen Revolution.[36]

---

[32] Kersten (wie Anm. 30) 5.
[33] Steinberger widmet der Geistesverwandtschaft ein ganzes Kapitel seiner Abhandlung, (wie Anm. 31) 136-143.
[34] Kersten (wie Anm. 30) 5; ähnlich Steinberger (wie Anm. 31) 141: „Begünstigt wurde die Verwandtschaft der Geister durch die Verwandtschaft der Zeitverhältnisse."
[35] Vgl. M. Heep, *Die Colloquia familiaria des Erasmus und Lucian*, Halle 1927, 4: „Für uns ist der Dialog eine mehr oder weniger erstarrte und ungewohnte literarische Form. [...] Das Lesedrama hat ihn verdrängt, die wissenschaftliche Abhandlung ist an seine Stelle getreten, und in der Unterhaltungsliteratur fristet er sein Dasein meist unter fremdem Namen."
[36] Hirzel (wie Anm. 12) 443f.

Mit dieser literarischen Parallelisierung und Betonung der persönlichen Affinität Wielands zu Lukian waren Lukiangegnern gleich zwei Argumente für die Erklärung des Lukianbooms an die Hand gegeben: Zum einen waren beides Erscheinungen des 18. Jahrhunderts, von denen man sich distanzieren wollte und die man funktionalisierte, um gleichzeitig eine Distanzierung von Lukian zu erreichen. Zum anderen wurde Wielands Antikenauffassung - wie schon zu seinen Lebzeiten - abgelehnt und seine Vorliebe für Lukian mit einem Mangel an Verständnis für die klassische Literatur der Griechen begründet.[37]

Ablehnung der Satire

Hirzels Beobachtung des Wiederauflebens des Dialogs im 18. Jahrhundert wurde von Johannes Rentsch aufgegriffen und explizit auf die lukianische Satire angewandt. Für Rentsch war Lukian als Satiriker populär, und seiner Auffassung nach findet sich die Blüte der Satire vor allem in aufklärerischen Perioden. Wielands Lukianbegeisterung kann Rentsch daher aus einem speziellen literarischen und gesellschaftlichen Kontext erklären, der im 19. Jahrhundert nicht mehr vorhanden war; damit hatte auch die Satire in dieser Zeit keinen Platz mehr:

> Mag in unsern Zuständen viel Anlaß zu bittrem Spott zu finden sein, im Ganzen ist doch die Zeit nicht verrottet und entartet, sondern aufwärtsstrebend in derber ehrlicher Arbeit an der Lösung großer, menschenwürdiger Aufgaben, und wo dieser frische Luftzug weht, da ist kein Nährboden für die Satire.[38]

Die Satire wird am Ausgang des 19. Jahrhunderts abgelehnt, der Dialog ist unpopulär,[39] und entsprechend ist Lukians satirischer Dialog als Quintessenz von beidem nicht mehr zeitgemäß. Gleichzeitig konnte man sich vom

---

[37] Vgl. C. Bursian, *Geschichte der classischen Philologie*, Leipzig 1883, 470f.: „Aber ihm [Wieland] selbst fehlte das tiefere Verständniß für den Geist des classischen, insbesondere des griechischen Alterthumes, als dessen höchste Entfaltung ihm die sokratische Kalokagatie des Xenophon [...] und der verständige Lebensgenuß eines Aristippos erschien. [...] Am nächsten stand seiner eigenen Individualität von allen antiken Schriftstellern Lucian."

[38] J. Rentsch, *Lukianstudien*, Progr. Plauen 1900, 40.

[39] Hirzel glaubte sogar, eine „dem Dialog eher widerstrebende als entgegenkommende Natur der Deutschen" erkennen zu können (wie Anm. 12, 443).

18. Jahrhundert distanzieren, das als „verrottet und entartet" eine Affinität zu Lukian aufbauen konnte, die jetzt als unverständlich empfunden wird.[40]

Die generelle Ablehnung der Satire traf neben Lukian auch andere Satiriker wie etwa Horaz. In gewisser Weise hatte Wieland dies vorausgesehen, aber nur vergessen, sich selbst in die Reihe der 'bedrohten' Satiriker miteinzuschließen.[41]

Dabei wird ein wesentliches Problem der Satire in ihrer undeutlichen Gattungsdefinition gesehen. Bruns weist in einer Darstellung der antiken Satire darauf hin, daß bereits die Griechen Probleme mit einer Zuordnung hatten:

> Ihr feiner Formsinn erkannte das proteusartige Wesen dieser Stilart. Jede denkbare Erscheinungsform poetischer oder prosaischer Übung kann plötzlich eine rein satirische Wirkung nehmen [...].[42]

Zum Hauptproblem der Einordnung wird für Bruns die Nähe der Satire zur Invektive.[43] Er sieht diese Entwicklung besonders bei Juvenal und Persius gegeben, aber auch Horaz wird davon nicht freigesprochen.[44] Über den prominentesten Vertreter der Prosasatire, Lukian, äußert Bruns:

---

[40] Entsprechend reagierten die Lukianherausgeber wie J. Sommerbrodt, der bereits 1857 Lukian weniger als Satiriker denn als kulturgeschichtlich wichtig empfahl; der Aspekt der Satire sollte in den Hintergrund treten: „Die Zeugen solcher Zeiten des Verfalls pflegen Satiriker zu sein, und da es im Wesen der Satire liegt, mehr zu erkälten, als zu erwärmen, mehr zu zerstören als aufzubauen, so möchte man sich leicht geneigt finden, diese Darstellungsform der Jugend fern zu halten." (Vorwort zur Ausgabe des 3. Bandes seiner *Ausgewählten Schriften des Lucian*, Berlin 1878²).

[41] C.M. Wieland, *Lucians von Samosata Sämtliche Werke*, Bd. I, Leipzig 1788, XXXVIIf.: „Was berechtigt uns, einen Schriftsteller, bloß weil er die Wahrheit scherzend und lachend sagt, zum Scurra zu machen? und müßten wir nicht, aus gleichem Grunde, einem Horaz, Juvenal, Chaucer, Rabelais, Cervantes, Swift, Sterne, und allen komischen und satyrischen Dichtern überhaupt, das gleiche Urtheil sprechen?"

[42] I. Bruns, „Zur antiken Satire (Besprechung von T. Birt, *Zwei politische Satiren des alten Rom. Ein Beitrag zur Geschichte der Satire*, Marburg 1888)," in: ders., *Vorträge und Aufsätze*, München 1905, 217-227; 221.

[43] Ebenda 226f.: „[...] es ist für keinen Dichter schwieriger, sich auf der Höhe seines poetischen Ideals zu halten, als für den Satiriker. Die eigenbeschaffene dichterische Kraft, die sich über dem Feuer der Gemütserbitterung entwickelt, wird gar zu leicht von diesem nicht erwärmt, sondern ergriffen und verkümmert. Erlahmt aber diese Schaffenskraft, so bleibt nur das verstimmte Gemüt und seine üblen Niederschläge; in der termini der Poetik heißt das: aus der Satire wird die Invektive."

[44] Ebenda 227.

> Ein besonders lehrreiches Beispiel für das Gesagte ist der Grieche Lucian,
> dessen spezifisch satirisches Talent nicht übermäßig stark war und ziemlich
> rasch in einigen gelungenen Schöpfungen verpuffte. Es bleibt nur die Galle
> zurück, und sie erzeugt eine ganze Reihe von Invektiven, die sich nur noch
> episodisch zu der einstigen satirischen Höhe erheben.[45]

Das bei Bruns angesprochene Gattungsproblem wird bereits zu Beginn des
Jahrhunderts ein wichtiges Motiv für den Wandel in der Satirebeurteilung:
Satire wird nicht mehr als Gattung, sondern als literarisches Gestaltungs-
prinzip gesehen, das in verschiedene Gattungen Eingang findet. Hegel betrachtet die Satire als unvollkommene Kunstgattung, deren ästhetischen
Wert er leugnet. In seiner Theorie über das Komische sucht er das satirische Moment, das als das „bloß Prosaisch-Lächerliche" und „Herbe und
Widrige" betrachtet wird, auszuschließen.[46] Dabei verurteilt Hegel die sub-
jektive Willkür des satirischen Individuums und spricht dem Satiriker
ernsthafte Wahrheitssuche ab. In seiner Nachfolge wird das 'ridentem
dicere verum', auf das sich die Satiriker des 18. Jahrhunderts noch berufen
hatten und das Wieland Lukian als charakteristisch zusprach, in Zweifel gezogen; Satriker haben mehr und mehr mit Ablehnung zu kämpfen. Dabei
spielt auch die gesellschaftliche Angst vor sozialen Konflikten in der Zeit
der Restauration eine Rolle, die durch und mit der Satire heraufbeschworen
und ausgetragen wurden.

Die Gefahr einer spottenden Satire sieht auch Jean Paul, für den Satire
nur eine zweitrangige Form des Komischen ist, die eigentlich vermieden
werden sollte.[47] Noch entschiedener wendet sich Friedrich Theodor Vischer
gegen die Satire, deren ästhetischer Wert gänzlich geleugnet wird:

> Streng auszuschließen ist von dem Komischen, also überhaupt von dem
> ästhetischen Gebiete, das Lachen, das aus einem bitteren Affekte hervor-
> geht, namentlich das ärgerliche Lachen des satirischen Ernstes, der Schaden-
> freude und das Meckernde der Frivolität.[48]

---

[45] Ebenda 227.

[46] G.W.F. Hegel, *Ästhetik*, hrsg.v. F. Bassenge, Berlin 1955, 1102. Lukians Satiren findet
Hegel eher langweilig: „Später sehen wir endlich den griechischen Syrer Lukian sich
mit heiterem Leichtsinn gegen alles [...] kehren. [...] Doch bleibt er oft schwatzhaft bei
der bloßen Äußerlichkeit der Göttergestalten und ihrer Handlungen stehn und wird dadurch besonders für uns langweilig." (Ebenda 494).

[47] Jean Paul, *Vorschule der Ästhetik*, in ders., *Sämtliche Werke*, hrsg.v. N. Miller, Bd. V,
Darmstadt 2000, 116: „Es ist ein Zufall, wenn in einem echtkomischen Werke etwas
satirisch scharf ausschlägt; ja man wird davon in der Stimmung gestört."

[48] F.T. Vischer, *Über das Erhabene und Komische*, Stuttgart 1837, 218.

Dieser ablehnenden Haltung gegenüber der Satire liegt die Herausbildung
des entgegengesetzten Begriffs des Humors zugrunde. Er wird von Jean
Paul wie Friedrich Theodor Vischer als höchste Form der Komik gesehen,
die „dem Lachen seine Harmlosigkeit zurückgibt".[49] Anders als der Satiriker habe der Humorist eine Art göttliche Gelassenheit, die ihn die Dinge
der Welt ohne Spott und Bitterkeit betrachten lasse.[50] Humor bestehe im
wohlwollenden Lachen, das negative Urteile über die verlachten Gegenstände ausschließe.

Gleichzeitig wird der politische Charakter der Satire kritisiert. Besonders die Satiren der Vertreter des 'Jungen Deutschland' hatten darunter zu
leiden. Ein neuer Realismus wird gefordert und der Verfremdungscharakter
der Satire als Verzerrung der Wirklichkeit abgelehnt: In einer Rezension
zur zweiten Auflage von Heines *Reisebildern* heißt es:

> In unserer Zeit aber herrscht die Eitelkeit, der man den philosophischen
> Namen der Subjektivität gibt, um sie zu beschönigen. Die Welt soll sich
> nach uns richten, nicht wir nach ihr; sie soll so aussehen, nicht wie sie ist,
> sondern wie sie durch die Brille unsrer Laune erscheint. Der eine malt sie
> rosenfarben, schwarz der andre, und jeder schwört, daß sie so sei. Wenn sie
> aber endlich nicht leugnen können, daß die wirkliche Welt anders ist, als
> wie sie es haben wollen, so rächt sich ihre Eitelkeit durch Spott. Wir sehn
> daher in neuerer Zeit eine Gattung von Spöttern, die scheinbar den alten
> Aristophanen, Lucianen, Juvenalen, Rabelais verwandt, in der Wahrheit
> ganz das Gegenteil von ihnen sind; denn wenn jene Alten, selbst in sich klar
> und voll Ruhe, Besonnenheit und Vernunft, die Widersprüche, das verwor-
> rene unruhvolle Treiben und die Narrheiten andrer schilderten, so zeigen uns
> dagegen viele der Neuern nur ihre eigne Unklarheit, innere Zerwürfnis, Tor-
> heit und Verkehrtheit, darin die übrige vernünftige Welt wie in einem Hohl-
> spiegel erst durch optische Täuschung zur Karrikatur wird. Daher die zahl-
> losen und groben Ungerechtigkeiten unser modernen Hypochonder, die wie
> Börne und Heine, nach dem Vorgang Byrons, nicht selten über unschuldige,
> ja heilige Dinge spotten, und sich, wenn nicht aus Affektation, dann in rei-
> nem Wahnwitz, gerade darin gefallen.[51]

Dieses Lob der alten im Gegensatz zur neuen Satire stützt sich auf eine in
Anspruch genommene 'vernünftige', 'objektive' Behandlung der Narrheiten. Und es ist die Einsicht in die 'echten' Narrheiten, die Lukian im Gegensatz zum 'kranken' Heine zugesprochen wird, die eine Satire überhaupt

---

[49] F.T. Vischer, *Ästhetik oder Wissenschaft des Schönen*, Teil I, München 1922, 522.
[50] Vgl. G. Baum, *Humor und Satire in der bürgerlichen Ästhetik*, Berlin 1959, 45ff.
[51] Morgenblatt (1833), in: *Heinrich Heine. Sämtliche Schriften*, Bd. IV, hrsg.v. K.
      Briegleb, Frankfurt a.M. 1981, 799f.

rechtfertigt. Wer 'heilige Dinge' verspottet, habe den Zweck der Satire verfehlt, der in der Stärkung eben dieser bestehen sollte. Man merkt bei dieser
Satireablehnung die Angst davor, daß die gesellschaftlichen Werte sowie
der versuchte Neuaufbau Deutschlands in der ersten Hälfte des 19. Jahrhunderts in Frage gestellt werden könnten. Die Ablehnung einer politischen
Verwendung der Satire wird ganz deutlich in einer Rezension Wolfgang
Menzels zu Heines *Französischen Zuständen* ausgesprochen.[52]

* * *

Die Anerkennung der Satire der Alten basiert dabei jedoch weniger auf
echter Begeisterung für dieselbe, sondern wird vielmehr für die Kritik an
der zeitgenössischen Satire instrumentalisiert. In philologischen Arbeiten
zur Satire in der ersten Hälfte des 19. Jahrhunderts findet sich vermehrt
eine ablehnende Haltung gegenüber der antiken Satire: So setzt sich Karl
Ludwig Roth zu Beginn der 40er Jahre in zwei Schriften mit der Satire auseinander, wobei er neben seinem Schwerpunkt, der römischen Verssatire,
auch Lukians menippeische Satire behandelt.[53] Roth stellt Lukian dabei
nicht nur qualitativ unter die römischen Satiriker[54] sondern spricht ihm
sogar das Attribut 'Satiriker' ab:

> [...] sed [Lucianum] derisorem esse, non satiricum contendimus.[55]

---

[52] Wolfgang Menzel (1833), *Literatur-Blatt*, in: *Heinrich Heine* (wie Anm. 51), Bd. VI,
761f.: „In den Beziehungen auf Deutschland ist Heine bei weitem nicht so radikal als
Börne, wenigstens lobt er die Personen, wenn er auch die Verhältnisse tadelt. Als Satiriker verliert er dadurch, wenn er die Sache aber aus einem politischen Standpunkt sieht,
so ist freilich die Satire nicht das rechte Mittel, die Philister zu bekehren. Man kann ihm
daher nur vorwerfen, daß er es entweder nur hätte verspotten oder nur freundlich belehren sollen. Die Mischung von Hohn und Anerkennung tut keine gute Wirkung. Wie,
wenn diese geistvollen Spötter es über sich gewinnen könnten, objektiv zu werden,
wenn sie die Persönlichkeiten, und zunächst die eigne, versteckten und nur wie Aristophanes, Lucian, Cervantes und Rabelais dichteten. Jeder Dichter, vor allem aber der satirische, muß, wie der Jüngling in Callot-Hoffmanns Märchen, kein Spiegelbild haben.
Wenn er die Welt in seinem Holspiegel abspiegelt, muß sein eignes Bild das der Welt
nicht decken."

[53] K.L. Roth, *De Satirae naturae*, 1843, in: ders., *Kleine Schriften*, Bd. II, Stuttgart 1874²,
384-410; und *De satirae Romanae indole, eiusquam de ortu et occasu* (1844), ebenda
411-440.

[54] Ebenda (*De satirae Romanae indole*) 434: „Neque vero his [Horaz, Persius, Juvenal]
longe superiorem esse urbanitate et amoenissima dicacitate Lucianum negabimus."

[55] Ebenda 434f.

Den Anspruch, den Roth an einen Satiriker hat, erfüllt Lukian nicht. Ein
solcher müsse seine Satiren in den Dienst des Staates stellen und bessernd
auf die Mitbürger einwirken:

> Satirae enim nervus est propter rempublicam indignari, ita quidem, ut poetae
> animo praestans aliqua effigies salutis publicae obversetur, via quadam certa
> et ratione tuendae atque augendae, quam ille intuens mores omnium felici-
> tati infestos odit et contemnit.[56]

Als Sittenwächter bzw. Staatsdiener sei Lukian nicht zu gebrauchen, da
seine Schriften destruktiv und rein verlachend seien.[57] Ihm fehle die 'ratio
constans', in der Roth den Garanten für die moralische Festigung des
Staates sieht und die das Ziel jeglichen Verlachens sein müsse:

> si verum confiteri non pudet, ridet ille [Lucianus] vitia risus movendi causa,
> non ad refocillandam, quae interierat, virtutem Romanam.[58]

Roth stellt dem 'derisor flagitiorum' Lukian die 'scriptores satirarum' entgegen,[59] bei denen es sich um die römischen Verssatiriker handelt. Diese
seien am Aufbau und an der Verbesserung der *res publica* interessiert gewesen, wogegen Lukian keinerlei restaurative Tendenzen gezeigt habe. Mit
dieser Auffassung macht Roth den Versuch einer Abkehr von Jacobs
Ansatz, Lukian für den Staat als Erzieher zu vereinnahmen. Dabei teilt er
zwar Jacobs Grundabsicht, antike Satiriker für den Aufbau des Staates
nutzbar zu machen und sieht wie dieser die römische *res publica* als Vorbild, doch Lukian sei dazu ungeeignet: Ein Staat nach römischem Vorbild
könne nur durch römische Satiriker reformiert werden. An Lukians Stelle
treten bei Roth entsprechend Horaz, Persius und Juvenal. Mit dieser Abhandlung kam von philologischer Seite ein Angriff zwar nicht gegen die
Satire schlechthin, wohl aber gegen Lukian als Satiriker. Zieht man die
wachsende Abneigung gegen die Satire als Literaturform im Verlauf des
19. Jahrhunderts hinzu, so kann die generelle Ablehnung Lukians nicht ver-
wundern.

---

[56]   Ebenda 435.
[57]   Ebenda.
[58]   Ebenda; vgl. auch 436: „Luciano equidem mores vitiis ridendis corrigere non magis
       cordi fuisse crediderim [...]."
[59]   Ebenda 436.

Lukian und Heine

Wurde die Ablehnung der zeitgenössischen Satiriker im ersten Drittel des
19. Jahrhunderts noch vielfach mittels einer Kontrastierung mit den antiken
Vorbildern vorgenommen, so schlug das Pendel nach und nach auf letztere
zurück, indem sie umgekehrt mit den zeitgenössischen, abgelehnten Satirikern auf eine Stufe gestellt und somit gleichfalls kritisiert wurden. Für
Lukian bedeutete das den vielfach gezogenen Vergleich mit Heinrich
Heine, an dessen Anfang eine der wenigen kreativen Lukianrezeptionen im
19. Jahrhundert steht: *Heines Ankunft im Schattenreich* von Luise Hoffmann aus dem Jahr 1857.[60] Die Szene ist einem der lukianischen *Dialogi
Mortuorum* nachgebildet: Der gerade verstorbene Heine wird freudig von
Charon übergesetzt, denn „geistreiche Menschen kommen so wenige zu
uns herunter, und der Schafsköpfe so viele".[61] Es stellt sich heraus, daß
Charon ein eifriger Heine-Leser ist, der die zahlreichen, von den Verstorbenen am Ufer zurückgelassenen Schriften des populären Satirikers in den
kurzen Pausen, die ihm seine Arbeit läßt, liest. Auf Heines Frage nach der
Situation in der Unterwelt, verweist ihn Charon auf drei Unterweltsplätze:
Zu Heines und des Lesers Erstaunen gibt es zum Elysium, in dem als pro-
minentester Vertreter Schiller weilt, noch eine Steigerung an Glückseligkeit, den Olymp, der von Goethe einsam bewohnt wird. Heine selbst drohe
jedoch wegen seiner verderblichen Schriftstellerei ein Platz in der qualvol-
len Unterwelt. Es kommt zum Prozeß, bei dem sich Heine verantworten
muß; die Ankläger sind so zahlreich wie die Anklagepunkte:

> [...] denn du lehrtest Hohn allen Religionen, Verläugnung des Vaterlands,
> Lösung der Ehe, Entsittlichung der Liebe, Treulosigkeit in der Freundschaft,
> Mißachtung der Gesetze. Du vernichtetest und zerfleischtest mit dem grau-
> samsten Spott alles, was den Menschen heilig ist.[62]

Ehe Heine aufgrund dieser gewichtigen Vorwürfe seiner gerechten Strafe
zugeführt werden kann, erscheint noch eine Anzahl Verteidiger, unter ihnen
Lukian,[63] der folgende Argumente für den Angeklagten ins Feld führt:

---

[60] L. Hoffmann, „Heines Ankunft im Schattenreich," in: *Album des literarischen Vereins
in Nürnberg*, Nürnberg 1857, 236-250.
[61] Ebenda 239.
[62] Ebenda 243.
[63] Ebenda 244: „Es treten aus den Schatten Aristophanes, Lucian, Boccaccio, Swift,
Voltaire, Byron und ein Verhüllter [Börne] heraus."

> Wie willst du, o Herr, mit ihm zürnen, da diese Mischungen seines Körpers
> so zusammengesetzt waren, daß er nothwendig der werden mußte, der er
> war? Oder wie kannst du ihm zürnen, da er aus meinen Schriften lernen
> konnte, daß hier unten weder Stand noch Schönheit noch Reichtum noch
> Wollust ist, sondern nur nackte Todtenschädel? Sollte er als Epikureer nicht
> auf Erden das zu genießen suchen, was ihm der Tod alles entreißt?[64]

Mit der Einführung Lukians als Verteidiger knüpft Hoffmann an die schon
zu Heines Lebzeiten oft gezogene Verbindung Lukian-Heine an: Dieser
habe seine Schändlichkeit von Lukian, insbesondere von dessen *Dialogi
Mortuorum* geerbt.

Lukian nimmt in der *Ankunft Heines im Schattenreich* zwar keine domi-
nante Rolle ein, aber mit der Gestaltung der Unterweltsfahrt nach dem
Muster der Dialoge *Necyomantia* und *Cataplus* gelingt Hoffmann auch
formal eine Parallelisierung Heines mit dem Griechen. Auch die Tatsache,
daß von allen als Verteidiger auftretenden Satirikern nur Lukian für sich in
Anspruch nimmt, daß Heine aus seinen Schriften gelernt habe, weist auf die
beabsichtigte engere Verbindung der beiden Figuren hin.

* * *

Im Anschluß an Hoffmanns Schrift wird die Parallele 'Lukian-Heine'
immer öfter von Kritikern Lukians gezogen, um diesen abzuqualifizieren.
Die 'wahrheitssuchende' Satire, die man im 18. Jahrhundert bei Lukian
fand, wird so zu einem nihilistischen Spottvehikel nach dem Muster
Heines. Dabei richtete sich die Kritik vor allem gegen den verderbten Charakter beider Schriftsteller: Mangel an Gesinnung und sittlichem Ernst
lauten die Vorwürfe gegen die 'Spottdrossel im deutschen Dichterwald'
Heine und dessen griechisches Pendant Lukian. Rudolf Helm faßt dies zu
Beginn des 20. Jahrhunderts wie folgt zusammen:

> Man hat ihn [Lukian] mit Euripides, dem Aufklärer, vergleichen wollen, mit
> dem doch die einzige Übereinstimmung darin besteht, daß sich die gleiche
> Legende an beider Tod geheftet hat. Man hat ihn mit Ulrich von Hutten zu-
> sammengestellt. Beide hatten einen heiligen Ernst, der dem leichtfertigen
> Syrer abgeht; [...] Ein passenderer Vergleich drängt sich auf, obschon auch
> er hinkt wie alle Vergleiche, der mit Heinrich Heine, der Spottdrossel im
> deutschen Dichterwalde, der ihm nur an Charakterlosigkeit, an Genialität
> und Originalität, aber auch an Malice weit überlegen ist.[65]

---

64 Ebenda 245.
65 R. Helm, *Lucian und Menipp*, Leipzig/Berlin 1907, 6f.

In Anlehnung an diese Haltung sieht Wilhelm Capelle die Parallele zwischen Lukian und Heine im mangelnden ethischen Gehalte beider Schriftsteller.[66] Wie Helm wertet er Lukian gegenüber Heine ab, wenn er mit Blick auf Lukians *Imagines* sagt:

> So läßt sie [die Schrift über die Bilder] uns nur in einen Abgrund von Gesinnungslosigkeit blicken wie er selbst von Heine nur selten gezogen wird.[67]

Im ausgehenden 19. Jahrhundert wurde versucht, die Gattung Satire und ihre Vertreter mit allen Mitteln zu diskreditieren. Zahlreiche Altphilologen machten sich dabei den schlechten Ruf eines Satirikers ihres Jahrhunderts, Heinrich Heine, zunutze, den sie auf Lukian übertragen konnten. Dabei ist der mangelnde Ernst und die Charakterlosigkeit, die beiden vorgeworfen werden, nicht nur aus dem Inhalt ihrer Satiren zu erklären, sondern beruht auch auf der Ablehnung Heines als Juden und Lukians als Semiten.

Antisemitische Tendenzen

Einem Satiriker war nichts heilig; an dieser Stelle setzt die Kritik Eduard Nordens ein, der in seinem Epoche machenden Werk *Die antike Kunstprosa* (Leipzig 1898), das bis 1958 in fünf Auflagen weite Verbreitung fand, Lukian scharf angreift. Norden kontrastiert ihn mit Plutarch:

> Der Widerpart dieses für das Hohe und Edle begeisterten Mannes mit dem tiefen Gemüt ist Lukian, der so wenig Gemüt besaß wie Voltaire, Wieland oder überhaupt irgendein ἄθεος.[68]

Nordens Kritik an Lukian, seinem Übersetzer Wieland und dem französischen Pendant Voltaire als ἄθεοι richtet sich gegen sie als Satiriker, die dem Verlangen nach sittlichem Ernst, den Sommerbrodt, Wichmann und Jacobitz zumindest bei Lukian noch zu erkennen meinten, nicht gerecht wurden. Auch Rentsch macht in ähnlicher Weise wie Norden auf diesen Mangel an bürgerlicher Tugend aufmerksam:

---

[66] Capelle (wie Anm. 8) 619: „Daß Lukian mit seinen Satiren zugleich hat bessern und belehren wollen, wie noch hier und da behauptet wird, ist eine unhaltbare Ansicht. Ebensogut könnte man Heine ethische Absichten zuschreiben."
[67] Ebenda 621.
[68] E. Norden, *Die Antike Kunstprosa*, Darmstadt 1958⁵, 394.

Lessing besaß, was Lukian und Voltaire fehlte, lautere, tiefernste Ehrfurcht
vor dem Unerforschten und, was mehr ist, ein edles, warmes Herz, ohne das
doch schließlich auch ein reiches Talent wie Lukian nichts ist als - ein tö-
nendes Erz und eine klingende Schelle.[69]

Dieses Absprechen von sittlichem Ernst[70] führt bei Norden zu einer Äußerung, mit der er den Weg frei macht für eine rassistische und teilweise gezielt antisemitische Diskussion um Lukian. Er nennt ihn einen „leichtfertigen Syrer" und „Orientalen ohne Tiefe und Charakter".[71] Norden, selbst jü-
discher Herkunft, betrat mit dieser Aussage schwankenden Boden. Die
Vorwürfe von Gesinnungs- und Charakterlosigkeit in Verbindung mit antisemitischen Tendenzen häuften sich. Das Vokabular ähnelt dem der anti-
jüdischen Kampagne in Deutschland zu dieser Zeit: Johannes Geffcken
bezeichnet Lukian als „ekelhaften Semit",[72] und Houston Stewart
Chamberlain betrachtet Lukians Zeit als „bastardisierte, verkommene,
entartete Welt";[73] Lukian wird exemplarisch herausgestellt:

> Er dient mir als typisches Beispiel dafür, daß in einem nationalitäts- und
> rassenlosen Chaos selbst hohe geistige Veranlagerung nichts wahrhaft
> Großes und Bleibendes hervorzubringen vermag.[74]

Nur Abkömmlinge einer reinen Rasse könnten im eigentlichen Sinne kreativ
sein; ein 'Bastard', selbst wenn er es versuchte, sei zum Scheitern verurteilt. Alles, was ein Lukian dabei finden konnte, sei die eigene Person, d.h.
„einen begabten syrischen Mestizen, einen Bastard aus fünfzig ungeklärten
Blutmischungen".[75]
    Chamberlain war der Ansicht, daß Lukian aufgrund seiner Geburt auch
keine tiefen religiösen und philosophischen Gedanken haben konnte. Diesbezüglich erklärt er jegliche anders lautende Forschungsmeinung *a priori*
für falsch:

---

[69] Rentsch (wie Anm. 38) 14.
[70] Ein weiteres Beispiel für diese Haltung findet sich in Hermann Schillers *Geschichte der
      Römischen Kaiserzeit*, Bd. I.2, Gotha 1883, 695: „In diesen Fragen musste er noch voll-
      ends vernichten, was dringend der Stütze und der Hebung bedurft hätte. Aber letzteres
      zu erreichen, war freilich auch Lucian nicht der Mann; der tiefe sittliche Ernst, der hier-
      zu nötig gewesen wäre, und der feste eigene Glaube fehlten ihm."
[71] Norden (wie Anm. 68) 394.
[72] J. Geffcken, *Zwei griechische Apologeten*, Leipzig 1907, 90.
[73] H.S. Chamberlain, „Lucian," in: *Die Zukunft* 26, 1899, 426-433; 432.
[74] Ebenda 427.
[75] Ebenda 432.

> Alle Philologen der Welt mögen versichern, Lucians Bemerkungen über Religion und Philosophie seien tief, er sei ein kühner Kämpfer gegen Aberglauben usw.; nie werde ich es ihnen glauben. Lucian war ja unfähig, zu wissen, was Religion, was Philosophie überhaupt sind.[76]

Der antisemitische Charakter von Chamberlains Schrift zeigt sich weiter in der Verwendung des Stereotyps vom geldgierigen Juden, das er auf Lukian anwendet. In seinem Urteil über Lukians autobiographischen Dialog *Somnium sive Vita Luciani* führt er aus, daß der Beweggrund für Lukians Wahl, die Rhetorenlaufbahn einzuschlagen, Geld und Ruhm gewesen seien; in der Folge sei Geld die Antriebsfeder für alle Entscheidungen gewesen, die Lukian traf. Chamberlains rassistische Ansichten wurden weiter verbreitet durch sein im Vorfeld der Nazizeit in zahlreichen Auflagen erschienenes Buch *Die Grundlagen des 19. Jahrhunderts*, in das er den Artikel über Lukian integrierte. Chamberlain verstärkt dort seine antismitischen Äußerungen und fordert eine „Ausscheidung alles Semitischen aus unserer eigenen Seele".[77]

Zur gleichen Zeit führt der deutsch-national gesinnte Wilhelm Capelle diese Diskussion fort, in der er den 'syrischen Literaten' Lukian zusammen mit dem 'gesinnungslosen' Heine als für Christen verabscheuungswürdig darstellt[78] und resümiert:

> Darum kann er [Lukian] germanisches Wesen auf die Dauer nicht ansprechen.[79]

Auch in Hermann Schillers *Geschichte der Römischen Kaiserzeit* aus dem Jahr 1883 wird die Abwertung Lukians mit dem Hinweis begründet, er sei Syrer.[80]

---

[76] Ebenda 432.
[77] H.S. Chamberlain, *Die Grundlagen des 19. Jahrhunderts*, München 1903, Vorrede zur 4. Auflage, XLVII.
[78] Capelle (wie Anm. 8) 618: „Und in Wahrheit muß sich nicht nur das christliche, sondern überhaupt jedes tiefere Empfinden durch die Tendenz der meisten Satiren abgestoßen fühlen."
[79] Ebenda 619.
[80] Schiller (wie Anm. 70) 695: „Er war Syrer, aus Samosata, und blieb dem Charakter seines Volkes in der Eitelkeit treu, mit der er nie seiner selbst vergessen hat, und auch an der Aufschneiderei der Syrer fehlte es bei ihm nicht."

Die Quellenforschung Rudolf Helms

Im Zusammenhang mit den oben genannten Entwicklungen, besonders der Geringschätzung der Zweiten Sophistik, wurde an Lukian die Frage nach der Originalität herangetragen, und Untersuchungen über mögliche Vorbilder setzten ein. Hirzel beurteilte Lukian diesbezüglich noch relativ positiv:

> So ist er [Lukian] der Restaurator nicht blos des Dialogs und der Komödie, sondern auch der Menippea geworden, in allen drei Fällen nicht sklavisch nachahmend sondern selbstständig nachschaffend. [...] Er hat nicht 'abgeschrieben', nicht von Menipp und nicht von den Komikern.[81]

Demgegenüber waren andere Forscher wesentlich kritischer, und Hirzels Anspielung auf den Plagiat-Vorwurf kann als ein Indiz für die Verbreitung dieser Ansicht gewertet werden, wie sie etwa Johannes Rentsch zur selben Zeit äußert:

> Beide [Lukian und Voltaire] sind nicht skrupelös in der Benutzung von Vorgängern.[82] [...] Lucian, [...] der einseitige, hochmütige Rhetor, reitet sozusagen ohne wissenschaftlichen Schluß auf Balance; seine Kentnisse sind oberflächlich, sein Horizont enger begrenzt; ohne solide Methode verläßt er sich auf seinen gesunden Menschenverstand.[83]

Keine Methode, keine wissenschaftliche Schlüsse - von hier ist der Schritt nicht weit zu der Haltung Rudolf Helms, der - beeinflußt durch seinen Berliner Lehrer Wilamowitz - zu beweisen suchte, daß Lukian in der Tat ein zweitklassiger Schriftsteller gewesen sei.[84] In seiner Arbeit fließen die oben genannten negativen Tendenzen zusammen: Helm teilt Bernays' Ansicht der 'nihilistischen Öde' bei Lukian[85] und knüpft in der Frage der Satirebeurteilung wie in der Beurteilung der Zweiten Sophistik nahtlos an seine Vorgänger an.[86] Lukian ist ein für ihn ein ruhmsüchtiger Sophist:[87]

---

[81] Hirzel (wie Anm. 12) 276.
[82] Rentsch (wie Anm. 38) 14.
[83] Ebenda 6.
[84] R. Helm, *Lucian und Menipp*, Leipzig/Berlin 1906.
[85] Ebenda 9: „Auf die Dauer befriedigt der Geist, der stets verneint, nicht."
[86] Helm vergleicht Lukian geringschätzig mit Heine, der „Spottdrossel im deutschen Dichterwald". (Ebenda 7).
[87] Ebenda: „Wie ein echter Sophist haschte er nach dem Erfolg und dem Ruhme, ganz gleich wie er sein Ziel erreichen konnte."

An Lucian ist ja immer etwas von der Eierschale der Sophistik hängen ge-
blieben; wie die Sophistik nach Brot ging gleich der Dichtkunst in manchen
Epochen der Literaturgeschichte, so hat auch er den Mantel nach dem
Winde zu hängen gewußt.[88]

Schließlich ist auch Helm von Vorurteilen gegenüber Lukians Herkunft
nicht frei, wenn er ihn in der aufgezeigten Diskussion im Vergleich mit Euripides und Ulrich von Hutten als „leichtfertigen Syrer" abqualifiziert.[89]

Von all diesen Kritikpunkten beeinflußt will Helm die Lukiandiskussion
endgültig beenden und erhofft sich, dies durch die wissenschaftliche Methode der Quellenforschung erreichen zu können. Der Glaube an die Quellenforschung als objektive Methode wissenschaftlicher Forschung war innerhalb der Altertumswissenschaft zu seiner Zeit ungebrochen.[90] Helm setzt
dabei in seiner Monographie die Tendenz seines Artikels über *Lukian und
die Philosophenschulen* fort, in dem er nachzuweisen versuchte, daß
Lukian kein Philosoph war. Die Quellenforschung soll ihm helfen, Lukian
die noch verbliebenen positiven Seiten, die 'neue' literarische Form und die
'originellen' satirischen Ideen abzusprechen, die er epigonenhaft übernommen habe.

Helms vordergründiges Ziel ist es, die verlorenen Werke Menipps von
Gadara aus Lukians Werken herauszudestillieren. Die Anwendung der
Quellenforschung auf Lukian zu diesem Zweck war nicht neu; es gab Vorläufer wie E. Wasmansdorff.[91] Während diese den Wert Lukians als Schriftsteller jedoch nicht reduzierten,[92] mißbrauchte Helm, verleitet durch seine

---

[88] Ebenda 7.
[89] Ebenda 6: „Man hat ihn mit Euripides, dem Aufklärer, vergleichen wollen, mit dem
doch die einzige Übereinstimmung darin besteht, daß sich die gleiche Legende an beider
Tod geheftet hat. Man hat ihn mit Ulrich von Hutten zusammengestellt. Beide hatten
einen heiligen Ernst, der dem leichtfertigen Syrer abgeht."
[90] Das Bewußtsein, mit der Quellenforschung ein Instrument der exakten Wissenschaften
und damit einen bedeutenden Fortschritt gegenüber dem 18. Jahrhundert errungen zu
haben, spricht auch aus Rentschs *Lukianstudien* (wie Anm. 38) 40: „Wo der bel esprit
des 18. Jahrhunderts seiner Phantasie die Zügel schießen ließ und von den Geheim-
nissen des Natur- und Seelenlebens, von Weltordnung und Unsterblichkeit so bezau-
bernd und oft so frivol zu plaudern wußte, da bleiben wir, trotzdem wir gewiß das Zeitalter Voltaires in Umfang des Wissens, Tiefe der Ideen und mächtigen Gedankenkämp-
fen überflügelt haben, mit einem resignierten Ignorabimus vor dem Unerforschlichen
halten, sobald wir den Boden des Exakten nicht mehr unter den Füßen fühlen."
[91] E. Wasmansdorff, *Luciani scripta ea, quae ad Menippum spectant, inter se comparantur et diiudicantur*, Jena 1874.
[92] So auch die Arbeit von T. Kock, „Lucian und die Komödie," in: *Rheinisches Museum*
43, 1888, 29-59, der Lukians Abhängigkeit von der Neuen Komödie aufzeigt, ihm dabei

Vorurteile,[93] die Methode der Quellenforschung, um die Mittelmäßigkeit Lukians als Autor zu beweisen. Seine Analyse beginnt mit der Annahme, daß Lukian die Werke Menipps gekannt und benutzt habe. Dabei versucht er zu zeigen, welche Werke direkt von Menipp abgeschrieben wurden (diese besitzen für ihn einen relativ hohen Stellenwert, da sie an das Original heranführen) und welche später auf deren Grundlage variiert wurden (diese sind naturgemäß schlechte Nachahmungen). Inhaltlich gute und geistreiche Stücke Lukians sind für Helm per se verdächtig und werden Menipp zugeschrieben, während, wie im Fall des *Iuppiter confutatus*, „das Fehlen des eigentlichen Charakteristikums menippeischer Satire, das Farblose des Ganzen, die Oberflächlichkeit der Gründe"[94] Hinweise auf eine Eigenschöpfung Lukians seien.

Die wesentliche Stütze für Helms Analyse ist das Philosophenlexikon des Diogenes Laertius, der Menipp dreizehn Werke zuschreibt, von denen er sechs mit Titel nennt.[95] Besonders unter Berücksichtigung der ersten drei Titel sucht Helm Lukians Abhängigkeit zu zeigen und tut dies mit dem Verweis auf andere Vertreter der menippeischen Satire, aus denen Lukian ebenfalls geschöpft habe. In seiner Darstellung ordnet Helm die Texte so an, wie seiner Ansicht nach Lukian gearbeitet hat: Auf das menippeische Original folgt seine lukianische Variation. So stellt er nach der Analyse der

---

jedoch einen Rest eigener Originalität läßt (51): „Denn wie stark auch immer die Anleihen mögen gewesen sein, welche die nachchristlichen Sophisten bei den Schriftstellern der klassischen Zeit machten, so kümmerlich ist es um die Originalität Lucians wenigstens nicht bestellt, dass man glauben könnte, er habe eine ganze Komödie einfach in Prosa abgeschrieben." Im Gegenteil: Die zahlreichen Quellenforschungen zu Lukians Abhängigkeit von der attischen Komödie zeigen im Ergebnis nicht sein Epigonentum oder die mangelnde Originalität, sondern „[...] gerade der Umstand, daß sich die Anlehnungen an Aristophanes und seine Kunstgenossen im einzelnen so schwer überzeugend nachweisen lassen, zeigt, mit wie viel Geschick und Selbstständigkeit zugleich Lukian das Gelernte zu benützen wußte." Zu diesem Schluß kommt P.I. Ledergerber in seiner Studie *Lukian und die altattische Komödie*, Einsiedeln 1905, 136.

[93] Helm meint den Charakter Lukians erkennen zu können, über den er sagt (wie Anm. 84) 7: „Er [Lukian] war kein Charakter, und das setzt sein Verdienst ohne Zweifel wesentlich herab und trägt auch heute noch dazu bei, das Urteil über ihn negativ zu beeinflussen."

[94] Ebenda 130.

[95] Diogenes Laertius VI 101: Τὰ δ' οὖν τοῦ κυνικοῦ βιβλία ἐστὶ δεκατρία, Νέκυια, Διαθῆκαι. Ἐπιστολαὶ κεκομψευμέναι ἀπὸ τοῦ τῶν θεῶν προσώπου. Πρὸς τοὺς φυσικοὺς καὶ μαθηματικοὺς καὶ γραμματικοὺς καὶ Γονὰς Ἐπικούρου καὶ Τὰς θρησκευομένας ὑπ' αὐτῶν εἰκάδας. Καὶ ἄλλα.

Necyomantia zunächst deren Vorbild, die menippeische *Nekyia*, heraus, ehe er diese wiederum mit Lukians Schrift vergleicht, was deutlich mache:

> [...] er [Lukian] zerpflückt Menipps Satiren; [...] was er dann bei der einen Gelegenheit nicht verwerten konnte, putzte er später in irgend einer Weise auf und gestaltet es zu einem eigenen Dialog.[96]

Lukians eigene Dialoge nähmen an Qualität ab, je weiter der ursprüngliche Stoff 'zerpflückt' werde. Entsprechend gering veranschlagt Helm auch Lukians eigenes Repertoire an Ideen; die wenigen, die er aus Menipp entwickelt habe, würden bis zum Exzeß variiert, ohne Neues hinzuzufügen.[97]

Am Ende seiner Analyse glaubt Helm feststellen zu können, daß Lukians Wert einzig der eines literarischen Zwischenhändlers sei, der uns den Zugang zu Menipp, dem Original und Schöpfer der menippeischen Satire, ermögliche. Wie ein Märchenprinz rühmt er sich, „durch das Gestrüpp bis ins Schloß zu dringen und den Zauber so weit zu lösen, daß man den Schimmer ihrer Gestalt mit den Augen wahrnehmen und den Reiz ihrer Erscheinung [der Satire Menipps] empfinden kann.“[98] Sobald man zu Menipp vorgedrungen sei, könne man Lukian beiseite legen.

Helms Buch beginnt mit dem Ergebnis: „Lucian ist nicht der Größten einer.“[99] Mit diesem durch die Quellenforschung 'bewiesenen' Dictum setzt er dem Bestreben vieler Herausgeber der lukianischen Werke, ihn unter die Klassiker zu integrieren, endgültig ein Ende, zumal in Deutschland der Glaube an die Quellenforschung als wissenschaftliche Methode zu dieser Zeit unerschüttert ist.

Dabei ist Helms Anwendung der Quellenforschung in vielerlei Hinsicht problematisch und fragwürdig. Eine Inkonsequenz fällt sofort ins Auge: Helm will das Original entdecken, das er per se als qualitativ hochstehend beurteilt. Als Gewährsmann dafür dient ihm allein Diogenes Laertius, dessen Glaubwürdigkeit er voraussetzt. Doch womöglich hat Helm mit seiner Quellenforschung gar nicht die Werke Menipps gefunden, sondern die des Dionysios und des Zophyros von Colophon; denn von diesen

---

[96] Helm (wie Anm. 84) 79.
[97] Ebenda 16: „Wie gering im ganzen das Repertoire ist, das Lucian zu Gebote steht, wie er dieselben Gedanken wieder und wieder verarbeitet [...] wie er die gleichen Motive wendet und dreht und sie nach allen Seiten benutzt, ehe er sie endgültig beiseite wirft. Wer das betrachtet, wird Lucians eigene Fähigkeiten zu poetischer, phantastischer Gestaltung nicht gar zu hoch anschlagen.“
[98] Ebenda.
[99] Ebenda 1.

berichtet Diogenes Laertius, daß einige Quellen ihnen die unter Menipps Namen bekannten Werke zuschreiben. Eine weitere Inkonsequenz besteht darin, daß Helm bei seiner persönlichen Kritik an Lukian als charakterlosem Menschen, wohl auch dessen Vorbild verurteilen müßte, von dem Lukian nicht nur die literarischen Formen und Ideen, sondern auch den schändlichen Charakter geerbt haben könnte.[100]

* * *

Die verheerende Wirkung, die Helms Buch für die Lukianforschung hatte, spiegelt sich bereits in einer kurz darauf erschienenen Arbeit von Theodor Litt wider, der im Jahr 1909 feststellt:

> Besonders ist das Urteil über Lucian ins Wanken gekommen, seitdem der Umfang des unbestrittenen geistigen Eigentums innerhalb seiner Schriften immer kleiner geworden ist.[101]

Litt bemerkt mit Blick auf Helm, daß man geneigt sei, Lukians Äußerungen eigenen Denkens als unerheblich zu betrachten,[102] was nur durch eine Abkehr von der Quellenforschung geändert werden könne:

> Es scheint aber nachgerade an der Zeit, daß man Lucians Dialoge wieder einmal unter diesem Gesichtspunkt prüfe und [...] nunmehr aus sich selbst heraus interpretiere: vielleicht, daß dann doch dem echten Lucian etwas mehr an Eigengut verbleibt, als man ihm neuerdings lassen will.[103]

Zu einem solchen Wandel in der Lukianbetrachtung sollte es jedoch nicht kommen, da Helms Ansichten in der Folge sowohl an den Schulen als auch in der Gesellschaft und der eigenen Fachdisziplin weiter verbreitet wurden: Es grenzt schon an Ironie, daß ausgerechnet Helm, der entschiedene Lukiangegner, im Jahr 1907 eine neue Auflage der Schulausgabe Lukians von Sommerbrodt, dem wichtigsten Lukianbefürworter des 19. Jahrhunderts, herausgibt - ein Faktum, das Helms überragende Stellung in der Lukianforschung seiner Zeit unterstreicht.

---

[100] Vgl. Diogenes Laertius VI 100, wo Menipp als skrupelloser Geldverleiher charakterisiert wird.

[101] T. Litt, *Lucians philosophische Entwicklung*, Progr. Köln 1909, 4.

[102] Ebenda.

[103] Ebenda 5.

Aus Gründen der Pietät läßt Helm Sommerbrodts Namen als Herausgeber stehen, setzt sich aber inhaltlich von dessen Lukianbild ab: Für ihn ist der Grieche „der unerbittlich forschenden Wissenschaft zum Opfer gefallen".[104] Mit Blick auf seine ein Jahr zuvor erschienene Monographie weist Helm darauf hin, daß diese Ausgabe für absehbare Zeit wohl die letzte ihrer Art gewesen sei.[105] Zwar kann er als Herausgeber nicht umhin, die Hoffnung auszusprechen, daß das Buch zu einer verstärkten Lukianlektüre an den Schulen führen werde,[106] aber dies entsprach genauso wenig seiner Intention wie der seines Rezensenten Wilhelm Capelle, der im Jahr 1914 die Stellung Lukians als Schulautor mit den Worten kommentierte:

> Wir vermögen aus den Schätzen der griechischen Literatur unseren Primanern eine solche Fülle des Köstlichen zu bieten, daß da für den geistigen Nihilisten [Lukian] weder Zeit noch Neigung bleibt.[107]

Fand sich Lukian in den 90er Jahren des 19. Jahrhunderts noch häufig auf den Lehrplänen von Gymnasien,[108] so verschwinden seine Schriften zu Beginn des 20. Jahrhunderts nach und nach aus den Schulen.[109] Weitere Auflagen von Sommerbrodts Schulauswahl werden nicht mehr gedruckt. Zwar nimmt Wilamowitz Lukian noch in sein 1900 erschienenes *Griechisches Lesebuch* auf,[110] das in Preußen zur Pflichtlektüre für die Sekunda und Prima wird,[111] aber nur in einer 'entschärften' Version: Er bringt ein Stück

---

[104] *Ausgewählte Schriften des Lucian; erklärt von Julius Sommerbrodt*, Bd. II, 3. Auflage neu bearbeitet von R. Helm, Berlin 1907, Vorrede.

[105] Ebenda: „[...] während es sehr fraglich ist, ob für die andern beiden [Bände] in absehbarer Zeit die Notwendigkeit einer Erneuerung sich einstellen wird."

[106] Ebenda: „Mir wäre es eine Freude, wenn diese Ausgabe dazu beitrüge, daß Lucian sich wieder etwas mehr Boden erobert als er augenblicklich besitzt."

[107] Capelle (wie Anm. 8) 622.

[108] Vgl. H. Christ / H.G. Rang, *Fremdsprachenunterricht unter staatlicher Verwaltung 1700-1945*, Tübingen 1985, 258, sowie A. Fritsch (Hg.), *Die altsprachliche Schullektüre in Deutschland von 1918 bis 1945*, Berlin 1990, der für den gesamten Zeitraum 16 Titel vornehmlich einzelner Dialoge zu Lukian führt - eine Anzahl, die allein in den Ausgaben Sommerbrodts und Jacobitz' aus der zweiten Hälfte des 19. Jahrhunderts übertroffen wird.

[109] Auch in den Methodiken des altsprachlichen Unterrichts wird Lukian nicht mehr empfohlen; die 1930 erschienene populäre *Methodik des altsprachlichen Unterrichts* (Frankfurt a.M.) von M. Krüger integriert ihn nicht in den Lektürekanon für den Griechischunterricht. (Ebenda 221-239).

[110] U.v. Wilamowitz-Moellendorff, *Griechisches Lesebuch*, Bd. I (Text), Berlin 1900, 12ff.

[111] Vgl. Christ / Rang (wie Anm. 108) 267f.: *Erlaß für die preußischen Gymnasien*: „Das griechische Lesebuch, dessen Benutzung die Lehrpläne und Lehraufgaben von 1901 für

aus den *Verae Historiae* mit dem Hinweis, daß es nicht die sonst bei Lukian typischen „parodischen" Züge trage und deshalb „statt eines Originals dienen könne".[112]

* * *

Gegenüber der ständig wachsenden Kritik an Lukian innerhalb der Altertumswissenschaft und den entsprechend negativen Auswirkungen auf die Schullektüre, schien das gesellschaftliche Interesse an diesem Autor in einer mit Lukianlektüre vertrauten Generation zunächst ungebrochen zu sein; in kurzer Folge erschienen zu Beginn des 20. Jahrhunderts zahlreiche Übersetzungen in Neuauflagen: 1902 wird August Paulys Übersetzung zum zweiten Mal aufgelegt,[113] zwei Jahre später erscheint ein Neudruck von Fischers Lukianübersetzung[114] und schließlich wird in der Reihe *Klassiker des Altertums* die Übersetzung Wielands von Hans Floerke neu herausgegeben.[115] Parallel dazu findet sich in Bühnenbearbeitungen[116] und populären Nachschlagewerken ein positives Lukianbild: Der Artikel zu Lukian in *Meyers Konversationslexikon* wird mit den Worten eingeleitet:

> Lukianos; ausgezeichneter griechischer Schriftsteller und eklektischer Philosoph.[117]

---

die Klassen Secunda und Prima in Aussicht nehmen, ist von Ulrich von Wilamowitz-Moellendorff fertig gestellt worden. [...] Das Königliche Provinzial-Schulkollegium ermächtige ich, etwaige Anträge auf Einführung dieses Lehrbuches, von dessen Benutzung ich mir eine wirksame Förderung des griechischen Unterrichts im Sinne des Allerhöchsten Erlassen vom 26. November 1900 verspreche, selbstständig zu genehmigen."

[112] Wilamowitz (wie Anm. 110) 12: „Das folgende Stück ist aus einem Buch, das der syrische Litterat Lucianus von Samosata [...] eigentlich geschrieben hat, um sich über diese Literatur [Geschichtsschreibung], zu der er Herodot auch rechnet, lustig zu machen. Daher hat er seine Lügenmärchen ἀληθῆ διηγήματα genannt. Indeß sind in diesem Stücke die parodischen Züge nicht so stark, daß es nicht statt eines Originals dienen könnte."

[113] H. Kerler, *Lucian's Werke übersetzt von August Pauly*, Ulm 1902.

[114] E.A. Bayer, *Lucians Werke. Deutsch von Theodor Fischer*, Berlin 1904.

[115] H. Floerke, *Lukian. Sämtliche Werke*, München/Leipzig 1911.

[116] Am wichtigsten sind die mehrfach aufgeführten Bearbeitungen der Stücke *Timon, Gallus* und *Cataplus* von Paul Lindau, die unter dem Titel *Drei Satiren des Lucian. Für die deutsche Bühne bearbeitet* im Jahr 1909 in Leipzig erschienen. Lindau legte seinen Stücken die populäre Übersetzung Wielands zugrunde.

[117] *Meyers Konversationslexikon*, Leipzig/Wien 1908, Bd. XII, 838.

Lukian erscheint in dem Artikel als Feind des Aberglaubens und der Entartung der Philosophie;[118] die angegebenen Referenzen sind - neben dem Lukiankritiker Bernays - Wieland, Jacob und Hermann. Helm wird dort nicht genannt, wohl aber in Floerkes Wielandausgabe: Floerke aktualisiert nicht nur den wielandschen Lukian durch Eingriffe bei den Anmerkungen, die ihm als veraltet und für den intendierten Leserkreis als zu philologisch und zu polemisch erscheinen,[119] sondern er bildet sein Urteil über Lukian an den Ergebnissen der jüngsten Forschung:

> Kein Zweifel, Lukian ist kein Geist erster Ordnung, bei aller Ähnlichkeit kein Voltaire, kein Heine (mit dem er ganz deutlich manchen gewichtigen Zug gemeinsam hat, was wohl mit der offenbaren Stammesverwandtschaft beider zusammenhängt).[120]

Mit dem Verweis auf die semitische Herkunft, die Lukian mit Heine verbinde, kommt Floerke Chamberlains Rassismus gefährlich nahe; seine Einstellung zu Lukian ist durch Helm maßgeblich geprägt, dessen „äußerst instruktives Buch" er hervorhebt.[121] Damit wird die aus der Forschung stammende negative Beurteilung Lukians durch Helm auch beim Lesepublikum weiter verbreitet. Dennoch erhoben sich gerade aus seinen Reihen einige Verteidiger, die bezeugen, daß der Prozeß der Marginalisierung Lukians nicht unwidersprochen blieb.[122]

---

[118] Ebenda: „Feind der Popularmythologie und des traditionellen Kultus, der theoretischen Philosophie und des unwürdigen Lebens der damaligen Philosophen; ferner als sarkastischer Kritiker des Aberglaubens und der mystischen Schwärmerei seiner Zeit, der Ausartung in der Literatur, in der Erziehung wie in den Sitten."

[119] Floerke (wie Anm. 115) Nachwort: „Von Wielands Anmerkungen hat er [der Herausgeber] die meisten philologischen und polemischen fortfallen lassen oder doch stark gekürzt, was ihm die Leser dieser Ausgabe Dank wissen werden."

[120] Ebenda, Vorwort.

[121] Ebenda, Nachwort; vgl. auch sein Vorwort, in dem es heißt: „[...] seine [Lukians] naturwissenschaftlichen Erkenntnisse sind magelhaft, seine philosophischen scheinen es zum mindesten, sein Urteil ist zuweilen ungerecht, sein Bild beschränkt, - aber, all dies zugeben: was noch bleibt, ist wahrlich genug, ihm noch auf lange hinaus dankbare Leser - und nicht die schlechtesten - zu verschaffen."

[122] Ein Beispiel für eine Gegenreaktion kann man in den 1906 in Berlin erschienenen *Totengesprächen* Fritz Mauthners (1849-1923) sehen, der durch den bewußten Rückgriff auf die lukianische Form sich mit einem von der Altertumswissenschaft abgelehnten Autor solidarisiert und ihn zum Kampf gegen eben diese nutzbar macht. Zu Mauthner vgl. die Biographie von A. Rzach in *Neue Österreichische Biographien, 1815-1918*, Bd. I.8, Wien 1926, 144-151.

Lukian als Feuilletonist

Floerkes Ausgabe erfährt eine interessante Rezension, die für die gesellschaftliche Beurteilung Lukians im frühen 20. Jahrhundert aufschlußreich
ist: Unter dem Titel 'Der große Feuilletonist der Antike' nimmt Viktor
Naumann Ende 1911 in der literarischen Beilage der *Kölnischen Volkszeitung* den Versuch einer Neubewertung der lukianischen Schriften vor,
womit er auf gesellschaftliches Interesse hofft.[123] Lukian ist für Naumann
„einer der größten Feuilletonisten aller Zeiten",[124] den er mit Karl Kraus
vergleicht. Die sprachliche Brillanz zusammen mit „seinem scharfen Verstand, seinem satirischen Geist, seiner Schnelligkeit der Auffassung,
seinem geschulten Wissen" hätten Lukian die besten Voraussetzungen mit-
gegeben, einer der wenigen großen Feuilletonisten der Welt zu werden.
Naumann setzt sich dabei kritisch mit einer Abwertung des Begriffes des
Feuilletonisten auseinander, der zum einen durch schlechte Vertreter, mehr
aber durch einen notwendigen Charakterzug entstanden sei:

> Ein Charakteristikum des großen Feuilletonisten wird fast stets, nicht immer
> sein, daß er ein zerstörender, negierender Geist ist.[125]

Genau diese Auffassung hatten führende Gegner Lukians seiner Marginalisierung zugrunde gelegt: Bernays sprach von der nihilistischen Öde des
stets verneinenden Lukian,[126] Wilamowitz tadelte seine Journalistennatur,
Chamberlain[127] und Helm stellten ihn aufgrund seiner mangelnden Tiefe
ausdrücklich in die Nähe der Feuilletonisten:

> Nicht tiefer Gedankenreichtum belastet sie [Lukians Schriften] und er-
> schwert die Lektüre, sondern in behaglicher Breite sind sie ausgesponnen, so
> recht zu einer Erholungslektüre nach dem Getriebe der Arbeit geeignet. Man

---

[123] V. Naumann, „Der große Feuilletonist der Antike," in: *Literarische Beilage der Kölnischen Volkszeitung vom 28. Dezember 1911*, 52. Jahrgang, 405f.

[124] Ebenda 405.

[125] Ebenda.

[126] Bernays (wie Anm. 14) 44: „Man erhält den Eindruck, als habe er gemeint, die Negation
des Verkehrten genüge, um die geistigen und gemüthlichen Bedürfnisse der Menschen
zu befriedigen."

[127] Chamberlain (wie Anm. 73) 438: „Ein Schönredner für die Marseilleser konnte er
werden, auch ein Gerichtspräsident für die Egypter, ja, selbst ein Feuilletonist für alle
Zeiten, ein Künstler aber nie - und ein Denker eben so wenig."

hat dabei die Empfindung wie bei einem gut geschriebenen Feuilletonartikel, der zu augenblicklicher Belustigung beiträgt.[128]

Naumann wertet genau diesen Punkt um und beurteilt das Fehlen positiver Seiten als Vorzug des Feuilletonisten gegenüber unkritischen Zeitgenossen:

> Dem großen kritisch-feuilletonistischen Geist ist das beste alles menschlichen Wirkens versagt, das geniale Produzieren; aber die geniale Kritik, die er ausübt, ist für spätere Generationen kaum minder des höchsten Dankes wert.[129]

Dabei wird Lukian nicht nur wegen seiner kulturhistorischen Bedeutung,[130] sondern vor allem wegen der Allgemeingültigkeit seiner Beobachtungen geschätzt, deren Aktualität weiterhin Bestand habe:

> Die ästhetisch-materialistische und die idealistisch-metaphysische Weltanschauung befehden sich nicht minder heftig als heute, ähnliche ästhetische Fragen, wie in unsern Tagen, werden lebhaft diskutiert. Der Luxus der Modedamen ist der gleiche, das gute Essen und Trinken spielt dieselbe Rolle wie 1700 Jahre später.[131]

Naumann will auch philosophische Tiefe in Lukians Schriften erkennen, obgleich sie durch den sprunghaften Wechsel mit satirischen Äußerungen nicht immer auf den ersten Blick ersichtlich sei.[132]

Der Artikel sollte Lukian einen neuen Platz in der Gesellschaft als Feuilletonist verschaffen, und die journalistische Zunft nahm den aus der philologischen Disziplin Ausgestoßenen gerne auf:

> Lukian ist der erste große Feuilletonist und zugleich einer der genialsten aller Zeiten![133]

---

[128] Helm (wie Anm. 84) 9.
[129] Naumann (wie Anm. 123) 406.
[130] Ebenda 405: „[...] so ist diese Lektüre unzweifelhaft trefflich dazu angetan, uns die Epoche Trajans, Hadrians und der folgenden Kaiser greifbar nahe zu bringen. Für uns sind, ganz abgesehen von dem sprühenden Geist Lukians, seine Schriften ein kulturhistorisches Werk allerersten Ranges."
[131] Ebenda 406.
[132] Ebenda: „Aber neben dieser ätzenden Heiterkeit finden sich wieder Bemerkungen, die religiöses und philosophisches Verständnis von ungewöhnlicher Tiefe bekunden! Wir stoßen auf hohe und edle Gedanken und meinen endlich den Charakter des Mannes erfaßt zu haben; doch da erschallt wieder sein gellendes Gelächter, er schwingt die Narrenpeitsche und bleckt die Zunge frech heraus."

Kurt Tucholskys *An Lucianos*

Auf diesem Hintergrund erscheint es nicht verwunderlich, daß ein anderer, vielfach als Journalist abqualifizierter Schriftsteller des frühen 20. Jahrhunderts in Lukian einen Weggefährten und Kampfgenossen entdeckt: Kurt Tucholsky. Sein 1918 erschienenes Gedicht *An Lucianos*[134] entspringt einer ähnlichen Einschätzung von Lukians schriftstellerischem und satirischem Wert wie bei Naumann:

An Lucianos

Freund! Vetter! Bruder! Kampfgenosse!
Zweitausend Jahre - welche Zeit!
Du wandeltest im Fürstentrosse,
du kanntest die Athenergosse
und pfiffst auf alle Ehrbarkeit.
Du strichst beschwingt, graziös und eilig
durch euern kleinen Erdenrund -
Und Gott sei Dank: nichts war dir heilig,
    du frecher Hund!

Du lebst, Lucian! Was da: Kulissen!
Wir haben zwar die Schwebebahn -
doch auch dieselben Hurenkissen,
dieselbe Seele, jäh zerrissen
von Geld und Geist - du lebst, Lucian!
Noch heut: das Pathos als Gewerbe
verdeckt die Flecke auf dem Kleid.
Wir brauchen dich. Und ist dein Erbe
noch frei, wirfs in die große Zeit.

Du warst nicht von den sanften Schreibern
Du zogst sie splitternackend aus
und zeigtest flink an ihren Leibern:
es sieht bei Göttern und bei Weibern
noch allemal der Bürger raus.
Weil der, Lucian, weil der sie machte.
So schenk mir deinen Spöttermund!
Die Flamme gib, die sturmentfachte!

---

[133] Ebenda 406.

[134] Zitiert nach M. Gerold-Tucholsky (Hg.), *Kurt Tucholsky. Gedichte*, Hamburg 1983, 145-146. Vgl. zum Gedicht auch E. Braun, „Freund! Vetter! Bruder Kampfgenosse!," in: C. Klodt (Hg.), *Satura lanx. Festschrift für Werner A. Krenkel*, Zürich/New York/ Hildesheim 1997.

> Heiß ich auch, weil ich immer lachte,
> ein frecher Hund!

Tucholsky sieht in Lukian einen Verbündeten, ja sogar in Wielands Sinne einen Wesensverwandten, dem er immer näher gekommen ist: Vom Freund zum Bruder, und weiter zum Kampfgenossen. Diese Wirkung liegt in einer persönlichen Affinität sowie in der von Tucholsky gesehenen Parallelität zwischen der Zeit Lukians und dem frühen 20. Jahrhundert begründet.

Die erste Strophe stellt Lukian als Schriftsteller vor, wobei Tucholsky bei ihm genau dieselben Attribute hervorhebt, die bereits Naumann in ihm als Feuilletonisten erkannt hatte: Lukian 'kennt sich aus', ist sowohl mit den Gepflogenheiten der höchsten als auch der niedrigsten Gesellschaftsschichten vertraut, was ihn jedoch nicht dazu führt, deren Etikette anzunehmen bzw. sich in ihre Dienste zu stellen: „Du pfiffst auf alle Ehrbarkeit." Tucholsky nennt die Qualitäten des Feuilletonisten: „Du strichst beschwingt, graziös und eilig durch euern kleinen Erdenrund." Als Gesellschaftskritiker eigne sich Lukian nicht nur wegen seiner Geringschätzung der irdischen 'Ehrbarkeit', sondern auch wegen seiner Abneigung gegen jegliche Art der Religion. Tucholsky parodiert das Christentum mit der christlichen Redewendung „Und Gott sei Dank", um die Aussage „nichts war dir heilig" ironisch zu unterstreichen.

Blickt der Dichter in der ersten Strophe noch zurück, um Lukian vorzustellen, so wird die Zeitspanne der „Zweitausend Jahre" durch das beschwörende, in der Mitte der Strophe wieder aufgegriffene „Du lebst, Lucian" überbrückt. Tucholskys „große Zeit" hat außer technischen Fortschritten (Schwebebahn) dem „Kleinen Erdenrund" Lukians nichts voraus, im Gegenteil: Die Laster sind die gleichen, Prostitution, Geldgier und innere Zerrissenheit. Aus dieser Parallele zu Lukian erkennt Tucholsky nicht nur dessen Aktualität („Du lebst, Lucian"), sondern er geht einen Schritt weiter: „Wir brauchen Dich." Damit greift er den 'Kampfgenossen' aus der ersten Strophe wieder auf: Lukian soll - wie bei Wieland - zum Mitstreiter werden, dessen Hilfe wichtig ist, umso wichtiger, als in Tucholskys Augen noch niemand die gebührende Nachfolge angetreten hat, und sein Erbe noch frei ist.

Wie soll man nun mit diesem Erbe umgehen? Worin besteht konkret der Wert Lukians für die Gegenwart? In der dritten Strophe wird deutlich, worin Tucholsky Lukians Funktion als Kampfgenosse sieht: „Du warst nicht von den sanften Schreibern" - Schreiben als Waffe, als Mittel der Gesellschaftskritik. Tucholsky aktualisiert mit einer Anspielung auf die

Dialogi Mortuorum[135] die Methode der lukianischen Kritik: Er zieht splitternackt aus. Aber anstatt wie Lukian durch bildliche Gegenstände symbolisierte Laster der Menschen zu zeigen, die abgelegt werden müssen, streicht Tucholsky eine moderne Erkenntnis heraus: „Es sieht bei Göttern und bei Weibern noch allemal der Bürger raus." Zum Vorschein hinter allem Übel kommt der Bürger, der für Tucholsky der Inbegriff des Lasters und das Ziel seines Spottes ist. Man kann Tucholskys 'Bürger' aus dem Gedicht rekonstruieren als Gegenpol zu Lukian: Er ist 'ehrbar', ihm ist etwas 'heilig', er versteckt sich hinter 'Kulissen', besonders gerne hinter dem technischen Fortschritt, er ist 'sanft', 'gut bekleidet', nicht 'spottend' und vor allem nicht 'sturmentfachend', d.h. nicht revolutionär. Tucholskys Enttäuschung über die Restauration in Deutschland am Ende des 1. Weltkrieges kommt deutlich zum Ausdruck; ihr sagt er den Kampf an.

Damit tritt Tucholsky das ausgerufene Erbe Lukians am Ende selbst an, stellt sich in dessen Tradition und wird zu einem 'frechen Hund'.

Albert Ehrenstein

Ein weiterer 'Feuilletonist' hat Lukian gekannt, geschätzt und übersetzt: der Wiener Schriftsteller und Kulturkritiker Albert Ehrenstein. Seine Lukianausgabe aus dem Jahr 1925 hat - ähnlich wie Tucholskys Gedicht - aufrüttelnden, provozierenden Charakter. Schon die drei in Übersetzung vorgestellten Dialoge weisen darauf hin: Neben den *Verae Historiae* bringt Ehrenstein die traditionell als sittlich verderbt geltenden Schriften *Asinus* und *Dialogi Meretricii*.[136]

Ein im besten, nunmehr lukianischem Feuilletonstil geschriebenes Nachwort soll die geistige Verbundenheit des Herausgebers mit dem Satiriker demonstrieren, der wie Tucholsky das Erbe Lukians angetreten hat. Sein Nachwort beginnt mit dem Namen 'Lukian' und endet: „Ich liebe ihn: Lukian." Entsprechend gewürzt mit lukianischem Spott fällt auch die Lebensbeschreibung des griechischen Satirikers aus:

> Lukian gebar sich vor achtzehnhundert Jahren im Orient, als Trajan starb, am Westufer des Euphrat, in der syrischen Stadt Samosata. Lebte im zwei-

---

[135] Gemeint ist das 20. Totengespräch zwischen Charon, Merkur und einigen Toten, die bei der Überfahrt in den Hades alle irdischen Gegenstände zurücklassen müssen. (Zählung der *Dialogi Mortuorum* nach M.D. Macleod, *Luciani Opera*, Bd. IV, Oxford 1987).

[136] A. Ehrenstein, *Lukian*, Berlin 1925.

ten Jahrhundert einer ihm zuwideren Zeitrechnung unter Hadrian und den Antoninen; anfangs Bildhauerlehrling, dann Rechtsanwalt, Rhetor, Philosoph, unabhängig freier Schriftsteller in Samosata, Massilia, Rom, Athen, Makedonien, bis man den Alternden mit den Fleischtöpfen der Anerkennung, mit den hohen Ehrenstellen irgend eines Ägyptens zuschüttete. Er starb nie.[137]

Kann man in dem Schlußsatz eine ironische Bemerkung auf mangelnde historische Quellen über Lukians Lebensende sehen, ist er gleichzeitig programmatisch für Ehrensteins Bewertung seiner durch die Jahrhunderte hinweg aktuell gebliebenen Schriften. Damit schließt er nahtlos an Tucholsky an, der angesichts dieser Aktualität ausgerufen hatte: „Du lebst, Lucian!" Aus dieser Haltung ist auch Ehrensteins im Nachwort geäußerte Kritik an den Altphilologen am Gymnasium zu verstehen, die Lukian nicht mehr auf ihren Lehrplänen haben und stattdessen 'trockenen' Stoff vermitteln:

> Lukian ist der freieste Mensch inmitten der Sklaverei jenes widerwärtigsten, unfruchtbarsten Imperialismus der Jahrhunderte, den wir das römische Reich nennen. Alexander der Große, zerstreut, vergaß Rom rechtzeitig zu erobern, zu hellenisieren. Daher: die Helotenzüchter und Unterrichtsminister Europas, die acht Jahre unserer Jugend hinwürgen, stopfen unseren Darm voll mit barbarischen Lateinern, mit der langen Weile der Pyramiden, mit Dilettanten und Historikern, mit römischen Dichtern, von denen qualitativ in Wahrheit kein einziger 'aere perennius' ist.[138]

Den *Dialogi Meretricii* gewinnt Ehrenstein eine tiefere Moral ab, mit der wiederum er die bürgerliche Unmoral seiner Zeit kritisiert.[139]

* * *

Naumann, Tucholsky und Ehrenstein haben versucht, Lukian auf unterschiedliche Weise wieder einem größeren Publikum schmackhaft zu machen, indem sie sich ähnlich wie Wieland 130 Jahre zuvor auf die aus seinen Schriften sprechende Aktualität beriefen. Allerdings blieben ihre

---

[137] Ebenda 265.
[138] Ebenda 266.
[139] Ebenda 267f.: „Der Forscher Lukian durchdringt in den nie lüsternen Hetärendialogen 'Geist und Kleid', Fleisch und Stoff mit Grazie und Ernst: sein Humor zotet nie Bettgrotesken, wie sie die im Außenleben prüden Unterleibshelden und Halbweltprofessoren Mitteleuropas nötig haben. Seine Hetären leben in der drastischen Realität, ohne pikanten Hurenschmus, sie sind keine 'Dirnen', keine Kokotten, sondern Gefangene, süße Mädchen der bitter ernsten Aphrodite, arme Tauben, hingeopfert von den Müttern."

Versuche bei den professionellen Antikevermittlern an Schule und Universität weitgehend ungehört,[140] und die Journalistennatur Lukians fand weiter
ihre Kritiker, die, wie Otto Weinreich, ihre grundsätzliche Ablehnung an
eben diesem Punkt festmachen:

> Lukian, diese Journalistenseele, der den Mantel nach jedem Wind dreht, jeg-
> licher Metamorphose fähig, der sich vom Syrer zum Hellenen modelt, die
> Bildhauerei an den Nagel hängt, weil mit der Rhetorik bessere Geschäfte zu
> machen sind, der von der Rhetorik zur Philosophie gleitet, sich zuerst als
> Platoniker gebärdet, dann ein halber Kyniker wird, um im seichten Epiku-
> reismus und nihilistischen Skeptizismus zu landen und endlich, im Besitze
> eines halbwegs erträglichen Ämtchens, über Gott und die Welt zu seinem
> und des Publikums Behagen Witze zu machen.[141]

Innerhalb der Disziplin der Klassischen Philologie setzt sich zudem Rudolf
Helms Ansicht fest: Als die Autorität in der Lukianforschung schreibt er
den *RE*-Artikel zu Lukian, womit Generationen von Studierenden sein ne-
gatives Lukianbild weitervermittelt wird.[142] Auch andere große Nachschlagewerke schließen sich dieser Haltung an. So findet sich im *Handbuch der
Altertumswissenschaft* für Lukian nach dem Hinweis auf oberflächliches
Vergnügen bei einer ersten Lektüre unter dem Stichwort 'Charakteristik'
folgender Eintrag:

> Dringt man aber weiter ein, so empfindet man bei [...] der unproduktiv ver-
> neinenden Haltung gegenüber allem Transzendenten [...], in der häufigen
> Wiederholung derselben Motive und Ausdrucksformen [...], in einer nicht
> seltenen Nachlässigkeit der Komposition die typischen Fehler des belesenen
> und witzigen, aber schnellfingerigen, sensationsbedürftigen, von Verantwor-
> tungsgefühl freien Feuilletonisten, der seine erborgten Mittelchen bis zur
> letzten Möglichkeit ausnützt und erst, wenn sie gar nicht mehr verfangen
> wollen, es mit Neuem versucht. Unverkennbar ist namentlich die Einförmig-
> keit seiner menippischen Dialoge, in deren Stil er sich wirklich ausge-
> schrieben hat. [...] Demnach muß Lucian aus der Reihe der im wahren Sinn

---

[140] Eine Ausnahme, die allerdings weitgehend wirkungslos blieb, ist die Studie von Franz
Stockinger *Pädagogisches bei Lukian* (München 1922), der in Anknüpfung an Jacobs
Characteristik (vgl. Kapitel VI: Lukian als Bildungsreformer: Karl Georg Jacobs Cha-
racteristik Lukians von Samosata) aus einzelnen Dialogen (vor allem dem *Anacharsis*)
Lukian „ein pädagogisches System, das fast alle wichtigen Fragen berührt und es mit
Spezialschriften wie Pseudo-Plutarchs περὶ παίδων ἀγωγῆς aufnehmen kann", zu-
schreibt.

[141] O. Weinreich, „Alexandros der Lügenprophet und seine Stellung in der Religiösität des
2. Jahrhunderts n.Chr." in: *Neue Jbb. für das klass. Altertum* 24, 1921, 129-151; 130.

[142] R. Helm, Art. „Lukianos," in: *RE* 13.2, Stuttgart 1927, 1725-1777.

ursprünglichen Geister ausscheiden und sich mit der Wertung als Vermittler und Zurichter, als literarischer Zwischenhändler begnügen.[143]

Es ist interessant, daß dieses negative Urteil unter den Deckmantel der *Geschichte der griechischen Litteratur* von Wilhelm v. Christ erscheint, die für das *Handbuch der Altertumswissenschaft* von W. Schmid und O. Stählin „umgearbeitet" wurde. Im Fall von Lukian ist das Ergebnis dieser Umarbeitung diametral der uneingeschränkt positiven Haltung Christs[144] entgegengesetzt und steht in der Tradition Helms und Capelles, auf die mehrfach verwiesen wird. Damit wurde in einem der wichtigsten Nachschlagewerke der Altertumswissenschaften über Lukian festgeschrieben:

> So hat sich das Bild Lucians als des gesinnungslosen Spötters, des nur verneinenden Geistes, bei der Nachwelt festgesetzt.[145]

Die negative Haltung deutscher Wissenschaftler zu Lukian fand auch im *Oxford Classical Dictionary* ihren Niederschlag, wo Walter Manoel Edward eine Darstellung gibt, die der Helms weitgehend entspricht:

> He cannot, however, be called either a great original literary artist or a profound thinker. His stock of ideas, except when he is dealing with topical subjects, is drawn either from classical literature or from the popular philosophy of the preceeding age; he has no genuine philosophic position, but is essentially an opportunist, σπουδαῖος ἐς τὸ ἐλασθῆναι (Eunapius). At the same time, though he derived his forms from earlier models, the Satiric Dialogue as he ultimately developed it is a worthy addition to Greek literature of the second rank. A certain adroitness of appeal to the less reflective side of human nature has preserved his work in spite of contemporary disregard.[146]

Auch dem interessierten Laien wird der Zugang zu Lukian nicht leicht gemacht: Der *Große Brockhaus* urteilt in der Ausgabe aus dem Jahr 1955:

---

[143] W. Schmid / O. Stählin, *Wilhelm von Christs Geschichte der griechischen Litteratur* (= Handbuch der Altertumswissenschaft, Bd. VII 2.2), München 1924[6], 740.

[144] Vgl. dessen Ausführungen zu Lukians 'Gesamtcharakter' in: *Geschichte der griechischen Litteratur*, München 1998[3], 748ff.

[145] Schmid / Stählin (wie Anm. 143) 743.

[146] W.M. Edward in: N.G.L. Hammond / H.H. Scullard (Hg.), *The Oxford Classical Dictionary*, Oxford 1970 und 1992.

> Seine [Lukians] journalist. Haltung kennt keine religiöse, moralische oder philosophische Bindung.[147]

Wer sich trotzdem weiter informieren will, der wird auf Rudolf Helms Buch *Lucian und Menipp* verwiesen. Nicht anders ergeht es jüngeren Generationen. In leichter Variation schreibt die *Brockhaus-Enzyklopädie* des Jahres 1970:

> Seine rationalistisch - skept. Haltung kennt keine religiöse, moral. oder philosoph. Bindung.[148]

Dieser Satz ist auch noch in der Ausgabe von 1990 unter dem Stichwort 'Lukian' zu finden, wiederum ist Helm die einzige Referenz in deutscher Sprache.[149]

* * *

Die philosophische Diskussion um Lukian, die skeptische Haltung der führenden Philosophen zur Zweiten Sophistik, die Ablehnung der Satire, die antisemitischen Vorwürfe und die Quellenforschung Helms führten zusammen zu einem negativen Lukianbild und machten den Weg frei für das von Niklas Holzberg beobachtete spezifisch deutsche Phänomen des Endes der Lukianforschung.[150] Indem Holzberg jedoch den Hauptgrund in einer rassistisch dominierten Diskussion sieht, läßt er nicht nur die anderen dargestellten Faktoren außer acht, sondern erklärt auch nicht die andauernde Zurückhaltung deutscher Philologen nach dem Zweiten Weltkrieg. Zudem war es der Philologe Helm, der Lukian den größten Schaden zugefügt hatte, und sein Hauptargument war kein antisemitisches.

Lukian verschwand aus Schule und Forschung und seine Übersetzung aus den Buchläden. Erst im Jahr 1971 war eine Übertragung der lukianischen Schriften wieder erhältlich, bezeichnenderweise ein Nachdruck der

---

[147] *Der Grosse Brockhaus*, Wiesbaden 1955, Bd. 7, 376.

[148] *Brockhaus Enzyklopädie*, Wiesbaden 1970, Bd. 11, 682.

[149] *Brockhaus Enzyklopädie*, Wiesbaden 1990, Bd. 13, 608; außer auf Helms *Lucian und Menipp* wird auf C.P. Jones, *Culture and Society in Lucian*, Cambridge 1986 verwiesen.

[150] N. Holzberg, „Lukian and the Germans," in: *The Uses of Greek and Latin. Historical Essays*, hrsg.v. A.C. Dionisotti / A. Grafton / J. Kraye, London 1988, 199-209; 199: „In fact, since the late twenties, the German-speaking world has contributed nothing but a handful of specialized studies to our understanding of this writer."

Übersetzung Wielands.[151] Die im Jahr 1974 im *Aufbau Verlag* der DDR erschienene und 1981 wiederaufgelegte Lukianübersetzung Wielands[152] ist seit Jahren vergriffen.

Auch in der Forschung fristete Lukian lange ein Mauerblümchendasein. Nach dem Zweiten Weltkrieg dauerte es bis ins Jahr 1956, daß sich ein Philologe in Deutschland ernsthaft mit Lukian auseinandersetzte: Otto Seels *Hinweis auf Lukian*[153] spiegelt zugleich die Intention des Verfassers wie die Stellung Lukians in der Forschung wider. Der Autor sieht sich genötigt, auf den Satiriker 'hinzuweisen', frei nach dem Motto: Es gibt ihn noch. Seel selbst nennt zwei Gründe dafür: Zum einen greift er ein Argument Sommerbrodts wieder auf, daß die geistesgeschichtliche Bedeutung Lukians immens sei, da er „zu den bedeutendsten und wirkungsträchtigsten Anregern und Wegbereitern geistiger Formen und Gestaltungen" gehöre. Zum anderen sieht Seel als eigentliches Argument für die Beschäftigung mit Lukian eine dadurch ermöglichte Relativierung des allzu idealistischen Antikebildes der 50er Jahre.[154]

Vielleicht wurde sein Aufsatz nicht gelesen, vielleicht hatte die Altphilologie kein Interesse daran, ihr Bild der Antike durch „ein paar kräftige, elegante Schattenstriche" zu beeinträchtigen - Lukian blieb das Stiefkind der deutschen Klassischen Philologie bis in die späten 80er Jahre.[155] Verglichen mit der Fülle und Bandbreite seiner Schriften und der Bedeutung, die sein Werk für die Nachwelt hatte, erstaunt das anhaltende Desinteresse. Ein Grund dafür war wohl auch die Buntheit der lukianischen Schriften, die einen Zugang zum Gesamtwerk erschwerte. Die Rezeptionsgeschichte von Lukian zeigte ihn als einen Proteus, der sich vom Aufklärer zum Restaurator, vom Sittenverderber zum Schulautor, vom Christenhasser zum geheimen Christen wandeln konnte. Stets wurde versucht, in Lukians Werken eine bestimmte Intention, ein Konzept verwirklicht zu sehen - ein gangbarer Weg auch für die moderne Lukianforschung?

---

[151] Darmstadt 1971 (Wissenschaftliche Buchgesellschaft).

[152] J. Werner, *Lukian. Werke in drei Bänden*, Berlin/Weimar 1974 (1981²).

[153] O. Seel, „Hinweis auf Lucian," in: *AU* 10, 1956.

[154] Ebenda 6: „Er [Lukian] scheint fähig zu sein, dem allzu hell in hell gehaltenen Gemälde [gemeint ist das Bild der Antike zu Seels Zeit] ein paar kräftige, elegant gezeichnete Schattenstriche beizufügen; womit zugleich dem Menschlichen in seiner Unsicherheit, Fragwürdigkeit, Ratlosigkeit ein sehr notwendiger und heilsamer Tribut gezahlt wird; heilsam nicht nur für die Antike."

[155] Verstärkte Lukianforschung setzt erst 1985 mit H.G. Nesselraths *Lukians Parasitendialog. Untersuchungen und Kommentar*, Berlin 1985, wieder ein.

Lucianus redivivus? Neuere Forschungstendenzen zu Lukian

Wesentlichen Anstoß für die erneute Forschung über Lukian in Deutschland gab die Neubewertung der Zweiten Sophistik als einer literarisch
fruchtbaren und wertvollen Epoche, wie sie sich besonders seit den 70er
Jahren des 20. Jahrhunderts durchgesetzt hat. Die Schriftsteller jener Zeit
sind bis dahin in Literaturgeschichten, wie der von A. Lesky, unterreprä-
sentiert[155] und weithin mit dem alten Vorwurf mangelnder Originalität be-
haftet. So kann noch 1965 van Groningen seine Analyse der „General literary tendencies in the second century A.D." mit dem Urteil beenden:

> The Greek literature of the second century is the work of a powerless com-
> munity, which [...] overstrains its faculties in unhealthy exaggerations. It is a
> neglected one in a neglected century, and, generally speaking, it deserves
> this neglect.[156]

Drei Charakteristika sind es, die van Groningen an dieser Zeitepoche festmachen zu können glaubt: mangelnde philosophische Originalität,[157] Weltabgewandtheit und Flucht in die Vergangenheit[158] sowie Hingabe an in-
haltsleere Rhetorik:

> No effort was demanded of the audience; neither originality of thought nor
> sincerity of feeling were persued or expected. Time and again the same old,

---

[155] A. Lesky, *Geschichte der griechischen Literatur*, Bern 1957f., 8: „Auch sind die einzelnen Epochen nicht mit der gleichen Einläßlichkeit behandelt. Während der Archaik und
der Klassik der größte in diesem Rahmen mögliche Raum vorbehalten ist und die tra-
genden Erscheinungen des Hellenismus ebenfalls ausreichend gewürdigt werden sollen,
ist die kaum übersehbare Fülle literarischer Hervorbringungen der Kaiserzeit wesentlich
kürzer behandelt. [...] Ein Werk, das auf letzte Vollständigkeit angelegt ist, mag einen
Cassius Dio mit der gleichen Ausführlichkeit behandeln wie Thukydides und einen
Musaios wie Homer, in einer Darstellung, die das Wesentliche vermitteln will, wäre
dies widersinnig."

[156] B.A. van Groningen, „General literary tendencies in the second century A.D.," in: *Mnemosyne* 18, 1965, 41-56; 56.

[157] Ebenda 44f.: „When we begin with philosophical writings, the first thing which strikes
us is their lack of originality. Philosophy as a whole has come to a stand-still. [...] So the
general tendency of philosophical literature is the acceptance, reproduction and, at its
best, interpretation of traditional material. In essence such a tendency is a passiv one,
and living literature can only acknowledge active tendencies."

[158] Ebenda 49: „The motives, the way of thinking, the things for which they expect the
reader's attention are not drawn from contemporary life [...] but from a past which is to
be found in books, in schools, nowhere else."

stale wine was offered in new, beautiful adorned cups; but it was incapable of quenching any real thirst for knowledge or understanding, had this thirst existed.[159]

Van Groningens Bild von der Zeit Lukians entspricht fast genau dem der Lukiankritiker des vergangenen Jahrhunderts, und er folgt Helm in der Tendenz seiner Kritik. Die Chancen einer Neubewertung dieser Epoche werden nicht gesehen,[160] und Lukian dient als Beispiel für die Rückwärtsgewandtheit der Zweiten Sophistik:

> The fact that he [Lucian] so often chooses as a mouth-piece the cynic philosopher Menippus of Gadara, who lived centuries ago, is a clear symptom to his submission to the past.[161]

Das Bild des weltfremden Literaten zur Zeit der Zweiten Sophistik wird - wenn auch nicht so negativ gedeutet wie bei van Groningen - in einem vielbeachteten Aufsatz von Ewen Bowie weitergetragen.[162] Dieser sieht den Grund für die Rückwärtsgewandtheit der Zeit in der Unzufriedenheit der griechischen Oberschicht, die ein großes Interesse daran hatte, klassische Themen als Erinnerung an rühmliche und einflußreiche Zeiten zu zelebrieren, sozusagen Identitätsfindung aus der Geschichte zu betreiben. Auch für ihn ist Lukian ein Paradebeispiel für diese Haltung:

> Lucian too betrays himself as a child of his time, not only by Atticizing idiom but by the setting of his dialogues. They often take themes from earlier writers and are set in Athens, sometimes classical Athens with antiquarian details carefully sketched in.[163]

Diese Einschätzung wird von weiteren Forschern geteilt,[164] die den Forschungsschwerpunkt hinsichtlich dieser Epoche entsprechend anders ge-

---

[159] Ebenda 47.
[160] Ebenda 52: „To sum up: does the literature of that century show any positive tendencies? Yes, it does. As to the contents, we may mention a weak moralizing one, and a critical and sceptical one. It is not much, but could we expect more in a literature that, out of its own weakness, liked to archaize and looked for its inspiration into the past?"
[161] Ebenda 49.
[162] E.L. Bowie, „Greeks and their past in the Second Sophistic," zitiert nach: M.L. Finley, *Studies in Ancient Society*, London 1974, 166-209.
[163] Ebenda 173.
[164] G.W. Bowersock, *Greek Sophists in the Roman Empire*, Oxford 1969, 1: „The quality of the second-century works we possess (and they are many) is not high: they are often over-elaborated productions on unreal, unimportant, or traditional themes."

wichten; so ist für Glenn W. Bowersock der Grund für eine Beschäftigung mit Autoren dieser Zeit weniger ein literarischer als ein historischer:

> It could be argued without apology that the Second Sophistic has more importance in Roman History than it has in Greek literature.[165]

An diesem Urteil über eine rückwärtsgewandte Epoche orientierte sich zunächst auch die Lukianforschung. Als Kind seiner Zeit stand Lukian für Weltfremdheit und Elfenbeinturm-Literatur. In dieser Weise näherte sich auch J. Bompaire dem Griechen, dessen Werke er über den Prozeß der *mimesis* zu erklären sucht.[166] Dabei unterscheidet er *création rhétorique* und *création littéraire*. Erstere bestehe in der fleißigen Benutzung alter Modelle, Anekdoten und Fabeln, die von Lukian neu zusammengestellt werden, wobei dieser eigene Geschichten nicht zu erzählen habe. Diese Art der *mimesis* - Bompaire bezeichnet sie als „pseudo actualité" - lasse seine Schriften als fern von jeder Realität erscheinen.

Demgegenüber versteht Bompaire unter *création litteraire* die Verbindung bereits vorhandener literarischer Formen zu neuen Gattungen, wie es Lukian mit dem satirischen Dialog leistet. Auch das 'Übersetzen' größerer literarischer Genera (Komödie) in kleinere Formen (kurze Dialoge) fällt unter diese Kategorie. In dieser Form habe die *mimesis* auch höhere literarische Bedeutung. Bompaire löst so Lukian zwar vom Bild des sklavischen Menipp-Abschreibers und -Nachahmers, bleibt jedoch in der literarischen Wertung Helms stecken, indem er Lukian jede eigene Erfindungskraft abspricht und seine „impuissance à inventer et son besoin d'emprunter à toutes mains"[167] herausstreicht.

Bompaires vielzitierte Analyse wies der Lukianforschung den Weg weiter in die Richtung, seine Werke als weltfremde Variationen schon bekannter Formen und Ideen zu sehen. Nicht eigene originelle Ideen, sondern die Verwendung fremder, gefundener, machten den Reiz seiner Werke aus. Arbeiten wie Andersons *Theme and Variation in the Second Sophistic* verstärken diese Tendenz. Für Anderson ist das Repertoire von Lukians

---

[165] Ebenda 58.
[166] J. Bompaire, *Lucien écrivain: Imitation et création,* Paris 1958.
[167] Ebenda 378.

Ideen begrenzt, die ausschließlich zum Zweck der Unterhaltung[168] geschickt variiert werden:

> It soon becomes clear that his wide range is deceptive: whatever the subject
> and whatever the genre, we are dealing with ingenious variations on a hand-
> ful of themes.[169]

* * *

> Es scheint aber nachgerade an der Zeit, daß man Lucians Dialoge wieder
> [...] aus sich selbst heraus interpretiere: vielleicht, daß dann doch dem
> echten Lucian etwas mehr an Eigengut verbleibt, als man ihm neuerdings
> lassen will.[170]

Erst in den 80er Jahren konnte Lukian von dem Stigma der mangelnden
Originalität und Weltfremdheit befreit werden.[171] Seine Werke werden als
Zeugnisse eines aufmerksamen Zeitgenossen gelesen, der in den politischen
und gesellschaftlichen Diskurs seiner Zeit eingreift. Großen Einfluß auf
diese Richtung haben die Arbeiten von B. Baldwin,[172] C.P. Jones[173] und
R.B. Branham.[174] Sie versuchen, die engen Wechselwirkungen zwischen
Gesellschaft, Politik und kulturellen Strömungen einerseits und Lukians
Schriften andererseits herauszuarbeiten.[175] Dabei wird vor allem seine

---

[168] G. Anderson, *Theme and Variation in the Second Sophistic*, Leiden 1976, 21: „With no
real aim besides pure entertainment, he had plenty of scope to work his themes and va-
riations to a saturation point."

[169] Ebenda 1.

[170] T. Litt, *Lucians philosophische Entwicklung*, Progr. Köln 1909, 5.

[171] Zur unzureichenden Beurteilung der Zweiten Sophistik als einer Epoche weltabge-
wandter Literatur vgl. zuletzt T. Schmitz, *Bildung und Macht. Zur sozialen und politischen Funktion der zweiten Sophistik in der griechischen Welt der Kaiserzeit*, München
1997, 18-26.

[172] *Studies in Lucian*, Toronto 1973: „Lucian is not only a critic of his times; he is also a
compliment to them. [...] Lucian was the first to admit that he based his key work on
classical models, and was sensible enough to admit that the label of originality was not
the holy grail. But his work is not a pallid pastiche of the classics of Greek literature.
Virtually all that he wrote is relevant to, and was inspired by, his own age." (117f). Vgl.
auch seinen Aufsatz „Lucian as a Social Satirist," in: *CQ* 11, 1961, 199-208.

[173] Jones (wie Anm. 149).

[174] R.B. Branham, *Unruly Eloquence. Lucian and the Comedy of traditions*, Harvard 1989.

[175] Frühere Ansätze zu Lukian als Gesellschaftskritiker finden sich u.a. bei A. Peretti,
Luciano. Un intelletuale greco contro Roma, Florenz 1946 und M.I. Rostovtzeff, *Social
and Economic History of the Roman Empire*, Oxford 1953.

Stellung zum römischen Reich diskutiert.[177] Was das Verhältnis zwischen
den Vergangenheitsbezügen in seinen Schriften und der zeitgenössischen
Kritik angeht, so nehme Lukian in seinen Werken die Position eines
Brückenbauers ein, der *mimesis* in den Dienst aktueller Probleme stellt:

> [...] Lucian attempts to engage his audience in a momentary bridging of the
> gap between its historical present and cultural past through a parodic revival
> of a wholly array of paradigmatic types and cultural ideals preserved by
> diverse traditions from the classical past.[178]

Bleibt die Frage, wie hoch man sein politisches bzw. soziales Engagement
einschätzen soll, dabei weiter umstritten, so hat Lukian als Literat und Satiriker einen erneut unbestrittenen Rang eingenommen. Wie Jennifer Hall
gegen Helm gezeigt hat, ist die Nachahmung der menippeischen Werke,
wenn überhaupt, nur sehr gering[179] und der komische, satirische Dialog
seine originelle Neuschöpfung.[180]

Anknüpfend an die aufgezeigten Forschungsrichtungen beginnt sich
auch die Forschung in Deutschland seit den 80er Jahren wieder mehr dem
Satiriker zuzuwenden. 1985 erscheint H.-G. Nesselraths Kommentar zum
Parasitendialog, und bis 1998 werden fünf weitere Dialoge Lukians unter
literaturtheoretischer und rezeptionsgeschichtlicher Fragestellung untersucht und kommentiert.[181] Bezeichnend ist, daß zunächst noch Recht-
fertigungen für die Beschäftigung mit Lukian gegeben werden, die die Notwendigkeit und das Bedürfnis erkennen lassen, sich aus alten, vor allem
von Rudolf Helm geprägten und besonders in Deutschland wirksamen Deu-

---

[177] Vgl. dazu J. Hall, *Lucian's satire*, New York 1981, Kapitel III, 151-251: „Philosophie,
Religion, 'Social Satire' and 'Anti-Roman' Satire."
[178] Branham (wie Anm. 175) 4. Vom Bild des literarischen Kompilators Lukian kann sich
Branham dagegen nicht ganz befreien, wenn er in dessen Werken ein „unexampled
amalgam of qualities from the divergent traditions represented by Aristophanes, Plato,
and Menippus the Cynic" sieht (ebenda 7).
[179] Hall (wie Anm. 177) 132: „There is, therefore, only a very limited amount of Menippean imitation in Lucian's works that we can demonstrate with any reasonable certainty."
[180] Ebenda Kapitel II: „Lucian and Menippean satire" (64-74).
[181] G. Braunsperger, *Aufklärung aus der Antike: Wielands Lukianrezeption in seinem
Roman 'Die geheime Geschichte des Philosophen Peregrinus Proteus'*, Frankfurt a.M.
1993; E. Braun, *Lukian. Unter doppelter Anklage*, Heidelberg 1994; M. Weissenberger,
Literaturtheorie bei Lukian. Untersuchungen zum Dialog Lexiphanes, Stuttgart/Leipzig
1996; U. Victor, *Lukian von Samosata. Alexandros oder der Lügenprophet*, Leiden/New
York 1997; P. Größlein, *Untersuchungen zum Juppiter confutatus Lukians*, Frankfurt
a.M. 1998.

tungsmustern zu lösen. So urteilt Nesselrath mit Blick auf das 'Nachleben' der Quellenforschung Helms:

> [...] das seit Helm nicht mehr auszurottende Odium der Unechtheit scheint dennoch ein Hauptgrund dafür gewesen zu sein, daß in der allgemeinen Beschäftigung mit Lukian der Parasitendialog nur recht stiefmütterlich behandelt wurde.[182]

Was hier auf den Parasitendialog speziell bezogen wird, gilt für die deutsche Lukianbeschäftigung allgemein: Weissenberger sieht sich noch 1996 mit einem weiteren aus der Epoche der Marginalisierung Lukians stammenden Vorwurf, dem Nihilismus, konfrontiert.[183]

Die genannten Arbeiten leisten in Diskussion mit den seit den 70er Jahren entwickelten Forschungsrichtungen zu Lukian[184] wichtige Beiträge, und das deutsche Phänomen der Marginalisierung dieses Autors scheint überwunden. Allerdings hat der Satiriker seinen gesellschaftlichen Rang wohl endgültig verloren, zumal weiterhin keine deutsche Gesamtübersetzung seiner Werke erhältlich ist. Zwar hatte Jürgen Werner mit seinem mittlerweile vergriffenen Nachdruck der wielandschen Übersetzung[185] einen Beitrag in diese Richtung geleistet, doch sowohl der 'deutsche Lukian' als auch sein griechisches Vorbild spielen in der populären Rezeption eine untergeordnete Rolle. Werners Empfehlung „Wenn du dir aus dem Meßkatalog einiges aussuchst, so vergiß Wielands Lukian nicht"[186] bleibt daher auch weiterhin zu erneuern, denn - wie Wieland es ausdrückte:

> [...] wie ein Leser von ofnem und gesunden Kopfe die Bekanntschaft Lucians aus seinen Werken machen könnte, ohne ihn lieb zu gewinnen, dieß wäre mir in der That unbegreiflich.[187]

---

[182] Nesselrath (wie Anm. 155) 1.
[183] Weissenberger (wie Anm. 181) 18: „Das Verdikt des umfassenden Nihilismus haftet somit irgendwie noch immer Lukian an."
[184] Vgl. dazu auch Brauns Zielsetzung seines Kommentars (wie Anm. 181) 15: „Den sich in der Forschung der letzten Jahrzehnte abzeichnenden Gegensatz verschiedener Betrachtungsweisen, bei denen man unseren Autor entweder als geschichts- d.h. gegenwartslosen Literaten [...] oder als satirischen Zeitkritiker angesehen hat [...] hat der Verfasser in einer Sythese zu überwinden gesucht."
[185] *Lukian. Werke in drei Bänden*, Berlin/Weimar 1981².
[186] Erschienen in: *Philologus* 129, 1985, 121-132.
[187] C.M. Wieland, *Lukians von Samosata Sämtliche Werke*, Bd. I, Leipzig 1788, XXI.

IX. Verzeichnis der Schriften Lukians [1]

---

[1]   In alphabetischer Reihenfolge mit den deutschen Titeln von Wieland. Mit * versehene
Stücke sind von Wieland nicht übersetzt; eingeklammerte Werke gelten als unecht.

Contemplantes (Χάρων ἢ Ἐπισκοποῦντες)	Charon oder Die Weltbeschauer
Cynicus (Κυνικός)	Der Cyniker
De Astrologia (Περὶ τῆς Ἀστρολογίης)	Von der Astrologie
De Dea Syria (Περὶ τῆς Συρίης θεοῦ)	Von der Syrischen Göttin
De Domo (Περὶ τοῦ Οἴκου)	Lobrede auf einen schönen Saal
De Luctu (Περὶ Πένθους)	Von der Trauer um die Verstorbenen
De Mercede conductis (Περὶ τῶν ἐπὶ Μισθῷ συνόντων)	Das traurige Los der Gelehrten, die sich an vornehme und reiche Familien vermiethen
De Morte Peregrini (Περὶ τῆς Περεγρίνου Τελευτῆς)	Das Lebensende des Peregrinus
De Parasito (Περὶ Παρασίτου ὅτι Τέχνη ἡ Παρασιτική)	Der Parasit oder Beweis daß Schmarotzen eine Kunst sey
De Sacrificiis (Περὶ θυσιῶν)	Von den Opfern
De Saltatione (Περὶ Ὀρχήσεως)	Von der Tanzkunst
De Saltatoribus (Πρὸς Ἀριστείδην περὶ τῶν Ὀρχηστῶν)	[von Wieland nicht aufgenommen]
Dearum Iudicium (Θεῶν Κρίσις)	Das Urtheil des Paris
Demonax (Δημώνακτος Βίος)	Demonax
Demosthenis Encomium (Δημοσθένους Ἐγκώμιον)	Lobschrift auf den Demosthenes

Deorum Concilium (Θεῶν Ἐκκλησία)	Die Götterversammlung
Dialogi Deorum (Θεῶν Διάλογοι)	Göttergespräche
Dialogi Marini (Ἐνάλιοι Διάλογοι)	Meergöttergespräche
Dialogi Meretricii (Ἑταιρικοὶ Διάλογοι)	Hetärengespräche
Dialogi Mortuorum (Νεκρικοὶ Διάλογοι)	Todtengespräche
Dipsades (Περὶ τῶν Διψάδων)	Die Dipsaden
Electrum (Περὶ τοῦ Ἠλέκτρου ἢ τῶν Κύκνων)	Der Bernstein und die Schwäne des Eridanus
[Epigrammata] [Ἐπιγράμματα]	Sinngedichte
[Epistulae] [Ἐπιστολαί]	[von Wieland nicht aufgenommen]
Eunuchus (Εὐνοῦχος)	Der Eunuch, oder der Philosoph ohne Geschlecht
Fugitivi (Δραπέται)	Die entlaufnen Sclaven
Gallus (Ὄνειρος ἢ Ἀλεκτρυών)	Der Hahn oder der Traum des Micyllus
Halcyon (Ἀλκυὼν ἢ Περὶ Μεταμορφώσεων)	Der Eisvogel, oder die Verwandlung
Harmonides (Ἁρμονίδης)	Harmonides
Hercules (Ἡρακλῆς)	Der Gallische Herkules
Hermotimus (Ἑρμότιμος ἢ Περὶ Αἱρέσεων)	Hermotimus, oder von den Philosophischen Secten

Herodotus (Ἡρόδοτος ἢ Ἀετίων)	Herodot oder Aetion
Hesiodus (Διάλογος πρὸς Ἡσίοδον)	Ein kleiner Wortwechsel mit Hesiodus
Hippias (Ἱππίας ἢ Βαλανεῖον)	Hippias oder das Bad
Icaromenippus (Ἰκαρομένιππος ἢ Ὑπερνέφελος)	Ikaromenippus oder die Luftreise
Imagines (Εἰκόνες)	Panthea oder die Bilder
Iudicium Vocalium (Δίκη Συμφώνων)	Das Gericht der Vocalen*
Iuppiter confutatus (Ζεὺς ἐλεγχόμενος)	Der überwiesene Jupiter
Iuppiter Tragoedus (Ζεὺς Τραγῳδός)	Jupiter Tragödus
Lexiphanes (Λεξιφάνης)	Lexiphanes*
Macrobii (Μακρόβιοι)	Verzeichniß von Personen, die bis zu einem sehr hohen Alter gelebt haben
Muscae Encomium (Μυίας Ἐγκώμιον)	Lobrede auf die Fliege
Navigium (Πλοῖον ἢ Εὐχαί)	Das Schiff oder die Wünsche
Necyomantia (Μένιππος ἢ Περὶ Νεκυομαντεία)	Die Höllenfahrt des Menippus, oder das Todten-Orakel
[Nero] [Νέρων]	Nero, oder das Project den Isthmus zu durchstechen
Nigrinus (Νιγρίνου Φιλοσοφία)	Nigrinus
Ocypus (Ὠκύπους)	Okypus*

Patriae Encomium (Πατρίδος Ἐγκώμιον)	Lob des Vaterlandes
Phalaris prior (Φάλαρις Α)	Der erste Phalaris, oder Rede der Abgesandten des Phalaris an die Priester und das Volk zu Delphi
Phalaris alter (Φάλαρις Β)	Der zweyte Phalaris oder Rede eines Dephiers zu Unterstützung des Vortrags der Gesandten des Phalaris
[Philopatris] [Φιλόπατρις ἢ Διδασκόμενος]	Philopatris
Philopseudeis (Φιλοψευδεῖς ἢ Ἀπιστῶν)	Der Lügenfreund oder der Unglaubige
Piscator (Ἀναβιοῦντες ἢ Ἁλιεύς)	Der Fischer oder die wieder auferstandenen Philosophen
Podagra (Ποδάγρα)	Tragopodagra. Ein Tragikomisches Drama
Pro Imaginibus (Ὑπὲρ τῶν Εἰκόνων)	Vertheidigung der Bilder
Pro Lapsu inter salutandum (Ὑπὲρ τοῦ ἐν τῇ Προσαγορεύσει Πταίσματος)	Schutzrede für einen im Grüßen begangenen Fehler
Prometheus (Προμηθεύς)	Prometheus
Prometheus es in Verbis (Πρὸς τὸν εἰπόντα Προμηθεὺς εἶ ἐν τοῖς Λόγοις)	Prometheus. An Jemand, der ihn einen Prometheus im Schriftstellen genannt hatte
Pseudologista (Ψευδολογιστὴς ἢ Περὶ τῆς Ἀποφράδος)	Apophras gegen einen gewissen Timarchus
Quomodo historia conscribenda sit (Πῶς δεῖ Ἱστορίαν συγγρέφειν)	Wie man die Geschichte schreiben müsse
Rhetorum Praeceptor (Ῥητόρων Διδάσκαλος)	Die Rednerschule, oder Anweisung wie man mit wenig Mühe ein berühmter Redner werden könne

Saturnalia (Tὰ πρὸς Κρόνον)	Saturnalische Verhandlungen
Scytha (Σκύθης ἢ Πρόξενος)	Der Scythe oder Anacharsis und Toxaris
Soloecista (Ψευδοσοφιστὴς ἢ Σολοικιστής)	Der Solöcist [ohne Übersetzung]
Somnium sive Vita Luciani (Περὶ τοῦ Ἐνυπνίου ἤτοι Βίος Λουκιανοῦ)	Lucians Traum
Symposium (Συμπόσιον ἢ Λαπίθαι)	Das Gastmal oder Die neuen Lapithen
[Timarion] [Τιμαρίων ἢ Περὶ τῶν κατ᾽ αὐτὸν Παθημάτων]	[von Wieland nicht aufgenommen]
Timon (Τίμων)	Timon
Toxaris (Τόξαρις ἢ Φιλία)	Toxaris, oder die Freunde
Tyrannicida (Τυραννοκτόνος)	Der Tyrannenmörder. Eine Redeübung
Verae Historiae 1 (Ἀληθῶν Διηγημάτων Α)	Der Wahren Geschichte Erstes Buch
Verae Historiae 2 (Ἀληθῶν Διηγημάτων Β)	Der Wahren Geschichte Zweytes Buch
Vitarum Auctio (Βίων Πρᾶσις)	Der Verkauf der Philosophischen Secten
Zeuxis (Ζεῦξις ἢ Ἀντίοχος)	Zeuxis oder Antiochus

X. Anhang

I) Fontenelle: *Der Kaiser Hadrian und Margaretha von Oesterreich*[1]

Margaretha. Was fehlt Euch mein Kaiser? Denn wie ich sehe, so seyd Ihr
   ganz hitzig.
Hadrian. Ich habe den Augenblick mit dem Cato von Utika, über die Art,
   wie wir beyde gestorben sind, einen großen Streit gehabt. Denn ich behauptete, ich hätte mich in dieser letzten Handlung weit philosophischer
   verhalten, als er.
Marg. Mich dünkt, Ihr seyd ziemlich verwägen, daß Ihr Euch erkühnet,
   eine so berufene Todesart anzutasten, als die seinige ist. War denn das
   nicht was herrliches, zu Utika alles zu veranstalten, alle seine Freunde in
   Sicherheit zu setzen, und sich darauf selbst umzubringen: um zugleich
   mit der Freyheit seines Vaterlandes ein Ende zu nehmen; und nicht in
   die Hände eines Siegers zu fallen, der ihn doch unfehlbar würde begna-
   diget haben?
Hadrian. Ach! wenn Du diesen Tod etwas genauer ansiehst, so wirst Du
   sehr viel dawider einzuwenden finden. Erstlich verlief so viel Zeit, darinnen er sich vorbereitete; und er hatte sich mit so sichtbaren Bemühungen zubereitet, daß jedermann in Utika wußte, daß Cato sich umbrin-
   gen würde. Zum andern, ehe er sich den Stich gab, hatte er es nöthig,
   Platons Gespräch von der Seelen Unsterblichkeit etlichemal durchzule-
   sen. Zum dritten machte ihn sein Vorhaben sehr unmuthig. Als er sich
   niederlegte, und seinen Degen nicht unter dem Hauptküssen seines
   Bettes fand, (denn weil man wohl vermuthete, was er zu thun im Sinne
   hätte, so hatte man ihn von da weggenommen) rief er einen seiner Sklaven, denselben zu fodern; und gab ihm eine solche Maulschelle ins Gesicht, daß ihm die Zähne in den Hals fielen. Daß dieses in Wahrheit geschehen sey, ist daraus zu schließen, daß er seine Hand ganz blutig
   wieder zurück gezogen.
Marg. Ich gestehe es, daß diese Maulschelle, Catons philosophischen Tod
   ziemlich verderbet.
Adrian. Du glaubest nimmermehr, was er über diesen weggenommenen
   Degen für ein Lärmen gemachet; und wie heftig er seinem Sohne und

---

[1]   Zitiert nach der Übersetzung von J.C. Gottsched, *Bernhards von Fontenelle Auserlesene
   Schriften*, Leipzig 1766[5], 270-276.

seinen Hausgenossen vorgerücket, daß sie ihn an Händen und Füssen gebunden dem Cäsar überliefern wollten. Kurz, er schalt sie alle dergestalt aus, daß sie zur Kammer hinausgehen, und ihm die Freyheit lassen mußten, sich umzubringen.

Marg. In Wahrheit, das hätte alles ein wenig ruhiger zugehen können. Er hätte ja nur ganz gemächlich den andern Tag erwarten dürfen, um sich ums Leben zu bringen. Es ist nichts leichter, als zu sterben, wenn man sichs einmal recht vorgenommen hat. Aber vieleicht war wegen seiner Standhaftigkeit, der Ueberschlag schon so gemachet, daß er nicht länger warten konnte: und wenn er es noch einen Tag aufgeschoben hätte; vieleicht hätte er sich gar nicht umgebracht!

Hadrian. Du sagst die Wahrheit, und ich sehe, daß Du eine Kennerinn großmüthiger Todesarten bist.

Marg. Indessen sagt man doch, daß Cato, nachdem man ihm den Degen gebracht, und ihn allein gelassen, eingeschlafen sey, und geschnarchet habe. Das wäre gleichwohl was schönes!

Hadrian. Glaube es doch nicht! Er hatte sich ja mit allen Menschen gezanket, und seine Knechte geprügelt. Nach solchen Händeln schläft man nicht leicht. Noch mehr; die Hand, womit er dem Sklaven die Maulschelle gereichet hatte, that ihm gar zu wehe, als daß er hätte schlafen können. Denn er konnte den Schmerz an derselben nicht ertragen, und ließ sich dieselbe von einem Arzte verbinden; ob er gleich eben im Begriffe war, sich zu erstechen. Endlich, nachdem man ihm den Degen gebracht hatte, las er bis um Mitternacht zweymal Platons Gespräch. Nun konnte ich, theils durch das große Gastmahl, welches er denselben Abend seinen Freunden gab, theils durch einen Spaziergang, den er darauf that, theils durch alles übrige, welches vorgieng, ehe man ihn allein gelassen, genugsam erweisen: daß es sehr spät gewesen seyn müsse, als man ihm den Degen gebracht. Sonst ist das Gespräch, welches er zweymal durchgelesen, sehr lang: folglich, wenn er ja geschlafen hat, so hat er doch nicht lange geschlafen. In Wahrheit, ich besorge sehr, er habe sich nur gestellet, als ob er schnarchete, um dadurch bey denen Ehre zu erlangen, die an der Thüre seines Zimmers horcheten.

Marg. Ihr beurtheilet seinen Tod nicht übel; dessen ungeachtet aber behält derselbe allezeit was heldenmüthiges. Aber wodurch könnt Ihr wohl behaupten, daß der Eurige demselben vorzuziehen sey? So viel ich mich erinnere, seyd Ihr in Euerem Bette ganz ruhig, und auf eine Art, die nichts Merkwürdiges an sich hat, gestorben.

Hadrian. Was? Sind die Verse nicht merkwürdig genug, die ich gemachet, als ich schon fast den letzten Odem von mir blasen sollte?

Mein witterndes zärtliches Seelchen, wohin?
Wohin willst du fliehen?
Was sind es für Oerter, dahin du willst ziehen?
Dein schüchterner, bläßlicher, bebender Sinn
Muß künftig die vorige Kurzweil der Freuden,
Den Scherz und gewöhnliche Lustigkeit meiden.

Cato sah den Tod für eine gar zu ernsthafte Angelegenheit an. Aber mich anlangend, so scherzte ich mit demselben, wie Du gehöret hast. Und hierinn behaupte ich, daß meine Philosophie viel weiter gegangen, als Catons seine. Es ist lange nicht so schwer, dem Tode kühn zu trotzen, als denselben kaltsinniger Weise zu verspotten: auch nicht, denselben wohl aufzunehmen, wenn man ihn selbst zu Hülfe rufet; als wenn er von sich selber kömmt, ohne daß man seiner benöthiget ist.

Marg. Ja, ich gestehe es, daß die Todesart des Cato von Utika nicht so schön sey, als die Eurige: aber zum Unglücke, da ich hörte; daß Ihr diese Verse gemachet, habe ich nicht bemerket, worinnen ihre ganze Schönheit eigentlich bestünde?

Hadrian. Siehe nur, so ist alle Welt gesinnet. Daß Cato sich eher das Eingeweide durchbohret, als daß er seinem Feinde in die Hände fallen will; das ist vielleicht in der That nichts sonderliches: indessen leuchtet doch eine solche Begebenheit in den Geschichten sehr in die Augen, und ein jeder wird dadurch gerühret. Daß hingegen ein andrer ganz geruhig stirbt, und noch im Stande ist, kurzweilige Verse auf seinen Tod zu machen; dieß ist mehr, als Catons That: doch es fällt gar nicht in die Augen; es rühret niemanden, und die Geschichte zeigen es fast nicht einmal an.

Marg. Ach! nichts ist wahrhaftiger, als was Ihr saget: und ich, die ich mit Euch rede, habe eine Todesart gehabt, davon ich behaupte, daß sie noch viel schöner sey, als die Eurige; aber dessen ungeachtet noch weniger Aufsehen gemacht hat. Zwar ist es noch kein recht vollkommener Tod: allein so unvollkommen, als er ist, so ist er doch besser, als der Eurige, welcher doch den Tod Catons übertraf.

Hadrian. Wie? Was willst du damit sagen?

Marg. Ich war eine kaiserliche Prinzeßin, und man hatte mich einem königlichen Prinzen vertrauet. Allein nach dem Tode seines Vaters schickte mich dieser Prinz meinem Vater zurück; ob er gleich eine öffentliche Zusage gethan hatte, mich zu heurathen. Endlich vertrauete man mich wieder an einen andern königlichen Prinzen; und als ich mich übers Meer zu meinem Gemahle begeben mußte: so betraf ein recht wütendes

Ungewitter mein Schiff, welches mein Leben in augenscheinliche Gefahr setzte. Zu dieser Zeit machte ich mir selbst folgende Grabschrift:

Margretha lieget hier, ein edles Jungfräulein,
Das zwar zween Männer hat, und doch kann Jungfer seyn.

Die Wahrheit zu sagen, ich starb dießmal nicht; aber es lag nicht an mir. Stellet Euch nur diese Todesart recht vor; so werdet Ihr damit zufrieden seyn. Catons Standhaftigkeit ist auf der einen Seite zu hoch getrieben; und die Eurige auf der andern: aber die meinige ist natürlich. Jener ist gar zu gezwungen: Ihr seyd gar zu kurzweilig; ich aber bin vernünftig.

Hadrian. Was? wirfst Du mir vor, daß ich mich gar zu wenig vor dem Tode gescheuet habe?

Marg. Ja. Es ist gar nicht wahrscheinlich, daß man ganz ohne Widerwillen sterben sollte: und ich bin versichert, daß Ihr Euch so viel Gewalt angethan, um kurzweilig zu dichten, als Cato, um sich zu durchbohren. Ich hergegen sehe alle Augenblicke den Schiffbruch vor Augen, ohne davor zu erschrecken, und mache bey kaltem Geblüte meine Grabschrift. Das ist recht was Außerordentliches! Ich gebe zu, wenn nichts vorhanden wäre, diese Geschichte ein wenig zu lindern: so hätte man Ursache, sie nicht zu glauben, oder dafür zu halten, ich hätte solches nur aus Pralerey gethan. Aber zu gleicher Zeit bin ich ein armes Mägdchen, das zweymal versprochen ist; und doch das Unglück hat, als Jungfer zu sterben. Ich entdecke auch das Misvergnügen, so ich darüber habe: und daher hat meine Geschichte alle Wahrscheinlichkeit, deren sie benöthiget ist. Eure Verse wollen in der That nichts sagen; gebt nur recht darauf acht: sie sind nur ein sinnloses Gewäsche, welches aus etlichen kindischen Ausdrückungen zusammen gesetzet ist. Aber meine haben einen sehr deutlichen Verstand, womit man alsbald zufrieden ist: welches denn genugsam zeiget, daß die Natur mehr daraus hervorleuchtet, als aus den Eurigen.

Hadrian. In der That, ich hätte nicht gedacht, daß der Verdruß, den Du gehabt, weil Du mit deiner Jungferschaft sterben sollen, Dir so rühmlich seyn sollte!

Marg. Scherzet nur, so lange ihr wollet; aber meine Todesart, wenn ich so reden darf, hat noch einen wesentlichen Vorzug, vor Catons und Eurem Tode. Ihr waret beyde lebenslang sehr bemüht gewesen, Philosophen zu seyn: und also hattet Ihr Euch anheischig gemachet, den Tod nicht zu fürchten. Wäre es Euch nur erlaubt gewesen, denselben zu scheuen; fürwahr, ich weis nicht, was sich vielleicht zugetragen hätte! Aber ich hingegen hatte in währendem Ungewitter, das Recht zu zittern und zu beben; und mein Geschrey bis an die Wolken zu treiben: ohne daß mirs

jemand hätte verdenken, oder das geringste dawider einwenden können;
ja ich hätte dadurch von meiner Ehre nichts verloren. Indessen blieb ich
so ruhig, daß ich mir auch gar eine Grabschrift machen konnte.

Hadrian. Im Vertrauen! Ist die Grabschrift nicht erst nach der Zeit, irgend
auf dem trocknen Lande gemacht worden?

Marg. Ach! das ist eine verdrießliche Zanksucht. Habe ich Euch dergleichen Fragen über Eure Verse gethan?

Hadrian. So ergebe ich mich denn im rechten Ernste, und gestehe: daß die
Tugend groß genug sey, wenn sie die Gränzen der Natur nicht über-
schreitet.

II) Fontenelle: *Plutons Urtheil über die Gespräche der Todten*[2]

Erster Theil.

Niemals war dergleichen Unordnung unter der Erde gewesen, als dieses
mal. Es war eine Verwirrung, die man schwerlich glauben würde. Vorhin
gab es verschiedene Abtheilungen in der Höllen, darinnen man alle Todten
von einer Gattung zusammen that. Sie redeten daselbst mit einander von
Sachen, die sich für sie schickten; oder sie schwiegen vielmehr ganz still.
Allein, nachdem sie die Gespräche gelesen, die man sie unlängst hatte halten lassen; so ward das unterste zu oberst gekehret.

Die Buhlerinnen drungen sich in das Behältnis der Helden, und sagten
ihnen tausend Narrenpossen wor; wodurch die Ernsthaftigkeit dieser
Herren aufs äußerste beleidiget ward. Die Gelehrten, die sonst den Prinzen
aufwarteten, giengen so mit ihnen um, wie dieselben mit den Gelehrten umgehen sollten. Kurz, alle Ordnung, die der Natur gemäß, unter ihnen eingeführet worden, war gestöret und man sah Karl den fünften neben dem
Erasmus gehen, und ihm als einer Majestät begegnen. Wenn Pluto einen
Todten verlangete, so wußte man ihn nicht mehr zu finden.

Neulich ließ er den Aretin in der ganzen Hölle suchen. Als man ihn nirgends fand, glaubte man, er wäre entwischet; und bildete sich nichts weniger ein, als daß er beym Kaiser August seyn würde. Zum Unglücke traf
Pluto den Anakreon und Aristoteles an, welche mit einander sprachen. Als
sie sich nun heftig zanketen, und Pluto den einen bey der Schulter in den
Aufenthalt der Poeten; den andern aber in den Wohnplatz der Weltweisen
stieß; erblickte er nicht weit davon den Homer und den Aesopus, die aus

---

[2] Zitiert nach Gottsched (wie Anm. 1) 383-389.

ihren Verhältnissen gegangen waren, um sich einander erst höflich zu be-
gegnen, hernach aber zu schimpfen: und ein wenig weiter hin, den Kaiser
Adrian und Margarethen von Oesterreich: die von den äußersten Ende der
Höllen gekommen waren, sich mit einander zu schlagen.

Er sah wohl, daß es schwer fallen würde, diesem Uebel abzuhelfen: und
indem er die Zeit erwartete, da er sein Reich wieder in Ordnung bringen
könnte; wollte er allen seinen Verdruß über das Buch auslassen, welches so
viel Unruhe verursachet hatte. Er entschloß sich, die Beurtheilung desselben öffentlich vorzunehmen: aber wie er in diesen Materien nicht gar zu
viel Einsicht hat, indem er nur einen gemeinen Verstand besitzt, der zwar
gesund aber nicht sonderlich zart ist; so war er willens, von jedermann die
Klagen, über die Gespräche der Todten anzuhören und sein Urtheil darnach
einzurichten. Derowegen ließ er in der Höllen ausrufen: daß man an einem
bestimmten Tage, dieses Buch in seinem Pallaste beurtheilen würde; und
daß die Todten eingeladen würden, sich daselbst einzufinden: Lucian aber,
und die sechs und dreyßig Todten, die sonderlich an den Gesprächen Theil
hätten, sollten ganz unfehlbar daselbst erscheinen.

Der Tag erschien, und die Versammlung war sehr zahlreich. Pluto saß
mit einem verdrüßlichen Gesichte auf seinem Throne. Alle Augenblicke
jähnete er; weil er zuvor in dem Buche gelesen hatte: ja er beklagte sich gar
über große Kopfschmerzen, welche von der Aufmerksamkeit herkamen,
womit er dasselbe gelesen hatte. Aeakus und Rhadamantus saßen neben
ihm, aber weit mürrischer und düsterer von Ansehen, als gemeiniglich.

[...] aber Rhadamant, ein billiger Richter, der nicht zuläßt, daß man von
seiner Sache viel ausschweifet, sagete sehr ernsthaft: Hier fraget es sich
nicht von Lucians Gesprächen. Seine Hochachtung ist schon fest gesetzet.
Hätte man sich derselben widersetzen wollen; so hätte man es eher thun
müssen.

Du bist recht gnädig, fiel ihm Cato von Utica ins Wort, und zwar mit
einem weit ernsthaftern Gesichte, als Rhadamant selbst hatte. Die Herren
Gesprächschreiber schonen ja die allerältesten Leute nicht. Was hat man
mir für eine schlechte Ehrfurcht erwiesen? Ich bin sechzehnhundert Jahre
todt, und sechzehnhundert Jahre her bewundert worden: nach dieser Zeit
aber beunruhiget man mich, meines Todes wegen. Dieser hat nicht das
Glück gehabt, dem Verfasser eines kleinen Büchleins zu gefallen. Er ist zu
gezwungen, saget er. Ich bin ihm gar zu ernsthaftig gestorben, und nicht
lustig genug bey dieser That gewesen. Ich machete nicht Possen und Kurz-
weile, wie ein wahrhafter Philosoph hätte thun sollen. Ich sagete nicht:
Mein witterndes zärtliches Seelchen wohin?

Mit einem Worte, ich schnarchete nicht wahrhaftig: und dadurch habe ich alles verderbet. Indessen ist es gewiß, daß ich alles ohne einige Verwirrung anordnete, und meinen Tod nicht aufschob, auch das Gespräch Platons nicht zweymal durchlas; als nur bloß zu dem Ende, damit ich von meinen Freunden Nachricht einziehen könnte: welche sich aufs Meer begeben hatten, dem Cäsar zu entfliehen; und daß ich mir den Stoß gab, sobald ich dieselbe Zeitung bekommen hatte. Wie will denn eigentlich dieser gute Mann, daß man sterben soll? Er thue uns doch den Gefallen, und gebe uns ein Muster eines Todes, der ihm gefällt: damit man sich darnach richten könne; und damit ein Held seiner Sache gewiß sey, wenn er Lust bekömmt zu sterben. Soll man etwa Verse machen? denn die beyden Todten, mit denen er zufrieden zu seyn scheint, haben es gethan. Sind denn große Leute verbunden, ihren Seelen Narrenpossen vorzusagen? und sollen sich die Jungfern über ihre Jungferschaft beklagen, und sie wider ihren Willen behalten haben? Hat er uns denn eben diese schönen Exempel der Großmuth vorstellen müssen, eines Urtheiles zu spotten, welches ganze siebenzehn Jahrhunderte von meinem Tode gefället hatten? Wo ist die Hochachtung die man dem Alterthume schuldig ist? Mit was für einem Rechte suchet man die Helden desselben zu erniedrigen?

Die ganze Versammlung ward durch die Heftigkeit, die Cato im Reden blicken ließ, in Bewegung gesetzet. Aber der Kaiser Hadrian trat auf, und sagete ganz gelassen: Mache doch nicht soviel Geschrey, von der Ehre des Alterthums! Dasselbe hat keine Ursache, sich über den neuen Verfasser der Gespräche zu beschweren. Es ist wahr, er erniedriget Dich darinnen, und nimmt Dich aus der Zahl der Helden: aber das Alterthum verliert nichts dabey: denn er setzet mich alsofort an Deine Stelle; mich, der ich doch vorhin, meines Todes wegen, nicht unter die Helden gezählet wurde. Ich bitte diese ganze Gesellschaft um Vergebung: denn ich konnte mich nicht recht entschließen, mich zu ihr an diesen Ort zu begeben. Ich war sehr unruhig in meiner Krankheit. Ich wollte durchaus, daß die Aerzte ein Mittel zur Erhaltung meines Lebens erfinden sollten; und ich bin dem Verfasser der Gespräche sehr verbunden, daß er mir das alles gütigst übersehen wollen. Ich versichere auch, daß sein Buch recht artig ist, und daß ich es gern lese. Es tröstet mich wider alle diejenigen, die von meinem Tode übel geredet haben. Man muß niemals ganz verzagen. Ich starb wie eine feige Memme, nach dem Berichte der meisten Geschichte: und, ich weis nicht wie lange hernach, werde ich zum Helden, ohne daß ich nur daran gedacht habe.

Ja, versetzete Cato, aber ich komme schlecht dabey zurecht! O! erwiederte Hadrian, wo der eine gewinnet, da muß ja der andre wohl verlieren:

das ist eine alte Regel. Die Bücherschreiber sind Herren über ihre Zuneigung, und theilen sie aus, wie es ihnen gut dünket.

Hierauf verdoppelte Pluto seine Ernsthaftigkeit, und verboth dem Hadran, solche gefährliche Maximen vorzubringen. Um aber den Streit zwischen dem Cato und Hadrian aufzuheben, gab er, auf Gutachten des Aeakus und Rhadamatus, folgendes Endurtheil:

Es wäre nicht erlaubet, die Charactere der Personen zu verwechseln, und aus einem Cato einen Hadrian zu machen: auch so gar nicht unter dem Vorwande der Wiedererstattung; oder daß alles, was man einerseits genommen, anderntheils wieder ersetzet würde.

III) Gottsched: *Lukian. Mercur und Charon*[3]

Mercur. Wenn du willst, so laß uns mit einander rechnen und sehen, wieviel du mir schuldig bist; damit wir uns nicht wieder zanken dörfen.
Charon. Meinetwegen, Mercur: denn es ist besser, daß wir eins werden.
Mercur. Einen Anker brachte ich dir, auf dein Begehren, für fünf Drachmen.
Charon. Das ist theuer!
Mercur. So wahr als Pluto lebet! er kostet fünf Drachmen: und der Riemen, das Ruder anzubinden, zwey Obolen.
Charon. So setze dann, fünf Drachmen und zwey Obolen.
Mercur. Noch habe ich für die Nadel, das Segel zu flicken, fünf Obolen ausgeleget.
Charon. Setze die auch hin.
Mercur. Noch für Pech, die Ritze am Schiffe zuzukleben, auch für Nägel und für das Seilchen, davon du den Segelstrick gemacht hast; das alles zusammen kostet zwo Drachmen.
Charon. Ganz gut: das hast du sehr wohlfeil bekommen.
Mercur. Das ist nun alles: wo ich nicht im rechnen noch was vergessen habe. Wenn willst du mirs wieder geben?
Charon. Itzo kann es nicht seyn, Mercur. Wenn aber entweder die Pest, oder der Krieg viele zu uns herab schicken wird; dann wird schon was zu verdienen seyn: zumal wenn ich die Ueberfahrenden mit Fleiß unrecht zählen werde.

---

[3]   Johann Christoph Gottsched, *Des Uebersetzers Abhandlung von Gesprächen überhaupt*, in: ders., *Bernhards von Fontenelle Auserlesene Schriften*, Leipzig 1766[5], 39f.

Mercur. So will ich mich denn hersetzen, und bethen, daß sich das ärgste zutragen möge: damit ich nur meinen Vorteil davon ziehen könne.

Charon. Es ist nicht anders möglich, Mercur. Du siehst wohl, daß itzo wenig Todte zu uns herab kommen. Es ist Frieden.

Mercur. Es ist auch besser, daß es so bleibe; wenn gleich die Zahlung meiner Schuld noch länger ausgesetzet bleiben sollte. Aber Charon, weißt du wohl, wie stark und vollblütig und mehrentheils verwundet, die Alten zu uns kommen pflegten? Itzo hingegen kömmt entweder einer, der von seinem Sohne oder Weibe mit Gift hingerichtet worden; oder ein anderer, dem Bauch und Beine vor lauter Schwälgerey geschwollen sind. Alle sehen blaß und furchtsam aus; ganz anders, als jene. Viele kommen auch des Geldes halber zu uns; in dem sie sich, wie es scheint, einander nachgestellet haben.

Charon. Nach dem Gelde aber muß man ja streben.

Mercur. Nun, so werde ich denn auch nicht unrecht thun, wenn ich dasjenige scharf von dir einfodere, was du mir schuldig bist.

IV) Gottsched, *Lucians 7te Unterredung / Menippus ein cynischer Weltweiser und Mercurius*[4]

Menipp. Merkur / wo sind doch alle die schönen Manns- und Weibsbilder? führe mich ein wenig herum / wenn du so gut seyn willst: denn ich bin hier noch fremde.

Merc. Ich habe zwar nicht viel Zeit übrig: doch will ichs dir zu gefallen thun. Siehest du da zur rechten Hand? da ist Hyacinthuo und Narcissus / Nireus / Achilles / Tyro / Helena und Leda / das sind lauter berühmte Schönheiten.

Menipp. Ich sehe ja nichts als eitel Knochen / und bloße Hirnschalen / ohne Fleisch und Haut / die sich mehrentheils einander ähnlich sind.

Merc. Das sind indessen diejenigen Gebeine / die alle Poeten so bewundert haben. Und du verachtest sie?

Menipp. Zeige mir doch die Helena: denn ich kenne sie nicht.

Merc. Diese mit dem kahlen Schedel ist Helena.

Menipp. Hat sichs denn wohl der Mühe verlohnet / ihrenthalben tausend Schiffe aus gantz Griechenland anzufüllen / soviel Griechen und Barbaren zu erschlagen? und soviel Städte zu verwüsten.

---

4   Johann Christoph Gottsched, *Die Vernünftigen Tadlerinnen*, Bd. I, Leipzig 1725, 202.

Merc. Ey Menippus hättest du dieses Frauenzimmer im Leben gesehen: du würdest selbst gesagt haben / man könne es keinem verdencken / um eines solchen Weibes halber / eine lange Zeit Beschwerlichkeiten und Gefahr zu erdulden. Wenn man verdorrte Blumen ansiehet / die ihre Farben verloren haben: so scheinen sie ungestalt zu seyn: wenn sie aber in voller Blüthe stehen, sind sie unvergleichlich schön.

Menipp. Darum wundre ich mich eben / lieber Mercur / daß sich die Griechen um einer Sache wegen / die so vergänglich und hinfällig war / soviel Mühe gemacht haben.

Merc. Ich habe nicht Zeit mit dir zu philosophiren: darum erwehle ich dir einen Ort, wo du bleiben willst / und lege dich hin: Ich muß auch andre Todten herführen.

V) Gottsched, *Lucretia / Cleopatra / und Proserpina*[5]

Clep. Darfst du dich noch wohl unterstehen / dich mit einer Königin zu vergleichen? Du / die du nur eine Bauersfrau gewesen bist?

Lucr. Ich und du mögen gewesen seyn was wir wollen / hier sind wir alle gleich.

Cleop. Ich habe Cron und Purpur getragen / ich habe soviel tapfre Helden durch meine Schönheit bezaubert / und fehlte es nicht viel / so wäre ich durch die Heyrath mit dem Octavius / gar zur Römischen Kayserin geworden.

Lucr. Ich habe es dir schon gesagt / daß das alles hie nichts mehr gilt. Hingegen kann ich dir andre Dinge erzehlen / die ich vor dir voraus habe.

Cleop. Du Armseelige? So laß michs doch hören.

Lucr. Ich rühme mich bloß meiner Tugend / welche mich auch nach dem Tode folget: da du alle deine Vorzüge in der Welt hast lassen müssen.

Cleop. Was? habe ich nicht auch nach dem Tode einen unsterblichen Namen? Redet nicht die Welt noch itzo von mir / als der reichesten / mächtigsten / verschmiztesten und schönsten Egyptischen Königin.

Lucr. Du eitle! Was hilft dir dieses Andencken / wenn man zugleich deiner Laster dabey Erwehnung thut. Phryne / Lais / Flora und andre unzüchtige Weibsbilder werden auch noch in der Welt genannt. Mit diesen gehörest du in eine Classe. Hingegen ist mein Nahme auf eine bessere Art unsterblich.

---

[5] Gottsched (wie Anm. 4) 205f.

Cleop. Dein Nahme unsterblich? Ich habe als ich noch lebete niemahls was von dir gehöret: ob du gleich nur etliche hundert Jahre todt warest; wer wird itzo an dich gedencken?

Lucr. Ich werde noch allem Frauenzimmer als ein Exempel der Keuschheit vorgestellet / und alle Geschichtschreiber führen mich als ein Wunder an: weil ich nach verlorner Ehre auch das Leben nicht mehr geachtet; sondern mir einen Dolch durch die Brust gestossen. Doch siehe / wer kommt da?

Pros. Was zancket ihr so heftig miteinander?

Cleop. Lucretia ist so unbesonnen / daß sie sich mir gleich schätzen / ja wohl gar vorziehen will.

Pros. Ist dem also?

Lucret. Ich habe niemals gewust / daß man hie auch eine Rangordnung zu beobachten hätte. Zudem dencke ich auch berechtiget zu seyn / daß ich vor ihr einen [...] Vorzug habe.

Cleop. Da hörst du es selber / du Fürstin der Unterirrdischen! Ist daß nicht eine grobe Beleidigung für mich?

Pros. Sage nur Cleopatra / worauf gründet sich deine Ehre?

Cleop. Bin ich nicht eine Königin? Bin ich nicht reich / bin ich nicht schön gewesen? Bin ich nicht berühmt genug in der Welt?

Pros. Du bist eine Närrin. Cleopatra das gilt hier alles nichts / was sagest du Lucretia?

Lucr. Ich könnte der Cleopatra vielleicht in allen diesen Stücken die Wage halten. War sie eine Königin: so ward mein Ehegatte nach meinem Tode Bürgermeister in Rom / welches mehr als ein Egyptischer König bedeutet. War sie so reich: so hat es mir auch an nichts gefehlet. War sie so schön: so fraget sichs noch / ob ich nicht schöner gewesen / da sich der unzüchtige Prinz des Tarquinius so heftig in mich verliebet. Ist sie berühmt in der Welt: so bin ichs eben sowohl. Allein ich beruffe mich auf nichts als auf meine Keuschheit und Tugend.

Pros. Das ist etwas / so auch nach dem Tode eine Hochachtung verdienet. Gehe hin Lucretia / Mercurius soll dir die glücksseeligste Insel zur Wohnung anweisen. Du aber Cleopatra / solst denen Furien übergeben werden / die dir ein Bad aus denen brennenden Pechstrome machen werden.

VI) Gottsched, *Proserpina / Mercurius / etliche Geister verst. Weibsbilder*[6]

Pros. Was bringst du da vor eine Menge Geister zu mir? Mercur.

Merc. Die höllischen Richter haben mit Verurtheilung der Männer soviel zu thun / daß sie euch zu ihrer Gehülfin verlangen / um das Frauenzimmer zu richten.

Pros. Ich habe Zeit genug dazu: darum führe einer nach der andern zu mir. Was hast du in deinen Leben gethan?

Der erste Geist. Ich habe mich aus und angekleidet / gegessen / getrunken und geschlafen.

Pros. Sonst nichts mehr? Du wirst gewiß sehr jung gestorben seyn.

Der 1ste Geist. Nein / ich bin fast 69. Jahr alt worden.

Pros. Du Zeitverderberin / fort / fort mit ihr Mercur / laß sie jenen Töchtern helffen den Stein auf den Berg weltzen / der immer wieder herab läuft: daß sie lerne was Arbeit heiße. Was hast du gethan?

Der 2te Geist. Ich habe unvergleichlich getantzet / und als eine Meisterin Lombre gespielet.

Pros. Solch läppisch Zeug! Hast du nichts bessers und merckwürdigers verrichtet?

Der 2te Geist. Ich weiß mich auf nichts zu besinnen.

Pros. Gehe hin / Cerberus soll dich unaufhörlich herum treiben / da sollst du des Laufens schon müde werden. Wie hast du in der Welt gelebet?

Der dritte Geist. Ich habe meine Zeit damit zugebracht daß ich aus Wolle und Flachs subtile Fäden gezogen / sie zusammen gedrehet / und hernach etlichemahl auf- und abgewickelt.

Pros. Das ist eine wunderliche Arbeit: Aber wozu dieneten diese Fäden?

Der dritte Geist. Man verfertigte Kleidungen für die Menschen daraus / sie theils vor der Hitze theils vor dem Froste zu bewahren.

Pros. Du hast also was gutes gethan: gehe hin / in den Elysischen Feldern solst du belohnet werden. Was kommt da vor eine / mit so vielem Kniebeugen?

Der vierte Geist. Eure unterirrdische Majestät vergeben / daß ich mir die Freyheit nehme deroselben meine allerunterthänigste Aufwartung zu machen und sie ec.

Pros. Was plauderst du viel? Sage was hast du gethan?

Der vierte Geist. Wenn E. Maj. es nicht ungnädig deuten / daß dero allergehorsamste Dienerin sich unterstehet deroselben ihre Geschäfte zu offen-

---

6   Gottsched (wie Anm. 4) 206f. Der Beitrag erschien unter seinem Pseudonym 'Calliste'.

bahren / so will ich in aller Unterthänigkeit gestehen / daß ich complimentiret habe.

Pros. Complimentiret? Mercur / verstehest du was das bedeuten soll?

Merc. Es heisset / soviel unnütze Umschweiffe in Worten machen / als du itzo von ihr gehöret hast.

Pros. Gehe / du sollst zu einem ewigen Stillschweigen verdammt seyn.

Der vierte Geist. Es wird nicht geschehen / ich werde die Ehre haben ihnen zu folgen.

Pros. Gehe fort und sey stille / sonst soll dirs noch ärger gehen.

Der 5te Geist. Ich habe Bücher gelesen.

Pros. Das wird ein gelehrtes Frauenzimmer seyn. Du wirst also viele Wissenschaften verstanden haben?

Der 5te Geist. Ich habe gewust wer Octavia und Clelia / Cyrus und Argenis / Hercules und Herculisca / die getreue Schäferin Doris / und Aramene / der Pastor Fido und rasende Roland / die himmlische Banise und der Prinz Telemaque / Arminius und Thusnelda ec. gewesen.

Pros. Genug / genug. Das sind lauter Historien / davon ich die wenigsten weiß. Mercur / sind sie dir bekannt?

Merc. Ach es sind lauter Fabeln / die nirgends als in dem Gehirne einiger Romanschreiber entstanden sind.

Pros. Du hast also sehr schlechte Bücher gelesen. Fort mit ihr / laß sie ihre himmlische Banise / Doris / Aramena ec. hie unter den Todten suchen; und wenn sie dieselbige nicht finden wird: so übergib sie den Furien zu züchtigen. Was kommt da vor eine schwache?

Der 6te Geist. Ich habe allezeit mit der Auferziehung meiner Kinder soviel zu thun gehabt / daß ich an keine andre Arbeit gedencken können.

Pros. Wieviel Kinder hast du erzogen?

Der 6te Geist. Sechs Söhne und 4. Töchter; hernach noch 5. Kindeskinder.

Pros. Du bist also der Welt sehr nützlich gewesen / und solst vor deine mühsame Arbeit reichlich erquicket werden. Was kommt da vor eine eitele Schwester? Was ist dein Werck gewesen?

Der 7te Geist. Ich habe mir angelegen seyn lassen das männliche Geschlecht zu vergnügen.

Pros. Du wirst also einen Mann gehabt und Kinder gezeuget haben.

Der 7te Geist. Nein / weder diesen noch jenes. Ich habe mehr als hundert Mannspersonen bedienet, da eine Frau nur einem eintzigen Manne aufwarten kann.

Pros. Du Unflätige! Gehe mir aus den Augen! Mercur / laß ihr den wollüstigen Leib mit brennendem Peche beträufeln / damit ihr der Kützel endlich vergehen möge.

VII) Rabener, *Irus. Eine lucianische Erzählung*[7]

Irus, der verlaßne Irus, dessen Nahrung in Brod und Wasser, die Kleidung
in einem zerrißnen Mantel, und das Lager in einer Hand voll Stroh bestund;
dieser ward auf einmal der glücklichste Mensch unter der Sonne.

Die Vorsicht riß ihn aus dem Staube, und setzte ihn den Fürsten an die
Seite. Er sah sich in dem Besitze unermeßlicher Schätze. Sein Auge erstarrte vor dem ungewöhnlichen Glanze des Goldes. Sein Pallast war weit
prächtiger ausgeputzt, als die Tempel der Götter. Purpur und Gold waren
seine schlechteste Kleidung, und seine Tafel konnte man billig einen Innbe-
griff alles dessen nennen, was die wollüstige Sorgfalt der Menschen zur
Unterhaltung des Geschmacks ersonnen hatte. Eine unzählbare Menge
schmeichelhafter Verehrer folgte ihm auf allen Schritten. Würdigte er je-
manden eines geneigten Blickes, so hielt man denselben schon für glück-
selig, und wer seine Hand küssen durfte, der schien allen beneidenswürdig
zu seyn. Er glaubte, der Name Irus sey ihm ein beständiger Vorwurf seiner
vormaligen Armuth; er nannte sich also Ceraunius oder den Blitzenden,
und das ganze Volk frohlockte über diese edelmüthige Veränderung. Ein
Dichter, welcher ihn vormals nur zum Spotte den armen Irus genannt hatte,
dieser hungrige Dichter entdeckte eine Wahrheit, die bisher jedermann unbekannt gewesen, itzt aber von allen mit einem schmeichlerischen Beyfalle
angenommen wurde: Jupiter hätte sich in des Ceraunius Mutter verliebt,
und in einen Ochsen verwandelt gehabt, um ihrer Liebe zu geniessen. Nunmehr baute man ihm Altäre; man schwur bey seinem Namen, und die
Priester waren beschäfftigt, in dem Eingeweide des Opferviehes zu finden,
daß der grosse Ceraunius, dieser würdige Sohn des Jupiters, die einzige
Stütze von ganz Ithaka sey. Toxaris, sein ehemaliger Nachbar, ein Mann,
welchen das Glück, ein unermüdeter Fleiß, und eine vernünftige Sparsam-
keit zu einem reichen Bürger gemacht hatte, war das erste Opfer seiner un-
gezähmten Begierde. Er hatte ihn schon damals beneidet, als er noch Irus
hieß; und nunmehr war es Zeit, daß er ihn empfinden ließ, was derjenige
vermöge, dessen Vater den Donnerkeil in Händen trage. Es traten Zeugen
auf, welche behaupteten, Toxaris habe die Götter geleugnet, die Tempel be-
raubt, die Priester verspottet, und durch ungerechtes Gut seine Schätze vermehrt. Er ward ins Gefängniß geschmissen, und zu einem schmählichen
Tode verdammt. Seine geängstigte Frau, seine unschuldigen Kinder warfen
sich mit Thränen zu den Füssen unsers unempfindlichen Tyrannen; aber

---

[7] Gottlieb Wilhelm Rabener, *Satiren*, Leipzig 1755[2], 173ff.

umsonst. Toxaris mußte sterben, und alle, die ihm angehörten, mußten ins Elend gehen: Irus aber blieb sein einziger Erbe. Noch etwas fehlte ihm an seiner Glückseligkeit. Er wollte sich vermählen. Die Vornehmsten des Landes waren bemüht, in seine Verwandtschaft zu kommen. Menippus war allein so glücklich, daß Irus auf seine Tochter, Euforbia, die Augen warf. Er hoffte durch eine nähere Verbindung mit dem angesehenen und reichen Menippus sein eignes Glück noch mehr bevestigen; und war Euforbia schön genug, sein Herz einzunehmen. Ihr lockigtes Haar, ihre erhabne Stirne, ihre feurigen Augen, ihr reizender Mund, ihre bezaubernde Brust, ihr majestätischer Gang, kurz ihre ganze Gestalt, hatten den hochmüthigen Irus gefesselt, und alle Dichter in Ithaka schwuren, daß Venus mehr als einmal über diese Schöne eifersüchtig geworden wäre. Die Vermählung geschah. Der grosse Sohn des Jupiter eilte, seine Geliebte zu küssen. O! sprach er, indem er sie umarmen wollte, o, wie vergnügt ---

Hier erwachte Irus; seine Glückseligkeit war nur ein Traum gewesen. Er lag noch auf eben dem Strohe, wohin er sich gestern gelegt, noch unter eben dem zerrißnen Mantel, womit er sich den Abend zuvor bedeckt hatte. Ceraunius war verschwunden, und der unschuldige Toxaris lebte noch.

VIII) Übersetzungsvergleich am Beispiel von Lukians Dialog *Gallus*

a) Waser: *Der Traum oder der Hahn*[8]

Micyll: Verfluchter Hahn! Daß Jupiter selbst dich zu Boden schmeisse! Du neidisches Thier hast mich mit diesem durchdringenden Zettergeschrey aufgeweckt, da ich itzt reich war, den süssesten Traum sah, und eine unaussprechliche Glückseligkeit genoß: Gewiß, damit ich der Armuth, diesem noch verwünschteren Dinge als du selbst bist, auch nur zu Nacht nicht entrinne! Kann ich indessen aus der Stille, die noch herrscht, und dem Grade der Kälte schliessen, die mich noch nicht beißt, wie es sonst gegen Morgen zu thun pflegt, (denn das ist mir stets das sicherste Merkmal des herannahenden Tages) so haben wir noch nicht einmal Mitternacht. Aber dieser Schlaflose schrie schon, als ob er das göldne Vließ bewachte, vom frühen Abend an. Doch halt! Es soll dich gereuen, wie ich dich bezahlen will! Ich will dir den Hals umdrehen! Laß es nur Morgen werden! Denn vor itzt würdest du mir Mühe machen wann du im Dunkel herumsprängest.

---

[8] Johann Heinrich Waser, *Lucians Schriften aus dem Griechischen übersetzt*, Bd. III, Zürich 1773, Stück V, 105f.

b) Wieland: *Der Hahn oder der Traum des Micyllus*[9]

Micyllus: Du vertrakter Hahn, daß dich und die verdammte Trompete in deinem Halse der große Jupiter zerschmettre, du neidische Bestie! Mich aus dem angenehmsten Traume von der Welt, einem Traume der mich zum reichen Manne gemacht hatte, mit deiner durchdringenden Nachtwächterstimme aufzukrähen, so daß ich der Armuth, die mir noch verhaßter ist als du selbst, nicht einmal im Schlaf entgehen kann! Gleichwohl, nach der überall herrschenden tiefen Stille, und da mich der Morgenfrost noch nicht peinigt, der mir sonst der unfehlbarste Vorbote des annahenden Tages ist, kann es noch nicht um Mitternacht seyn. Was fehlt denn dem schlaflosen Ungethüm, daß er schon so früh zu krähen anfängt, als ob er das berühmte goldne Vlies zu bewachen hätte? Aber warte nur, es soll dir übel bekommen! Ich will dir das Hirn dafür aus dem Kopfe schlagen sobald der Tag angebrochen ist! Jetzt würdest du mich doch nur vergebens herumtreiben, wenn ich im Dunkeln aufstehen wollte.

c) Pauly, *Der Traum oder der Haushahn*[10]

Micyll: Daß dich Jupiter selbst verderbe, du vermaledeiter mißgünstiger Schreihals. Ich habe so herrlich geträumt, ich war ein reicher Mann und lebte das wonnigste Leben von der Welt: da mußte mich dein ohrenzerreißendes Krähen aufwecken, so daß ich mich der Armuth, die mir noch abscheulicher ist, als sogar du selbst, nicht einmal bei Nacht soll entschlagen dürfen! - Es ist noch Alles so stille um mich her; auch der Morgenfrost ist noch nicht eingetreten, der mir sonst keine Ruhe läßt, und der sicherste Vorbote des anbrechenden Tages ist; es kann also kaum Mitternacht seyn: und doch schreit der unruhige Plagegeist schon, als ob er das goldene Vließ bei mir zu bewachen hätte. Aber wart, das soll dir nicht gut bekommen! Mein Stock soll dich dafür häßlich heimsuchen, so bald es Tag seyn wird: für jetzt wäre es mir zu beschwerlich, im Finstern nach dir zu tappen.

---

[9]   Christoph Martin Wieland, *Lucians von Samosata Sämtliche Werke*, Bd. I, Leipzig 1788, 105f.

[10] August Pauly, *Lucian's Werke*, Bd. IX, Stuttgart 1828, 1146f.

XI. LITERATURVERZEICHNIS

a) Textausgaben

1496 (Florenz)	*Editio princeps*, in fol., ed. C. Lascaris
1503 (Venedig)	*Aldina prior*, in fol.
1522 (Venedig)	*Aldina secunda*, in fol.
1526 (Hagenau)	2 Bde., (Druck bei J. Secer)
1535 (Hagenau)	2 Bde., (Druck bei P. Brubach)
1535 (Venedig)	*Juntina*, 2 Bde., ed. A. Francino
1545 (Basel)	*Basiliensis prior*, 2 Bde., ed. J. Ribitto,
1550 (Venedig)	2 Bde., (Druck bei P. u. J.-M. Niccolini de Sabbio)
1555 (Basel)	*Basiliensis secunda*, 2 Bde.
1563 (Basel)	*Basiliensis tertia*, 4 Bde. (gr.-lat.)
1602 (Basel)	*Basiliensis quarta*, 4 Bde. (gr.-lat.)
1615 (Paris)	*Parisiensis,* in fol., ed. J. Bourdelot (gr.-lat.)
1619 (Saumur)	*Salmuriensis*, 2 Bde., ed. J. Benedictus (gr.-lat.)
1619 (Basel)	*Basiliensis quinta*, 4 Bde. (gr.-lat.)
1687 (Amsterdam)	2 Bde., ed. J.G. Graevius / J. Clericus (gr.-lat.)
1743 (Amsterdam)	4 Bde., ed. T. Hemsterhuis / I.F. Reitz (gr.-lat.); Bd. IV: Index, ed. I.F. Reitz, Utrecht 1746
1776-1800 (Mitau)	8 Bde., ed. J.P. Schmid (gr.-lat.)
1800-1801 (Halle)	2 Bde., ed. F. Schmieder (gr.-lat.)
1822-1831 (Leipzig)	9 Bde., ed. J.T. Lehmann (gr.-lat.)
1836-1841 (Leipzig)	4 Bde., ed. C. Jacobitz (*editio maior*)
1840 (Paris)	1 Bd., ed. W. Dindorf (gr.-lat.)
1851 (Leipzig)	3 Bde., ed. C. Jacobitz (*editio minor*)
1853 (Leipzig)	2 Bde., ed. I. Bekker
1858 (Leipzig)	3 Bde., ed. W. Dindorf
1860-1882 (Rostock)	3 Bde., ed. F. Fritzsche
1867-1877 (Leipzig)	4 Bde., ed. C.H. Weise
1886-1899 (Berlin)	3 Bde., ed. J. Sommerbrodt
1906-1923 (Leipzig)	2 Bde., ed. N. Nilén
1913-1967 (London)	8 Bde., ed. A.M. Harmon / K. Kilburn / M.D. Macleod (gr.-engl.)
1972-1987 (Oxford)	4 Bde., ed. M.D. Macleod
1976-1986 (Turin)	2 Bde., ed. V. Longo (gr.-ital.)
1993-1998 (Paris)	2 Bde., ed. J. Bompaire (gr.-franz.)

b) Bibliographie[1]

Abele, W.: *Die antiken Quellen des Hans Sachs*, Teil I, Progr. Cannstadt 1897.

— *Die antiken Quellen des Hans Sachs*, Teil II, Progr. Cannstadt 1899.

Aerts, J.F.: *Peregrinus Proteus, een Kynieker uit de 2e eeuw na Kristus*, Löwen 1932.

Affholder, C.: „Notes sur l'art du portrait chez Lucien de Samosate," in: *Bulletin de la Faculté des Lettres de Strasbourg* 38, 1959/60, 335-345.

Albers, F.: *Luciani, quae fertur Demosthenis laudatio*, Leipzig 1910.

Allen, P.S.: *Opus Epistolarum Desiderii Erasmi Roterodami denuo recognitum at auctum*, Oxford 1906-1958.

Allen, T.W.: „Lucian Harl. 5694," in: *The Academy* 32, 1887, 273.

Alexiou, A.S.: *Philosophers in Lucian*, Ann Arbor 1991.

Allinson, F.G.: „Notes on Lucian," in: *PAPhS* 27, 1896, XI-XV.

— „Lucianea," in: *HSPh* 12, 1901, 181-190.

— *Lucian. Selected writings*, Boston 1905.

— *Lucian. Satirist and Artist*, Boston/New York 1926.

Alpers, J.: *Hercules in bivio*, Göttingen 1912.

Altrocchi, R.: „The Calumny of Apelles in the Literature of the Quattrocento," in: *PMLA* 36, 1929, 454-491.

Aly, W.: *Geschichte der griechischen Literatur*, Bielefeld/Leipzig 1925.

Anceschi, G. (Hg.), *Il Boiardo e la critica contemporanea*, Florenz 1970.

Anderson, G.: *Studies in Lucian's comic fiction*, Leiden 1976.

— „Some alleged relationships in Lucian's opuscula," in: *AJPh* 97, 1976, 262-275.

— *Lucian. Theme and variation in the Second Sophistic*, Leiden 1976.

— „Lucian's Classics: Some Short-Cuts to Culture," in: *BICS* 23, 1976, 59-68.

— „Lucian and the Authorship of the De Saltatione," in: *GRBS* 18, 1977, 275-286.

— „Patterns in Lucian's Quotations," in: *BICS* 25, 1978, 97-100.

— „Motifs and techniques in Lucian's De Parasito," in: *Phoenix* 33, 1979, 59-66.

— „Arrian's Anabasis Alexandri and Lucian's Historia," in: *Historia* 29, 1980, 119-124.

— „Lucian: a Sophist's Sophist," in: *YCIS* 27, 1982, 61-92.

---

[1] Für weitere Sekundärliteratur zu Lukian wird auf die ausführliche Lukianbibliographie von H.D. Betz, *Lukian von Samosata und das Neue Testament*, Berlin 1961 sowie auf die Hinweise bei M.D. Macleod („Lucianic Studies since 1930," in: *ANRW* II 34.2, 1994, 1362-1421) verwiesen.

— *The Second Sophistic. A Cultural Phenomenon in the Roman Empire*, London/ New York 1993.

— „Lucian: Tradition versus Reality," in: *ANRW* 34.2, 1994, 1422-47.

— „Lucian's *Verae Historiae*," in: G. Schmeling (Hg.), *The novel in the ancient world*, Leiden 1996, 555-561.

Andò, V.: *Luciano critico d'arte*, Palermo 1975.

— *Luciano. Il lutto*, Palermo 1984.

Angeli Bernardini, P.: „La comicità di Luciano e la tradizione: un nuovo studio sull' umorismo nell'antichità," in: *QUCC* 37, 1991, 143-149.

— „Greci e Sciti nell'opera di Luciano: due culture a confronto," in: L. de Finis (Hg.), *Civiltà classica e mondo dei barbari. Due modelli a confronto*, Trient 1991, 171-183.

— *Luciano. Anacarsi o sull'atletica*, Padua 1995.

Aninger, K.J.: „Abfassungszeit und Zweck des pseudolucianischen Dialogs Philopatris," in: *Hist. Jbb. der Görres-Gesellschaft* 12, 1891, 463-491; 703-720.

Anton, C.T.: *Codicis Luciani, qui in bibliotheca Milichiana nostra asservatur, descriptio ex libro de conscribenda historia*, Progr. Görlitz 1835 und 1836.

Arnoldt, J.F.J.: *Friedrich August Wolf in seinem Verhältnisse zum Schulwesen und zur Pädagogik dargestellt*, Braunschweig 1861-1862.

Arntzen, H.: *Satire in der deutschen Literatur*, Bd. I (*Vom 12. bis zum 17. Jahrhundert*), Darmstadt 1989.

Augusti, J.C.W.: *Denkwürdigkeiten aus der christlichen Archäologie*, Bd. IV, Leipzig 1821.

Avenarius, G.: *Lukians Schrift zur Geschichtsschreibung*, Meisenheim 1956.

Avotins, J.: „The holders of the chairs of rhetoric at Athens," in: *HSPh* 79, 1975, 313-324.

Baar, A.: *Lucians Dialog 'Der Pseudosophist' erklärt und beurteilt*, Progr. Görz 1883.

— „Zu Luc. De morte Peregrini c.43," in: *Z. f.d. österr. Gymn.* 34, 1883, 254.

— „Zu Luc. Dial. Meretr. 9 c.2," in: *Z. f.d. österr. Gymn.* 34, 1883, 12.

— „Zur Kritik von Lucian's Kataplus (c.1.5)," in: *WS* 5, 1883, 204.

— *Lucianea*, Progr. Görz 1884.

— „Beiträge zu einer künftigen Ausgabe von Lucians Kataplus," in: *Z. f.d. österr. Gymn.* 36, 1885, 1-7.

— „Zwei Kapitel lucianischer Syntax," in: *Z. f.d. österr. Gymn.* 36, 1885, 407-19.

— „Beobachtungen über Lucians Sprachgebrauch," in: *WS* 8, 1886, 61-75.

Babbit, F.C.: „Lukian, Wahre Geschichten II 22," in: *PhW* 32, 1912, 1815f.

Babelon, E.: „Le faux prophète Alexandre d'Abonotichos," in: *Revue Numismatique* 4, 1900, 1-30.

Bagnani, G.: „Peregrinus Proteus and the Christians," in: *Historia* 4, 1955, 107-112.

Bakhtin, M.: *The Dialogic Imagination: Four Essays*, Austin 1981.

Baldwin, B.: „Lucian as a social satirist," in: *CQ* 11, 1961, 199-208.

— „The authorship and purpose of Lucian's Demosthenis Encomium," in: *Antichtion* 3, 1969, 54-62.

— *Studies in Lucian*, Toronto 1973.

— „The epigrams of Lucian," in: *Phoenix* 29, 1975, 311-335.

— „Lucian, De historia conscrib. 34; an unnoticed Aristotelian source," in: *Philologus* 121, 1977, 165-168.

— „The scholiast's Lucian," in: *Helikon* 20/1, 1980/81, 219-234.

— „The date and purpose of the Philopatris," in: *YCIS* 27, 1982, 321-44.

— „Alexander, Hannibal and Scipio in Lucian," in: *Emerita* 58, 1990, 51-60.

Bantel, O.: *Christoph Martin Wieland und die griechische Antike*, Tübingen 1952.

Bartels, K.: *Lukian. Zum Mond und darüber hinaus*, Zürich 1967.

Bartonková, D.: „Prosimetrum, the Mixed Style in Ancient Literature," in: *Eirene* 14, 1976, 65-92.

Basiliades, D.: *Διορθωτικὰ εἰς τὰ ἀρχαῖα εἰς τὸν Λουκιανὸν σχόλια*, Jena 1884.

Bauer, A.: *Lucians Δημοσθένους ἐγκώμιον*, Paderborn 1914.

— „Der Einfluss Lukians von Samosata auf Ulrich von Hutten," in: *Philologus* 75, 1918, 437-462; Teil II: *Philologus* 76, 1920, 192-207.

Baum, G.: *Humor und Satire in der bürgerlichen Ästhetik*, Berlin 1959.

Baumann, U. / Heinrich, H.P.: *Thomas Morus. Humanistische Schriften*, Darmstadt 1986.

Baumbach, M.: „Das Schiff der Wünsche unter der Flagge der Aufklärung. Von Lukians Navigium zu Wielands Pervonte," in: M. Baumbach / H. Köhler / A.M. Ritter (Hg.), *MOUSOPOLOS STEPHANOS. Festschrift für Herwig Görgemanns*, Heidelberg 1998, 457-473.

Baumstark, A.: „Symbolae criticae et exergeticae ad Luciani encomium Demosthenis," in: *Zeitschrift für die Alterthumswissenschaft* 9, 1842, 1019-1024.

Bayle, P.: *Historisches und Critisches Wörterbuch, nach der neuesten Auflage von 1740 ins Deutsche übersetzt von Joh. Chr. Gottsched*, Leipzip 1741-1744.

Beaupère, T.: *Lucien. Philosophes a L'encan*, 2 Bde., Paris 1967

Beda Hophan, P.: *Lukians Dialoge über die Götterwelt*, Solothurn 1904.

Bees, N.A.: „Zu Lucian Asin. 32," in: *WS* 39, 1917, 293.

Behringer, W. / Ott-Koptschaliyski, C.: *Der Traum vom Fliegen. Zwischen Mythos und Technik*, Frankfurt a.M. 1991.

Bekker, I.: „Ueber die Reihenfolge der Schriften des Lukian und Verbesserungen zu denselben," in: *Monatsberichte der Berliner Akademie* 1851, 359-365.

Bellinger, A.R.: „Lucian's dramatic technique," in: *YCIS* 1, 1928, 3-40.

Benda, F.J.: *The tradition of Menippean Satire in Varro, Lucian, Seneca and Erasmus*, Texas 1979.

Benedict, T.F.: *De quibusdam Luciani locis observationes*, Progr. Leipzig 1814.

Benegiamo, A.: *Luciano. Letterario, satirista, costruttore*, Lecce 1967.

Benndorf, O.: „Zu Lucian De domo c.23," in: *Philologus* 27, 1868, 473.

Benoit, F.: „Der Ogmios des Lukian und Herkules Psychopompos," in: *Carinthia* 1, 1953, 220-235.

Bergk, T.: „Lucian und Phlegon," in: *Z. f.d. Alterthumsw.* 7, 1849, 11-24.

— „Philologische Thesen (darin: *Timon* c.51)," in: *Philologus* 29, 1870, 320.

— „Lucians Ἐγκώμιον Δημοσθένου und der Gedenktag Homers," in: *Hermes* 18, 1883, 481-520.

Bernays, J.: *Lucian und die Kyniker*, Berlin 1879.

Bernhardy, G.: *Grundriß der griechischen Litteratur*, Halle 1852-1859.

Bernsdorff, H.: „Longos und Lukian," in: *WSt* 106, 1993, 35-44.

Berti, E.: „Uno scriba greco-latino: Il codice Vat. Urb. Gr. 121 e la prima versione del Caronte di Luciano," in: *RFIC* 113, 1985, 416-443.

— „Alle origini della fortuna di Luciano nell' Europa occidentale," in: *SCO* 37, 1987, 303-351.

— „Alla scuola di Manuele Crisolora: Lettura e commento di Luciano," in: *Rinascimento* 27, 1987, 3-73.

Bertolotto, G.: „Appunti lucianei," in: *RFIC* 13, 1885, 416-424.

— „Sulla cronologia e autenticità dei 'Macrobii' attribuiti a Luciano," in: *RFIC* 14, 1886, 225-282.

— „Il codice Modenese de Luciano," in: *RFIC* 15, 1887, 52-68.

— *De argumento in Luciani 'Iudicium vocalium' subditicio*, Genua 1893.

Bertram, F.: *Die Timonlegende, eine Entwicklungsgeschichte des Misanthropentypus in der antiken Literatur*, Heidelberg 1906.

Bertram, H.: *De Luciani arte scaenica*, Magdeburg 1875.

Bethe, E.: „Lucianea," in: *Philologus* 48, 1889, 626-639.

Betz, H.D.: „Lukian von Samosata und das Christentum," in: *Novum Testamentum* 3, 1959, 226-237.

— *Lukian von Samosata und das Neue Testament*, Berlin 1961.

Beutler, E. (Hg.): *Johann Wolfgang Goethe. Sämtliche Gedichte*, Zürich 1953.

— (Hg.): *Johann Wolfgang Goethe. Biographische Einzelschriften*, Zürich 1962.

Bieler, J.: *Über die Echtheit des Lucianischen Dialogs de Parasito*, Progr. Hildesheim 1890.

— *Über die Echtheit des Lucianischen Dialogs Cynicus*, Progr. Hildesheim 1891.

— *Über die Echtheit der Lucianischen Schrift De Saltatione*, Progr. Halle 1894.

Billault, A. (Hg.): *Lucien de Samosate. Actes du colloque international de Lyon*, Lyon 1994.

Binder, W.: *Über Timon den Misanthropen*, Progr. Ulm 1856.

Bloch, R.: *De Pseudo-Luciani amoribus*, Strassburg 1907.

Blümner, H.: *De locis Luciani ad artem spectantibus*, Berlin 1866.

— *Archäologische Studien zu Lucian*, Breslau 1867.

— „Zu Lukianos," in: *Jahrbb. f. class. Phil.* 97, 1868, 482-484; 133, 1886, 48; 135, 1887, 306.

— „Zur Textkritik des Lukianos," in: *Jahrb. f. class. Phil.* 155, 1897, 656.

Bodmer, J.J. (Hg.): *Die Discourse der Mahlern*, Zürich 1721-1723.

Boeckh, A.: *Encyklopädie und Methodologie der Philologischen Wissenschaften*, Leipzig 1877.

Böcking, E.: *Drei Abhandlungen über reformationsgeschichtliche Schriften*, Leipzig 1858.

Böckmann, P.: *Formgeschichte der deutschen Dichtung*, Bd. I, Hamburg 1965.

Böhm, H.: „Die Traditionswahl der Antike und ihre gesellschaftliche Funktion im Werk des jungen Wieland," in: *Das Altertum* 17, 1971, 237-244.

Böttiger, K.A.: *Literarische Zustände und Zeitgenossen*, hrsg.v. K. Gerlach / R. Sternke, Berlin 1998.

Boldermann, P.M.: *Studia Lucianea*, Leiden 1883.

Bompaire, J.: *Lucien écrivain. Imitation et création*, Paris 1958.

— „Travaux récents sur Lucien," in: *REG* 88, 1975, 224-229.

— „Le destin dans le Zeus confondu de Lucien de Samosate," in: F. Jouan (Hg.), *Visages du destin dans les mythologies*, Paris 1983, 131-136.

— „De Lucien à Botticelli," in: M.T. Davies-Jones (Hg.), *La satire au temps de la Renaissance*, Paris 1987, 97-107.

— „A la recherche du stemma des manuscrits grecs de Lucien," in: *RHT* 23, 1993, 1-29.

— „L'atticisme de Lucien," in: A. Billaut (Hg.), *Lucien de Samosate, Actes du Colloque International de Lyon,* Lyon 1994, 65-75.

Bonaria, M.: „La 'Musca' di L.B. Alberti: Osservatione e traduzione," in: *Miscellanea di studi albertiani* 1975, 47-69.

Bonner, C.: „An emendation of Lucian Philopseudes 9," in: *CIR* 20, 1906, 301-304.

Boudreaux, P.: „Le lexique de Lucien," in: *RPh* 30, 1906, 51-53.

Boulanger, A.: „Lucien et Aelius Aristide," in: *RPh* 47, 1923, 144-151.

Bouquiaux-Simon, O.: „Lucien citateur d'Homère," in: *AC* 24, 1960, 5-17.

— *Les lectures homériques de Lucien*, Brüssel 1968.

Bowersock, G.W.: *Greek Sophists in the Roman Empire*, Oxford 1969.

Bowie, E.L.: „Greeks and their past in the Second Sophistic," in: M. Finley (Hg.) *Studies in Ancient Society*, London 1974, 166-209.

Bräker, U.: *Gespräch im Reiche der Toten*, hrsg.v. S. Voellmy / H. Weder, Basel 1978.

Brambs, J.G.: *Über Citate und Reminiszenzen aus Dichtern bei Lucian und einigen späteren Schriftstellern*, Progr. Eichstätt 1888.

Brandt, S.: „Zu Lucians Hahn 24,12 und Icaromenipp 18," in: *Philologus* 69, 1910, 157-159.

Branham, R.B.: „The Comic as Critic: Revenging Epicurus - a study of Lucian's art of comic narrative," in: *ClAnt* 3, 1984, 143-163.

— „'Introducing a Sophist': Lucian's Prologues," in: *TAPhA* 115, 1985, 237-243.

— „Utopian Laughter: Lucian and Thomas More," in: *Moreana* 86, 1985, 23-43.

— *Unruly Eloquence: Lucian and the Comedy of Traditions*, Cambridge Mass./ London 1989.

Braun, E.: *Lukian. Unter doppelter Anklage*, Frankfurt a.M. 1994.

— „*Freund! Vetter! Bruder! Kampfgenosse!* Zum Lukian-Bild Kurt Tucholskys," in: C. Klodt (Hg.), *Satura lanx. Festschrift für Werner A. Krenkel zum 70. Geburtstag*, Zürich/New York/Hildesheim 1996.

Braunsperger, G.: *Aufklärung aus der Antike: Wielands Lukianrezeption in seinem Roman 'Die geheime Geschichte des Philosophen Peregrinus Proteus'*, Frankfurt a.M. 1993.

Bremer, J.C.: *Lucians Göttergespräche*, Leipzig 1790.

Brender, I.: *Christoph Martin Wieland*, Reinbek bei Hamburg 1990.

Bretzigheimer, G.: „Lukians Dialoge Εἰκόνες - Ὑπὲρ τῶν εἰκόνων. Ein Beitrag zur Literaturtheorie und Homerkritik," in: *RhM* 135, 1992, 161-187.

Bridge, J.: „On the authorship of the Cynicus of Lucian," in: *TAPhA* 19, 1888, 33-39.

Brockhaus Enzyklopädie, Wiesbaden 1970 (1990).

Brunnschweiler, T. / Lutz, S. (Hg.): *Huldrych Zwingli. Schriften*, Bd. III, Zürich 1995.

Bruns, I.: „Lucians philosophische Satiren," in: *RhM* 43, 1888, 86-103; 161-196.

— „Lucian und Oenomaus," in: *RhM* 44, 1889, 374-396.

— „Lucians Bilder," in: *Bonner Studien. Aufsätze aus der Altertumswissenschaft, Reinhald Kekulé gewidmet*, Berlin 1890, 51-57.

— *Vorträge und Aufsätze*, München 1905.

Buchwald, O.: *Homer in Lucians Schriften*, Progr. Görlitz 1874.

Buck, A. (Hg.): *Renaissance - Reformation. Gegensätze und Gemeinsamkeiten*, Wiesbaden 1984.

Bünemann, H.: *Elias Schlegel und Wieland als Bearbeiter antiker Tragödien. Studie zur Rezeption der Antike im 18. Jahrhundert*, Leipzig 1928.

Bürger, K.: *De Lucio Patrensi sive de ratione inter Asinum Q. F. Lucianeum Apuleique metamorphoses intercedente*, Berlin 1887.

— „Textkritisches zum pseudolukianischen Ὄνος,“ in: *Hermes* 23, 1888, 499-507.

Burmeister, C.E.J.: *Commentatio, qua Lucianum scriptis suis libros sacros irrisisse negatur*, Güstrow 1843.

— *De locis quibusdam Luciani quaestiones criticae*, Progr. Güstrow 1845.

Bursian, C.: „Textverbesserungen zu dem pseudolukianischen Λούκιος ἢ Ὄνος,“ in: *Sitzungsberichte der phil.-philol.-hist. Classe der Akademie der Wiss. zu München* 1881, 140-144.

— *Geschichte der classischen Philologie*, München/Leipzig 1883.

Bye, S.: „Lucien et la viellesse,“ in: *LEC* 46, 1978, 317-325.

Caccia, N.: *Luciano nel Quattrocento in Italia: Le rappresentazioni e le figurazioni*, Florenz 1907.

— *Note sulla Fortuna di Luciano nel Rinascimento*, Mailand 1914.

Calero Secall, I.: *Luciano. Subasta de vidas*, Málaga 1988.

Camerotto, A.: *Le metamorfosi della parola. Studi sulla parodia in Luciano di Samosata*, Pisa/Rom 1998.

Cancik, H.: *Nietzsches Antike, Vorlesungen*, Stuttgart 1995.

Capelle, W.: „Der Spötter von Samosata,“ in: *Sokrates* 68, 1914, 606-622.

— „Lucian (Rezension zu R. Helm, *Lucian und Menipp*),“ in: *Berliner Philologische Wochenschrift* 34, 1914, 260-276.

Casewitz, M.: „La création verbale chez Lucien: Le Lexiphanes, Lexiphane et Lucien,“ in: A. Billaut (Hg.), *Lucien de Samosate, Actes du Colloque International de Lyon*, Lyon 1994, 77-86.

Cast, D.: *Lucianic and Pseudo-Lucianic Themes in the Renaissance: A Study in Renaissance Humanism*, Columbia University 1970.

— „Marten van Heemskerck's Momus criticizing the works of the gods: a problem of Erasmian iconography,“ in: *Simiolus* 7, 1974, 22-33.

— „Aurispa, Petrarch and Lucian: An Aspect of Renaissance translation,“ in: *Renaissance Quaterly* 27, 1974, 157-173.

— *The Calumny of Apelles*, New Haven/London 1981.

Caster, M.: „La compositione du 'Nigrinos' et les intentions ironiques attribuées à Lucien,“ in: *Mélanges offerts à M. Octave Navarre*, Toulouse 1935, 471-485.

— *Lucien et la pensée religieuse de son temps*, Paris 1937.

— *Études sur Alexandre ou le Faux-Prophète de Lucien*, Paris 1938.

Catalogus dissertationum philologicarum classicarum, Leipzig 1910[2].

Cataudella, Q.: *Luciano. Storia Vera*, Mailand 1990.

Caudau Morón, J.M.: „Πῶς δεῖ ἱστορίαν συγγράφειν? Luciano y la functión de la historia,“ in: *Habis* 7, 1976, 57-73.

Cavallin, C.: *Bidrag till ... Apuleii Metamorphosens och den Lucianos*, Lund 1896.

Chabert, S.: „La prononciation de grec sous Marc-Aurèle, d'après Lucien," in: *Annales de l'université de Grenoble* 7, 1895, 509-527.

— *L'atticisme de Lucien*, Paris 1897.

Chamberlain, H.S.: „Lucian," in: *Die Zukunft* 26, 1899, 426-433.

— *Die Grundlagen des neunzehnten Jahrhunderts*, München 1903.

Chambry, E.: *Lucien de Samosate. Oeuvres complètes*, Paris 1933-1934.

Chapman, J.J.: *Lucian, Plato and Greek morals*, Oxford 1931.

Chlebus, G.: *De Luciano philosopho*, Berlin 1838.

Christ, H. / Rang, H.G.: *Fremdsprachenunterricht unter staatlicher Verwaltung 1700-1945*, Tübingen 1985.

Christ, W.: *Geschichte der griechischen Litteratur*, München 1898[3].

Clark, W.H.: *Christoph Martin Wieland and the Legacy of Greece: Aspects of his Relation to Greek Culture*, Columbia 1954.

Clarke, M.L.: *Rhetorik at Rome*, Glasgow 1953.

Classen, J.: *Jacob Micyllus, Rector zu Frankfurt und Professor zu Heidelberg von 1524-1558, als Schulmann, Richter und Gelehrter*, Frankfurt a.M. 1859.

Cleemannus, A.C.: *Commentatio histor.-philol. de Luciano, Christianae veritatis teste ad L. dialogi Περὶ τῆς Περεγρίνου τελευτῆς*, Dresden 1753.

Cleisz, A.: *Etude sur le Pérégrinus de Lucien*, Paris 1880.

Clemen, C.: *Lukians Schrift über die Syrische Göttin*, Leipzig 1938.

Cobet, C.G.: „Variae lectiones ad Lucianum," in: *Mnemosyne* 3, 1854, 147-176; 281-320; 385-408.

— *Variae lectiones quibus continentur observationes criticae in scriptores Graecos*, Leiden 1873.

Cocchia, E.: „Della relazione che intercede secondo Fozio tra Lucio di Patrae e Luciano," in: *RPhCl* 47, 1919, 358-365.

Coenen, J.: *Lukian. Zeus tragoedos*, Meisenheim 1977.

Collin, L.-P.: *Lucien et son époque*, Dijon 1835.

Collins, W.L.: *Lucian*, Edinburgh/London 1873.

Coroleu, A.: „El *Momo* de Leon Battista Alberti: Una contribución al estudio de la fortuna de Luciano en Espana," in: *CFC(L)* 7, 1994, 177-183.

— „*Mens fenestrata*: the Survival of a Lucianic Motiv in Seventeenth-Century Spanish Literature," in: *RPL* 19, 1996, 217-226.

Cosenza, M.E.: *Biographical and Bibliographical Dictionary of the Italian Humanists and of the World of Classical Scholarship in Italy from 1330 to 1800*, 4 Bde., Boston 1962-1967.

Cotterill, J.M.: *Peregrinus Proteus*, Edinburgh 1879.

Courtney, E.: „Parody and litterary allusion in Menippean Satire," in: *Philologus* 106, 1962, 86-100.

Cox, V.: *The Renaissance Dialogue: Literary Dialogue in its Social and Political Contexts, Castiglione to Galileo*, Cambridge 1992.

Crahay, R.: *Virgile et Lucien*, Liège 1937.

Craig, H.: „Dryden's Lucian," in: *Classical Philology* 16, 1921, 141-163.

Crampe, R.: „Zu Lukianos," in: *Jahrbb. f. class. Phil.* 133, 1886, 679.

— *Philopatris. Ein heidnisches Konventikel des siebenten Jahrhunderts zu Constantinopel*, Halle 1894.

— „Noch einmal Philopatris," in: *ByzZ* 6, 1897, 144-49.

Creuzer, G.F.: *Herodot und Thucydides. Versuch einer näheren Würdigung einiger ihrer historischen Grundsätze mit Rücksicht auf Lucians Schrift 'Wie man Geschichte schreiben müsse'*, Leipzig 1798.

Croiset, M.: „Un épisode de la vie de Lucien. Le Nigrinus," in: *Académie de Sciences et Lettres de Montpellier. Mémoires de la section des Lettres* 6, 1878, 357-381.

— „Quand a été constituée la collection des écrits de Lucien?," in: *Annales des la Faculté de Lettres de Bordeaux* 3, 1881, 78-83.

— *Essai sur la vie et les oeuvres de Lucien*, Paris 1882.

Crosby, H.L.: „Lucian and the Art of Medicine," in: *TAPhA* 54, 1923, XVf.

Crusius, O.: „Ein Tragikerfragment bei Lucian," in: *Philologus* 54, 1895, 576.

Cumont, F.: *Alexandre d'Abonotique*, Brüssel 1887.

— „Alexandre d'Abonotichos et le Néo-Pythagorisme," in: *RHR* 86, 1922, 202-210.

Curti, C.: „Luciano e i Cristiani," in: *Miscellanea di Storia della Letteratura Cristiana Antica*, Catania 1954, 86-109.

Dahlgreen, S.F.: *Lucianus och hans tid*, Progr. Stockholm 1881.

Dahnke, H.D.: „Die Götter im Negligé. Die Erneuerung der lukianischen Gesprächstradition in Wielands *Göttergesprächen*," in: *Impulse* 9, Berlin/Weimar 1986, 187-224.

Damberg, W.: *Die politische Aussage in den Totengesprächen David Fassmanns. Ein Beitrag zur Frühgeschichte der politischen Zeitschrift*, Münster 1952.

Damsté, P.H.: „Lucianea," in: *Mnemosyne* 44, 1916, 203-212; 47, 1919, 212-227.

Dane, J.A.: *Parody: Critical concepts versus literary practices, Aristoteles to Sterne,* Norman 1988.

Dapelo, G.: „La traduzione umanistica della 'Storia Vera' di Luciano tra Poggio Bracciolini e Lilio Tifernate," in: *Maia* 48, 1996, 65-82.

— „Benedetto Bordon editore di Luciano: il 'De veris narrationibus' dall' archetipo al 'textus vulgatus'," in: *MedRin* 9, 1995, 233-259.

Dapelo, G. / Zoppelli, B. (Hg.): *Lilio Tifernate. Luciani de veris narrationibus*, Genua 1998.

Daumer, V.: *Lucien de Samosate e la secte chrétienne*, Paris 1957.

d'Ablancourt, N.P.: *Lucien*, Paris 1654.

d'Agostino, V.: „Figurazioni simboliche della vita umana nelle opere di Luciano,"
in: *Rivista di Studi Classici* 4, 1956, 203-215.

de Coeyer, A.: „Van Gadara tot Samosata. Studie over Lucianus' μίμησις van Menippus," in: *Revue Belge de Philologie et d'Histoire* 25, 1946/47, 939ff.

d'Ester, K.: *Das politische Elysium oder die Gespräche der Todten am Rhein*,
Neuwied 1936-1937.

de Faye, E.: „Alexandre d' Abonotique a-t-il été un charlatan ou un fondateur de
religion?," in: *RHPhR* 5, 1925, 201-207.

de Frantz, M.: „Über das Verhältnis des Lukian und des Apuleius zur Urquelle der
Eselsgeschichte," in: *Opuscula philologica* 6, Linz 1934, 34-39.

de Jong, H.O.: *Exercitationes criticae in Lucianum*, Leiden 1896.

— „De Luciani Sostrato et Philostrati Agathione," in: *Sertum Nabericum* 1910,
185-192.

de Marchi, A.: *Da Omero a Luciano*, Mailand 1883.

de Sarcus, V.: *Etude sur Lucien*, Paris 1866.

de Vico, M.: *L'elemento satirico nel Timone di Luciano*, Neapel 1932.

Dee, C.H.: *De ratione quae est inter asinum Pseudo-lucianeum Apuleique Metamorphoseon libros*, Leiden 1891.

Deeleman, C.: *Lucianus' geschrift De morte peregrini*, Utrecht 1902.

— „De dialog Philopatris," in: *Nieuwe Theol. Studien* 17, 1934, 133-149.

Deferrari, R.J.: *Lucian's Atticism. The morphology of the verb*, Princeton 1916.

Degen, J.F.: *Litteratur der deutschen Uebersetzungen der Griechen*, Bd. II, Altenburg 1797.

Delcourt, M.: „Érasme traducteur de Lucien," in: J. Bibauw (Hg.), *Hommages à
Marcel Renard*, Bd. I, Brüssel 1969, 303-311.

Delz, J.: *Lukians Kenntnis der athenischen Antiquitäten*, Freiburg/Schweiz 1950.

Der Grosse Brockhaus, Wiesbaden 1955.

Des Guerrois, C.: *Lucien ou de la décadence*, Paris 1920.

Diehle, A.: *Die griechische und lateinische Literatur der Kaiserzeit von Augustus
bis Justinian*, München 1989.

Dietrich, E.A.M.: *Gedanken und Skizzen aus einigen Schriften Lucians für Schüler
der oberen Gymnasialklassen zusammengestellt und erläutert*, Progr. Lauen-
burg 1886.

Distel, T.: „Die erste Verdeutschung des 12. Lukianischen Totengesprächs nach
einer urtextlichen Handschrift von J. Reuchlin (1495) und Verwandtes aus der
Folgezeit," in: *Zeitschr. f. vergleichende Literaturgeschichte* 8, 1895, 408-417.

Dittmar, A: „Lucianea," in: *Commentationes philologae quibus Ottoni Ribbeckio
... congratulantur discipuli Lipsienses*, Leipzig 1888, 534-536.

Dobree, P.: „Notae in Lucianum," in: ders., *Adversaria*, London 1883, 5-7.

Döhner, T.: *Satura critica* (darin: *Imag.* 11; *De morte Peregr.* 28), Progr. Plauen 1874.

Doehring, P.: *De Luciano Atticistarum irrisore*, Rostock 1916.

Doell, M.: *Wieland und die Antike*, Progr. München 1896.

Dornavius, C.: *Calumniae Repraesentatio ad Apellis Picturam, et Luciani Scripturam accommodata*, Görlitz 1616.

Du Bois, E.: *The Wreath. To which are added Remarks on Shakespeare and a comparison between Horace and Lucian*, London 1799.

Dubuisson, M.: „Lucien et Rome," in: *Ancient society* 15-17, 1984-86, 185-207.

Dürrwächter, A.: *Jacob Gretser und seine Dramen*, Freiburg 1912.

du Mesnil, A.: *Grammatica, quam Lucianus in scriptis suis secutus est, cum antiquorum Atticorum ratione comparatur*, Progr. Stolp 1867.

Duncan, D.: *Ben Jonson and the Lucianic tradition*, Cambridge 1979.

Ebeling, F.W.: *Geschichte der Komischen Literatur in Deutschland während der 2. Hälfte des 18. Jahrhunderts*, 3 Bde., Leipzig 1868/69.

Eckstein, F.A.: *Nomenclator Philologorum*, Leipzig 1871.

Edwards, M.: „Lucian and the rhetoric of philosophy: the Hermotimus," in: *AC* 62, 1993, 195-202.

Egilsrud, J.S.: *Le „Dialogue des Morts" dans les littératures française, allemande et anglaise (1644-1789)*, Paris 1934.

Egli, E.: „Lucian und Polykarp," in: *Zeitschrift für wissenschaftliche Theologie* 26, 1883, 166-180.

Ehemann, M.: „Bemerkungen über das Alter, Veranlassung und Absicht des Dialogs Philopatris," in: *Studien der evang. Geistlichkeit Württembergs* 11, 1839, 47-101.

Ehrenstein, A.: *Lukian*, Berlin 1925.

Eichstädt, H.C.A.: *Lucianus num scriptis suis adiuvare religionem Christinam voluerit*, Progr. Jena 1820.

Ellinger, G.: *Die Neulateinische Lyrik Deutschlands*, Bd. II, Berlin/Leipzig 1929.

Engel, H.: *Die Abhängigkeit der ps.-Lucianischen Schrift περὶ τῆς Συρίης θεοῦ von Herodot in sprachlicher und stilistischer Hinsicht*, Rostock 1925.

Engelmann, W.: *Bibliotheca Scriptorum Classicorum et Graecorum et Latinorum*, Leipzig 1858 (1880).

Erbse, H. / Küppers, J. (Hg.): *Wolfgang Schmid. Ausgewählte philologische Schriften*, Berlin/New York 1984.

Ermatinger, E. / Hoenn, K. (Hg.): *Lukian. Parodien und Burlesken*, Zürich 1948.

Eschenburg, J.J.: *Entwurf einer Theorie und Literatur der schönen Wissenschaften*, Frankfurt/Leipzig 1790.

Esposito, G.: „Il contenuto e le fonti scettiche dell' Ermotimo di Luciano," in: *RAAN* 65, 1995, 163-184.

Fabricius, J.: *Bibliotheca Graeca*, Hamburg 1798.

Fäsi, J.K.: *Todtengespräche über wichtige Begebenheiten der mittleren und neueren Geschichte*, Leipzig 1755.

Fauth, W.: „Utopische Inseln in den 'Wahren Geschichten' des Lukian," in: *Gymnasium* 86, 1979, 39-58.

Fefelio, N.: *Versuch über Lucian, oder Gemälde alter und neuer Sitten*, übers.v. J.C. Dreyssig, Halle 1793.

Fielitz, S.: *Jakob Gretser, Timon. Comoedia imitata (1584)*, München 1994.

Fischer, T.: *Lukians Werke*, Berlin 1928.

Fleischmann, M. (Hg.): *Christian Thomasius. Leben und Lebenswerk* (in: Beiträge zur Geschichte der Universität Halle-Wittenberg, Bd. 2), Halle 1931.

Floder, E.: *Lukian und die historische Wahrheit*, Wien 1947.

Flögel, C.F.: *Geschichte der komischen Litteratur*, Bd. I, Liegnitz/Leipzig 1784.

Floerke, H.: *Lukian. Sämtliche Werke*, München/Leipzig 1911.

Floros, A.T.: „Παιδαγωγικαὶ ἀπόψεις τοῦ Λουκιανοῦ," in: *Platon* 19, 1967, 258-280.

Förster, R.: „Lucian in der Renaissance," in: *Archiv für Litteraturgeschichte* 14, 1886, 337-363.

— „Die Verleumdung des Apelles in der Renaissance," in: *Jahrbücher der kgl. Pr. Kunstlegg.* 8, 1887, 29-56; 89-113.

— „Zur Görlitzer Lucianhandschrift," in: *RhM* 49, 1894, 167f.

Forbes, C.A.: „Οἱ ἀμφ' Ἡρακλέους in Epictetus and Lucian," in: *AJPH* 60, 1939, 473f.

Forcina, G.: *Luciano e i Romani sulla satira dei costumi Romani del secolo secondo d. Cr.*, Neapel 1899.

Fornelli, G.: „Un imitore di Luciano in Germania: i Dialoghi degli Dei di Cristoforo M. Wieland," in: *Athenäum* 7, Pavia 1919, 194-212.

Francken, C.M.: „Pseudo-Lucianus. Lucius sive Asinus 28," in: *Mnemosyne* 22, 1894, 54.

Franklin, T.: *The works of Lucian from the Greek. On the life and writings of Lucian, a dialogue between Lucian and Lord Lyttelton in the Elysian Fields*, London 1780.

Fredericks, S.C.: „Lucian's True History as Science Fiction," in: *Science Fiction Studies* 3, 1976, 46-60.

Freund, W.: *Triennium philologium oder Grundzüge der philologischen Wissenschaften für Jünger der Philologie*, Leipzig 1874.

Freydank, H.: „Christian Thomasius der Journalist," in: *Beiträge zur Geschichte der Universität Halle-Wittenberg*, Bd. 2, Halle 1931, 354-382.

Friedländer, L.: *Darstellung der Sittengeschichte Roms*, Aalen 1979[10].

Friedrichsmeier, F.V.: *De Luciani re metria*, Kiel 1889.

Fritsch, A. (Hg.): *Die altsprachliche Schullektüre in Deutschland von 1918 bis 1945*, Berlin 1990.

Fritzsche, F.V.: *Quaestiones Lucianeae*, Leipzig 1826.

— *De Atticismo et Orthographia Luciani Commentationes*, Progr. Rostock 1828.

— *Observationes in Luciani Lexiphanem*, Ind. lect. Rostock 1829/30.

— *Variae lectiones in Luciani Somnium et Prometheum*, Ind. lect. Rostock 1830.

— *Variae lectiones in Luciani Nigrinum*, Ind. lect. Rostock 1830/31.

— *Variae lectiones in Luciani Iudicium Vocalium*, Ind. lect. Rostock 1831.

— *Luciani emendatius edendi specimina* I u. II, Ind. lect. Rostock 1852/53, 1853/54.

— *De E. Burmeisteri studiis Lucianeis*, Progr. Rostock 1853.

— *Emendationes Lucianeae*, Ind. lect. Rostock 1853.

— *Alexandri Lucianei specimina* II, Progr. Rostock 1854/1855.

— *Parerga Lucianea*, Ind. lect. Rostock 1864.

— *Nova recensio saturae Lucianeae Βίων πρᾶσις*, Rostock 1864.

— *Quaeritur qui libri e Lucianeis genuini sint et qui subditicii. Quaestio I: De Luciani Demonacte Sostrato*, Rostock 1864.

— *De Necyomantia dialogo Luciani genuino*, Progr. Rostock 1864/65.

— *De scriptoribus satiricis*, Progr. Rostock 1865.

— *De fragmentis Demonactis philosophi*, Progr. Rostock 1868.

— *Adnotatio ad Luciani Convivium*, Ind. lect. Rostock 1867.

— *Adnotatio ad Luciani Fugitivos*, Ind. lect. Rostock 1867/68.

— *Commentationes de Luciani Hermotimo*, Rostock 1868.

— *Adnotatio ad Luciani Hermotimum*, Ind. lect. Rostock 1868/69.

— *Epiphyllides Lucianeae*, Ind. lect. Rostock 1869.

— *Adversariorum I* (*De Iove Tragoedo*), Progr. Rostock 1870.

— *Adversariorum II* (*De initio Iovis Tragoedi*), Ind. lect. Rostock 1870.

— *Adversariorum IV* (*De Timone Luciani et Shakespearii*), Progr. Rostock 1870.

— *Adversariorum VI* (*De codicibus Luciani Vaticanis*), Ind. lect. Rostock 1871/72.

— *Adversariorum VIII* (*De dialogis deorum Luciani*), Ind. lect. Rostock 1872.

— *Adversariorum IX* (*De nova editione Luciani*), Ind. lect. Rostock 1873.

— *Lucianea*, Ind. lect. Rostock 1878/1879.

— *De libris Pseudolucianeis*, Ind. lect. Rostock 1880.

— *Epiphyllides Lucianeae*, Ind. lect. Rostock 1881.

— *Additamenta Lucianea*, Ind. lect. Rostock 1881.

— *Miscellanea nova I. De Luciano*, Ind. lect. Rostock 1882.

Fritzsche, T.: *Menipp und Horaz*, Güstrow 1871.

Funk, K.: „Untersuchungen über die Lucianische Vita Demonactis," in: *Philologus*, Suppl. 10, 1907, 561-674.

Fusillo, M.: „Le miroir de la Lune: L' *Histoire vraie* de Lucien de la satire à l'utopie," in: *Poétique* 73, 1988, 109-135.

Gabrieli, P.: „L'encomio di una favorita imperiale in due opuscoli Lucianei," in: *Rendiconti d. Accademia dei Lincei*, Rom 1934, 29-101.

— „Studi su due opuscoli Lucianei 'Imagines' e 'Pro imagibus'," in: *Rendiconti d. Accademia dei Lincei*, Rom 1935, 203-340.

Gallavotti, C.: *Luciano nella sua evoluzione artistica e spirituale*, Lanciano 1932.

— „Il 'Nigrino' de Luciano," in: *Atene e Roma* 11, 1930, 252-263.

Gazza, V.: „Luciano di Samosata e la polemica sulla filosofia," in: *Rendiconti dell'Ist Lombardo di Scienze e Lettere* 88, 1955, 373-414.

Geffcken, J.: *Zwei griechische Apologeten*, Leipzig/Berlin 1907.

— *Kynika und Verwandtes*, Heidelberg 1909.

Geigenmüller, P.: „Lucian und Wieland," in: *Neue Jahrbücher für Wissenschaft und Jugendbildung* 3, 1927, 35-47.

Georgiadou, A. / Larmour, D.H.J.: „Lucian and historiography: 'De historia conscribenda' and 'Verae historiae'," in: *ANRW* 34.2, 1994, 1448-1509.

— *Lucian's science fiction novel True Histories*, Leiden/Köln 1998.

Germar, I.C.S.: *Symbolae ad Luciani Samosatensis de morte Peregrini libellum rectius aestimandum contra Walchium potissimum*, Progr. Thorn 1789.

Gertz, M.C.: „Lukianos fra Samosata," in: *Historisk Archiv* 4, 1880, 173-216.

Gesner, J.M.: *Disputatio de aetate et auctore dialogi Luciani qui Philopatris inscribitur*, Leipzig 1714.

— *Philopatris dialogus Lucianeus. Disputationem de illius aetate et auctore praemisit, versionem ac notas adjecit*, Jena 1715.

— *De Philopatride Lucianeo dialogo nova dissertatio*, Leipzig 1730.

Gewerstock, O.: „Lucian und Hutten. Zur Geschichte des Dialogs im 16. Jahrhundert," in: *Germanische Studien* 31, Berlin 1924, 1-178.

Giese, A.: *De parasiti persona capita selecta*, Berlin 1908.

Gil, L.: *Antología de Luciano*, Madrid 1970.

— „Lucianea," in: *Habis* 10/11, 1979/80, 87-104.

Gildersleeve, B.L.: „Lucianea," in: *The Johns Hopkins University Circulars* III, 29, 1883/84, 51f.

Gill, C. / Wiseman T.P. (Hg.), *Lies and fiction in the Ancient World*, Austin 1993.

Gödeke, K.: *Elf Bücher deutscher Dichtung. Von Sebastian Brant (1500) bis auf die Gegenwart*, Bde. I-II, Leipzig 1849.

— *Grundriß zur Geschichte der deutschen Dichtung*, Bde. I-II, Dresden 1862².

Goethe, J.W.v.: *Werke*, hrsg.v. W. Loos / E. Trunz, München 1998 (= *Hamburger Ausgabe*).

Goldbacher, A.: „Ueber Lucius von Patrae, den dem Lucian zugeschriebenen Λού-κιος ἢ ῎Ονος und des Apuleius Metamorphosen," in: *Zeitschr. f.d. österr. Gymn.* 23, 1872, 323-341; 403-421.

Goldschmidt, E.P.: „The First Edition of some Lucian of Samosata's Dialogues," in: *JWCI* 14, 1951, 7-22.

— „Lucian's Calumnia," in: D.J. Gordon (Hg.), *Fritz Saxl (1890-1948). A Volume of Memorial Essays*, London/Paris 1957, 234-244.

Gomperz, T.: „Beiträge zur Kritik und Erklärung griechischer Schriftsteller III," in: *Sitzungsb. d.k. Akad. d. Wiss. zu Wien* 83, 1876, 594-595.

Gorgiulo, T.: „Una parodia epicurea nel De parasito di Luciano," in: *SFIC* 81, 1988, 232-235.

Gottsched, J.C. (Hg.): *Die Vernünftigen Tadlerinnen*, Leipzig 1725-1726.

— (Hg.): *Lucians von Samosata Auserlesene Schriften von moralischem, satirischem und critischem Inhalte. Durch verschiedene Federn verdeutscht*, Leipzig 1745.

— *Versuch einer kritischen Dichtkunst*, Leipzig 1751⁴.

— *Akademische Redekunst, zum Gebrauche der Vorlesungen auf hohen Schulen als ein bequemes Handbuch eingerichtet und mit den schönsten Zeugnissen der Alten erläutert*, Leipzig 1759.

— *Herrn Bernhards von Fontenelle Auserlesene Schriften, nämlich von mehr als einer Welt, Gespräche der Todten, und die Historie der heydnischen Orakel*, Leipzig 1725 (1766).

Gove, P.B.: *The Imaginary Voyage in Prose Fiction: A History of its Criticism and a Guide for its Study, with an Annotated Check List of 215 Imaginary Voyages from 1700 to 1800*, London 1961.

Gräf, H.G.: *Goethe über seine Dichtungen*, Weimar 1824.

Graeven, H.: „Florentiner Lukianhandschriften," in: *Nachr. v.d. kgl. Gesell. d. Wiss. zu Göttingen* 1896, 341-356.

— „Lucianea," in: *StPhCl* 5, 1897, 99-103.

Graf, E.: „Zu Lucian's Fischer," in: *Philologus* 50, 1891, 606.

Grasberger, L.: „Zu Lukianos (*Timon* c.7; *Dial. mort.* 13,5)," in: *Eos* 2, 1865, 548.

Grant, A.: *The ancient rhetorical theories of the laughable*, Madison 1924.

Grim, J.G.: *Luciani Samosatensis Charon*, Leiden 1837.

Größlein, P.: *Untersuchungen zum Juppiter confutatus Lukians*, Frankfurt a.M. 1998.

Gruber, J.C.: *C.M. Wielands Leben*, Leipzig 1827.

Gualdo Rosa, L.: „A proposito di due libri recenti sul Fortleben di Luciano," in: *Humanistica Lovaniensa* 32, 1983, 347-357.

Gühne, E.: *Gottscheds Literaturkritik in den „Vernünftigen Tadlerinnen" (1725-1726)*, Stuttgart 1987.

Guimet, E.: *Lucien de Samosate. Philosophe*, Paris 1910.

Guttentag, J.: *De subdito qui inter Lucianeos legi solet dialogo Toxaride*, Berlin 1860.

Habel, F.J.: *Über Peregrinus Proteus von C.M. Wieland*, Wien 1904.

Hahndel, S.: *Über die gegen den Götterglauben gerichteten Schriften Lucians von Samosata*, Prog. Pölten 1875.

Hahne, F.: *Über Lukians Hermotimus*, Progr. Braunschweig 1900.

Hall, J.: *Lucian's Satire*, New York 1981.

Hamberger, G.C.: *Zuverlässige Nachrichten von den vornehmsten Schriftstellern*, Lemgo 1764.

Harenberg, J.C.: „Vindiciae Luciani seu Vera Christi Jesu disciplina et doctrina, ex Luciano utroque illustrata," in: *Bibliotheca Hagana*, Amsterdam 1771, 512-519.

Harl, M.: „L'art littéraire de Lucien," in: *Revue des Études Grecques* 72, 1959, 385-390.

Harlfinger, D. (Hg.): *Graecogermania. Griechischstudien deutscher Humanisten*, Weinheim 1989.

Harnack, A.: Art. „Lucian von Samosata," in: *Real-Enzyklopädie für protestantische Theologie und Kirche*, Bd. 8, Leipzig 1881[2], 772-779.

— *Die Mission und Ausbreitung des Christentums in den ersten drei Jahrhunderten*, Leipzig 1924.

Harrer, F.: *Christus und Antichristus in populären Dialogen nach Lucian*, Regensburg 1853.

Hartfelder, K.: *Philipp Melanchthon als Praeceptor Germaniae*, Berlin 1889.

Hartmann, A.: „Lucian und Juvenal," in: *Iuvenes dum sumus. Aufsätze z. klass. Altertumswissenschaft*, Basel 1907, 18-26.

Hartmann, J.J.: *Studia critica in Luciani Samosatensis opera*, Leiden 1877.

— „De Luciani qui fertur fugitivis," in: *Mnemosyne* 45, 1917, 233-256.

Hasenclever, L.: „Momos bei Lukian," in: *Festschrift zum 25jährigen Stiftungsfeste des hist.-phil. Vereins zu München*, München 1905, 74-76.

— *Über Lukians Nigrinos*, Progr. München 1908.

Hasse, E.: „Über den Dualis bei Lukianos," in: *Jahrbb. f.d. class. Phil.* 147, 1893, 681-88.

Heep, M.: *Die Colloquia familiaria des Erasmus und Lucian*, Halle 1927.

Hegel, G.W.F.: *Ästhetik*, hrsg.v. F. Bassenge, Berlin 1955.

Heine, H.: *Sämtliche Schriften*, hrsg.v. K. Briegleb, Frankfurt a.M. 1981.

Heinrich, A.: *Lukian und Horaz*, Progr. Graz 1885.

Heintz, W.: „Zu Lukians Hermotimus § 63," in: *WklPh* 17, 1906, 477-78.

Heinze, R.: *De Horatio Bionis sectatore*, Bonn 1889.

— „Anacharsis," in: *Philologus* 50, 1891, 458-468.

Heller, L.: *Luciani locos quosdam adversus criticorum tentamina vindicat*, Erlangen 1822.

Helm, K.: *De Luciani scholiorum fontibus*, Marburg 1908.

Helm, R.: „Lucian und die Philosophenschulen," in: *Neue Jahrbb. f.d. klass. Altertum* 5, 1902, 188-213; 263-278; 351-369.

— *Lucian und Menipp*, Leipzig/Berlin 1906.

— Art. „Lukianos," in: *RE* 13.2, Stuttgart 1927, 1725-1777.

Hemeryck, P.: „Les traductions latines du 'Charon' de Lucien au XV. siècle," in: *Mélanges de l' Ecole Francaise de Rome* 84, 1972, 129-200.

Hemmerdinger, B.: „L'archétype conservé du 'corpus' le plus long de Lucien," in: *BollClass* 15, 1994, 86-88.

Hemsterhuys, T.: *Animadversionum in Lucianum appendix*, Leiden 1824.

Hense, O.: „Zu Lucian und Menippos," in: *Festschrift für Theodor Gomperz*, Wien 1902, 185-196.

Hercher, R.: „Zu Lucian, Heraclit, Herodot, Porphyrius," in: *Philologus* 10, 1855, 342-343.

— „Zu griechischen Prosaikern," in: *Hermes* 5, 1871, 285-287; 7, 1873, 469-73; 11, 1877, 361.

Hermann, K.F.: *Luciani Samosatensis libellus Quomodo historiam conscribi oporteat*, Frankfurt a.M. 1827.

— „In Lucianum (Hermot. 60)," in: *RhM* 2, 1841, 598-600.

— „Zur Charakteristik Lucians und seiner Schriften," in: ders., *Gesammelte Abhandlungen*, Göttingen 1849, 201-226.

— *Lucians Schnellfuss oder die Tragödie vom Podagra*, Göttingen 1852.

Herzig, O.: *Lukian als Quelle für die antike Zauberei*, Tübingen 1940.

Heussner, F.: *Johann Heinrich Voss als Schulmann in Eutin*, Eutin 1882.

Hewitt, J.W.: „A Second Century Voltaire," in: *CIJ* 20, 1924/25, 132-142.

Hickes, T.: *Certain select dialogues of Lucian*, Oxford 1634.

Highet, C.: *The anatomy of satire*, Princeton 1962.

Hime, H.W.: *Lucian the Syrian Satirist*, London 1900.

Hirdt, W.: *Gian Giorgio Trissinos Portrait der Isabella d' Este: Ein Beitrag zur Lukian-Rezeption in Italien*, Heidelberg 1981.

Hirschfeld, O.: „Petronius und Lucianus," in: *RhM* 51, 1896, 470-471.

— *Die kaiserlichen Verwaltungsbeamten bis auf Diocletian*, Berlin 1905.

Hirschig, R.B.: *Annotationes quaedam in Luciani libellum, quin inscribitur Περὶ παρασίτου*, Leiden 1844.

— *Annotationes criticae in comicos*, Utrecht 1849.

Hirschwälder, B.: *Beiträge zu einem Commentar der unter Lucians Namen über-lieferten Schrift „Lob der Heimat"*, Progr. Breslau 1890.

Hirzel, R.: *Der Dialog*, Leipzig 1895.

Hittrich, E.: „Adnotationes in Luciani Peregrinum," in: *Egyetemes Philologiai Közlöny* 18, 1894, 316f.

Hoffmann, F.L.: *Der älteste, bis jetzt bekannte Lehrplan für eine deutsche Schule im Jahre 1525*, Hamburg 1865.

Hoffmann, J.L.: *Lucian der Satiriker im Hinblick auf Glauben und Leben der Gegenwart geschildert*, Nürnberg 1857.

— „Lucian der Satiriker," in: *Album des literarischen Vereins in Nürnberg*, Nürn-berg 1857, 1-115.

Hoffmann, L.: „Heines Ankunft im Schattenreich," in: *Album des literarischen Vereins in Nürnberg*, Nürnberg 1857, 236-250.

Hofmann, F.: *Kritische Untersuchungen zu Lucian*, Progr. Nürnberg 1894.

Holborn, H.: *Ulrich von Hutten*, Göttingen 1968.

Holstein, H.: *Die Reformation im Spiegelbilde der dramatischen Litteratur des sechzehnten Jahrhunderts*, Halle 1886.

Holzberg, N.: „Willibald Pirckheimer als Wegbereiter der griechischen Studien in Deutschland. Zum 450. Todestag des Humanisten," in: *Mitteilungen des Ver-eins für Geschichte der Stadt Nürnberg* 67, 1980, 60-78.

— *Willibald Pirckheimer*, München 1981.

— „Olympia Morata und die Anfänge des Griechischen an der Universität Heidel-berg," in: *Heidelberger Jahrbücher* 31, 1987, 77-93.

— „Apuleius und der Verfasser des griechischen Eselromans," in: *WJA* 10, 1984, 161-177.

— „Lucian and the Germans," in: *The uses of Greek and Latin. Historical essays*, hrsg.v. A.C. Dionisotti / A. Grafton / J. Kraye, London 1988, 199-209.

Homeyer, H.: *Lukian. Wie man Geschichte schreiben soll*, München 1965.

Honemann, V.: „Der deutsche Lukian. Die volkssprachlichen Dialoge Ulrichs von Hutten," in: S. Füssel (Hg.), *Ulrich von Hutten 1488-1988*, München 1989, 37-55.

Hophan, B.P.: *Lucians Dialoge über die Götterwelt*, Freiburg/Schweiz 1904.

Hornsby, H.M.: „The Cynism of Peregrinus Proteus," in: *Hermathena* 48, 1933, 65-84.

Householder, F.W.: „The mock decrees in Lucian," in: *TAPhA* 71, 1940, 199-216.

— *Literary quotation and allusion in Lucian*, New York 1941.

— „Lucian's use of inscriptions," in: *TAPhA* 74, 1943, XXII.

Houston, G.W.: „Lucian's Navigium and the dimensions of the Isis," in: *AJPh* 118, 1987, 444-454.

Humboldt, W.v.: *Werke*, hrsg.v. A. Flitner / K. Giel, Darmstadt 1986[4].

Husson, G.: *Lucien. Le Navire ou les Souhaits*, 2 Bde., Paris 1970.

Inge, W.R. / Macnaghten, H.: *Selections from Lucian*, London 1889.

Innocenti, P.: „Luciano di Samosata e l'epicureismo," in: *Rivista critica di storia della filosofia* 33, 1978, 30-53.

Ischer, R.: „Ein Beitrag zur Kenntnis von Wielands Übersetzungen," in: *Euphorion* 14, 1907, 242-256.

Jacob, K.G.: „Observationes in aliquot loca libelli Lucianei De mercede conductis," in: *Seebode's Krit. Bibl.* 1821, 105-107; 281-284.

— „Lucianea," in: *Seebode's Krit. Bibl.* 1822, 195-198; 1105-1113.

— *Toxaris*, Halle 1825.

— *Characteristik Lucians von Samosata*, Hamburg 1832.

Jacobitz, K.: *Toxaris*, Leipzig 1832.

— *Luciani Cataplus, Iuppiter confutatus, Iuppiter tragoedus, Alexander*, Leipzig 1835.

— *Ausgewählte Schriften des Lucian*, Leipzig 1862.

Jacobs, F.: „Emendationes ad Lucianum," in: *Bibl. der alten Litt. u. Kunst*, Göttingen 1786, 50-55.

— *Elementarbuch der griechischen Sprache für Anfänger und Geübtere*, Jena 1805.

Jahn, O.: „Variarum lectionum fasciculus (darin: *Dial. mar.* 6,3)," in: *Philologus* 26, 1867, 4.

Janitschek, H. (Hg.): *Leone Battista Alberti's kleinere kunsttheoretische Schriften*, Wien 1877.

Jardine, L.: *Erasmus. Man of Letters: The Construction of Charisma in Print*, Princeton 1993.

Jean Paul: *Sämtliche Werke*, hrsg.v. N. Miller, Darmstadt 2000.

Jebb, R.: „Lucian," in: ders., *Essays and Addresses*, Cambridge 1907, 164-192.

Jenni, A.: *Beiträge zum Verständnis der Schriften des Lucian*, Progr. Frauenfeld 1876.

Jensius, J.: *Lectiones Lucianeae*, Den Haag 1699.

Jerram, C.S.: *Luciani Vera Historia*, Oxford 1879.

Jöcher, C.G.: *Allgemeines Gelehrten-Lexicon*, Leipzig 1750-1751.

Jolidon, A.: „Rodolphe Agricola et Erasme traducteurs du 'Coq' de Lucien," in: *Actes du Colloque International Erasme (Tours 1986)*, hrsg.v. J. Chomarat / A. Godin / J.-C. Margolin, Genf 1990, 35-55.

Joly, R.: „Lucien de Samosate," in: *Grec et Latin 1980. Etudes et documents dé-diés à Edmond Liénard*, hrsg.v. G. Viré, Brüssel 1980, 47-62.

— „La réfutation des analogies dans l'Hermotime de Lucien," in: *AC* 50, 1981, 417-426.

Jones, C.P.: „Two Enemies of Lucian," in: *GRBS* 13, 1972, 475-487.

— „Tarsos in the *Amores* ascribed to Lucian," in: *GRBS* 25, 1984, 177-181.

— *Culture and Society in Lucian*, Cambridge Mass./London 1986.

Joost, A.: *De Luciano φιλομήρῳ*, Progr. Lötzen 1883.

— „Beobachtungen über den Partikelgebrauch Lucians. Ein Beitrag zur Frage nach Echtheit und Reihenfolge einiger seiner Schriften," in: *Festschrift Fried-länder*, Leipzig 1895, 163-183.

Kaiser, W.: *Praisers of Folly: Erasmus, Rabelais, Shakespeare*, Cambridge 1963.

Kaschmieder, K.: *David Faßmanns 'Gespräche im Reiche der Toten' (1718-1740). Ein Beitrag zur deutschen Geistes- und Kulturgeschichte des achtzehnten Jahrhunderts*, Breslau 1934.

Kausch, K.H.: „Die Kunst der Grazie. Ein Beitrag zum Verständnis Wielands," in: *Jahrbuch der deutschen Schillergesellschaft* 2, 1958, 12-42.

Keener, F.M.: *Shades of Lucian: British Dialogues of the Dead in the Eighteenth Century*, Columbia University 1965.

— *English Dialogues of the Dead: A Critical History, an Anthology and a Check List*, New York 1973.

Keil, B.: „Lukians Phalariden," in: *Hermes* 48, 1913, 494-521.

Keil, R.: *Wieland und Reinhold*, Berlin/Leipzig 1885.

Keim, T.: *Celsus' wahres Wort. Mit Lucian und Minucius Felix verglichen*, Zürich 1873.

Kellner, H.: „Der Dialog Philopatris," in: *ThQ* 46, 1864, 48-78.

Kennedy, G.: *The Art of Persuasion in Greece*, Princeton 1963.

— *Greek Rhetorik under Christian Emperors*, Princeton 1983.

Kerler, H. (Hg.): *Lucians Werke. Deutsch von Theodor Fischer*, Berlin 1904.

Kersten, F.: *De ellipseos usu Luciano*, Kiel 1889.

— *Wielands Verhältnis zu Lucian*, Progr. Cuxhaven 1900, 3-28.

Kessler, C.C.G.: *De locis, qui in M. Frontonis epistolis ad Antoninum Pium ... adjectis de loco et Lucianeo comentariis*, Progr. Leipzig 1828.

Kestner, A.: *Die Agape oder der geheime Weltbund der Christen*, Jena 1819.

Kiaulehn, V.: *De scaenico dialogorum apparatu*, Halle 1913.

Kiewiet de Jonge, H.J.: *Homerus bij Lucianus*, Progr. Dordrecht 1884.

Klodt, C. (Hg.): *Satura lanx. Festschrift für Werner A. Krenkel*, Zürich/New York 1997.

Klussmann, R.: *Bibliotheca scriptorum classicorum et graecorum et Latinorum*, Bd. I.2, Leipzig 1911.

Knauer, W.: *De Luciano Menippeo*, Halle 1904.

Knaut, C.F.: *De Luciano libelli qui inscribitur Lucius sive Asinus auctore*, Leipzig 1868.

Koch, H.A.: „Zu Lucian (*rhet. praec.* 21)," in: *Philologus* 27, 1868, 8.

Kock, T.: „Lucian und die Komödie," in: *RhM* 43, 1888, 29-59.

Köhler, W. (Hg.): *Erasmus von Rotterdam. Briefe*, Bremen 1956.

Könneker, B.: *Satire im 16. Jahrhundert. Epoche - Werke - Wirkung*, München 1991.

Koepp, F.: „Ogmios. Bemerkungen zur gallischen Kunst," in: *Bonner Jahrbücher* 125, 1919, 38-73.

Köster, M.: *Das Urtheil des Paris aus dem Griechischen des Lucian übersetzt und mit der wielandschen Erzählung des nämlichen Inhalts verglichen*, Gießen 1770.

Kofler, D.: *Aberglaube und Zauberei in Lukians Schriften*, Innsbruck 1949.

Kohlmann, U.: *De Luciani, quae fertur, Demosthenis laudatione*, Münster 1922.

Kokolakis, M.: „Gladiatorial Games and animal baiting in Lucian," in: *Platon* 10, 1958, 328-361.

— „Lucian and the tragic performances in his time," in: *Platon* 12, 1960, 67-109.

Korré, S.: *Les tableaux décrits par Lucien dans la Salle*, Athen 1947.

Korff, H.A.: *Voltaire im literarischen Deutschland des 18. Jahrhunderts. Ein Beitrag zur Geschichte des deutschen Geistes von Gottsched bis Goethe*, Heidelberg 1918.

Kornmann, F.M.: *Theologia Athei seu qui ita injuste audit, Luciani, ornata*, Jena 1697.

Korus, K.: „Zur Chronologie der Schriften Lukians," in: *Philologus* 130, 1986, 96-103.

— „The theory of humor in Lucian of Samosata," in: *EOS* 82, 1984, 292-313.

— „Funktionen der literarischen Gattungen bei Lukian," in: *Eos* 84, 1986, 29-38.

Krebs, I.T.: *Prolusio de malitioso Luciani consilio religionem christ. scurrili dicacitate vanam et ridiculam reddendi*, Leipzig 1769.

Kretz, C.: *De Luciani dialogo Toxaride*, Progr. Offenburg 1891.

Kronenburg, A.J.: „Ad Luciani Λούκιον ἢ Ὄνον c.34," in: *CR* 20, 1906, 307.

Krüger, M.: *Methodik des altsprachlichen Unterrichts*, Frankfurt a.M. 1930.

Kühn, H.: *Commentationis qua Lucianus a crimine librorum sacrorum irrisorum liberatur*, Progr. Grimen 1844.

Kunze, M. (Hg.): *Christoph Martin Wieland und die Antike*, Stendal 1986.

Kunzmann, W.: *Quaestiones de Pseudo-Luciani libelli qui est de Longaevis fontibus atque auctoritate*, Leipzig 1908.

Landfester, M.: *Humanismus und Gesellschaft im 19. Jahrhundert*, Darmstadt 1988.

Lang, A.: „Lucian," in: *The Fortnightly Review* 44, 1888, 57-68.

Lange, G.: *Animadversiones in quosdam Luciani libellos, una cum diss. de fabulis Romanensibus ut vocantur historicis*, Halle 1795.

Lauer, W.: *Lucianus num auctor dialogi* Ἔρωτες *existimandus sit*, Progr. Köln 1899.

Lauvergnat-Gagnière, C.: „Rabelais lecteur de Lucien de Samosate," in: *Cahiers de l'Association internationale des études francaises* 30, 1978, 71-86.

— „Renaissance et métamorphoses de 'Histoire Vraie' de Lucien," in: *Revue des science humaines* 180, 1980, 119-133.

— *Lucien de Samosate et le Lucianisme en France au XVIe siècle: Athéisme et Polémique*, Genf 1988.

Ledergerber, P.I.: *Lukian und die altattische Komödie*, Einsiedeln 1905.

Legrand, P.E.: „Sur le 'Timon' de Lucien," in: *REA* 9, 1907, 132-154.

— „Les Dialogues des courtisanes comparés avec la comédie," in: *REG* 20, 1907, 176-231; 21, 1908, 39-79.

Lehmann, J.T.: *Charon sive Contemplantes*, Leipzig 1811.

Lehmann, W.: *De Achillis Tatii aetate. Accedit Corrolarium de Achillis Tatii studiis Lucianeis*, Vratislavia 1910.

Le Morvan, A.: „La description artistique chez Lucien," in: *REG* 45, 1932, 380-390.

Lenz, K.G.: *Reisebeschreibung für die Jugend mit mythologischen Anmerkungen*, Marburg 1789.

Lesky, A.: *Geschichte der griechischen Literatur*, Bern 1957-1958.

— „Griechen lachen über ihre Götter," in: *Wiener Humanistische Blätter* 4, 1961, 31-40.

Levi, L.: „Lucianea," in: *StPhCl* 4, 1896, 359-354.

— „Appunti Lucianei," in: *Rivista di Storia Antica* 12, 1908, 62-69.

Licht, H.: *Erotes. Ein Gespräch über die Liebe von Lukian*, München 1920.

— *Die Homoerotik in der griechischen Literatur. Lukianos von Samosata*, Bonn 1921.

Lichtenberg, G.C.: *Schriften und Briefe*, Bd. IV, hrsg.v. W. Promies, München 1967.

Lindau, P.: *Drei Satiren des Lucian. Für die deutsche Bühne bearbeitet von Paul Lindau*, Leipzig 1909.

Lindenberg, L.: *Leben und Schriften David Faßmanns (1683-1744) mit besonderer Berücksichtigung seiner Totengespräche*, Berlin 1937.

Lippert-Adelberger, E.: „Das Fenster vor Eduards Brust. Über ein Lukianzitat in Goethes Wahlverwandtschaften," in: *Euphorion* 92, 1998, 115-123.

Litt, T.: *Lucians philosophische Entwicklung*, Progr. Köln 1909.

— „Lucians Nigrinus," in: *RhM* 64, 1909, 98-107.

Lojacono, G.: *Il riso di Luciano*, Catania 1932.

Longo, V.: *Luciano e l'Ermotimo*, Genua 1964.

Lossius, G.F.: „De Codd. Pariss. Luciani diall. mort," in: *Acta societat. Philolog. Lipsiensis* 2, 1813.

Ludwig, W.: „Titus Livius de' Frulovisi - Ein humanistischer Dramatiker der Renaissance," in: *Humanistica Lovaniensa* 22, 1973, 39-76

— *Hellas in Deutschland. Darstellung der Gräzistik im deutschsprachigen Raum aus dem 16. und 17. Jahrhundert*, Hamburg 1998.

Maas, E.: „Die Lebenden und die Toten," in: *Neue Jahrbücher* 49, 1922, 205-218.

MacCarthy, B.P.: „Lucian and Menippus," in: *YCIS* 4, 1934, 3-58.

Machala, F.: *Lukianos. Charon*, Progr. Hohenmauth/Böhmen 1912.

Macleod, M.D.: „Ἄν with the future in Lucian and the Solecist," in: *CQ* 50, 1956, 102-111.

— „A note on Lucians Prometheus es in verbis," in: *CQ* 50, 1956, 237.

— „A homeric parody in Lucian," in: *Classical Review* 10, 1960, 103.

— „Syntactical variation in Lucian," in: *Glotta* 55, 1977, 215-222.

— „Lucian's activities as a μισαλάζων," in: *Philologus* 123, 1979, 326-28.

— „A lexicographical note on Lucian, Navigium 39," in: *Glotta* 57, 1980, 259f.

— „Lucian's relationship to Arrian," in: *Philologus* 131, 1987, 257-264.

— *Lucian: a Selection*, Warminster/Wiltshire 1991.

— „Lucianic studies since 1930, with an appendix: Recent work (1930-1990) on some Byzantine imitations of Lucian, by B. Baldwin," in: *ANRW* 34.2, 1994, 1362-1421.

Madhyastha, R.S.: *Die Frau als Bildungsobjekt in den deutschen und englischen Wochenschriften des 18. Jahrhunderts*, New York 1984.

Madyda, W.: „Bizantyjska polemika z Lukianem," in: *Meander* 9, 1946, 468-476.

— „Quas res Lucianus in altissimo dignitatis gradu collocaverit," in: *Meander* 17, 1962, 507-536.

Maffai, S. (Hg.): *Luciano di Samosata. Descrizioni di opere d'arte*, Turin 1994.

Mandybur, T.: *Die griechische Mythologie in den Dialogen Lukians* (in: Anz. d. Akad. d. Wiss. in Krakau), Krakau 1900.

Manzi, G.: *Le opere de Luciano*, Lousanne 1819.

Margadant, P.C.: *De Luciano aequalium suorum censore*, Den Haag 1881.

Marigo, A.: *Lo spirito della commedia Aristofanesca nel Timone di Luciano*, Padua 1908.

Marsh, D.: *The Quattrocento Dialogue: Classical Tradition and Humanist Innovation*, Cambridge 1980.

— „Beyond the Pillars of Hercules: Voyage and Veracity in Exploration Narratives," in: *Annaldi d'Italianistica* 10, 1992, 134-149.

— „Guarino of Verona's Translation of Lucian's Parasite," in: *Bibliotèque d' Humanisme et Renaissance* 56, 1994, 419-444.

— *Lucian and the Latins: Humor and Humanism in the Early Renaissance*, Michigan 1998.

Martens, W.: *Die Botschaft der Tugend. Die Aufklärung im Spiegel der deutschen Moralischen Wochenschriften*, Stuttgart 1968.

Martha, C.: *Les moralistes sous l'empire Romain*, Paris 1907.

Martin, J.: „Ogmios," in: *Würzburger Jahrbb. f.d. Altertumsw.* 1, 1946, 359-399.

Massing, J.-M.: *Du textes à l'image: La Calomnie d'Apelle et son iconographie*, Strasburg 1990.

Matteuzi, M.: „Sviluppi narrativi di giochi linguistici nella Storia vera di Luciano," in: *Maia* 27, 1975, 225-229.

— „Luciano, Vera Historia I 23," in: F. Sisti / E.V. Maltese (Hg.), *Heptachordas lyra Humberto Albini oblata*, Genua 1988, 28-47.

Mattioli, E.: *Luciano e l'Umanesimo*, Neapel 1980.

— „I traduttori umanistici di Luciano," in: *Studi in onore di R. Spongano*, Bologna 1980, 205-214.

— „Retorica e storia nel 'Quomodo historia sit conscribenda' di Luciano," in: *Retorica e storia nella cultura classica*, hrsg.v. A. Pennacini, Bologna 1985, 89-105.

Maurer, W.: *Melanchthon-Studien*, Gütersloh 1964.

Mauthner, F.: *Totengespräche*, Berlin 1906.

McCarthy, B.P.: „Lucian and Menippus," in: *YCIS* 4, 1934, 3-58.

Mees, A.: *De Luciani studiis et scriptis iuvenilibus*, Rotterdam 1841.

Mehler, E.: „In Luciani veras historias et somnium observationes criticae," in: *Mnemosyne* 1, 1852, 401-412; 2, 1853, 56-79.

— „Aanteekeningen op den Timon van Lucianus," in: *Mnemosyne* 2, 1853, 181-199.

— „Quaestiones Lucianeae," in: *Mnemosyne* 3, 1854, 1-23.

Meineke, A.: „Kritische Blätter (darin: Luc. *De saltat.* 23)," in: *Philologus* 14, 1859, 18.

Meinhardt, P.: *De forma et usu iuramentorum in comicorum Graecorum et Platonis, Xenophontis, Luciani sermone*, Jena 1892.

Meiser, K.: „Eine merkwürdige Parallelstelle (Lucian περὶ θυσιῶν)," in: *Bayr. Gymn.* 1, 1904, 31-32.

— „Studien zu Lukian," in: *Sitzungsb. d. phil.-philol. u. d. hist. Klasse der K.B. Akademie der Wissenschaften zu München* 1906, 281-325.

Mekler, S.: „Zu griechischen Tragikern; Citate bei Lukian," in: *WS* 3, 1881, 32-42.

Menke, F.A.: *Lukian's Prometheus, Charon, Timon, Traum, Hahn. Mit sprachlichen und sachlichen Anmerkungen und griechischem Wortregister*, Bremen 1846.

Menzel, H.: *De Lucio Patrensi sive quae ratio inter Lucianeum librum, qui ΛΟΥΚΙΟΣ Η ΟΝΟΣ inscribitur, et Apuleii Metamorphoseon libros intercedat*, Progr. Meseritz 1895.

Mesk, J.: „Lucians Nigrinus und Juvenal," in: *WS* 34, 1912, 372-382; 35, 1913, 1-33.

— „Lukians Parasitendialog," in: *BPhW* 34, 1914, 155-160.

— „Lukians Timon," in: *RhM* 70, 1915, 107-144.

— „Libanios und der Timon Lukians," in: *PhW* 52, 1932, 1107-1110.

Meyer, E.: *Der Emporkömmling*, Gießen 1913.

Meyers Konversationslexikon, Leipzig/Wien 1908.

Michel, H.: *Heinrich Knaust*, Berlin 1903.

Monecke, W.: *Wieland und Horaz*, Köln/Graz 1964.

Montanari, F.: „Ekphrasis e verità storica nella critica di Luciano," in: *Ricerche di filologia classica (BStA* XLV), Pisa 1984, 111-123.

— „Virtutes elocutionis e narrationis nella storiografia secondo Luciano," in: *Ricerche di filologia classica (BStA* LIII), Pisa 1987, 53-65.

Morgan, J.R.: „Lucian's *True Histories* and the *Wonders Beyond Thule* of Antonius Diogenes," in: *CQ* 35, 1985, 475-490.

Moser, G.H.: *Parodiarum Graecarum exempla ex Luciano*, Ulm 1829.

Motz, F.: *Lucian als Ästhetiker*, Progr. Meiningen 1875.

Mras, K.: „Zu Lucians Ikaromenippus und Traum," in: *BPhW* 24, 1904, 1373-1374.

— „Lucian und die neue Komödie," in: *Wiener Eranos*, Wien 1911, 77-88.

— *Die Überlieferung Lucians*, Wien 1911.

— „Die Personennamen in Lucians Hetärengesprächen," in: *WS* 38, 1916, 308-342.

— „Zu Lukian," in: *WS* 45, 1927, 63-70.

— *Luciani Dialogi meretricii*, Berlin 1930.

— *Die Hauptwerke des Lukian*, Freising 1954.

Mrozek, S.: „Zu den Preisen und Löhnen bei Lukian," in: *Eos* 59, 1971, 231-239.

Mucke, I.H.: *De rebus Christianorum testimonia ex Luciano*, Leipzig 1788.

Müller, E.: „Ueber Lucian," in: ders., *Geschichte der Theorie der Kunst bei den Alten*, Bd. II, Breslau 1837, 250-252.

Müller, K.: *Gesprächsbüchlein Ulrichs von Hutten*, Leipzig 1887.

Müller, L.: „De Luciani dialogorum rhetoricorum compositione," in: *Eos* 32, 1929, 559-586.

— *In Luciani Philopseuden Commentarius*, Paris 1932.

Müller, P.R.: „Zu Lysias und Lukianos," in: *Jahrbb. f.d. class. Philologie* 153, 1896, 300-304.

— „Zu Lukianos," in: *NJPP* 153, 1896, 300-304.

— „Zur Textkritik des Lukianos," in: *NJPP* 155, 1897, 397-403.

Mutschmann, H.: „Eine peripatetische Quelle Lukians," in: *RhM* 70, 1915, 551-567.

Naber, S.A.: „Observationes criticae in Lucianum," in: *Mnemosyne* 29, 1901, 1-22; 162-196; 247-280.

Naumann, V.: „Der große Feuilletonist der Antike," in: *Literarische Beilage der Kölnischen Volkszeitung* 52, 1911, 405f.

Neef, E.: *Lukians Verhältnis zu den Philosophenschulen und seine μίμησις literarischer Vorbilder*, Greifswald 1940.

Nesselrath, H.-G.: *Lukians Parasitendialog*, Berlin/New York 1985.

— „Lucian's Introductions," in: D.A. Russell (Hg.), *Antonine Literature*, Oxford 1990, 111-140.

— „Menippeisches in der Spätantike: Von Lukian zu Julians *Caesares* und zu Claudians *In Rufinum*," in: *Museum Helveticum* 51, 1994, 30-44.

— „Kaiserzeitlicher Skeptizismus in platonischem Gewand: Lukians 'Hermotimos'," in: *ANRW* II, 36.5, 1992, 3451-3482.

Nestle, W.: *Lukian. Der Tod des Peregrinus*, München 1925.

— *Griechische Geistesgeschichte von Homer bis Lukian*, Stuttgart 1944.

Neukamm, V.: *De Luciano Asini Auctore*, Leipzig 1914.

Newald, R.: *Erasmus Roterodamus*, Freiburg 1947.

Nicole, J.: Athénée et Lucien," in: *Mélanges Rénier*, Paris 1886, 27-35.

Nicolson, M.H.: *Voyages to the Moon*, New York 1948.

Niebuhr, B.G.: „Ueber das Alter des Dialogs Philopatris," in: ders., *Kleine historische und philologische Schriften*, Bonn 1843, 73-78.

Niemann, G.: *Die Dialogliteratur der Reformationszeit nach ihrer Entstehung und Entwicklung*, Leipzig 1905.

Niemberger, R. (Hg.): *Melanchthons Werke*, Bd. III, Gütersloh 1961.

Nietzsche, F.: *Werke*, hrsg.v. G. Colli / M. Montinari, München 1999.

Nieuwven, J.H.: *Specimen criticum in Hetoemoclis epistolam quae legitur in Symposio Lucianeo*, Lyon 1840.

Nilén, N.F.: „Zur Überlieferung des Lucian," in: *Wochenschrift für klass. Phil.* 1887, 49.

— *Luciani codex Mutinensis*, Progr. Upsala 1888.

— „Adnotationes Lucianeae," in: *Nordisk Tidskrift for Filologi* 9, 1889/90, 241-306.

— „Zu den Lucianhandschriften," in: *Berliner philologische Wochenschrift* 10, 1890, 746-747.

Nock, A.D.: „Alexander of Abonuteichos," in: *CQ* 22, 1928, 160-162.

Nödl, E.: *Die Frauengestalten in Wielands Griechenromanen*, Wien 1931.

Nonnen, N.: *Dissertatio de Luciano seu quisquis sit auctor dialogi Philopatris*, Bremen 1743.

Norden, E.: *Die Antike Kunstprosa*, Darmstadt 1958[5].

Nordtmeyer, E.: *Num Lucianus in scholis legendus sit*, Celle 1845.

Oberbreyer, M. (Hg.): *Lucian's ausgewählte Schriften. Uebersetzt von C.M. Wieland*, Leipzig 1878/79.

Oelrichs, J.G.: *Gespräche der Verstorbenen einer Englischen Schrift*, Berlin 1761.

Oeri, H.: *Der Typ der komischen Alten in der griechischen Komödie, seine Nachwirkungen und seine Herkunft*, Basel 1948.

Oettinger, J.: *Iosephi Struthii medici Posnaniensis vita et duorum eius operum, quorum alterum commentarius ad Luciani Astrologiam, alterum artem sphygmicam continet, bibliographico-critica diaquisitio*, Krakau 1843.

Oliver, J.H.: „The actuality of Lucian's Assembly of the Gods," in: *AJPh* 101, 1980, 302-313.

Ollier, F.: *Lucien. Histoire Vraie*, Paris 1962.

Osborn, M.: *Die Teufellitteratur des XVI. Jahrhunderts* (Acta Germanica, Bd. III, Heft 3), Berlin 1893.

Otto, A.: *Quaestiones Lucianeae*, Progr. Neiße 1840.

Overbeck, J.: *Die antiken Schriftquellen zur Geschichte der bildenden Künste bei den Griechen*, Leipzig 1868.

Pack, R.: „The 'volatilization' of Peregrinus Proteus," in: *AJPh* 67, 1946, 334-345.

Paetzolt, F.: *Observationes criticae in Lucianum*, Progr. Liegnitz 1880.

— „Lectiones lucianeae," in: *Commentationes philologae in honorem Augusti Reiffersscheidii*, Breslau 1884, 47-53.

— *Adnotationes criticae ad Lucianum imprimis pertinentes*, Progr. Berlin 1905.

Palm, J.: *Rom, Römertum und Imperium in der griechischen Literatur der Kaiserzeit*, Lund 1959.

Panagopoulos, C.: „Lucien ou la vraie vie," in: *Hommages à Lucian Lerat*, hrsg.v. H. Walter, Paris 1984, 597-606.

Papaioannou, V.: *Λουκιανός. ὁ μεγάλος σαττιρικὸς τῆς ἀρχαιότητας*, Thessaloniki 1976.

Passow, W.A.: *Lucian und die Geschichte*, Progr. Meiningen 1854.

Paulsen, F.: *Geschichte des gelehrten Unterrichts*, 2 Bde., Berlin/Leipzig 1919-1921.

Paulsen, W.: *Christoph Martin Wieland. Der Mensch und sein Werk in psychologischen Perspektiven*, Bern/München 1975.

Pauly, A.: *Lucianus. Gallus, Anacharsis, Patriae encomium*, Tübingen 1825.

— *Lucian's Werke*, Stuttgart 1827.

Pedroli, L.: *Considerazioni al 'Alessandro' di Luciano*, Rom 1935.

Pendzig, P.: „Die Anfänge der griechischen Studien in den gelehrten Schulen Westdeutschlands," in: *Neue Jahrbücher für Pädagogik* 23, 1929, 164-188.

Pennings, A.: *Loukianos in de onderwereld*, Louvain 1946.

Peretti, A.: „Ottativi in Luciano," in: *SIFC* 23, 1941, 69-95.

— *Luciano. Un intellettuale greco contro Roma*, Florenz 1946.

— „Luciano e Roma," in *Maia* 1, 1948, 147-154.

Perry, B.E.: „On the authorship of Lucius sive Asinus and its original," in: *CIPh* 21, 1926, 225-234.

Peschke, H.: *Wieland und Lukian*, Wien 1939.

Petzoldt, R.: „Literaturkritik im Totenreich. Das literarische Totengespräch als Literatursatire am Beispiel von Goethes Farce Götter, Helden und Wieland," in: *Wirkendes Wort* 3, 1995, 406-416.

Peucer, D.: *De maledictis Lucianeis in Christum eiusque apostolos*, Leipzig 1742.

Pfeiffer, R.: *Die Klassische Philologie von Petrarca bis Mommsen*, München 1982.

Pflaum, H.G.: „Lucien de Samosate 'archistator praefecti Aegypti' d'après une inscription de Césarée de Maurétanie," in: *Melanges d'Archéologie et d'Histoire de l'Ècole Française de Rome* 71, 1959, 281-286.

Pfuhl, C.T.: „Zu Lukianos Philopseudes c.20," in: *Jahrbb. f. class. Philol.* 95, 1867, 756-757.

Piccolomini, E.: „Sulla leggenda di Timone il Misantropo," in: *Studia di filologia greca* 1, 1882, 247-322.

Pinto, M.: „Echi lucianei nelle Epistole parassitiche di Alciphrone," in: *Vichiana* N.S. II, 1973, 261-268.

Piot, H.: *Un personnage de Lucien, Ménippe*, Rennes 1914.

— *Les procédés littéraires de la Seconde Sophistique chez Lucien: l'ecphrasis*, Rennes 1914.

Pirckheimer, B.: *De Podagrae laudibus doctorum hominum lusus*, Strasburg 1570.

Pisacane, P.: „Luciano umorista," in: *Atene e Roma* 44, 1942, 109-136.

Planck, A.: *Quaestiones Lucianeae*, Progr. Tübingen 1850.

— „Lucian und das Christentum," in: *Theol. Studien u. Krit.* 24, 1851, 826-902.

Pohl, C.: *Ueber Lucian und seine Stellung zum Christenthume*, Progr. Breslau 1871.

Polle, F.: „Zu Lukianos δὶς κατηγορούμενος c.2," in: *Jahrbb. f. class. Philologie* 103, 1871, 80.

Polzer, A.: *Die Philosophen im II. Jahrhundert n.Chr. vorzugsweise nach Lukian geschildert*, Progr. Graz 1879.

Popma, K.J.: *Luciani De sacrificiis*, Amsterdam 1931.

Praechter, K.: „Skeptisches bei Lucian," in: *Philologus* 51, 1892, 284-293.

— „Zur Frage nach Lukians philosophischen Quellen," in: *Archiv für Geschichte der Philosophie* 11, 1898, 505-516.

Prutz, R.E.: *Geschichte des deutschen Journalismus*, Bd. I, Hannover 1845.

Przybilla, C.: *De praepositionum κατά et ἀνά usu Lucianeo*, Königsberg 1883.

Putnam, E.J.: „Lucian the Sophist," in: *CIPh* 4, 1909, 162-177.

Quint, D.: *Origin and Originality in Renaissance Literature: versions of the Source*, New Haven 1983.

Raab, K.J.: *Studien zu Wielands Roman Peregrinus Proteus*, Progr. Prag 1909.

Rabasté, F.: *Quid comicis debuerit Lucianus*, Paris 1866.

Rabe, H.: „Die Überlieferung der Lukianscholien," in: *Göttinger Gelehrte Nachrichten* 6, 1903, 643-656.

— „Die Lukianstudien des Arethas," in: *Nachrichten d. kgl. Gesell. d. Wissenschaften zu Göttingen* 6, 1903, 643-656.

— *Scholia in Lucianum*, Leipzig 1906.

Rabener, G.W.: *Satiren*, Leipzig 1755².

Radermacher, L.: „Aus Lucians Lügenfreund," in: *Festschrift für Theodor Gomperz*, Wien 1902, 197-207.

— „Lucian, Philopseudes c. 11, 24," in: *RhM* 60, 1905, 315-317.

— „Lukians πλοῖον ἢ εὐχαί," in: *WS* 33, 1911, 224-232.

Ranke, C.F.: *Pollux et Lucianus*, Progr. Quedlinburg 1831.

Reardon, B.P.: *Courants littéraires grecs des II. et III. siècles après J.-C.*, Paris 1971.

Rehm, W.: *Griechentum und Goethezeit. Geschichte eines Glaubens*, Leipzig 1936.

Rein, T.W.: *Sprichwörter und sprichwörtliche Redensarten bei Lucian*, Tübingen 1894.

Reinach, S.: „La question de Philopatris," in: *Revue archéologique* 40, 1902, 79-110.

Reitz, C.: *Index verborum ac phrasium Luciani sive Lexicon Lucianeum*, Utrecht 1746.

Reitzenstein, R.: *Hellenistische Wundererzählungen*, Leipzig 1906.

Relihan, J.C.: „Vainglorious Menippus in Lucian's *Dialogues of the Dead*," in: *JCS* XII, 1987, 185-206.

— *Ancient Menippean Satire*, Baltimore 1993.

Remacly, H.J.: *Observationum in Luciani Hermotimum specimen*, Progr. Bonn 1855.

Rentsch, J.: „Lucian und Voltaire. Eine vergleichende Charakteristik," in: ders., *Lucianstudien*, Progr. Plauen 1895, 1-14.

— „Das Totengespräch in der Literatur," in: ders., *Lucianstudien*, Progr. Plauen 1895, 15-44.

Reusch, F.H.: *Der Index der verbotenen Bücher*, Bonn 1883.

Reyhl, K.: *Antonios Diogenes. Untersuchungen zu den Roman-Fragmenten der 'Wunder jenseits von Thule' und zu den 'Wahren Geschichten' des Lukian*, Tübingen 1969.

Richard, H.: *Ueber die Lykinosdialoge des Lukian*, Progr. Hamburg 1886.

Richter, I.G.: *De vitiis criticis Luciani et lexicorum Graecorum in philologiam sacram non inferendis*, Leipzig 1751.

Riemschneider, M.: „Ist Lukian eine zuverlässige Quelle?," in: *Das Altertum* 13, 1967, 94-98.

— „Die Abhandlung Lukians 'Wie man Geschichte schreiben soll'," in: *Acta Conventus XI Eirene*, Warschau 1971, 399-404.

Rießler, P.: „Lucian von Samosata und die Heilige Schrift," in: *ThQ* 140, 1933, 64-72.

Rigault, H.: *Luciani Samosatenis quae fuerit de re litteraria judicandi ratio*, Paris 1856.

Riikonen, H.K.: *Menippean Satire as a Literary Genre with special reference to Seneca's Apocolocyntosis*, Helsinki 1987.

Ring, F.D.: „Gespräche mit Christoph Martin Wieland," in: *Archiv für Litteraturgeschichte* 13, 1885.

Robertson, D.S.: „The authenticity and date of Lucian's De Saltatione," in: *Essays and Studies presented to William Ridway*, Cambridge 1913, 180-185.

Robinson, C.: *Lucian and his influence in Europe*, London 1979.

Roderich, F.W.: *De Luciano philosopho*, Progr. Prüm 1878.

Rödström, P.: *Lucianea*, Progr. Söderhamn 1888.

Roeper, T.: „Lucian adv. indoctum 13," in: *Philologus* 10, 1855, 617.

Rohde, E.: *Über Lucians Schrift Λούκιος ἢ Ὄνος und ihr Verhältniß zu Lucius von Patrae und den Metamorphosen des Apuleius*, Leipzig 1869.

— „Unedirte Lucianscholien, die attischen Thesmophorien und Haloen betreffend," in: *RhM* 25, 1870, 548-560.

— *Der griechische Roman und seine Vorläufer*, Leipzig 1914³.

Rolleston, J.D.: „Lucian and Medicine," in: *Janus* 20, 1915, 83-108.

Romano, R. (Hg.): *Pseudo-Luciano. Timarione*, Neapel 1974.

Romm, J.S.: „Lucian and Plutarch as sources for Kepler's *Somnium*," in: *CML* 9, 1989, 97-107.

Roscher, W.: „Emendatio Lucianea," in: *RhM* 24, 1869, 631.

Rostovtzeff, M.I.: *Social and Economic History of the Roman Empire*, Oxford 1953.

Roth, K.L.: *Kleine Schriften pädagogischen und biographischen Inhalts*, 2 Bde., Stuttgart 1874².

Rothe, S.: *Kommentar zu ausgewählten Sophistenviten des Philostratos*, Heidelberg 1988.

Rothstein, M.: *Quaestiones Lucianeae*, Berlin 1888.

Rouzé, C.: *Thèmes d'imitation sur les quinze premiers dialogues des morts de Lucien*, Paris 1878.

Rühl, F.: „Die Makrobier des Lukianos," in: *RhM* 62, 1907, 421-437.

— „Noch einmal die Makrobier des Lukianos," in: *RhM* 64, 1909, 137-150.

Rütten, U.: *Phantasie und Lachkultur. Lukians „Wahre Geschichten"*, Tübingen 1997.

Ruppel, H.: *Wieland in der Kritik*, Frankfurt a.M. 1980.

Rutledge, J.: *The Dialogue of the Dead in Eighteenth-Century Germany*, Bern/ Frankfurt a.M. 1974.

Ruysschaert, J.: „A note on the 'first' edition of the Latin translation of some of Lucian Samosata's Dialogues," in: *JWCI* 16, 1953, 161-162.

Ryssel, V.: *Über den textkritischen Wert der syrischen Uebersetzungen griechischer Klassiker*, Progr. Leipzig 1880.

Rzach, A.: *Neue Österreichische Biographien, 1815-1918*, Wien 1926.

Sabbadini, R.: *Le scoperte dei codici latini e greci nei secoli XIV e XV*, Florenz 1914.

Sachs, H.: *Werke*, hrsg.v. W.F. Michael / R.A. Crockett, Bd. I, Bern/Berlin 1996.

Sachs, J.: „Observations on Lucian," in: *TRAPA* 11, 1880, 66-71.

Sakalis, D.: „Κριτικά και ἑρμηνευτικὰ του Λουκιανού," in: *Dodone* 5, 1976, 75-92.

— *Η γνησιότητα του Ψευδοσοπιστή του Λουκιανού*, Ioannina 1979.

Sakorraphus, G.M.: „Secilegium observationum criticarum ad scriptores Graecos: Lucianus," in: *Mnemosyne* 21, 1893, 268-288.

Sander, K.: *Der Totendialog bei Lukian, Boileau und Fontenelle*, Wien 1916.

Sauppe, H.: „Zu Lucianos," in: *Philologus* 11, 1856, 350.

Schade, O.: *Satiren und Pasquille aus der Reformationszeit*, Bde. I-III, Hannover 1856-58.

Schaedel, C.: *Fasciculus observationum criticarum in Luciani Gallum*, Progr. Klausthal 1838.

Scheibe, S. (Hg.), *Wielands Briefwechsel*, Berlin (Akademieausgabe).

Schenk, L.: *Lukian und die französische Literatur im Zeitalter der Aufklärung*, München 1931.

Scherpe, K.R.: *Gattungspoetik im 18. Jahrhundert*, Stuttgart 1968.

Schiller, F.: *Über naive und sentimentalische Dichtung*, hrsg.v. J. Beer, Stuttgart 1978.

— *Werke*, Bd. 25, hrsg.v. E. Haufe, Weimar 1979 (Nationalausgabe).

Schiller, H.: *Geschichte der römischen Kaiserzeit*, Bd. I.2, Gotha 1883.

Schimmelpfeng, G.: „Zu Lukians Ζεὺς ἐλεγχόμενος," in: *Jahrb. f. class. Phil.* 105, 1872, 138.

Schissel von Fleschenberg, O.: *Novellenkränze Lukians*, Halle 1912.

— *Die griechische Novelle. Rekonstruktion ihrer literarischen Form*, Halle 1913.

— „Die Technik des Bildeinsatzes," in: *Philologus* 72, 1913, 83-114.

Schlegel, A.W.: *Kritische Schriften und Briefe*, hrsg.v. E. Lohner, Stuttgart 1964.

Schlosser, F.C.: *Universalhistorische Uebersicht der Geschichte der alten Welt und ihrer Cultur*, Frankfurt a.M. 1815ff.

Schmid, I.M.: *De Philopatride Lucianeo dialogo nova dissertatio*, Leipzig 1730.

Schmid, W.: *Der Atticismus in seinen Hauptvertretern*, Stuttgart 1887-96.

— „Bemerkungen über Lucians Leben und Schriften," in: *Philologus* 50, 1891, 297-319.

Schmid, W. / Stählin, O.: *Wilhelm von Christs Geschichte der griechischen Litteratur* (= Handbuch der Altertumswissenschaft, Bd. VII 2.2), München 1924[6].

Schmidt, C.E.A.: *De Luciani Char. § 6, Dial.mort. 2,5,10,25*, Progr. Stettin 1831.

Schmidt, O.: *Metapher und Gleichnis in den Schriften Lukians*, Winterthur 1897.

— *Lukians Satiren gegen den Glauben seiner Zeit*, Progr. Solothurn 1900.

Schmitz, T.: *Bildung und Macht. Zur sozialen und politischen Funktion der zweiten Sophistik in der griechischen Welt der Kaiserzeit*, München 1997.

Schneider, C.E.C.: *Praefatio de Luciani codice Goelizensi*, Ind. lect. Vratislava 1834.

— *Codicis Goerlizensis Luciani ... variae lectiones*, Progr. Vratislava 1835.

Schöne, F.: *Lucianus: Traum, Anacharsis, Demonax, Timon, Doppelt Angeklagte, Wahre Geschichten*, Halle 1838.

Schöne, W.: *Die Zeitung und ihre Wissenschaft*, Leipzig 1928.

Schrader, W.: *Erziehungs- und Unterrichtslehre für Gymnasien und Realschulen*, Berlin 1868.

Schütz, C.G.: *Obiter locus difficilior apud Luc. de conscribenda historia c. 54 explicatur*, Progr. Jena 1792.

Schumacher, F.: *Quae ratio intercedat inter Lucianum et comicos Graecorum poetas*, Berlin 1883.

— *De Ioanne Katrario Luciani imitatore*, Bonn 1898.

Schulze, P.: *Quae ratio intercedat inter Lucianum et comicos Graecorum poetas*, Berlin 1883.

— „Lukianos als Quelle für die Kenntnis der Tragödie," in: *Neue Jahrbb. f. Philol.* 135, 1887, 117-128.

— „Bemerkungen über Lucians Verhältnis zu den Komikern," in: *Wochenschrift für class. Phil.* 5, 1888, 1443-1445.

— „Zur pseudolukianischen Schrift περὶ ὀρχήσεως," in: *Zeitschrift. f. Phil.* 143, 1891, 823-828.

— *Bemerkungen zu Lucians philosophische Schriften*, Progr. Dessau 1891.

— *Lucian in der Literatur und Kunst der Renaissance*, Progr. Dessau 1906, 1-19.

Schumacher, F.: *De Ioanne Katrario Luciani imitatore*, Bonn 1898.

Schwartz, J.: *Lucien de Samosate. Philopseudès et De morte Peregrini*, Paris 1951.

— „La 'conversion' de Lucien de Samosate," in: *AC* 33, 1964, 384-400.

— *Biographie de Lucien de Samosate*, Brüssel 1965.

— „Considérations sociales à propos de Lucien de Samosate," in: *Revue de la Franco Ancienne* 155/156, 1966/67, 33-45.

Schwartz, K.G.P.: „Ad Platonem et Lucianum," in: *Mnemosyne* 10, 1882, 247-250.

— „Ad Lucianum," in: *Mnemosyne* 13, 1885, 84-111; 429-449; 14, 1886, 199-233; 15, 1887, 187-210; 30, 1902, 361-366; 31, 1903, 47-64.

Schwarz, A.: *Ueber Lucians Nigrinus*, Progr. Zengg 1863.

— *Ueber Lucians Gallus*, Progr. Stockerau 1866.

— *Ueber Lucians Timon*, Progr. Stockerau 1867.

— *Ueber Lucians Hermotimos*, Progr. Horn 1877.

— „Ueber Lukians Demonax," in: *Zeitschr. f.d. österr. Gymn.* 29, 1878, 561-594.

— „Lukian, Ὑπὲρ τοῦ ἐν τῇ προσαγορεύσει πτείσματος," in: *Wiener Studien* 2, 1880, 146-148.

Schwarz, B.: *Lukians Verhältnis zum Skeptizismus*, Königsberg 1914.

Schweikert, U. (Hg.): *Ludwig Tieck. Schriften*, Bd. I, München 1971.

Schwidop, C.: *Observationum Lucianearum specimina*, Progr. Königsberg 1848.

Sciolla, L.: *Gli artifici della finzione poetica nelle 'Storia vera' di Luciano*, Foggia 1988.

Seeck, O.: *Geschichte des Untergangs der antiken Welt*, Bd. I, Berlin 1897.

— „Libanius gegen Lucianus," in: *RhM* 73, 1920, 84-101.

Seel, O.: „Hinweis auf Lukian," in: *AU* 10, 1956, 5-39.

Seiffert, W.: *Wielands Briefwechsel*, Bd. IV, Berlin 1979.

Seiler, E.E.: *De Lexiphane et aliquot locis ex aliis Luciani scriptis* (in: *Acta Societatis Graecae* 1, hrsg.v. A. Westermann), Leipzig 1836.

Sengle, F.: *Christoph Martin Wieland*, Stuttgart 1949.

Settembrini, L.: *Opere di Luciano in italiano*, Florenz 1861-1862.

Setti, G.: „Sulla autenticità dello scritto Lucianeo Τυραννοκτόνος," in: *Atti dell'Accad. Delle scienze di Torino* 27, 1891/82, 748-779.

— „Gli epigrammi di Luciano," in: *RPhCl* 20, 1892, 233-276.

— „La tragodopodagra di Luciano," in: *RPhCl* 38, 1910, 161-200.

— *Scritti scelti de Luciano*, Turin 1922[3].

Seuffert, B.: „Prolegomena zu einer Wieland-Ausgabe," in: *Abhandlungen der Berliner Akademie der Wissenschaft*, 1905.

Seuffert, M.: *Griechisches Lesebuch für die Secunda*, Brandenburg 1842.

Seybold, D.C.: *Die Gelehrten-Verstaigerung nach dem Lucian*, Basel 1778.

— *Neue Gespräche im Reich der Todten*, Hanau 1780.

— *Ueber Lucian's Fischer, oder die Wiederauflebenden*, Buchsweiler 1784.

— *Lucian's Neueste Reisen oder wahrhafte Geschichten*, Reutlingen 1791.

— *Glimpf- und Schimpfreden des Momus*, Winterthur 1797.

Sherbert, G.: *Menippean Satire and the Poetics of Wit*, New York/Bern/Frankfurt a.M. 1996.

Sidwell, K.: *Lucian in the Italian Quattrocento*, Cambridge 1975.

— „Manoscritti umanistici di Luciano in Italia nel Quattrocento," in: *Res Publica Litterarum* 9, 1986, 241-253.

Siemonsen, T.: *Quaestiones Lucianeae*, Progr. Glücksstadt 1866.

Sims, B.J.: „Final clauses in Lucian," in: *CQ* 46, 1952, 63-73.

Sinko, T.: „De Luciani libellorum ordine et mutua ratione," in: *Eos* 14, 1908, 113-158.

— *Symbolae chronologicae ad scripta Plutarchi et Luciani, eroticorum Graecorum*, Krakau 1947.

— „Die geistige Haltung Lukians von Samosata," in: *Meander* 5, 1950, 107-116.

— „Quid Lucianus remissionis causa inter studia severiora legere commendaverit," in: *Meander* 15, 1960, 359-373; 436-445.

Smith, E.J.: „A note on Lucian's Nigrinus," in: *AJPh* 18, 1897, 339-341.

Sörgel, J.: *Lucians Stellung zum Christenthume*, Progr. Kempten 1875.

Sommerbrodt, J.: „Zu Lucians ῥητόρων διδάσκαλος," in: *Jahrbb. f. class. Philol.* 71, 1855, 717-719.

— „Zu Lucianos," in: *Jahrbb. f. class. Philol.* 75, 1857, 479-481; 77, 1858, 476-479; 79, 1859, 483-486; 81, 1860, 256-259; 83, 1861, 58-62; 85, 1862, 541-544; 87, 1864, 624-627; 93, 1866, 545-548; 95, 1867, 753-756; 101, 1870, 519-522; 103, 1871, 321-326; 107, 1873, 332-336; 111, 1875, 575-576; 113, 1876, 735-736; 117, 1878, 561-564; 127, 1883, 128-132; 129, 1884, 277-282; 131, 1885, 597-600; 143, 1891, 185-192.

— *Ausgewählte Schriften des Lucian*, 3 Bde., Berlin 1857-1860.

— „Die Lucianischen Handschriften aus der Markus-Bibliothek zu Vendig," in: *RhM* 14, 1859, 612-626; 15, 1860, 596-605; 17, 1862, 305-310; 21, 1866, 622-631; 24, 1869, 317-322/601-606; 26, 1871, 324-332.

— *Somnium sive vita Luciani*, Progr. Anklam 1859.

— *Luciani codicum Marcianorum lectiones*, Berlin 1861.

— „Zu Lukianos' Schrift περὶ τῆς Περεγρίνου τελευτῆς," in: *Jahrbb. f. class. Philol*. 91, 1865, 314-318.

— *Lukianea. I: Handschriftliches; II: Beiträge zur Kritik*, Leipzig 1872.

— „Zur Verständigung mit Herrn H. van Herwerdens Lucianea," in: *Jahrbb. f. class. Philol*. 117, 1878, 564-566.

— „Über eine Lucianhandschrift zu Modena," in: *RhM* 37, 1882, 299-307.

— „Über die Lucianhandschrift (77) in der Laurentiana zu Florenz," in: *RhM* 36, 1881, 314-316.

— „Eine Lucianhandschrift in der Bibliothek zu Upsala," in: *RhM* 39, 1884, 630-633; 40, 1885, 160.

— „Ueber den Werth der Vatikanischen Lucianhandschrift 87 A," in: *Philologus* 51, 1892, 72-83.

— „Ueber den Lucian-Codex der Marcusbibliothek zu Vendig 436 Ψ," in: *Philologus* 52, 1894, 132-137.

— „Fünf Thesen zur Kritik von Lukianos Schriften," in: *Jahrbb. f. class. Philol*. 149, 1894, 655-656.

Sorof, G.: *Vindiciae Lucianeae*, Progr. Halle 1898.

Spath, O.: *Analecta critica ad Lucianum*, Progr. Bruchsal 1896.

Splett, J.: *Moralisches Exempel. Zu erkenntnistheoretischen und poetologischen Aspekten der Vermittlung moralischer Lehren in den frühen deutschen Moralischen Wochenschriften 'Die Discourse der Mahlern' (1721-1723), 'Der Patriot' (1724-1726) und die 'Vernünftigen Tadlerinnen' (1725-1726)*, Berlin 1987.

Stach, K.: „Über den pseudo-lucianischen Dialog 'Philopatris' I," in: *Anzeiger d. Akademie der Wissenschaften in Krakau* 1896, 315-318.

— *De Philopatride dialogo Pseudo-Luciani dissertatio philologica*, Krakau 1897.

Stannard, „Lucianic natural history," in: *Classical studies presented to B.E. Perry*, Illinois 1969, 15-26.

Steiff, K.: *Der erste Buchdruck in Tübingen (1498-1534). Ein Beitrag zur Geschichte der Universität Tübingen*, Leipzig 1881.

Stein, A.: „Zu Lukians Alexandros," in: *Strena Buliciana*, Zagreb 1924, 257-265.

Steinberger, J.: *Lucians Einfluss auf Wieland*, Göttingen 1902.

— *Bibliographie der Wieland-Übersetzungen*, Göttingen 1930.

Steindl, E.: *Lukian. Leibesübungen im alten Athen*, Zürich 1963.

— *Luciani Sytharum Colloquia quae inscribuntur Toxanis, scytha, Anacharsis cum scholiis*, Leipzig 1970.

Stemplinger, E.: *Das Plagiat in der griechischen Literatur*, Leipzig/Berlin 1912.

Stengel, A.: *De Luciani vera historia*, Rostock 1911.

Stockinger, F.: *Pädagogisches bei Lukian*, München 1922.

Stocks, H.: „Studien zu Lukians De Syria dea," in: *Berytus* 4, 1937, 1-40.

Stoianovici, L.: „Le Promethée de Lucien. Différences par rapport aux versions classique d'Hesiode et d'Eschyle," in: *Studii Clasice* 3, 1961, 385-393.

Strauss, B.: *Der Übersetzer Nikolaus von Wyle*, Berlin 1912

Strauß, D.F.: *Leben und Schriften des Dichters und Philologen Nicodemus Frischlin. Ein Beitrag zur deutschen Culturgeschichte in der zweiten Hälfte des sechzehnten Jahrhunderts*, Frankfurt a.M. 1856.

Strinati, M.G.: „Traduzioni quattrocentesche della 'Storia Vera' di Luciano," in: *Atti e memorie della Academia Patavina di Science* 108, 1994/95, 5-18.

Strohmaier, G.: „Übersehenes zur Biographie Lukians," in: *Philologus* 120, 1976, 117-122.

Strong, H. / Garstang J.: *The Syrian Goddess*, London 1913.

Struve, C.L.: *Kritische und grammat. Bemerkungen über Lucians Hermotimus*, Progr. Königsberg 1814.

— „Lectiones Lucianeae," in: ders., *Opuscula selecta* II, Leipzig 1854, 42-152.

Struve, E.A.: *De aetate et vita Luciani specimen I u. II*, Progr. Görlitz 1829.

— *Lucian von Samosata und die Zustände seiner Zeit*, Progr. Görlitz 1849.

— *De Peregrini morte quae tradidit Lucianus num ad veritatem exhibita videantur*, Progr. Görlitz 1851.

Stutterheim, W.F.: *Observationes criticae in Lucianum*, Den Haag 1898.

Sudhaus, S.: „Einige Bemerkungen über die Schrift περὶ παρασίτου," in: ders., *Philodemi volumina rhetorica. Supplementum*, Leipzig 1895, 26ff.

Swain, S.: *Hellenism and Empire: Language, Classicism and Power in the Greek world A.D. 50-250*, Oxford 1996.

Sybel, L.: „Toxaris," in: *Hermes* 20, 1885, 41-55.

Tackaberry, W.H.: *Lucian's relation to Plato and the Post-Aristotelian Philosophers*, Toronto 1930.

Tell, G.: „Lucianus de mercede conductis (c.4/8)," in: *Philologus* 18, 1862, 646.

— „Lucianus de mercede conductis (c.15/27)," in: *Philologus* 21, 1864, 600; (c.9/10/11) 683.

Tetel, M.: „Rabelais et Lucien: De deux rhétoriques," in: *Rabelais' Incomparable Book: Essays on His Art*, hrsg.v. R.c. La Charité, Lexington 1986, 127-138.

Teuffel, W.S.: „Lukians Λούκιος und Appuleius' Metamorphosen," in: *RhM* 19, 1868, 243-254.

The Oxford Classical Dictionary, Oxford 1970 (1992).

Thimme, A.: *Quaestionum Lucianearum capita quattuor*, Göttingen 1884.

— „Zwei Festvorlesungen des Lukianos," in: *Jahrbb. f. class. Philol.* 34, 1888, 562-566.

— „Alexander von Abonuteichos. Ein Beitrag zur Glaubwürdigkeit Lucians," in: *Philologus* 49, 1890, 507-514.

Tholuck, A.: *Das akademische Leben des siebzehnten Jahrhunderts mit besonderer Beziehung auf die protestantisch-theologischen Fakultäten Deutschlands*, Halle 1853.

Thompson, C.R.: *Lucian and Lucianism in the Renaissance*, Princeton 1937.

— „The Translations of Lucian by Erasmus and St. Thomas More," in: *Revue Belge de Philogie et d' Histoire* 18, 1939, 855-81; 19, 1940, 5-35.

— *The Translations of Lucian by Erasmus and St. Thomas More*, Ithaca/New York/Chicago 1940.

— „The date of the first Aldine Lucian," in: *The Classical Journal* 35, 1940, 233-235.

— *The Complete Works of St. Thomas More*, Bd. 3.1, New Haven/London 1974.

Thompson, S.G.: *Under Pretext of Praise: Satiric Mode in Erasmus' Fiction*, Toronto 1973.

Tieck, L.: *Schriften*, hrsg.v. U. Schweikert, Bd. I, München 1971.

Tiemann, J.C.: *Ein Versuch über Lucians Philosophie und Sprache*, Zerbst 1804.

Tode, H.: *De Timarione dialogo Byzantio*, Greifswald 1912.

Tondriau, J.: „L'Avis de Lucien dans la divinisation des humain," in: *MH* 5, 1948, 124-132.

Tooke, W.: *Lucian from the Greek, with the comments and illustrations of Wieland and others*, London 1820.

Tovar, A.: *Luciano*, Barcelona 1949.

Trencsényi-Waldapfel, I.: „Lucian. Orient and Occident in the second century," in: *Oriens Antiquus*, Budapest 1945, 130-146.

— „Die Umwelt Lukians," in: *Untersuchungen zur Religionsgeschichte*, Amsterdam 1966, 384-402.

Tropsch, S.: „Lucian in Wielands Geschichte des Prinzen Biribinker," in: *Zeitschrift für vgl. Litteraturgeschichte* 12, 1898, 454-456.

Tucholsky, K.: *Gedichte*, hrsg.v. M. Gerold-Tucholsky, Hamburg 1983.

Twrdy, F.: „Lukians 'Wahre Geschichten'," in: *Wiener Blätter für die Freunde der Antike* 9, 1933, 101-104.

Tzschirner, H.G.: *Der Fall des Heidenthums*, hrsg.v. C.W. Niedner, Leipzig 1829.

Ulbrich, F.: *Die Belustigungen des Verstandes und des Witzes. Ein Beitrag zur Journalistik des achtzehnten Jahrhunderts*, Leipzig 1911.

Urban, H.J.: *De locis nonnullis Luciani commentatio critica*, Progr. Klausthal 1836.

Usener, H.: „Lectiones Graecae," in: *RhM* 25, 1870, 611-612.

Vadianus, J.: *De poetica et carminis ratione*, hrsg.v. P. Schäffer, Bde. I-III, München 1973-1977.

Vahlen, J.: „Varia (darin: *Alexandros* c.49)," in: *Hermes* 12, 1877, 192-193.

— *Luciani de Cynicis iudicum*, Berlin 1882.

— *Opuscula Academica*, Leipzig 1907.

van der Leest, J.: „Lucian in Egypt," in: *GRBS* 26, 1985, 75-82.

van der Vliet, J.: „Apuleius-Lucianus," in: *Mnemosyne* 23, 1895, 328.

van Eyken, I.G.: *De Luciano philosopho*, Utrecht 1859.

van Groningen, B.A.: „Ad Luciani muscae laudationem," in: *Mnemosyne* 58, 1930, 384.

— „General literary tendencies in the second century A.D.," in: *Mnemosyne* 18, 1965, 41-56.

van Herwerden, H.: *Plutarchea et Lucianea cum nova Marciani codicis collatione*, Progr. Utrecht 1877.

— „Ad Lucianum," in: *Mnemosyne* 7, 1879, 86-97; 205-220; 313-398.

— „Lucianea," in: *RhM* 63, 1908, 1-11.

van Rooy, C.A.: *Studies in classical satire and related literary theory*, Leiden 1965.

Venchi, R.: *La presunta conversione di Luciano*, Rom 1934.

Verdin, H.: „Lucianus over het nut van de geschiedsschrijving," in: *Zetesis. Album amicorum aangeboden aan E. de Srycher*, Antwerpen 1973, 541-548.

Victor, U.: „Eine scheinbar mißlungene Parodie Lukians," in: *Hermes* 124, 1996, 506f.

— *Lukian von Samosata. Alexandros oder der Lügenprophet*, Leiden/New York/Köln 1997.

Vierhaus, R.: *Deutschland im 18. Jahrhundert. Politische Verfassung, soziales Gefüge, geistige Bewegungen*, Göttingen 1987.

Vilmar, W.: *Dietrich von Pleningen, ein Übersetzer aus dem Heidelberger Humanistenkreis*, Marburg 1896.

Vischer, F.T.: *Über das Erhabene und Komische*, Stuttgart 1837.

— *Ästhetik oder Wissenschaft des Schönen*, Teil I, München 1922

Vives Coll, A.: *Luciano de Samosate en Espana (1500-1700)*, La Laguna 1959.

Völter, D.: „Lucians Traktat 'De morte Peregrini' und der Smyrnäerbrief über den Tod des Polykarp," in: ders., *Die ignatianischen Briefe auf ihren Ursprung untersucht*, Tübingen 1892, 119-125.

Vogt, C.: „Johann Balthasar Schupp. Neue Beiträge zu seiner Würdigung," in: *Euphorion* 16, 1909, 6-27; 245-320; 673-704; 17, 1910, 1-48; 251-287; 473-537.

— *Johann Balthasar Schupp. Streitschriften*, Halle 1911.

Vogt, P.: *De Luciani libellorum pristino ordine quaestiones*, Marburg 1889.

Volkmann, R.E.: *Observationes miscellae* (darin: Lucian, *Ver. hist.* II 25, *De morte Peregr.* 26, *Alexander* 28), Jauer 1872.

— „De Encomio Demosthenis inter Luciani scripta peperam relato," in: *Festschrift zur Feier des 25jährigen Bestehens des Gymnasiums zu Jauer*, Jauer 1890, 121-127.

von Arnim, J.: *Philodemea, dissertatio philologica, qua ad audiendam orationem de Luciano philosophorum obrectatore ... invitat*, Halle 1888.

— „Über Lucians Ὄνος," in: *WSt* 22, 1901, 153-178.

von Dadelsen, H.: *Die Pädagogik Melanchthon's. Ein Beitrag zur Geschichte des humanistischen Unterrichts im 16. Jahrhundert*, Stade 1878.

von Eye, A.: „Classisches Alterthum und christliche Zeit," in: *Album des literarischen Vereins in Nürnberg* 1856, 181-248.

von Leutsch, E.: „Lucian. Somnium §10," in: *Philologus* 41, 1882, 464.

von Sybel, L.: „Toxaris," in: *Hermes* 20, 1885, 41-55.

Voß. J.H.: *Briefe*, hrsg.v. A. Voß, 3 Bde., Halberstadt 1829-1832.

Walch, C.W.F.: *Kritische Untersuchung vom Gebrauch der heiligen Schrift unter den alten Christen in den vier ersten Jahrhunderten*, Leipzig 1779.

— „De statu rerum Christianarum apud Lucianum," in: *Nov. Comment. Societ. Reg. lit. Goetingen* 8, 1832-37, 1-34.

Walser, J.: *Lukians Dialog 'der Traum oder der Hahn' mit Berücksichtigung anderer stoffverwandter Schriften jenes Autors und im Lichte derselben erörtert*, Progr. Linz 1871.

Walz, S.: *Die geschichtlichen Kenntnisse des Lucian*, Tübingen 1921.

Waser, J.H.: *Lucianus. Schriften*, Zürich 1769ff.

Waser, O.: *Charon, Charun, Charos*, Berlin 1898.

Wasmansdorff, E.: *Luciani scripta ea, quae ad Menippum spectant, inter se comparantur et diiudicantur*, Jena 1874.

Weber, K.J.: *Demokritos oder die hinterlassenen Papiere eines lachenden Philosophen*, Bd. 8, Stuttgart 1839.

Wedemeyer, O.: *Der Pseudoionismus der Kaiserzeit und die Schrift 'Über die Syrische Göttin'*, Rostock 1923.

Weinhold, K.: „Über das Märchen vom Eselsmenschen," in: *Sitzungsberichte der kgl. preuss. Akademie der Wiss. zu Berlin* 1893, 475-488.

Weinreich, O.: „Alexandros der Lügenprophet und seine Stellung in der Religiosität im zweiten Jahrhundert nach Christus," in: *Neue Jahrbücher für das klassische Altertum* 24, 1921, 129-151.

Weissenberger, M.: *Literaturtheorie bei Lukian. Untersuchungen zum Dialog Lexiphanes*, Stuttgart/Leipzig 1996.

Wekhrlin, W.L.: *Chronologen*, Bd. I, Leipzig 1779.

Werner, H.: „Zum Λούκιος ἢ Ὄνος," in: *Hermes* 53, 1918, 225-261.

— *Lukian von Samosata und die bildende Kunst*, Jena 1923.

Werner, J.: „Lukian - viel geschmäht und hoch gepriesen," in: *Börsenblatt für den deutschen Buchhandel* 37, Leipzig 1980, 729f.

— (Hg.): *Lukian. Werke in drei Bänden*, Berlin/Weimar 1981².

— „Wenn du dir aus dem Meßkatalog einiges aussuchst, so vergiß Wielands Lukian nicht," in: *Philologus* 129, 1985, 121-132.

Wessig, H.: *De aetate et auctore Philopatridis dialogi (qui una cum Lucianeis edi solet)*, Jena 1868.

Westerink, L.G.: „Marginalia by Arethas in Moscow Greek MS 231," in: *Byzantion* 42, 1972, 196-244.

Wetzel, R.: *Melanchthons Briefwechsel*, Bd. I (1514-1522), Stuttgart/Bad Cannstadt 1991.

Wetzlar, G.: *De aetate, vita scriptisque Luciani Samosatensis*, Marburg 1834.

Wichelhausen, J.: *Dissertatio critica ex haeresiologia de Luciano, sive Quisquis sit Auctor Dialogi Philopatris*, Bremen 1743.

Wichmann, O.: „Lucian," in: *Jahresbericht d. Phil. Vereins zu Berlin* 3, 1877, 94-111; 5, 1879, 18-39; 6, 1880, 203-236; 7, 1881, 373-400; 10, 1884, 110-156.

— „Zu Lukians Göttergesprächen," in: *Jahrbb. f. class. Philol.* 123, 1881, 102-104.

— „Zu Lukianos Demonax," in: *Jahrbb. f. class. Philol.* 123, 1881, 841-849.

— *Lucian als Schulschriftsteller*, Progr. Eberswalde 1887.

Wickström, V.H.: *Lukianos*, Östersund 1898.

Widal, A.: *Des divers caractères du 'Misanthrope' chez les écrivains anciens et modernes*, Paris 1851.

Wieland, C.M.: *Lucians von Samosata Sämtliche Werke*, Bde. I-VI, Leipzig 1788-1789.

— *Sämmtliche Werke*, Leipzig 1794-1798.

— *Sokratische Gespräche aus Xenofons denkwürdigen Nachrichten von Sokrates*, hrsg.v. J.P. Reemtsma / H. Radspieler (= *Xenophon, Sokratische Denkwürdigkeiten*), Frankfurt a.M. 1998.

Wilamowitz-Moellendorf, U.v.: *Griechisches Lesebuch*, Berlin 1902.

— „Die griechische und lateinische Literatur und Sprache," in: P. Hinneberg (Hg.), *Die Kultur der Gegenwart*, Bd. I.8, Berlin/Leipzig 1905.

— *Der Glaube der Hellenen*, Darmstadt 1955².

Wildenow, E.: *De Menippo Cynico*, Halle 1881.

Wilhelm, A.: „Das Epithalamion in Lukianos' Συμπόσιον ἢ Λαπίϑαι," in: *Wiener Studien* 56, 1938/39, 54-89.

Wilhelm, F.: „Zu Lukianos' Πατρίδος ἐγκώμιον," in: *RhM* 77, 1928, 396-416.

Wilhelm, H.E.: „Lukian als Zeuge für hellenische Sportauffassung," in: *Leibesübungen und körperliche Erziehung* 54, 1935, 483-484.

Wilhelm, O.: *Der Sprachgebrauch des Lukianos hinsichtlich der sogenannten Adjektiva dreier Endungen auf -ος*, Progr. Coburg 1892.

Wilke, J.: *Literarische Zeitschriften des 18. Jahrhunderts*, Bd. I, Stuttgart 1978.

Will, G.A.: *Nürnbergisches Gelehrten-Lexikon*, Nürnberg 1755-1802.

Wilson, N.G.: *Scholars of Byzantium*, London 1983.

— *From Byzantium to Italy: Greek Studies in the Italian Renaissance*, London 1992.

Wingels, H.: „De ordine libellorum Lucianeorum," in: *Philologus* 26, 1913, 125-148.

Winter, R.: *De Luciani scholiis quaestiones selectae*, Leipzig 1908.

Wissowa, A.: *Beiträge zur innern Geschichte des zweiten nachchristlichen Jahrhunderts aus Lucians Schriften*, Progr. Breslau 1848.

Withof, F.T.: *Observationes ad locum quendam Luciani de morte Peregrini*, Lingen 1762.

— *Dissertatio ad locum quendam Luciani De morte Peregrini*, Lingen 1762/63.

Wittek, M.: „Liste des manuscrits de Lucien," in: *Scriptorium* 6, 1952, 309-323.

Wittmann, R. (Hg.): *Quellen zur Geschichte des Buchwesens*, Bd. IV, München 1981.

Wolf, F.A.: *Darstellung der Alterthumswissenschaft nach Begriff, Umfang, Zweck und Werth*, Berlin 1807.

— „Praefatio ad Luciani libellos," in: ders., *Kleine Schriften*, hrsg.v. G. Bernhardy, Bd. I, Halle 1869, 303-305.

Wolff, C.: *Vernünftige Gedancken von der Menschen Thun und Lassen*, Halle 1720.

Worstbrock, F.J.: „Zur Einbürgerung der Übersetzung antiker Autoren im deutschen Humanismus," in: *Zeitschrift für deutsches Altertum und deutsche Literatur* 99, 1970, 45-81.

— *Deutsche Antikerezeption 1450-1550*, Bd. I, Boppard 1976.

Zappala, M.: *Lucian of Samosata in the Two Hesperias: An Essay in Literary and Cultural Translation*, Potomac 1990.

Zecchini, G.: „Osservazioni sul presunto modello del 'Come si deve scrivere la storia' di Luciano," in: *Xenia. Scritti in onore di Piero Treves*, hrsg.v. F. Broilo, Rom 1985, 247-52.

Zedler, J.H.: *Großes vollständigs Universal-Lexicon aller Wissenschaften und Künste*, Halle/Leipzig 1731-1754.

Zeibich, H.A.: *Proluss. II. Lucianum Christi redemptoris testem producit*, Gera 1762.

Zeller, E.: „Alexander und Peregrinus: Ein Betrüger und ein Schwärmer," in: *Deutsche Rundschau* 3, Heft 4, 1877, 62-83.

— „Über eine Berührung des jüngeren Cynismus mit dem Christenthum," in: *SAB* 1893, 129-132.

Zetowski, S.: „Demonax - Krates," in: *Minerva* 1922, 17-39.

Ziegeler, E.: *De Luciano poetarum iudice et imitatore*, Göttingen 1872.

— *Studien zu Lucian*, Progr. Hameln 1879.

— „Zu Lukianos," in: *Jahrbb. f. class. Philol.* 119, 1879, 491-492; 123, 1881, 327-335.

Zielinski, T.: „Zu Lukians de hist. conscr.," in: *Russische Philologische Rundschau*, Moskau 1891, 1-6.

— „Marginalien," in *Philologus* 60, 1901, 1-16.

Zimmermann, F.: „Lukians Toxaris und das Kairener Romanfragment," in: *PhW* 55, 1935, 1211-1215.

Zimmermann, J.: *Luciani quae feruntur Podagra et Ocypus*, Leipzig 1909. (Rez. v. P. Maas in: *Deutsche Literaturzeitung* 109, 2272-2275).

Zuntz, G.: „Notes on Epictetus, Lucian and the Edict of Ptolemy IV," in: *CQ* 44, 1950, 69-72.

XII. INDICES

a) Schriften Lukians

b) Personen